CRH 动车组系列教材

动车组牵引与控制系统

（第 2 版）

主编 黄秀川 王 峰

主审 何成才

西南交通大学出版社
·成 都·

图书在版编目（CIP）数据

动车组牵引与控制系统 / 黄秀川，王峰主编. —2
版. —成都：西南交通大学出版社，2018.8（2024.1 重印）
CRH 动车组系列教材
ISBN 978-7-5643-6381-9

Ⅰ. ①动… Ⅱ. ①黄… ②王… Ⅲ. ①动车–牵引系
统–控制系统–高等职业教育–教材 Ⅳ. ①U266

中国版本图书馆 CIP 数据核字（2018）第 200207 号

CRH 动车组系列教材
动车组牵引与控制系统
（第 2 版）
主编 黄秀川 王 峰

责 任 编 辑	张文越
封 面 设 计	严春艳
出 版 发 行	西南交通大学出版社 （四川省成都市二环路北一段 111 号 西南交通大学创新大厦 21 楼）
营销部电话	028-87600564　028-87600533
邮 政 编 码	610031
网　　　址	http://www.xnjdcbs.com
印　　　刷	四川森林印务有限责任公司
成 品 尺 寸	185 mm × 260 mm
印　　　张	18.25
附　　　图	16
字　　　数	545 千
版　　　次	2018 年 8 月第 2 版
印　　　次	2024 年 1 月第 7 次
书　　　号	ISBN 978-7-5643-6381-9
定　　　价	65.00 元

课件咨询电话：028-81435775
图书如有印装质量问题　本社负责退换
版权所有　盗版必究　举报电话：028-87600562

第 2 版前言

高速铁路运输作为我国中长距离、大运量、快捷、安全、低耗、环保的运输形式，是适应我国国民经济高速发展，实现人民小康生活的重要保障。目前，全国铁路运营里程已达到 12 万千米，其中时速 200～350 千米的客运专线及城际铁路达 1.3 万千米，复线率和电气化率均达到 50%以上，投入运营的先进动车组、大功率机车分别达到 800 组和 7 900 台。这标志着我国已经进入高速铁路国家的行列。

高速铁路涉及很多高新技术问题，作为铁路运输装备的高速动车组就是这些高新技术的综合和具体体现。随着高速动车组的大量投入和使用，社会对动车组技术、设备、运营、检修、管理等高技能人才的需求更加迫切。

为适应动车组驾驶、检修专业高技能人才培养的要求，我们在搜集大量技术资料的基础上，坚持理论联系实际的原则，突出实用性和可授性，编写了《动车组牵引与控制系统》教材，以应急需。

2014 年 5 月第 1 版出版后，受到了广大读者的欢迎。经过近四年的使用，我们决定对书中的错误进行订正、欠缺及新的内容进行了补充、条理不准确的地方进行了调整，力求使读者满意。

本书在改编的过程中，得到了武汉铁路局职教处、武汉动车段、武南机务段、武汉高铁技能训练段的大力支持和帮助，在此表示衷心的感谢。本书由武汉铁路职业技术学院黄秀川、王峰主编，武汉铁路职业技术学院何成才主审。参加编写的有：武汉铁路职业技术学院张哲、王慧霞，武汉高铁技能训练段张海波，江岸机务段高胜利。编写分工如下：黄秀川编写第二章、第三章，张海波编写第一章，高胜利编写第四章，黄秀川、王峰编写第五章，王峰编写第六章，张哲编写第七章，王慧霞编写第八章、CRH380A 型动车组电路图。

由于时间紧迫、编者水平有限，不足及错误之处在所难免。欢迎广大读者批评指正。

编　者

2018 年 4 月 26 日于武汉

第 1 版前言

高速铁道运输作为我国中长距离、大运量、快捷、安全、低耗、环保的运输形式，是适应我国国民经济的高速发展、实现人民小康生活的重要保障。目前，全国铁路运营里程已达到 12 万公里，其中，时速 200～350 公里的客运专线及城际铁路达 1.3 万公里，复线率和电气化率分别达到 50%以上，投入运营的先进动车组、大功率机车分别达到 800 组和 7 900 台。这标志着我国已经进入高速铁路国家的行列。

高速铁路涉及很多高新技术问题，作为铁路运输装备的高速动车组就是这些高新技术的综合和具体体现。高速动车组的大量投入和使用，对动车组技术、设备、运营、检修、管理等高技能人才的需求更加迫切。

为适应动车组驾驶、检修专业高技能人才培养的要求，我们在搜集大量技术资料的基础上，坚持理论联系实际的原则，突出实用性和可授性，编写了《动车组牵引与控制系统》教材，以应急需。

本书在编写的过程中，得到了武汉铁路局职教处、武汉动车段、武南机务段、武汉大功率机车检修段的大力支持和帮助，在此表示衷心的感谢。本书由武汉铁路职业技术学院黄秀川、王峰主编，武汉铁路职业技术学院何成才主审。参加编写的有：武汉铁路职业技术学院张哲、王慧霞，柳州铁路职业技术学院李英勇，武汉铁路司机学校吴庆国。编写分工如下：黄秀川编写第二章、第三章；李英勇编写第一章；吴庆国编写第四章；黄秀川、王峰编写第五章；王峰编写第六章；张哲编写第七章；王慧霞编写第八章，并提供 CRH_2 型动车组电路图。

限于时间紧迫及编者水平有限，书中不足之处在所难免，欢迎批评指正。

编 者
2013 年 10 月 16 日于武汉

目　录

第一章　电气化铁道与电力牵引 ································· 1
第一节　概　述 ·································· 1
第二节　牵引供电概述 ···························· 8
第三节　电力牵引传动系统概述 ···················· 18
第一章习题 ······································ 25

第二章　动车组调速 ·· 27
第一节　直流牵引电机调速 ························ 27
第二节　三相交流异步牵引电机调速 ················ 42
第三节　电力牵引特性 ···························· 66
第二章习题 ······································ 78

第三章　动车组变流技术 ·· 81
第一节　牵引变流器结构及电力电子器件 ············ 81
第二节　脉冲整流器及中间直流环节 ················ 88
第三节　牵引逆变器 ······························ 96
第三章习题 ······································ 108

第四章　电气线路图的识图方法 ·································· 110
第一节　电气线路图的一般知识 ···················· 110
第二节　动车组电路图的规定 ······················ 123
第四章习题 ······································ 146

第五章　CRH2型动车组牵引与控制系统 ·························· 147
第一节　CRH2型动车组牵引/制动主电路 ············ 147
第二节　动车组牵引/制动控制电路 ················· 153
第五章习题 ······································ 185

第六章　CRH_1型动车组的控制 ································· 189
第一节　CRH_1型动车组的特性 ···················· 189
第二节　CRH_1型动车组的高压及牵引系统 ·········· 190

  第三节 CRH$_1$型动车组的牵引传动系统主电路构成⋯⋯⋯⋯⋯⋯⋯⋯⋯⋯⋯⋯⋯⋯192
  第四节 CRH1型动车组控制系统⋯⋯⋯⋯⋯⋯⋯⋯⋯⋯⋯⋯⋯⋯⋯⋯⋯⋯⋯⋯⋯⋯⋯⋯201
  第六章习题⋯⋯⋯⋯⋯⋯⋯⋯⋯⋯⋯⋯⋯⋯⋯⋯⋯⋯⋯⋯⋯⋯⋯⋯⋯⋯⋯⋯⋯⋯⋯⋯⋯⋯⋯207

第七章 CRH3型动车组牵引系统⋯⋯⋯⋯⋯⋯⋯⋯⋯⋯⋯⋯⋯⋯⋯⋯⋯⋯⋯⋯⋯⋯⋯⋯⋯⋯208
  第一节 概　要⋯⋯⋯⋯⋯⋯⋯⋯⋯⋯⋯⋯⋯⋯⋯⋯⋯⋯⋯⋯⋯⋯⋯⋯⋯⋯⋯⋯⋯⋯⋯208
  第二节 牵引传动系统主电路⋯⋯⋯⋯⋯⋯⋯⋯⋯⋯⋯⋯⋯⋯⋯⋯⋯⋯⋯⋯⋯⋯⋯⋯⋯⋯209
  第三节 列车通信控制系统⋯⋯⋯⋯⋯⋯⋯⋯⋯⋯⋯⋯⋯⋯⋯⋯⋯⋯⋯⋯⋯⋯⋯⋯⋯⋯⋯224
  第四节 安全回路保护控制⋯⋯⋯⋯⋯⋯⋯⋯⋯⋯⋯⋯⋯⋯⋯⋯⋯⋯⋯⋯⋯⋯⋯⋯⋯⋯⋯230
  第五节 常见故障处理⋯⋯⋯⋯⋯⋯⋯⋯⋯⋯⋯⋯⋯⋯⋯⋯⋯⋯⋯⋯⋯⋯⋯⋯⋯⋯⋯⋯⋯234
  第七章习题⋯⋯⋯⋯⋯⋯⋯⋯⋯⋯⋯⋯⋯⋯⋯⋯⋯⋯⋯⋯⋯⋯⋯⋯⋯⋯⋯⋯⋯⋯⋯⋯⋯⋯⋯243

第八章 CRH5型动车组牵引/制动系统⋯⋯⋯⋯⋯⋯⋯⋯⋯⋯⋯⋯⋯⋯⋯⋯⋯⋯⋯⋯⋯⋯⋯244
  第一节 系统概述⋯⋯⋯⋯⋯⋯⋯⋯⋯⋯⋯⋯⋯⋯⋯⋯⋯⋯⋯⋯⋯⋯⋯⋯⋯⋯⋯⋯⋯⋯⋯⋯244
  第二节 超高压电路⋯⋯⋯⋯⋯⋯⋯⋯⋯⋯⋯⋯⋯⋯⋯⋯⋯⋯⋯⋯⋯⋯⋯⋯⋯⋯⋯⋯⋯⋯248
  第三节 制动控制⋯⋯⋯⋯⋯⋯⋯⋯⋯⋯⋯⋯⋯⋯⋯⋯⋯⋯⋯⋯⋯⋯⋯⋯⋯⋯⋯⋯⋯⋯⋯⋯259
  第四节 安全回路⋯⋯⋯⋯⋯⋯⋯⋯⋯⋯⋯⋯⋯⋯⋯⋯⋯⋯⋯⋯⋯⋯⋯⋯⋯⋯⋯⋯⋯⋯⋯⋯265
  第五节 自动过分相⋯⋯⋯⋯⋯⋯⋯⋯⋯⋯⋯⋯⋯⋯⋯⋯⋯⋯⋯⋯⋯⋯⋯⋯⋯⋯⋯⋯⋯⋯268
  第六节 运行控制⋯⋯⋯⋯⋯⋯⋯⋯⋯⋯⋯⋯⋯⋯⋯⋯⋯⋯⋯⋯⋯⋯⋯⋯⋯⋯⋯⋯⋯⋯⋯⋯271
  第七节 故障保护⋯⋯⋯⋯⋯⋯⋯⋯⋯⋯⋯⋯⋯⋯⋯⋯⋯⋯⋯⋯⋯⋯⋯⋯⋯⋯⋯⋯⋯⋯⋯⋯279
  第八章习题⋯⋯⋯⋯⋯⋯⋯⋯⋯⋯⋯⋯⋯⋯⋯⋯⋯⋯⋯⋯⋯⋯⋯⋯⋯⋯⋯⋯⋯⋯⋯⋯⋯⋯⋯285

参考文献⋯⋯286

第一章　电气化铁道与电力牵引

第一节　概　述

一、电气化铁道概述

采用电力机车为主要牵引动力的铁路称为电气化铁路,最早出现于19世纪70年代末的欧洲。早期的电气化铁路多采用直流供电方式,电压等级较低,需在地面(牵引变电所内)设整流装置,不宜设置在长距离的铁路干线上。在城市轨道交通中,由于在公共场所只允许使用低压电源,而且相对于交流供电方式来说,直流供电方式对毗邻接触网的信号和通信系统干扰较小,因此,城市轨道交通一般采用直流供电方式。

目前国际上普遍采用比较先进的单相工频交流制电气化铁路,它便于升压和减少电能的损耗,可以增加牵引变电所之间的距离,大大降低建设投资和运营费用。

随着高新技术的发展,特别是计算机技术的应用,使电力机车和牵引供电装置的工作性能不断提高。低能耗、高效率、高速度的电力牵引已成为世界各国铁路发展的趋势,是铁路现代化的标志。目前我国正式运营的高速铁路均采用电气化铁道技术,在高速铁路上运行的动车组均采用电力牵引方式,既有铁路上运营的动车组主要采用电力牵引方式。

二、电气化铁路的组成

由于电力机车本身不携带能源,靠外部电力系统经过牵引供电装置供给其电能,故电气化铁路是由电力机车和牵引供电装置组成的。

牵引供电装置一般分成牵引变电所和接触网两部分,所以人们又称电力机车、牵引变电所和接触网为电气化铁道的"三大元件"。电气化铁路的组成如图1-1所示。牵引供电回路应为下列顺序:牵引变电所→馈电线→接触网→电力机车→钢轨/回流线→牵引变电所。

1. 电力机车

电力机车靠其顶部升起的受电弓直接接触导线获取电能。每台电力机车前后各有一台受电弓,由司机控制其升降。受电弓升起工作时,以(68.6 + 9.8)N的接触压力紧贴接触线摩擦滑行,将电能引入机车主断路器,再经主变压器降压和牵引变流器变流供给牵引电动机,牵引电动机通过齿轮传动使电力机车运行,如图1-2所示。

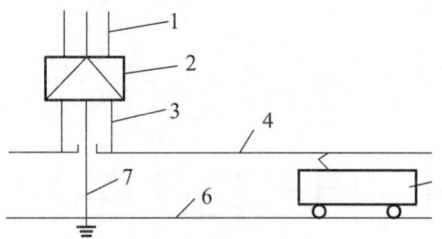

图 1-1 牵引回路构成

1—输电线路；2—牵引变电所；3—馈电线；4—接触网；5—电力机车；6—钢轨；7—回流线

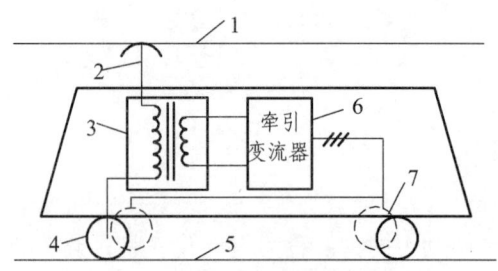

图 1-2 电力机车的工作原理

1—接触网；2—受电弓；3—主变压器；4—轮对；5—钢轨；6—牵引变流器；7—牵引电动机

2. 牵引供电装置

1）牵引变电所

牵引变电所的主要任务是将电力系统输送来的电能降压，然后以单相供电方式经馈电线送至接触网上。电压变换由牵引变压器进行，电力系统的三相电改变为单相电是通过牵引变压器的电气接线来实现的。

城市轨道交通一般采用直流供电方式，牵引变电所的任务除了降压之外，还需要把交流电变换为符合牵引要求的直流电，因此，在城市轨道交通系统的牵引变电所内，还应有整流设备。

2）馈电线

馈电线是连接牵引变电所和接触网的导线，它把经牵引变电所变换成合乎牵引制式用的电能馈送给接触网。

3）接触网

接触网是一种悬挂在轨道上方沿轨道敷设的、和铁路轨顶保持一定距离的输电网。其功用是电力机车的受电弓和它直接滑动接触，将电能传送给电力机车，驱动牵引电机使列车运行。

4）钢轨

钢轨在非电牵引情形下只作为列车的导轨。在电力牵引时，钢轨除仍具有导轨功能外，还需要完成导通回流的任务，因此，电力牵引的轨道，还需要具有连续导电的功能。

5）回流线

回流线是连接钢轨和牵引变电所的导线，通过回流线把轨道中的回路电流导入牵引变电所。

3. 电力牵引方式的动车组

传统的牵引编组模式通常采用带动力的机车牵引连挂好的不带动力的车辆的方式。一趟列车由机车和车辆组成，根据需要，车辆可以灵活地编组。现代铁路客运要求高速、便捷、准点、专用于客运。针对这些特点，客运列车采用固定编组形式，机车和车辆不再分解。分布在列车两端起控制作用的头车可带动力也可不带动力，动力装置也可分布在中间车辆。动车组按牵引动力分布的不同来分，有动力集中式动车组和动力分散式动车组两种形式。其工作原理与电力机车工作原理类似，如图 1-3 所示。

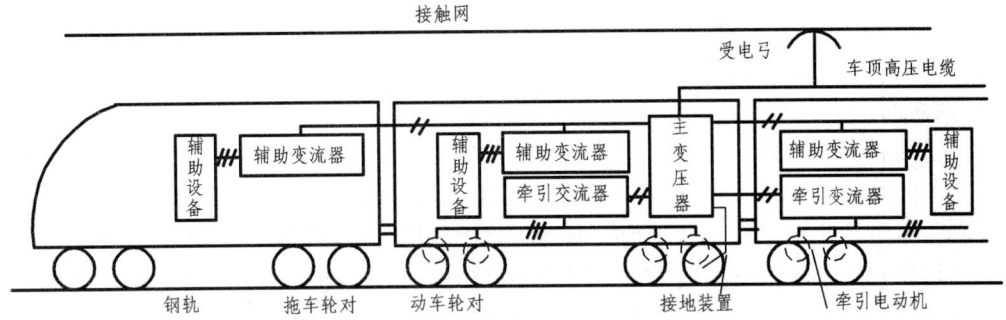

图 1-3　动力分散式动车组工作原理

动车组牵引供电及牵引传动系统主要由：供电系统、牵引传动系统、辅助系统组成。通常供电系统包括：牵引变电所、接触网、受电弓等；牵引传动系统包括：主断路器、主变压器、牵引变流器、牵引电动机及其控制装置等；辅助系统包括：辅助变流器、辅助设备、蓄电池系统等。

三、电力牵引的特点及优越性

在各种牵引动力中，电力机车与蒸汽机车、内燃机车的根本不同点在于它牵引列车时所需的能量不是由机车本身产生的，而是通过接触网（或其他供电装置）供给的，这种机车称为非自给式机车。而蒸汽机车、内燃机车在牵引列车时所需要的能量，则是由机车本身装载的燃料（如煤、柴油等）燃烧而产生的，这种机车称为自给式机车。由于电力机车与其他机车这种根本的区别，客观上决定了它取用能量的万能性。对于自给式机车来说，只有机车上储存的燃料，才能作为它能量的来源，这就表现出它取用能量的单一性。但对电力机车来说，它所需要的电能却可以由一切形式的能量转换而来，如可以由热力、水力、风力、天然气甚至地热、原子能、太阳能等转换而来。只要有相应的发电站，便可以利用相应的能量。由于这种取用能量的非自给性，使得电力机车具有一系列的特点。

1. 电力牵引的特点

1）功率大

现代铁路运输的发展，要求机车具有强大的功率。由于电力机车是非自给式机车，没有燃料储备，因而在同样的机车质量下，其功率要比自给式机车大。机车按单位质量所具有的功率称为比功率，这是衡量机车技术水平的标志之一。目前，电力机车的比功率一般达到 40～60 kW/。而较好的内燃机车，其功率也只有 25～30 kW/t。按每轴功率来说，电力机车已超过 750 kW，最高已达到 1 800 kW（采用三相交流异步牵引电机），较好的内燃机车的每轴功率为 440～580 kW。从整台机车来说，电力机车的轮周功率已达 7 500 kW 以上，内燃机车最高功率为 4 800 kW（柴油机功率，若折算到机车轮周，则还要降低 20%～30%）。

2）速度高

由于电力机车功率大，因而可以获得较高的速度。目前，客运电力机车运行速度可达到 250 km/h，货运电力机车也可达到 120 km/h，随着新型电力机车的不断出现，机车运行速度将进一步提高。法国的电力机车在试验线路上已达到 331 km/h 的速度，TGV 电动车组试验速度为 570 km/h，我国 CRH3 型动车组试验速度已达 460 km/h。

3）效率高

对于自给式机车来说，每台机车的平均热效率实际上是基本固定的，例如蒸汽机车的平均热效率为 8%～10%，内燃机车的平均热效率为 25% 左右。电力机车本身的效率是很高的，但考虑到整个电力牵引系统，其平均效率则不是固定的，它与供电系统的电能来源有关：在由水力发电站供电的情况下，电力牵引的效率可达到 60%～70%，在由高参数火力发电站供电时，其效率为 25% 左右；由低参数火力发电站供电时，其效率为 16%～18%。由此可见，在电力牵引的电能平均来自各种电站的情况下，其效率要高于内燃机车和蒸汽机车。

4）过载能力强

机车在起动、牵引重载列车和通过困难区段时，具有一定的过载能力是十分重要的。自给式机车的过载能力要受两方面的限制，一方面受机车发动机（如蒸汽机、内燃机车的牵引发电机或液力变扭器）过载能力的限制，另一方面又受机车所带的能量装置（如锅炉、柴油机）过载能力的限制。对于非自给式电力机车，其能量来自较强大的供电系统，因而机车的过载能力是较高的。

2. 电力牵引的优越性

由于电力机车具有上述一系列的特点，故在铁路运输中显示出很大的优越性和良好的运营效果。根据电力机车的运行经验，其优越性表现在下述几个方面：

1）运输能力强

电力机车功率大、速度高，最符合铁路运输多拉快跑的要求，这样就可以提高牵引定数，缩短区间运行时间，因而线路通过能力大大提高，其完成铁路运量的效果更为显著。法国、德国、日本等国电气化铁路里程占全国总运量的 30%～40%，但完成铁路运量却达到全国总运量的 52%～83%。有资料表明，1 条电气化铁路的运输能力，相当于 1.5 条内燃机车或 3 条蒸汽机车牵引铁路的运输能力。此外，电力牵引还不受外界条件的限制，在山区和高寒地区较之蒸汽机车和内燃机车更为优越。

2）经济效果显著

使用电力牵引容易实现多机重联牵引，因而使得运输中各项经济技术指标大为提高。同时，由于电力机车的检修周期长，检修工作量少，从而减少了维修费用和人力，机务成本大大降低。此外，由于电力机车整备作业少，宜于长交路行驶，这样就可以减少机务段的数目，而且乘务人员和使用的机车台数也相应减少，使劳动生产率大大提高。

3）能源利用合理

电力牵引的能源可以来自多方面，因而实行电力牵引可以合理地利用能源，特别是可以利用丰富而廉价的水力资源和天然气资源，即使由火力发电站供电，发电站也可以使用质量较差的煤作燃料，蒸汽机车则要消耗优质煤。使用电力牵引时，燃料的消耗也较蒸汽机车和内燃机车低得多。

4）利于环保、劳动条件好

蒸汽机车和内燃机车工作时，均要排出大量的煤烟和有害气体造成空气污染。使用电力牵引工作则可避免了这种情况，利于环境保护。特别是在机车运行中，当机车进入市区和人口稠密地区时，电力机车的噪声干扰也大大低于蒸汽牵引和内燃牵引，因而改善了乘务人员的劳动条件和铁路沿线居民的生活环境。

5）加强了行车安全

宝成铁路电气化后，列车正点率大幅度提高，1962—1964年正点率为98.2%，以后一直保持着较高的水平。电力牵引装有电气制动，提高了长大坡道上的运行速度，保证了行车安全，解决了由蒸汽牵引而带来的大量车辆轮、轴等事故，并且大大减少了因使用空气制动而产生的闸瓦熔化引起的火灾事故，因此电力牵引使行车更安全。

6）有利于实现城乡电气化

发展电力牵引是整个国家电气化建设的一个组成部分，对城乡及其他部门的电气化，也有一定的推动作用。特别是在一些发展中国家，农村电气化程度较低，使用电力牵引后，沿线农村可以方便地修建电网，促进了城乡的电气化。

四、动车组电力牵引传动系统的发展概况

日本从1964年首条高速线开通以来，动车组从0系发展到700系，从直流传动发展到交流传动，运营速度从210 km/h到300 km/h，一直坚持动力分散模式。法、德两国原先一直推崇动力集中牵引的动车组模式。法国以直流传动速度260 km/h起步，经过同步电机传动，第三代实现三相交流异步电机传动高速动车组，而下一代的AGV动车组改用动力分散式，速度为320～360 km/h。德国ICE1、ICE2高速动车组率先采用交流异步电机传动，实现280 km/h的运营速度，采用动力集中传动方式。然而ICE3新一代高速动车组也转而采用动力分散方式（2M2T）。可见，开发300 km/h以上高速动车组采用动力分散方式是目前的发展趋势。

早期的电力牵引传动系统均采用交—直传动，用直流电动机驱动，采用抽头切换，间断控制或可控硅连续相位控制技术进行调速。无论是日本0系、100系、200系还是法国TGV-P和意大利的ETR450均采用直流牵引电机，继承了传统的交—直牵引传动系统技术：由于直流电动机的单位功率质量较大，这就要求高速列车既要大功率驱动又要求减轻轴重，特别是减轻簧下部分质量。这形成了难以克服的矛盾。

到20世纪80年代末90年代初，高速列车开始采用交流电动机驱动，并存在两种不同的技术路线，即交流同步电机和交流异步电机。法国选择了自换相三相同步牵引电动机，把单台电机功率提高到1 100 kW，从而在TGV-A上用8台交流牵引电机，代替TGV-P上的12台直流牵引电机，将列车功率由6 800 kW提高到8 800 kW，运行速度由270 km/h提高到

300 km/h，列车质量由 418 t 增加到 479 t，列车定员由 368 人增加到 485 人。

TGV-A 采用 GTO 晶闸管逆变器，同步电动机加上辅助设备的质量比 TGV-P 的直流电动机增加 30 kg，而功率却增加了一倍。

日本和德国与法国不同，它们采用异步牵引电动机驱动。同步牵引电动机结构上虽然比直流牵引电动机简单，但它仍有滑环及电枢绕组。而异步电动机中的鼠笼型感应电机（简称异步电机），转子用硅钢片叠压，用裸铜条作为导体，无滑环等磨耗装置。其结构简单，可靠，体积小，质量轻，可实现电机免维修。

交流传动系统采用三相交流鼠笼式感应电机。三相异步电机与直流电机相比具有很多优点：（1）结构简单，可靠性高，维护少，价格低，易于制造；（2）功率大（目前，世界上最大的直流牵引电机功率为 1 000 kW，而交流牵引电机功率，已达到 1 800 kW），效率高，质量轻；（3）无换向引起的电气损耗和机械损耗，无环火引起的故障；（4）耐振动、冲击的性能较好；（5）耐风雪，多尘，潮湿等恶劣环境；（6）具有可持续的大启动牵引力；（7）过载能力强（仅受定子绕组热时间常数的影响）；（8）转速高，功率/质量比高，有利于电机悬挂；（9）转矩—速度特性较陡，可抑制空转，提高黏着利用率；（10）在几台电机并联时，不会发生单台电机空转现象；（11）由于取消了整流子和电刷，大大减少了维修工作量（据统计，不到直流电机的 1/3）。

逆变器技术和交流电机控制技术的进步为采用异步牵引电动机驱动提供了条件。因此交—直—交传动并采用异步电动机驱动是高速列车牵引传动系统发展的主流。

早期，日本的科学技术和国力比不上欧洲，但比欧洲早 17 年实现世界第一条高速铁路，促进了它的经济高速发展。欧洲原来的技术实力和水平较高，坚持发展动力集中，但滞后日本 17 年才实现高速铁路；而在 1989 年实现 300 km/h 高速列车运行时，欧洲又比日本早 9 年。

日本采用电动车组的主要理由是它属于岛国，山丘、坡道、弯道多，地质松软，对动轴轴重限制十分严格，而欧洲铁路土质坚硬，路基结实，轨道基础好，可承受的作用力较大。

在法国、德国和日本的货运中，铁路所占的比重不一样，法国、德国近年仍占 20%，而日本水运比重大，铁路货运只占 5% ~ 6%。日本铁路货运量太少，可以针对客运专线专门设计轻量客运列车。由于轴重轻，在路基、桥梁建筑中，日本铁路可采用轻型标准规格，以降低修路成本。而对于欧洲来说，采用客货通用的线路和机车牵引客货通用方式，可以提高机车的利用率，或者通过技术延伸，把货运机车技术延伸到客运机车中去。欧洲坚持发展动力集中实现高速：一是凭借先进技术；二是客货混跑的缘故。欧洲实现高速比日本要付出高得多的代价和克服更多的困难，因此实现高速比日本滞后了 17 年，尔后通过采用先进技术（特别是交流传动技术和双空心轴悬挂传动技术），坚持采用动力集中模式，在日本之前突破了 300 km/h 的高速，但代价是相当大的。300 km/h 以上的动车组在欧洲国家也逐渐转向动力分散式。

大功率交—直—交传动系统性能的提高与电力半导体器件的发展密切相关，电力半导体器件的特性决定了变流装置的性能、体积、质量和价格。从铁道牵引的角度看，理想的电力半导体器件应是：断态时能够承受高电压，通态时可流过大电流且通态压降小，可在通态和断态之间进行快速切换，即开关频率高，损耗小，易于控制。应用于铁道牵引的电力半导体器件大致经历了晶闸管、GTO、IGBT 3 个发展阶段。新干线高速列车电传动技术的发展与电力半导体技术的发展紧密相关，20 世纪 60 年代初研制的 O 系高速列车，限于当时的电力半导体器件水平，只能采用牵引变压器次边抽头，二极管整流调压方式。到 80 年代，大功率晶闸管应用技术成熟，新研制的 100、200、400 系高速列车，均采用相控调压方式。进入 90 年代，在电力牵引领域，交流传动开始取代直流传动，加之大功率 GTO 元件的应用，使得电压型交流传动技术在该领域中占据了主导地位。因此，新研制的 300 系、500 系、700 系，E1、E2、E3、E4 等高速列车均采用了交流传动技术。

随着新型大功率半导体器件（诸如 IGBT、IPM）的出现，E2 和 700 系高速列车牵引变流器开始采用 IGBT 或 IPM 器件，进一步改善了传动系统性能。

采用交流电机时，网上的单相交流电经变压、整流之后，还必须通过逆变器变成三相交流电，才能作为交流电机的驱动电流。整个变流过程是从单相交流变直流，再由直流变三相交流，这套交—直—交变流技术，特别是交流牵引电机的控制技术，是高速列车牵引技术的核心，而逆变器又是其中的关键，其中包括下列 3 项主要技术：一是电力半导体器件，它是逆变器中的关键元件，目前比较先进的是 GTO 元件和 IGBT 元件，后者将逐步取代前者。IPM 元件是 GTO 元件、驱动及保护电路的集成块，它具有短路、过流、过热及电流实时控制等保护功能，将更有利于实用。二是变流电路的结构性能，它是随半导体器件的发展而发展的，目前其设计重点已转向于牵引性能、谐波含量、电磁干扰、控制特性及运用成本等。软开关电路是进一步降低开关损耗，减少开关过程中的电磁干扰和对环境的电磁污染的重要途径，有待研究开发。三是交—直—交传动的控制技术。这一技术由网侧变流器控制和电机侧逆变器控制两部分组成。

列车牵引传动长期以来采用交—直传动系统，牵引电机为直流电机。近 30 年来，由于电子技术尤其是大功率变流技术的发展、控制理论和控制技术的完善以及变频器技术的成熟，使三相交流电动机在高速列车牵引中的应用得到了关键性突破，获得了极为迅速的发展。高速动车组采用的就是交流传动系统，其牵引电机采用的是三相交流异步电机。

高速动车组牵引传动系统采用的新技术主要表现在以下几个方面：

1) 新型全控电力电子器件的应用

电力电子器件是牵引变流技术的基础和核心。诞生于 20 世纪 80 年代的新型全控制电力电子器件 IGBT 是一种 MOSFET 与晶体管复合的器件，由于它既有易于驱动、控制简单、开关频率高的优点，又有功率晶体管的导通电压低、通态电流大、损耗小的优点，IGBT 的发展及应用领域的拓展十分迅速。高速动车组牵引变流器的功率电子器件大多采用大功率 IGBT/IPM。

2) 牵引变流器 PWM 控制技术

交流调速传动系统中的变流器，无论是电源侧的整流器还是电机侧的逆变器都属于开关电路，电路中开关器件的周期性通断，从根本上破坏了交流电压、电流的连续性和正弦性。电压、电流中的高次谐波，一方面给交流电网带来严重危害，另一方面又使电机运行性能恶化。谐波电流产生的脉动力矩，会引起运动轴系振动，增大运行噪声，严重时还会使电机不稳定运行。减小谐波含量的有效办法是牵引变流器采用 PWM 技术。高速列车牵引变流器均采用 PWM 控制技术。

3) 列车驱动控制技术

高速列车牵引传动系统是一个多变量、非线性和强耦合的系统。通常电压（或电流）和频率是可控的输入量,输出量则是转速、位置和力矩,它们彼此之间以及和气隙磁链、转子磁链、转子电流等内部量之间都是非线性耦合关系。

近年来,现代控制理论的应用又促进多种控制系统的诞生,并解决了传统反馈控制理论所不能解决的控制问题。例如取得重要突破的矢量控制系统、直接力矩控制系统等。

矢量控制系统采用参数重构和状态重构的现代控制概念,实现电机定子电流的励磁分量与力矩分量之间的解耦,从而使交流电机能像直流电机一样分别对其励磁分量和力矩分量进行独立控制,是交流驱动控制最有效的方法之一。

继矢量控制技术之后的另一个新的突破是直接力矩控制方法,与矢量解耦控制的方法不同,它无需进行两次坐标变换及求矢量的模与相角的复杂计算,而是直接在定子坐标系上计算电机磁链和力矩的实际值,并与磁链和力矩的给定值相比较,通过二点式调节器进行力矩的直接调节,加快了力矩的快速响应,使响应时间控制在一拍之内,能使系统的静、动态性能得到很大的提高。

第二节 牵引供电概述

牵引供电系统是电气化铁路的重要组成部分,牵引供电系统与动车组和电力机车之间有着紧密的联系,熟悉和了解牵引供电系统的组成、作用、类型、相关概念等,能使读者更好地学习和理解动车组牵引与控制系统的相关知识。

一、牵引供电系统的特点

1)负荷大

由于牵引质量大(最大可超过 10 000 t)、速度快(高速动车组最高速度超过 380 km/h),所以列车负荷比城市轨道交通、矿山轨道运输大得多。

2)采用 25 kV 工频交流供电

可以采用大功率的高速动车组、电力机车,减少系统的电压损失和电能损失,降低导线等有色金属的消耗量。而城市轨道交通、矿山轨道运输的供电一般采用 750~1 500 V 的直流供电。

3)对电力系统影响大

由于牵引供电系统是单相负荷,所以会有负序电流流入电力系统。为了减少负序电流的影响,牵引变电所往往采用轮换接线方式或采用三相—两相平衡变压器。

4)对通信线路干扰大

由于系统中交流电产生电磁影响以及负荷中的高次谐波电流,会严重影响通信线路和通信设备,使通信质量下降。为了减少影响,一般在系统中采用对通信线路影响小的供电方式,如 AT 方式、BT 方式。

二、牵引变电所

牵引变电所的主要任务是将电力系统输送来的电能降压。然后以单相供电方式经馈电线送至接触网上,电压变换由牵引变压器进行。电力牵引为一级负荷,牵引变电所应由二路独立电源供电。为了保证供电的可靠性,由电力系统送到牵引变电所的高压输电线路无一例外地为双回路,两条进线互为备用,平时均处于带电状态。一旦一条回路发生供电故障,另一条回路自动投入,从而保证不间断供电。

牵引变压器(主变)是牵引变电所内的核心设备,是一种特殊电压等级的电力变压器。牵引变压器担负着将电力系统供给的 110 kV 或 220 kV 的三相电源变换成适合电力机车使用的 25 kV 单相电的作用。由于牵引负荷具有极度不稳定、短路故障多、谐波含量大等特点,所以牵引变压器运行环境比一般电力负荷恶劣的多,因此要求牵引变压器过负荷和抗短路冲击的能力要强,这也是牵引变压器区别于一般电力变压器的特点。

牵引变压器根据接线方式不同,可分为单相牵引变压器、三相牵引变压器、三相—两相牵引变压器等。我国牵引变压器接线形式主要有五种:单相接线、V/v 接线、YN/d11 接线、Scott 接线和阻抗平衡接线变压器等。目前 110 kV 单相接线和 V/v 接线牵引变压器应用较多。

单相接线变压器(图 1-4)高压侧由两相供电。单相变压器的结构简单,可靠性高,容量利用率可达 100%,造价及年运行费用、容量电费较低,因此其在电气化铁路中得到广泛应用。但单相变压器的负序容量较高,对电网污染较大,带来了较严重的电能质量问题。

V/v 接线有单相变压器 V/v 接线和三相变压器 V/v 接线,单相 V/v 接线即用 2 台单相压器连接成开口三角形。三相 V/v 接线如图 1-5 所示。V/v 接线变压器高压侧由三相供电,容量利用率可达 100%,负序容量较单相变压器大大降低,因此降低了对电网的不利影响。对 2×27.5 kV 的 AT 系统,可省略变电所内的自耦变压器,相应二次侧采用中点抽出的接线方式。图 1-6 是 V/x 接线方式。

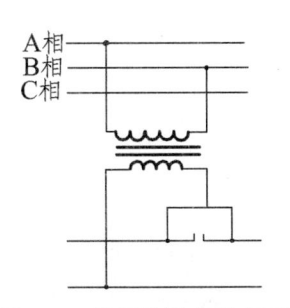

图 1-4 单相接线牵引变压器

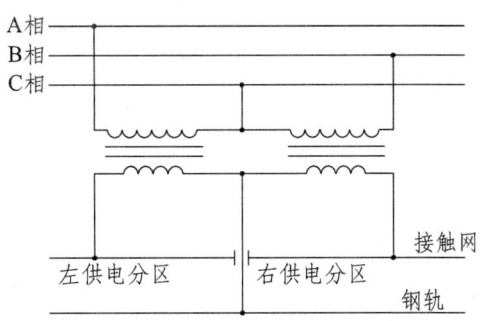

图 1-5 三相 V/v 接线牵引变压器

Scott 接线牵引变压器原理如图 1-7,它是将原边对称的三相电压变换为副边两相对称电压,用其一相供应一边供电臂,另一相供应另一边供电臂。

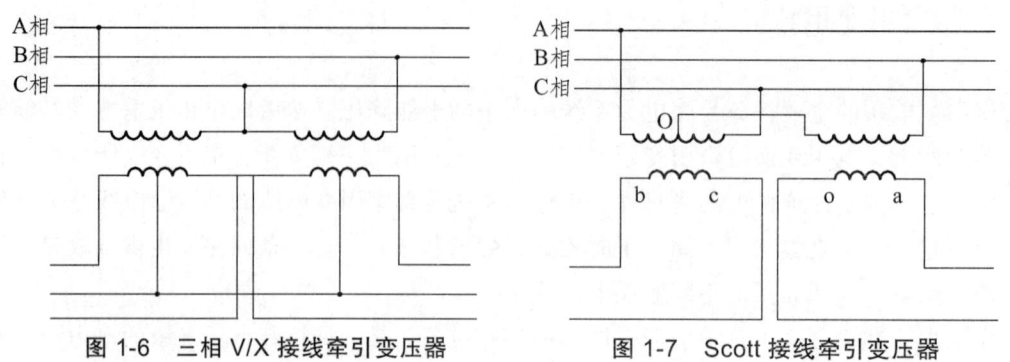

图 1-6　三相 V/X 接线牵引变压器　　图 1-7　Scott 接线牵引变压器

自耦变压器是 AT 供电的专用变压器，自身阻抗很小，一般沿牵引网每 10~20 km 设一台，用以降低线路阻抗，提高电压水平及减少通信干扰。

三、接触网

接触网是沿铁路上空架设的一条特殊形式的输电线路，它由接触悬挂、支持装置、定位装置、支柱与基础等几部分组成，如图 1-8 所示。

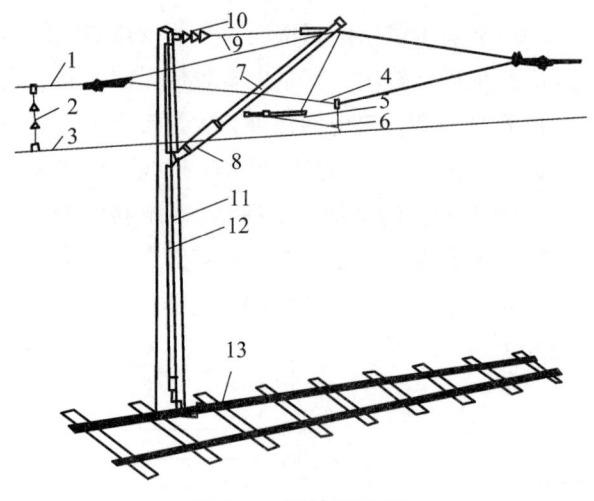

图 1-8　接触网组成

1—承力索；2—吊弦；3—接触线；4—弹性吊弦；5—定位管；6—定位器；7—腕臂；
8—棒式绝缘子；9—水平拉杆；10—悬式绝缘子；11—支柱；12—地线；13—钢轨

1. 接触悬挂

接触悬挂包括接触线、吊弦、承力索和补偿器及连接零件，接触悬挂通过支持装置架设在支柱上，其作用是将从牵引变电所获得的电能输送给电力机车。电力机车运行时，受电弓顶部的滑板紧贴接触线摩擦滑行取流。

2. 支持装置

支持装置包括腕臂、水平拉杆、悬式绝缘子串、棒式绝缘子及吊挂接触悬挂的全部设备。

支持装置用以支持接触悬挂，并将其负荷传给支柱或其他悬挂的全部设备。支持装置用以支持接触悬挂，并将其负荷传给支柱或其他建筑物。根据接触网所在区间、站场和大型建筑物而有所不同，图 1-8 所示为区间安装形式。支持装置包括腕臂、水平拉杆、悬式绝缘子串、棒式绝缘子及其他建筑物上的特殊支持设备。

3. 定位装置

定位装置包括定位管、定位器、支持器及其连接零件。其作用是固定接触线的位置，在受电弓滑板运行轨迹范围内，保证接触线与受电弓不脱离，使接触线磨耗均匀，同时将接触线的水平负荷传给支柱。

4. 支柱与基础

支柱与基础用以承受接触悬挂、支持和定位装置的全部负荷，并将接触悬挂固定在规定的位置和高度上。我国接触网中采用预应力钢筋混凝土支柱和钢柱，基础是对钢支柱而言的，即钢支柱固定在地下用钢筋混凝土制成的基础上，由基础承受支柱传给的全部负荷，并保证支柱的稳定性。预应力钢筋混凝土支柱与基础制成一个整体，下端直接埋入地下。

三、供电方式

牵引网是以接触网—钢轨—大地为回路的单相不对称供电系统，单相交流负荷在接触网周围空间产生交变电磁场，从而对附近通信设施和无线电装置产生一定的电磁干扰。尤其随着电气化铁路向平原和大城市发展，电磁干扰矛盾日益突出，为了减少电气化铁道对沿线通信设备的干扰，保障其设备、人身安全及正常工作，于是在接触网供电方式上采取不同的防护措施，便产生了不同的供电方式。目前主要有：直接供电（简称 TR 供电）方式、吸流变压器供电（简称 BT 供电）方式、带回流线的直接供电（简称 DN 供电）方式、自耦变压器供电（简称 AT 供电）方式、同轴电力电缆供电（简称 CC 供电）方式等。

1. 直接供电方式

直接供电方式是指，牵引变电所与接触网间不设置任何防干扰设备。这种供电方式的馈电回路结构简单，造价低、牵引网阻抗小、能耗低，供电距离单线一般为 30 km 左右，复线一般为 25 km 左右，维护费用低。但由于钢轨与大地不绝缘，在负荷电流较大的情况下，钢轨电位高，对沿线的通信线路产生感应影响，对弱电系统的电磁干扰较大。因此，根据我国目前通信设备状况，此种供电方式仅适用于通信线路较少的电气化铁路区段，或将通信线路改迁至远离电气化铁路的地区。其工作原理如图 1-9 所示。

2. 吸流变压器供电方式

在牵引供电系统中加装吸流变压器—回流线装置的供电方式称为吸流变压器（BT）供电方式。这种供电方式适用于电气化铁道穿越大、中城市及铁路两侧分布通信线路较多的地区，能有效地减轻电磁场对附近通信设备的干扰影响。

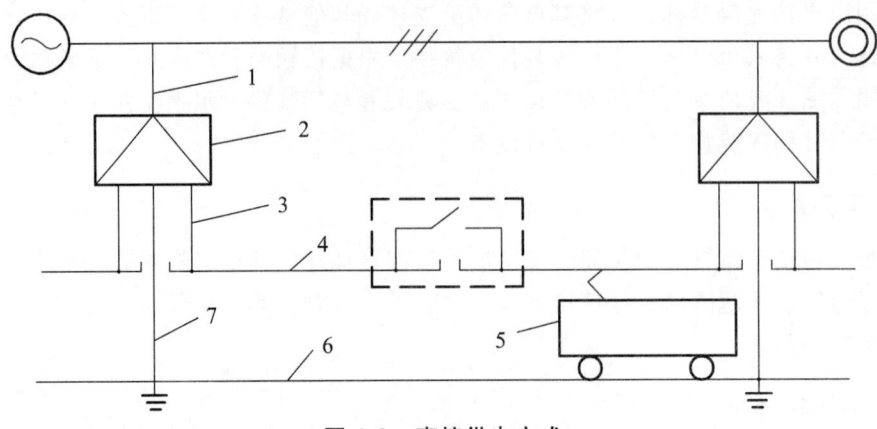

图 1-9　直接供电方式

1—输电线；2—牵引变电所；3—馈电线；4—接触网；5—电力机车；6—钢轨；7—回流线

吸流变压器采用变比为 1∶1 的特殊变压器，每隔 2~4 km 装设一台吸流变压器，并与接触网同杆架设回流线。每两台吸流变压器之间，经吸上线与轨道相连。其工作原理如图 1-10 所示。

接触网上的牵引电流流经吸流变压器原边绕组，经电力机车流入钢轨。吸流变压器次边绕组串入回流线内，通过吸流变压器电磁工作原理，将钢轨回路中的牵引电流经吸上线吸引至回流线并返回牵引变电所。在理想的情况下，接触网与回流线上的电流大小相等方向相反，它们在周围空间产生的电磁场互相抵消，从而消除了对附近通信线路的电磁干扰。

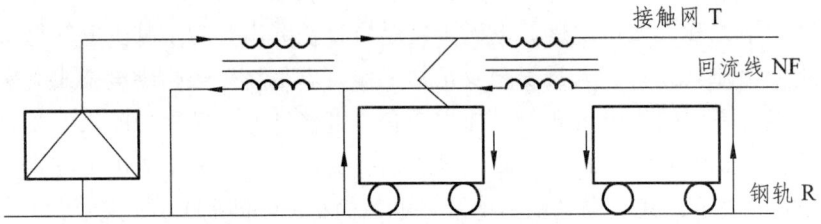

图 1-10　吸流变压器供电方式

在实际使用上，回流线的电流总是小于接触网上的电流，仍有少部分牵引电流经钢轨和大地返回牵引变电所。其次，当电力机车位置在吸流变压器附近时，从机车到吸上线之间的半段距离中，牵引电流基本上流经钢轨，这种情况称为"半段效应"，上述情况下对通信线路仍有一定的干扰。另外，由于吸流变压器原、次边线圈串入接触网和回流线内，使牵引网阻抗增大、降低了供电臂末端电压，造成牵引变电所间距减小、馈电回路结构复杂、造价较高等弊病。

3. 带回流线的直接供电方式

带回流线的直接（DN）供电方式如图 1-11 所示，此方式取消了 BT 供电方式中的吸流变压器，保留了回流线，利用接触网与回流线之间的互感作用，使钢轨中的回流尽可能由回流线流回牵引变电所，从而部分抵消接触网对临近通信线路的干扰，其防干扰效果不如 BT 供电方式，通常在对通信线路防干扰要求不高的区段采用。这种供电方式设备简单，因此供电设备的可靠性得到了提高。由于取消了吸流变压器，只保留了回流线，所以牵引网阻抗比直供方式低一些、供电性能好一些、造价也不太高，因此这种供电方式在我国电气化铁路上得到了广泛应用。

这种供电方式实际上就是带回流线的直接供电方式，NF 线每隔一定距离与钢轨相连，既起到防干扰作用，又兼有 PW 线特性。由于没有吸流变压器，所以改善了网压，而且接触网结构简单可靠，近年来得到广泛应用。

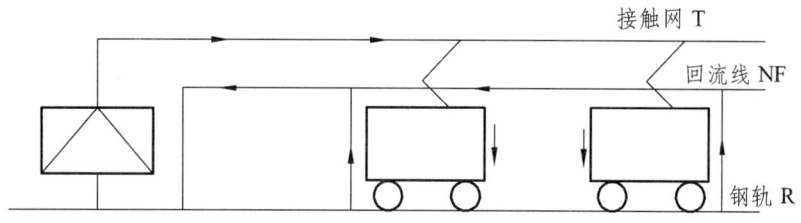

图 1-11　带回流线的直接供电方式

4. 自耦变压器供电方式

在自耦变压器（AT）供电方式中，牵引变电所主变输出电压为 55 kV，经 AT（自耦变压器，变比 2∶1）向接触网供电，一端接接触网，另一端接正馈线（简称 PF 线，亦架设在田野侧，与接触网悬挂等高），AT 中点抽头与钢轨相连，如图 1-12 所示。

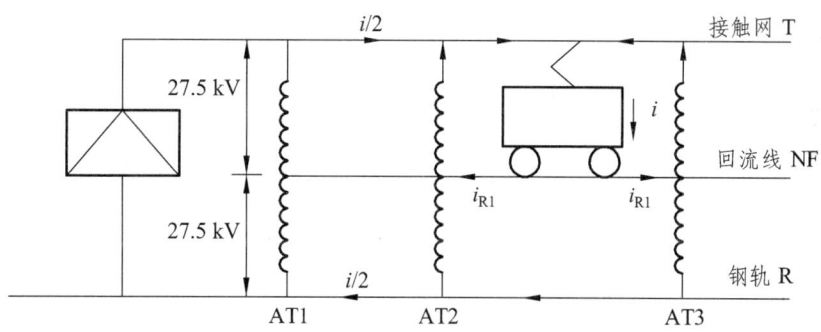

图 1-12　自耦变压器供电方式

由于自耦变压器的作用，接触网和正馈线的电流均为 $i/2$，方向相反，可有效地减少牵引网对通信线的干扰。此外，在 AF 线下方还架有一条保护（PW）线，当接触网绝缘遭破坏时起到保护跳闸作用，同时亦兼有防干扰及防雷效果。

AT 供电方式牵引变电所由于馈线供电电压提高至 2×25 kV（牵引网电压仍为 25 kV）。与 25 kV 馈线电压相比，变电所间距离成倍扩大，主变压器容量相应增大（单机最大容量为 63 MV·A 以上），采用三相—两相平衡接线主变压器有利于改善变电所的主要运行技术指标（电压水平和负序电流等），提高供电质量。但牵引变电所主接线相对较复杂，使其一次投资费用增大。它适用于高速、重载和繁忙干线电气化铁路。例如，在欧洲等一些国家的高速铁路牵引变电所应用较广泛。随着新世纪高速铁路在中国和世界上不少国家的推广和发展，AT 供电方式牵引变电所以其技术经济的整体优势，将进一步被采用。

5. 同轴电力电缆供电方式

同轴电力电缆（CC）供电方式是一种新型的供电方式。同轴电力电缆沿铁路线路埋设，其内部芯线作为馈电线与接触网连接，外部导体作为回流线与钢轨相接。每隔 5~10 km 作一个分段，如图 1-13 所示。由于馈电线与回流线在同一电缆中，间隔很小，而且同轴布置，互感系数增大，所以同轴电力电缆的阻抗比接触网和钢轨的阻抗小得多，牵引电流和回流几乎全部由同轴电力电缆中流过。因此电缆芯线与外部导体电流相等，方向相反，二者形成的磁场相互抵消，对邻近的通信线路几乎无干扰。同时，由于阻抗小，故供电距离长。而且 CC 供电方式不需要像 AT 供电方式的正馈线或 BT 供电方式的回流线那样的架空电线，对净空要求低，接触网结构简单。但由于同轴电力电缆造价高，投资大，现在采用此供电方式的区段很少，当电气化铁路穿越大城市或长大隧道时，经过技术和经济比较，可采用同轴电力电缆供电方式。

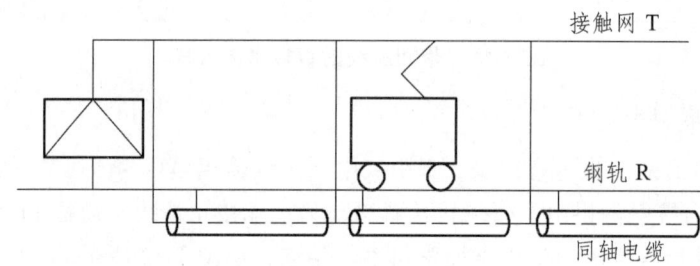

图 1-13　同轴电力电缆供电方式

四、分段、分相绝缘装置

在交流电气化铁道区段同相电之间，是靠绝缘锚段关节或分段绝缘器实现电分段，不同相电是采用分相绝缘器，它们都是接触网上的重要电气设备。

1. 分段绝缘器

分段绝缘器又称分区绝缘器，它安装在各车站装卸线、机车整备线、电力机车库线、专用线等处，因为在这些区段设立绝缘锚段关节受站场股道限制，既不经济又难以实现。

目前现场常用的分段绝缘器，有高铝陶瓷和菱形分段绝缘器。在结构上既保证机车受电弓平滑通过，又能满足供电分段的要求。

2. 分相绝缘器

分相绝缘器用于接触网需要分相供电的电分段处，避免在接触网上发生相间短路，同时承受一定的机械负荷。

通常相邻分相绝缘器之间形成一个无电的中性区，考虑到机车前后弓同时升起时也不至于发生相间短路事故，分相区段总长度为 30 m。

为防止受电弓通过分相绝缘器时，发生瞬间断电拉弧而烧损绝缘元件，造成断线事故。要求机车在通过分相区段前，应断开机车主断路器，不带负荷滑行通过分相区段，为此在分相装置附近的路肩上，应设置"禁止双弓""断""合"标志牌以提示司机，其安装位置如图 1-14 所示。

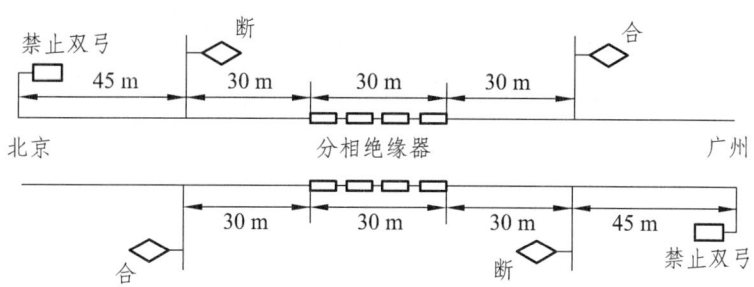

图 1-14　标志牌位置示意图

五、自动过电分相技术

由于电力机车由单相供电，为了使电力系统三相负荷基本平衡，牵引供电系统采用了分段换相取流的方法，称为电分相。每隔 20～30 km，在变电所出口处或两牵引变电所之间的分区所（供电臂末端）设电分相装置，电分相装置在牵引网不同相供电臂之间实现电气隔离，一般每一个分相区长度约 80～150 m。电力机车不能直接带电闯过电分相，否则会产生电弧并烧毁接触网和受电弓，甚至导致相间短路故障。

过分相方式有手动过分相和自动过分相。手动过分相就是由司机控制，按顺序完成退级（减小牵引负荷电流）、关辅助机组、断主断路器等一系列操作，机车靠惯性滑过电分相区，之后再由司机按照相反顺序恢复对机车的供电。当列车运行速度为 200 km/h 时，每 6～10 min 要过一处电分相，频率非常高，这样频繁及紧张的操作，加大了司机的劳动强度及精神负担，易发生拉弧烧损分相绝缘器，对高速运行是很不利的。

随着列车提速及高速电气化铁路的发展，电分相环节已经成为制约列车运行速度的主要因素之一。为适应火车提速和高速铁路的要求，车上人工切换主断路器过分相的方式已不可行，必然采用自动过分相技术，目前自动过分相方式主要有：车载自动控制断电、地面开关自动切换、接触网柱上开关自动断电等。

1. 车载自动控制断电过分相

车载自动控制断电方式就是通过感应地面预埋磁铁等方式来确认机车所处位置（图 1-15），机车自动控制完成退级、关辅助机组、断主断路器等系列操作，机车靠惯性滑过电分相区之后，再按照相反顺序自动恢复对机车的供电。

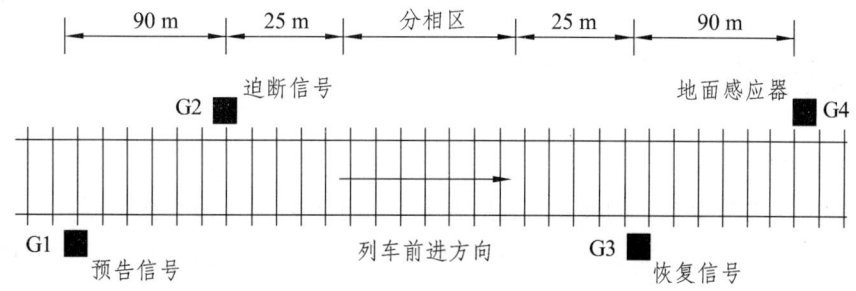

图 1-15　车载开关自动切换过分相示意图

2. 地面开关自动切换过分相

地面开关自动切换过电分相方式是通过地面传感器感应机车位置并控制相应的真空断路器,使电力机车通过电分相时能轮流由两侧供电臂供电。这种装置的工作原理如图 1-16 所示。

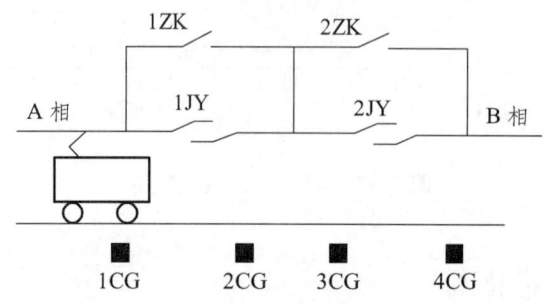

图 1-16　地面开关自动过分相示意图

图 1-16 中,1JY、2JY 不采用一般的分相绝缘设备,而是用绝缘锚段关节,以保证机车受电弓连续受流平滑通过。

当机车从 A 相驶来到达位置传感器 1CG 时,使位置开关 1ZK 闭合,中性段接触网由 A 相供电。待机车进入中性段到位置传感器 3CG 时,1ZK 分断,2ZK 随即迅速闭合,使中性段由 A 相转为 B 相供电,机车司机不用进行任何操作,待机车驶离 4CG 后,2ZK 分断,中性段失电恢复原状。反向来车时,由控制系统自动识别,控制两台真空开关以相反顺序轮流闭合。机车过中性段时,仅有 0.1~0.13 s 的断电时间。所有开关设备均安设在变电所内。

3. 接触网柱上开关自动断电过分相

柱上开关自动断电方式就是采用接触网上特殊安装的线圈来检测机车的位置,并由该线圈控制真空断路器的闭合来实现网上的断电操作。柱上开关自动断电方式原理如图 1-17 所示。

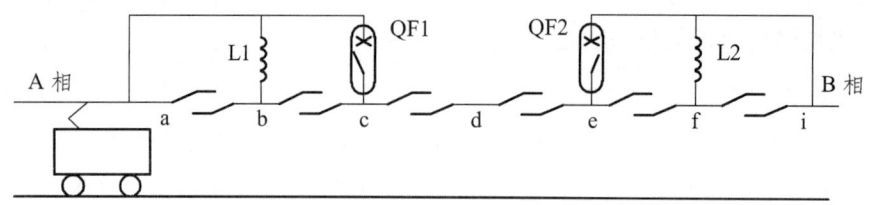

图 1-17　柱上开关自动断电方式过分相示意图

六、高速铁路的弓网耦合及受流技术

1. 高速受流的特点

(1) 接触网(与受电弓)的波动特性。高速列车的行驶速度较常速列车高得多,因而受电弓沿接触导线移动的速度大大加快,这就使接触网与受电弓的波动特性发生变化,从而对受流产生影响。

（2）高速列车在高速行驶时所受的空气阻力较常速列车大得多，空气动态力也是影响高速受流的一个重要因素。

（3）受电弓从接触网大功率受流问题。高速列车所需的牵引功率较常速列车大得多，单弓显然不行。若采用多弓受流必然会增加阻力和加大噪声，引起接触网的波动干扰，这就要求解决受电弓从接触网大功率受流问题。

高速列车的受流是通过受电弓与接触网的接触导线紧密接触而实现的，因而受流是否正常直接取决于接触网—受电弓系统的技术状态。接触网—受电弓系统工作可靠是确保高速动车组良好取流的根本条件。

2. 高速受流对接触网的要求

（1）在最高运行速度和更大的速度变化范围内应能保证正常供电。
（2）应有更高的耐磨性和抗腐蚀（包括抗电蚀）能力。
（3）对接触网的结构和布置应有更高的要求。
（4）在接触网的接触悬挂方面，应用更为先进的接触悬挂装置。

3. 对高速动车组受电弓的要求

（1）高速受电弓的滑板与接触导线之间要保持恒定的接触压力，以实现比常速受电弓更为可靠的连续接触网，其接触压力不能过大或过小。

（2）与常速受电弓相比，高速受电弓要尽可能减轻受电弓运动部分的质量，以保证与接触网有可靠的点接触。列车运行中，受电弓将随着接触网导线高度变化而上下运动。在高速条件下，这种运动更为频繁，从而直接影响滑板与接触导线之间接触力是否恒定。由于接触压力除与接触网结构、性能有关外，还与受电弓的静态特性（静止状态下接触压力与受电弓高度的关系）和动态特性（运动状态下受电弓上下运动的惯性力）有关，因此对于高速受电弓，除必须保证机械强度和刚度外，应尽可能降低受电弓运动部分的质量，从而减小运动惯性力。这样才能使受电弓滑板迅速跟上接触导线高度的变化，保证良好的电接触。

（3）由于高速运行时空气阻力很大，因此高速受电弓在结构设计上要做充分考虑，力求使作用在滑板上的空气阻力由别的零件承担，从而使受电弓滑板在其垂直工作范围内始终保持水平位置，以减小甚至消除空气动力对滑板与接触导线间接触压力的影响。

（4）滑板的材料、形状和尺寸应适应高速的要求，以保证良好的接触状态及更高的耐磨性能。

（5）要求受电弓在其工作高度范围内升降弓时，初始动作迅速，终了动作较为缓慢，以确保在降弓时快速断弧，并防治升降弓时受电弓对接触网和底架有过大的冲击载荷。

4. 高速受电弓应具有的特性

受电弓和接触网是一对相互作用的振动系统和摩擦耦合系统，要获得良好的受流性能，除了接触网具有良好的性能外，还必须有受流性能好的受电弓来匹配。受电弓作为一个弹性机构，通过自身结构保持与接触导线一定的压力，在运行过程中，还受空气动态力的作用，使其在运动中的振动变得非常复杂。综合分析世界各国高速铁路使用的受电弓，它们都具有如下特点：

（1）小的静态抬升力；

（2）较小的归算质量；
（3）良好的跟随特性；
（4）大的横向刚度；
（5）具有良好的气动力外形和气流调整装置，以改善受电弓的气动力稳定性，保证弓头位置稳定；
（6）与接触导线摩擦性能相匹配的滑板材料，及钛合金材料；
（7）具有紧急降弓控制系统，当受电弓滑板损坏时，受电弓自动快速降弓。

第三节　电力牵引传动系统概述

一、电力牵引传动系统的分类

目前，世界上使用的电力牵引传动系统种类繁多，通常采用电力牵引传动系统的动力形式主要包括：高速电动车组、电力机车、城市轨道交通电动车组等。

1. 按供电电流制（接触网）——传动型式（牵引电机）不同

1）直-直型

直-直型是指接触网采用直流供电，牵引电机采用直流牵引电动机的方式，接触网与牵引电机之间采用斩波调压装置改变直流电的大小。

2）直-交型

直-交型是指接触网采用直流供电，牵引电机采用三相交流牵引电动机的方式，接触网与牵引电机之间采用逆变装置将直流电变换为三相交流电。

（3）交-直型

交-直型是指接触网采用交流供电，牵引电机采用直流牵引电动机的方式，接触网与牵引电机之间采用整流装置将交流电变换为直流电。

（4）交-直-交型

交-直-交型是指接触网采用交流供电，牵引电机采用三相交流牵引电动机的方式，接触网与牵引电机之间采用变流装置（整流+中间直流环节+逆变）将单相交流电变换为牵引电机需要的三相交流电。

目前国内的 CRH 系列动车组均属于交-直-交型。

2. 按动力车和拖车编组方式不同

1）动力集中式动车组

动力集中式动车组是指列车两端的车采用带牵引动力装置的动力车，中间的车辆为不带动力的拖车的编组方式。

2）动力分散式动车组

动力分散式动车组是指带牵引动力装置的动力车分散布置在头车或中间车辆中的编组方式。

目前国内的 CRH 系列动车组均属于动力分散式动车组。

二、电力牵引传动系统的工作原理

（一）直-直型传动系统工作原理

直-直型传动系统使用的是直流电源和直流串励牵引电动机，目前有些工矿电力机车、地铁电动车组和城市无轨电车仍采用这种型式。工作过程为：机车由受电弓从接触网取得直流电，经主断路器 QF，启动电阻 R 向四台直流牵引电动机 M1～M4 供电，牵引电流经钢轨流回变电所。四台牵引电动机接通电源后即行旋转，把电能转变为机械能，再分别通过各自的齿轮传动装置，驱动机车动轮牵引列车运行。直-直型传动系统工作原理如图 1-18 所示。

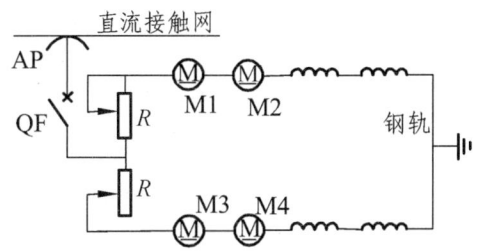

图 1-18　直-直型传动系统工作原理

直-直型传动系统的基本特点：
（1）机车结构简单，造价低，经济性好。
（2）采用适合于牵引的直流串励电动机，牵引性能好，调速方便。
（3）控制简单，运行可靠。
（4）供电效率低。由于受牵引电动机端电压的限制，接触网电压一般为 600～3 000 V。传输一定功率时电流较大，接触网导线损耗量大，因此供电效率低。
（5）基建投资大。
（6）效率低，有级调速。由于机车使用调压电阻进行起动、调速，因此调节过程中有能量损耗，使得机车效率很低，同时也难以实现连续、平滑地调节。若采用斩波器进行调速，可以对牵引电动机端电压进行连续、平滑地调节，从而实现无级调速。

（二）直-交型传动系统工作原理

直-交型传动系统使用的是直流电源和三相异步牵引电动机。

随着电力电子技术的发展，全控型电力电子器件与功能强大的微处理器芯片成功地开发应用，加之少维护、结构简单又坚实牢固的交流异步牵引电机的发展及其控制理论不断完善，20 世纪 90 年代中后期起，逐步采用异步牵引电机的交流传动取代直流牵引电机的直流传动。直-交型传动系统工作原理如图 1-19 所示。

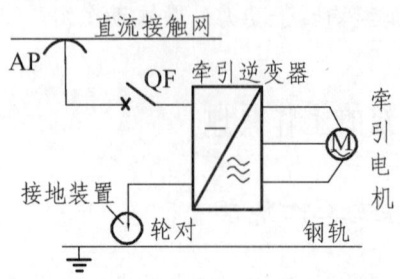

图 1-19 直-交型传动系统工作原理

工作过程为：机车由受电弓从接触网取得直流电，经主断路器 QF，由牵引逆变器将直流电逆变为三相交流电，其电压幅度和频率可调，向四台并联的牵引电动机 M1～M4 供电，牵引电流经钢轨流回变电所。

（三）交-直型传动系统工作原理

交-直型传动系统使用的是交流电源和直流（脉流）牵引电动机。

交-直型电力机车通过受电弓、主断路器，将接触网供给的单相工频交流电引入车内，经机车内部的牵引变压器降压，再经整流装置将交流电转换为直流电，然后向直流（脉流）牵引电动机供电，从而产生牵引力牵引列车运行。交直型传动系统工作原理如图 1-20 所示。

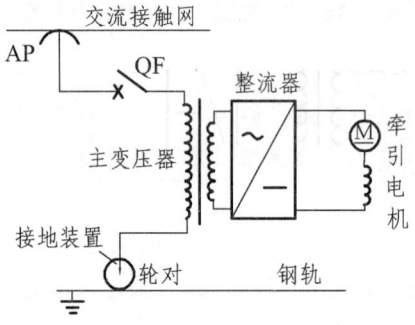

图 1-20 交-直型传动系统工作原理

交-直型传动系统有以下特点：

（1）整流器电力机车的变流过程是在机车内完成的（直-直型电力机车的变流过程是在牵引变电所进行），因此整流器电力机车是一个集变压、变流、牵引为一体的综合装置，不仅简化了电气化牵引的供电设备，而且由于采用交流电网供电，提高了接触网的供电电压，使一定功率的电能得以采用小电流输送，既可减小接触网导线的截面，节省有色金属用量，也可减少电能损耗，提高电力机车的供电效率。

（2）由于机车内设有变压器，调压十分方便，牵引电动机的工作电压不再受接触网电压的限制，机车就可以选择最有利的工作电压，使牵引电动机的质量/造价比降低，同时工作更为可靠。

（3）牵引电动机采用适合牵引的串励或复励电动机，可以获得良好的牵引性能和起动性能，尤其起动时它采用了调节整流电压的方式，省略了起动电阻，不仅减轻了电气设备的重量、降低了起动能耗，而且改善了电力机车的起动性能，提高了机车的运行可靠性。

（4）由于整流器电力机车采用单相50 Hz整流，其输出电压有很大的脉动，因而流过牵引电动机的电流也有较大脉动。脉动电流不仅使牵引电机的损耗增加，而且使牵引电机的换向恶化，因此在整流器电力机车上需要装设平波电抗器和固定磁场分路电阻，以限制电流的脉动，改善牵引电动机的工作条件。同时，在牵引电动机的结构上亦作了特殊设计。

（四）交-直-交型传动系统工作原理

交-直-交型电力机车属于交流传动机车。由逆变器供电，机车和动车组采用交流异步电动机做牵引动力。机车在工作时，受电弓将网压引入机车变压器降压后送入整流电路，将交流电转换为直流电，经直流环节滤波后，送入逆变器，将直流电逆变为电压和频率可调的三相交流电，经平波电抗器，供给三相异步牵引电动机，实现牵引运行。在这个系统中，机车先将电网的交流能量转换为直流能量，然后进一步转换成电压和频率可调的交流能量。交-直-交型传动系统工作原理如图1-21所示。

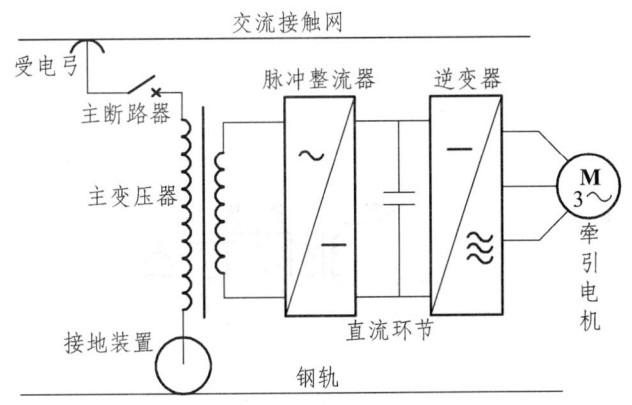

图1-21 交-直-交型传动系统工作原理

（五）交流传动系统优势

电力牵引作为电气传动的一个单独类别，过去一起采用直流电动机牵引或脉流电动机牵引。近20年来，由于电子技术尤其是大功率变流技术的发展、控制理论和控制技术的完善、以及静止变频器研究技术的成熟，使三相交流电动机在机车牵引中的应用得到了关键性突破，获得了极为迅速的发展。

三相交流异步电动机牵引有着显著优越的技术经济指标。一般说来有以下优点：

1）优异的运行性能

电力牵引传动系统的运输能力主要取决于它能够产生的起动牵引力、持续功率和最高速度下的剩余加速力。

由于交流异步电动机有较硬的自然特性，其防空转（机车黏着利用）性能较好。当机车轮对发生空转（黏着破坏）时，牵引力会急剧下降，使黏着牵引力很快恢复。经过近十年的研究，机车牵引控制已用矢量控制或直接转矩控制取代了滑差——电流控制。这些控制技术，不仅能使系统稳态精度高，而且能获得高的动态性能，可以使牵引力沿着轮轨之间蠕滑极限进行控制，极适合于当代机车高速、重载牵引的要求。试验和运行结果表明，交流传动电力机车经优化控制之后，在干燥轨面上的黏着系数大于 0.4。若采用交流传动技术和蠕滑率控制，所测得的起动黏着系数可以达到 0.45。

由于采用异步牵引电动机，一台质量为 2.2~2.4 t 的电动机可提供的最大持续功率超过 1 700 kW。迄今生产的 4 轴交流传动电力机车的持续功率，不少都在 5 400 kW 以上，远大于任何一类的传统机车。所以，交流传动电力机车在额定速度下保持一定的剩余加速力，保证列车在坡道上也能以所希望的速度稳定运行。正是交流传动电力机车所显示的高起动力、大持续功率和宽恒功率区的特点，使得对欧洲国家的客、货列车编组来说，成为名副其实的"通用机车"。就是说 1 台功率 5 400 kW 的 4 轴交流传动电力机车，既可以用于牵引货运列车，也可以用于牵引高速客运列车。

交流传动电力机车可以通过改变异步电动机转差的符号，使其方便地从电动机工况转换到发电机工况，实现再生制动。这不仅节约了能源，又改善了制动性能。甚至在接近于零的低速下也能够发出足够的制动力，使机车制停。

高速动车组普遍采用动力分散的编组形式，牵引电机的功率一般为 300~500 kW，其体积更加小型化、质量更小，容易满足列车高速运行的要求。

2）显著的节能效果

使用三相交流传动电力机车，可以明显地降低电能的消耗。由于成功地应用了四象限脉冲整流器，使得机车在 1/4 额定功率以上时的功率因数接近于 1。测试表明，牵引相同吨位的列车，使用交流传动电力机车时接触网的电流要比使用传统的电力机车时低 20%左右。因此，地区供电网中的电流也相应减少，并使损耗减少 5%，或者节省牵引变电所的装备容量投资。

此外，交流传动电力机车不需要增加任何设备，就能实现再生制动。从运行结果来看，再生制动可反馈 10%左右的能量。在峰谷交错的区段，反馈能量几乎达到 40%。值得注意的是，现代交流传动电力机车反馈的能量品质比相控机车的要好得多。与牵引工况一样，再生制动时的功率因数也接近于 1。

3）解决了对信号和通信设备的干扰问题

大功率可控变流装置在调节过程中将产生不同频率的高次谐波，从而对毗邻接触网的信号和通信系统造成干扰。现代交流传动电力机车，几乎全部采用脉冲整流器作为输入端变流装置，这不仅改善了接触网的功率因数，而且也从根本上保证了流过接触网的电流波形不会发生明显畸变，消除了信号和通信系统的干扰源。德国铁路使用 BR120 电力机车时，接触网上测得的 100 Hz 电流分量小于 2 A，9.5~15 kHz 的音频电流分量几乎为零，等效噪声干扰电流不大于 1.5 A。

4）减少磨耗，降低运营成本

首先，由于采用异步牵引电动机，因此没有电刷和换向器，也就不需要更换电刷和修整换向器表面这一类工作。此外，有触点的转换电器也已大大减少。

其次，采用电制动，尤其是采用再生制动，可一直持续到制停为止，减少了制动闸瓦的消耗量。

再者，由于电动机轻，簧下重量大大减少，降低了轮缘和轨面磨耗。

5）良好的可靠性与维修性

由于减少磨耗件的种类和数量，以及广泛采用模块结构和诊断装置，提高了无故障运行的里程数。而且也缩短了检修时间，减少了维修费用。经验表明，在相同的运用条件下，交流传动电力机车的维修费用仅为相控电力机车的 1/3，每年的运营费用仅为相控电力机车的 70%左右。此外，降低故障率的另一直接效果是，使交流传动电力机车每月的可使用时间较其他机车增加 2 天，并因之减少机务段的备用机车数量。

三、动车组的编组形式

高速动车组的基本编组模式：

动力集中型动车组是指将列车电器和动力设备集中安装于位于列车两端的动力车上，仅动力车的轮对是动力轮对，动力车不载客的动车组。动力集中型动车组设备布置如图 1-22 所示。

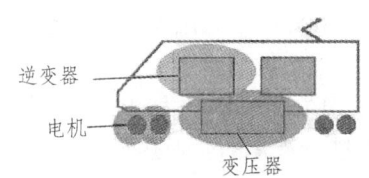

图 1-22　动力集中型动车组设备布置

动力分散型动车组是将由电机驱动的动力轮对分散布置在列车的全部或部分轮对上，同时将列车的主要电器和机械设备吊挂在车辆下部，列车全部车辆可载客的列车模式。动力分散型动车组设备布置如图 1-23 所示。

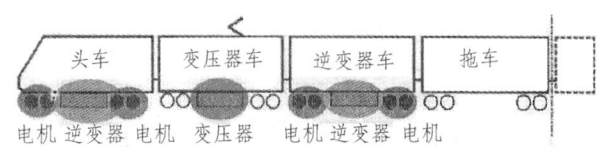

图 1-23　动力分散型动车组设备布置

动力分散动车组优点：

（1）牵引功率大，载客人数多。

（2）轴重小，黏着利用合理，更加适合高速运行。

（3）启动快，加速性能好。

（4）运用可靠，无须换向。

（5）利用率高，适合公交化客运。

（6）编组灵活，经济效益高。

但是，采用动力分散方式的电动车组，由于电气设备分散、数量多，造价高；另外，其维修工作量大，维修费用较大。

由于动力分散动车组与动力集中动车组比较，在高速运用条件下有明显的优点，原采用动力集中技术的国家在开发时速 300 千米及以上高速动车组时，也选择了动力分散的技术。动力分散是高速动车组的发展趋势。

动力分散动车组的主要几种编组形式如下：

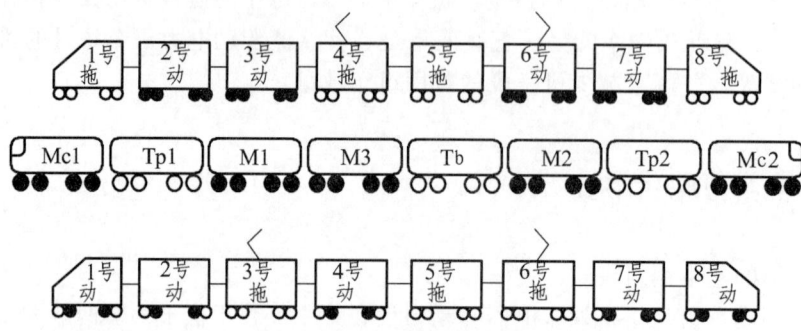

（注：图中，轮对为黑实心的是动轮，轮对为空心的是不带动力的轮对）

图 1-24

四方动车组最高运营速度为 200 km/h，最高试验速度为 250 km/h，动车组牵引总功率 4 800 kW。定员载荷的动车组平直道上的启动加速度为 0.406 m/s^2；200 km/h 运行时，其剩余加速度不小于 0.1 m/s^2。动车组损失 25%的动力时，平直道上的平均速度可大于 200 km/h。动车组在风速 15 m/s 逆风下也可进行正常的营业运行。

四、动车组的主要技术参数

表 1-1　动车组的主要技术参数

车型 项目	CRH1	CRH2	CRH3	CRH5
编组形式	8 辆编组，可两编组连挂运行			
动力配置	2（2M＋1T）＋ （1M＋1T）	4M＋4T/6M＋2T	4M＋4T	（3M＋1T）＋ （2M＋2T）
定员（人）	670	610	601	622
运营速度（km/h）	200	200/300	300	200
牵引功率（kW）	5 300	4 800/7 200	8 800	5 500
转向架	H 型无摇枕、转臂式定位、空气弹簧			
轴重（t）	≤16	≤14	≤17	≤17（动）/16（拖）
受流电压制式	AC 25 kV，50 Hz			
牵引电机功率（kW）	265	300	562	550
制动方式	直通式电空制动＋再生制动			
列车控制网络系统	车载分布式计算机网络系统			

五、动车组牵引控制系统的组成

采用电力牵引传动方式的动车组电气系统较为复杂,车内电气部件数目十分庞大,实现各种功能的电路类型众多,根据各电路实现的功能以及工作特点,动车组电路通常由三部分组成,即主电路、辅助电路、控制电路及安全监控装备。

安全装备主要用于动车组的安全运行,列车运行中出现威胁行车安全的情况时,将安全装备运算的结果通过控制电路作用于主电路(或空气制动系统),使动车组报警提示引导司机操纵,或根据情况使动车组自动卸载、分级制动直至紧急制动,以保障动车组的安全运行。

主电路是实现动车组主要功能的电路,具体指实现动车组牵引、电气制动的电路。动车组主电路是指将牵引电动机及其相关的电气设备连接而成的电气线路,该线路具有电压高、电流大的特点,因此亦称高压电路或牵引动力电路。主电路从根本上决定着动车组的性能特点。

辅助电路是实现动车组辅助功能的电路,具体指为保证主电路中各电气设备的正常工作、满足旅客服务设施而设置的电气线路。该线路一般采用三相 380 V 或单相 220 V 电源。

控制电路是实现对动车组主电路、辅助电路进行控制的电路。该线路一般采用直流 110 V 电源,若考虑电子设备、微机设备、网络通信设备等,还包括各种直流低压电源。

动车组主电路、辅助电路、控制电路、安全装备是一个有机的整体。动车组通常采用动力分散的形式,各设备分散布置于不同的车辆、不同的位置,各设备间通过网络系统连接为一个整体,相互间协调工作,有效地保障动车组安全、高效、平稳的运行,为旅客创造一个舒适的乘车环境。相互间的关系如图 1-25 所示。

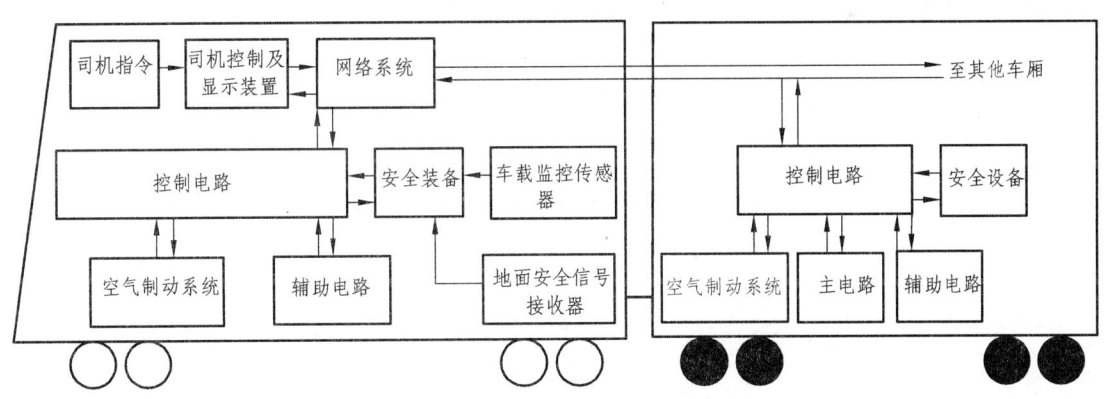

图 1-25 动车组牵引控制系统的组成及关系

第一章习题

一、填空题

1. 采用电力机车为主要牵引动力的铁路称为_____。
2. 城市轨道交通一般采用_____供电方式。

3. 我国高速铁路的供电方式采用：_____。

4. 电气化铁道的"三大元件"是：_____。

5. 动车组按牵引动力分布的不同来分，有：_____两种形式。我国 CRH 系列动车组采用的形式为：_____。

6. _____是牵引变电所内的核心设备，是一种特殊电压等级的电力变压器。牵引变压器担负着将电力系统供给的_____电源变换成适合电力机车使用的_____电源的作用。

7. 接触网是沿铁路上空架设的一条特殊形式的输电线路，它由（1）_____、（2）_____、（3）_____、（4）_____等几部分组成。

8. 接触网供电方式上采取不同防护措施，便产生了不同供电方式。目前主要有：（1）_____（简称 TR 供电）方式、（2）_____（简称 BT 供电）方式、（3）_____（简称 DN 供电）方式、（4）_____（简称 AT 供电）方式、（5）_____（简称 CC 供电）方式 等。

9. 在交流电气化铁道供电区段同相电之间，是靠_____实现电分段；不同相电之间是采用_____；分段绝缘器又称分区绝缘器，它安装在（1）_____、（2）机车整备线、（3）电力机车库线、（4）专用线 等处；分相绝缘器用于接触网需要分相供电的_____，避免在接触网上发生相间短路，同时承受一定的机械负荷。

10. 根据各电路实现的功能以及工作特点，动车组电路通常由三部分组成，即（1）主电路、（2）辅助电路、（3）控制电路及安全监控装备。

二、问答题

1. 牵引供电装置由哪些部分组成？
2. 电力牵引有哪些特点？
3. 电力牵引的优越性有哪些？
4. 三相异步牵引电机与直流牵引电机相比有哪些优点？
5. 我国铁路牵引供电系统有哪些特点？
6. 电力机车和动车组过分相的方式有哪些？手动过分相时，司机应如何操作？
7. 按供电电流制（接触网）——传动型式（牵引电机）不同分类，电力牵引传动系统有哪些类型？国内的 CRH 系列动车组属于哪种类型？
8. 简述交直交型传动系统工作原理？画出工作原理图？
9. 交流传动系统有哪些优势？

第二章　动车组调速

牵引电动机是动车组的重要部件之一，是动车组得以实现牵引及电制动的动力机械。在起动、牵引及电制动等各种工况下，都是通过电气传动控制系统改变牵引电动机的转速以达到车辆调速的目的。牵引电动机安装在转向架上，通过传动装置与轮对相连，动车组在牵引状态时，牵引电动机将电能转换为机械能，通过轮对与钢轨间的相互作用产生牵引力，并通过轮对驱动动车组运行。当动车组在电制动状态下运行时，牵引电动机转换成发电机状态，将机械能转换成电能并消耗掉或反馈回电网加以重新利用，通过轮对与钢轨间的相互作用产生制动力。因此，牵引电动机是动车组电气设备中最主要的构成部分，其性能和可靠性直接关系到动车组的运行性能。

牵引电动机取代蒸汽机用于铁路电力牵引传动已有 100 多年的历史，其类型众多，但是按照牵引电动机的供电类型来分，不外乎两大类，即直流牵引电动机和交流牵引电动机（包括直线牵引电动机）。

第一节　直流牵引电机调速

改变直流电机的端电压或励磁可以方便地调节转速，因而直流牵引电动机曾经在电力牵引系统中得到广泛的应用。目前，铁路电力机车中仍有相当比例采用直流牵引电机作为牵引动力。特别是直流串励牵引电动机，由于具有适合牵引需要的"牛马"特性、起动性能好、调速范围宽、过载能力强、功率利用充分、控制简单等优点，因此多年来一直作为各种车辆的主要牵引动力。应用大功率晶闸管（SCR）、可关断晶闸管（GTO）等元件构成相控整流调速系统、直流斩波调速系统，可以进一步改善直流传动车辆的运行性能。

一、直流电机特性

直流电机的特性与励磁方式有关,直流电机的励磁方式(图 2-1)有:串励、他励、复励、并励(不用于铁路电力牵引)。

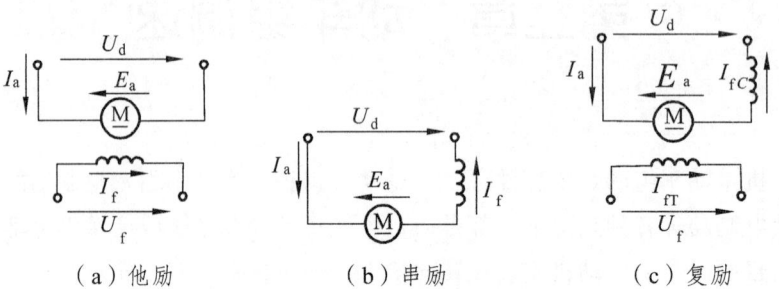

(a)他励   (b)串励   (c)复励

图 2-1 直流电机的励磁方式

(一)直流电机的转速特性

无论哪一种励磁方式,直流电机的转速特性均可由下式表示:

$$n = \frac{U_d - I_a \sum R}{C_e \Phi}$$

式中 U_d——牵引电动机的端电压;

       I_a——牵引电动机的负载电流;

       $\sum R$——牵引电动机电枢回路中的电阻;

       Φ——牵引电动机的主极磁通;

       C_e——牵引电动机电动势常数。

转速特性公式中,磁通 Φ 由电机的磁化曲线决定,典型的电机磁化曲线具有饱和特性,在图 2-2 中以标幺值表示。

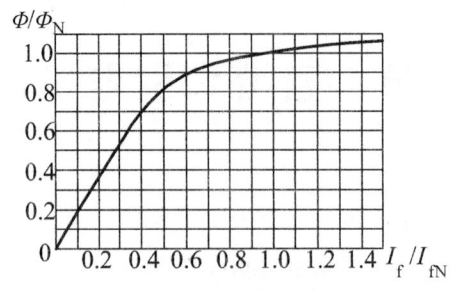

图 2-2 电机磁化曲线

图 2-1(b)所示的串励电机中,励磁电流等于电枢电流,电机的转速随电枢电流的增加迅速减小。这是因为随 I_a 的增大,磁通增大,电枢电路的电阻压降也增大。相反小负载时 I_a 很小,磁通 Φ 和 $I_a \sum R$ 也很小,电动机转速迅速上升。

图 2-1（a）所示的他励电机的励磁绕组是独立的，电机的磁通取决于励磁电源电压，与电枢电流无关，所以不计电枢反应，且磁通 ϕ 可视为常数；一般情况下，电阻压降 $I_a\sum R$ 的数值，相对于 U_d 来说要小得多（除非电压 U_d 调到很小时）；因此转速 n 随电流 I_a 的增加只是略有减小。

一般地说，串励电动机有软特性，他励电动机有硬特性，如图 2-3 所示。

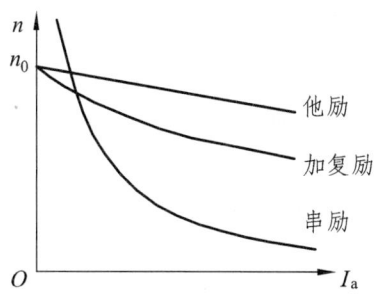

图 2-3　直流电动机的转速特性

根据他励绕组和串励绕组连接时磁势是相加或相减的不同，复励电机分为加复励和减复励两种。图 2-1（c）的加复励电动机，其转速特性介于他励和串励电动机之间，其硬度由他励绕组磁势占总磁势的比例而定，他励绕组磁势比例越大，转速特性越接近他励电动机，反之则接近串励电动机的特性。

（二）直流电机的转矩特性

直流电机的转矩特性可由下式表示：

$$T = T_E - \Delta T = C_T \phi I_a - \Delta T$$

式中　T——牵引电动机转矩；

　　　T_E——牵引电动机电磁转矩；

　　　ΔT——由牵引电动机空载损耗引起的制动转矩；

　　　C_T——牵引电动机常数。

由空载损耗引起的制动转矩 ΔT 一般为电机额定转矩的 1%~3% 左右。对他励电机来说，当励磁电流一定时，若不计电枢反应的影响，磁通 ϕ 也就不变，电动机的电磁转矩 T_E 与电枢电流 I_a 成正比。

串励电动机的励磁电流 I_f 等于电枢电流 I_a，即磁通 ϕ 由电枢电流 I_a 确定。I_a 较小时，ϕ 与 I_a 成正比例，即电磁转矩 T_E 与 I_a 的平方成正比。I_a 较大时，磁路饱和，ϕ 变化不大，T_E 近似为与 I_a 成正比。但对电动机的轴转矩 T 来说，由于 ΔT 的影响，串励电动机的转矩 T 在较大工作电流范围内，与电枢电流 I_a 呈线性关系。

直流电动机的转矩特性如图 2-4 所示。

根据电动机的转矩特性与转速特性，可以得到图 2-5 的 $T = f(n)$ 的关系，即电动机的机械特性。

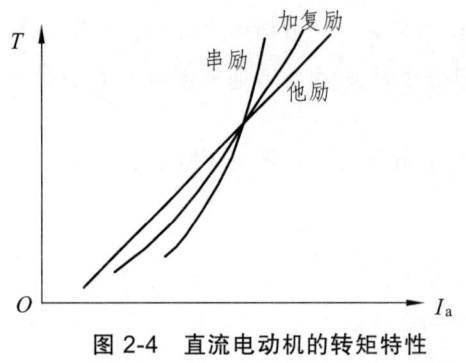
图 2-4 直流电动机的转矩特性

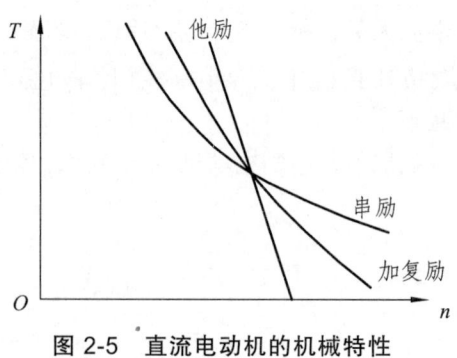
图 2-5 直流电动机的机械特性

(三) 调节直流串励牵引电动机转速的方法

由直流电机的速率特性公式可见,调节直流串励牵引电动机的转速可有如下方法:改变牵引电动机的端电压 U_d;改变牵引电动机的主极磁通 ϕ。

1. 改变牵引电动机的端电压 U_d

(1) 改变牵引电动机的联接法,例如串并联的方式。由于联接的方式有限,所以可调的电压等级也有限,同时使电动机的连接复杂。

(2) 在电动机回路串接电阻,通过凸轮或斩波方法调节电阻值实现调压,这种应用已久的方法要消耗电能,不经济。

(3) 在电动机与电源之间串接斩波器,调节斩波器的导通比来改变电动机的端电压。

2. 改变电动机的主极磁通 ϕ

普遍采用主极绕组上并联分路电阻,使电流的一部分流经分路电阻,从而减少励磁电流、磁势和磁通。图 2-6 是这种调节方法的示意图。

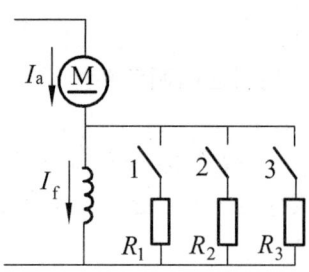
图 2-6 分路电阻磁场削弱

直流串励电动机在恒电压下削弱磁场时,电动机的电枢电流将会增加,动车的功率和牵引力也随之增加,所以普遍采用这种方法来提高动车的功率和速度。但是,削弱磁场的深度是有限制的,因为在高速度大电流时削弱磁场会导致电机换向困难,可能产生火花,甚至环火。

电机在恒功率条件下削弱磁场,不能提高牵引力和功率,但是可使电机的恒功率调速范围扩大。

二、直流牵引电机性能比较

电动车组牵引力与电动机转矩、电动车组速度与电动机转速都是正比例关系，因而电动车组的牵引特性曲线 $F=f(v)$ 与电动机的机械特性曲线 $T=f(n)$ 只是坐标比例尺不同，其形状是相同的。因此，分析牵引电动机的性能即可以定性地知道电动车组的性能。

电动车组运行时，必须具有机械上和电气上的稳定性。

（一）机械稳定性

机械稳定性是指列车正常运行时，由于偶然的原因引起速度发生微量的变化后，电动车组本身能恢复到原有的稳定运行状态。

可以用列车速度获得增量 Δv 时，引起的反馈是负反馈还是正反馈来判断是否稳定。

图 2-7 为列车运行时的基本阻力曲线 $W_0=f(v)$ 和两条不同斜率的电动车组牵引特性：$F_1=f_1(v)$ 和 $F_2=f_2(v)$，设在某一速度 v_1 时，牵引力与阻力平衡（即交点 A），列车在此速度下恒速运行。由于偶然因素，列车速度获得了增量 Δv。如果这时牵引特性为 $F_2=f_2(v)$，从图中可以看出，速度增大 Δv 后，牵引力 F_2 大于阻力 W_0，将使速度继续增大，正反馈的结果，使列车速度越来越高，所以 $F_2=f_2(v)$ 是不稳定的。反之，如牵引特性为 $F_1=f_1(v)$，当速度增大 Δv 后，牵引力 F_1 将小于阻力 W_0，列车运行速度将减小，负反馈直至返回到稳定工作点，因此特性为 $F_1=f_1(v)$ 是稳定的。

因此，可以认为机械稳定的条件是牵引特性曲线的斜率小于基本阻力曲线的斜率，即：

$$\frac{dF}{dv} < \frac{dW_0}{dv}$$

因为列车的基本阻力曲线 $W_0=f(v)$ 的斜率具有正值，而由图 2-5 可见，除差复励外的各种励磁方式下，直流牵引电动机的特性曲线都具有负斜率，均满足稳定性条件，在电动车组牵引时具有机械稳定性。

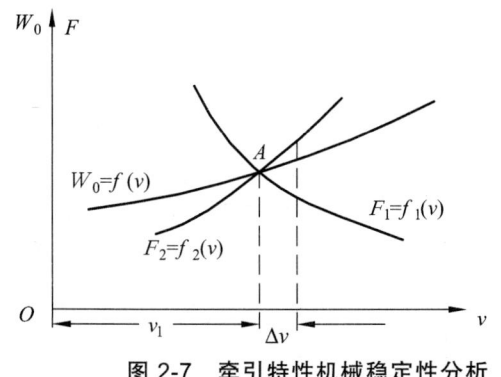

图 2-7 牵引特性机械稳定性分析

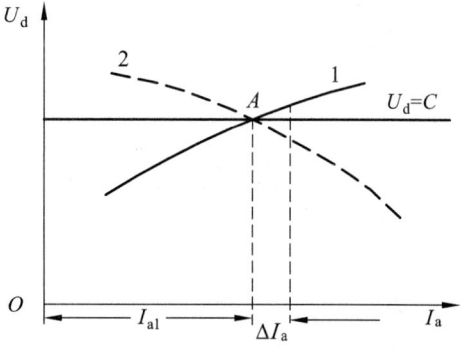

图 2-8 牵引特性电气稳定性分析

（二）电气稳定性

牵引电动机的电气稳定性是电动车组正常运行时，由于偶然的原因引起电流发生微量变化后，电动机本身能恢复到原有的电平衡状态。

同样可以用电机电流获得增量 ΔI_a 时，引起的反馈是负反馈还是正反馈来判断是否稳定。

直流牵引电动机的动态电压平衡方程式为：

$$U_d = E + I_a \sum R - L(\mathrm{d}I_a/\mathrm{d}t) = C_e\phi n + I_a \sum R - L(\mathrm{d}I_a/\mathrm{d}t)$$

式中　U_d——牵引电动机的端电压；

　　　E——牵引电动机的反势；

　　　I_a——牵引电动机的负载电流；

　　　$\sum R$——牵引电动机的总电阻；

　　　L——牵引电动机的电感量；

　　　C_e——由电动机结构决定的电势常数；

　　　ϕ——电动机的主极磁通；

　　　n——电动机的转速。

假定牵引电动机的电压 U_d 是一常数，如图 2-8 中的水平线所示。当牵引电动机的 $U_d = f(I_a) = C_e\phi n + I_a \sum R - L(\mathrm{d}I_a/\mathrm{d}t)$ 曲线为图中曲线 1 时，其交点 A 处的电流为 I_{a1}，此时电动机的端电压 U_d 等于 $C_e\phi n + I_{a1} \sum R$，为电气平衡状态。如果由于偶然因素，电机的负载电流有一个微小的增量 ΔI_a，从图中曲线可以看出，电流的增加使 $f'(I_a)$ 的值大于端电压 U_d，$U_d - f'(I_a)$ 为负值，即 $L(\mathrm{d}I_a/\mathrm{d}t)$ 为负值，这将使电流减小，并自动地恢复到 A 点稳定工作。反之，如电动机的 $f'(I_a)$ 曲线为曲线 2 时，当电流有增量 ΔI_a 后，电机的 $f'(I_a)$ 小于电压 U_d，使 $U_d - f'(I_a)$ 为正值，即 $L(\mathrm{d}I_a/\mathrm{d}t)$ 为正值，电动机电流 I_a 将继续增加，不能恢复到原来的 A 点，电气平衡被破坏。所以，曲线 2 在电气上是不稳定的。

从上述分析可知，牵引电动机的 $f'(I_a)$ 曲线斜率为正值时，就具有电气稳定性，图 2-9 分别画出串励、他励电动机的 $f'(I_a)$ 曲线。可以看出：

串励电动机在任何负载情况下，斜率处处为正值，具有电气稳定性。

他励电机 $f'(I_a)$ 曲线斜率一般情况下也为正值，也有电气稳定性。但其斜率要小得多，对无补偿绕组的电机，由于电枢反应的去磁作用，在大电枢电流时，如图 B 点有可能进入电气不稳定状态。

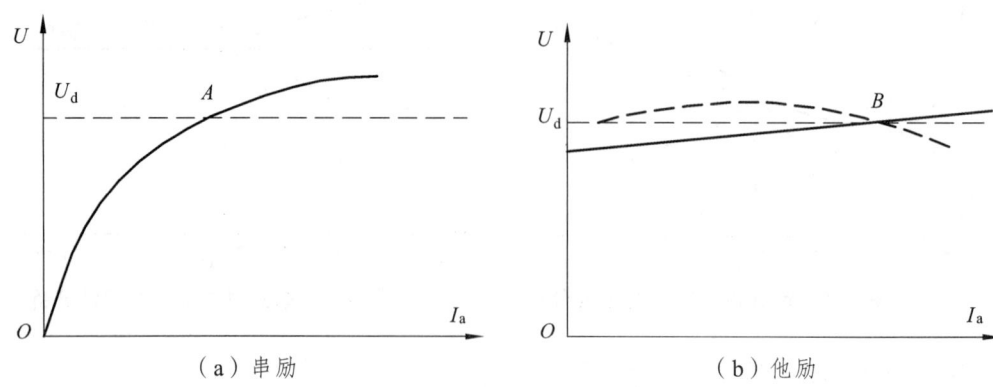

图 2-9　串励、他励电动机的电气稳定性分析

（三）牵引电动机之间的负载分配

列车运行时，为了充分利用电动车组的功率及黏着重量，电动车组上各台牵引电动机的负载应该均匀分配。但由于实际上各台牵引电动机特性曲线的差异和动轮直径的差异不可避免，造成各牵引电动机间负载分配是不均匀的。

当两台特性有差异的牵引电动机装在同一电动车组上并联运行时，即使动轮直径完全相同，从图 2-10（a）可以看出，串励电动机由于特性较软，在同一运行速度下的负载电流 I_1 和 I_2 的差值ΔI_a 比较小。而特性差异程度相同的他励电动机，由于特性较硬（图 2-10（b）），负载电流 I_1 和 I_2 的差值ΔI_a 要比串励电动机大得多。所以串励电动机负载分配不均匀的程度远比他励电动机小。

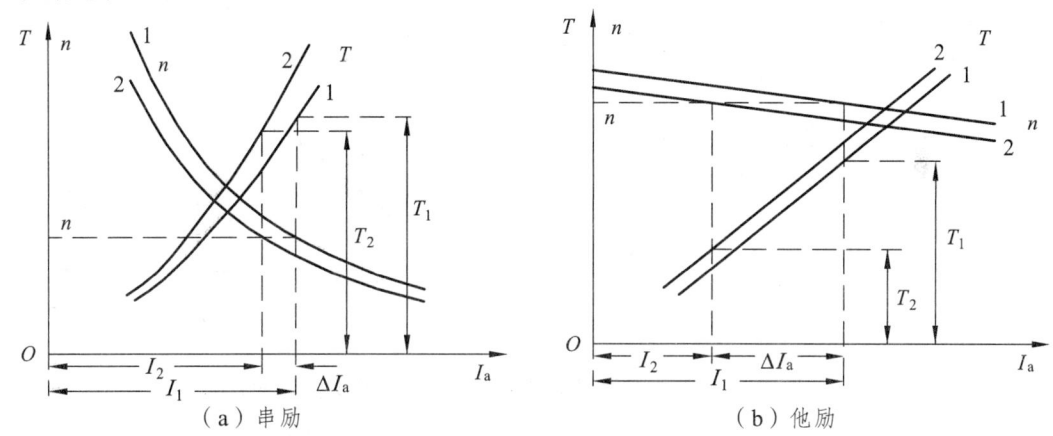

图 2-10　特性有差异的牵引电动机负载分配

如果两台电动机的特性完全相同，而它们各自的动轮直径不同时，两台电动机的转速将会产生某些差异。设一台的转速为 n_1，另一台的转速为 n_2，从图 2-11（a）和（b）的比较可以看出，串励电动机负载分配不均匀程度比他励电动机小。

所以，就牵引电动机间负载分配而言，串励优于他励。

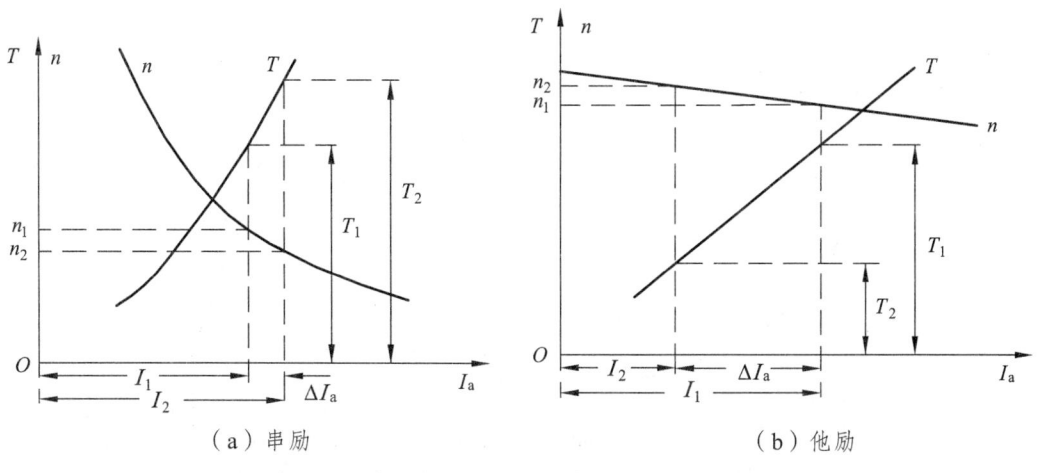

图 2-11　动轮直径有差异的牵引电动机负载分配

（四）电压波动对牵引电动机工作的影响

接触网电压经常会发生波动，例如当电动车组运行经过两个牵引变电所供电的交界处时，供电电压会发生突然变化，在电动车组速度还来不及变化时，就可能产生较大的电流冲击和牵引力冲击。图 2-12 表示串励、他励电动机在电压突然增加时产生的电流和牵引力（转矩）的变化。设电动机原来的端电压为 U_1，相应的转速特性曲线为：$n_1 = f_1(I_a)$，变化后的电压为 U_2，相应的转速特性曲线为：$n_2 = f_2(I_a)$。比较图 2-12（a）和（b），可以看出，当电网电压波动时，由于他励电动机具有硬特性，其电流冲击和牵引力冲击都比串励电动机大得多，将引起列车冲动并使牵引电动机工作条件恶化。

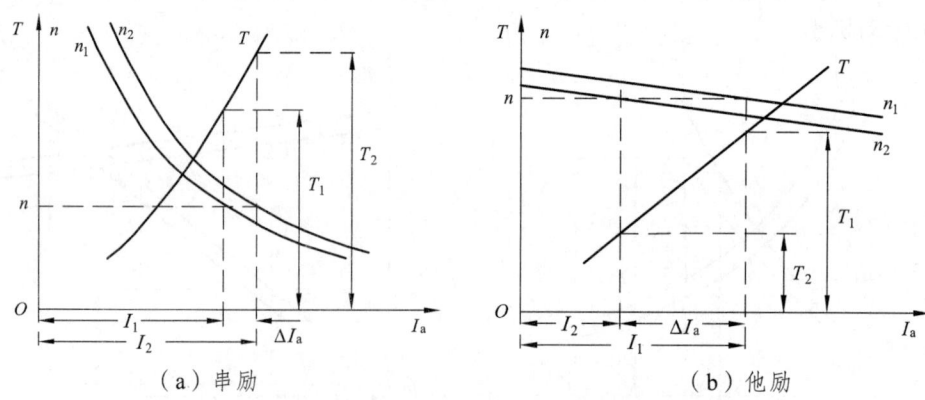

图 2-12　电压波动时牵引电动机电流和牵引力的变化

另外，当电动机的外加电压突变时，由于他励电动机励磁电路内电流不变，电枢反电势不能及时增加，将使过渡过程开始阶段电枢电流冲击过大。而串励电动机的励磁绕组与电枢绕组串联，因而电流增长速度相同；虽有磁极铁心内涡流的影响，磁通增长速度稍慢于电枢电流的增长速度，但引起的电流冲击比他励电动机要小得多。

所以，就电压波动对牵引电动机的影响而言，串励优于他励。

（五）功率的利用

图 2-13 画出了串励和他励电动机的机械特性：$T = f(n)$，变换比例后，也就是电动车组的牵引特性：$F = f(v)$。

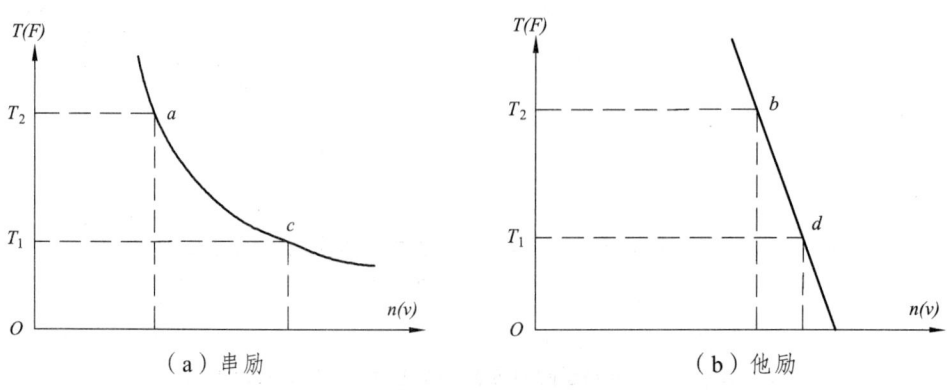

图 2-13　牵引电动机机械特性与功率利用的关系

假设串励和他励牵引电动机具有相同的额定转矩和额定转速。当转矩自 T_1 变化到 T_2 时，串励电动机的工作点由 c 点变为 a 点。因为功率是转矩和转速即牵引力和速度的乘积，其功率变化可用 a 点横、纵坐标所围成的矩形面积与 c 点横、纵坐标所围成的矩形面积之差来表示。同理，他励电动机在转矩自 T_1 变化到 T_2 时，他励电动机的工作点由 d 点变为 b 点，其功率变化可用 d 点和 b 点横、纵坐标所围成的矩形面积之差来表示。两者相比，由于串励电动机具有软特性，转速随着转矩的增大而自动降低，所以串励电动机的功率变化比他励电动机要小，接近恒功率曲线，可以合理地利用与牵引功率有关的各种电器设备的容量。

（六）黏着重量的利用

具有硬特性的牵引电动机，产生空转的可能性较小。他励电动机因具有硬特性，在空转过程中牵引力随转速的上升而迅速下降，很快地与滑动摩擦力相平衡，停止空转。当引起黏着破坏的原因消失时，它能较快地恢复到原来的工作状态。

串励电动机由于特性较软，一旦黏着破坏，将产生更大的滑动速度形成空转，使车轮踏面磨损，牵引力下降。

所以，从黏着重量利用观点出发，他励电动机优于串励电动机。

三、电动车组的起动

（一）对起动的要求

对电动车组起动的基本要求是：起动迅速、平稳。

电动车组起动迅速可以减少起动时间，提高平均运行速度，对于起动频繁的电动车组来说意义非常重大，这样可以更为快捷地把乘客送达目的地。要使电动车组起动迅速，必须使电动车辆有较大的起动电流以产生大的起动牵引力，从而使电动车组有较大的加速度在较短的时间内由静止变为自然特性上的运行速度。

电动车组起动平稳可以使车辆内部电器免受电流冲击，使整个列车免受机械冲击，更为重要的是可以极大地改善电动车组的舒适感。为此要求电动车组以匀加速运动过程起动，所以，电动车组起动时应尽量减少起动电流和起动牵引力的波动。

此外，在电动车组的起动过程中，不应有附加的能量损耗或尽量减少能量损耗，对频繁起动的电动车组来讲，这一要求也有较大的经济意义。

（二）起动电流

由于大的起动电流，可以使电动车组获得大的牵引力，产生大的加速度，使列车起动迅速，因此从要求电动车组起动迅速这一角度出发，希望起动电流愈大愈好，但过大的起动电流不仅会给牵引电动机的换向带来困难，而且过大的起动牵引力可能还会超出电动车辆轮对与钢轨间的黏着条件，使轮对发生空转，导致起动失败。因此由电机的换向条件和黏着牵引力条件要求电动车组的起动电流不能太大。由于牵引电动机设计、制造的不断发展和完善，已能保证在黏着条件许可的范围内牵引电动机有良好的换向,因此主要限制条件是电动车辆的黏着条件。

电动车辆起动时,牵引电动机的转速为零,电动机的反电势 E_a 为零。这时在电动机内流通的电流为起动电流 I_q:

$$I_q = \frac{U_d - E_a}{\sum R} = \frac{U_d}{\sum R}$$

$\sum R$ 是电机内电枢回路的总电阻,一般值很小,若这时将直流供电网(或接触网)的电压直接加在牵引电动机两端,势必产生很大的起动电流,使牵引电动机因换向电流过大产生强烈火花而灼伤换向器表面,严重的将使电动机因起动电流过大而烧坏。同时,由此起动电流产生一个更大的起动牵引力(直流串励电动机中,牵引力近似正比于电流的平方),不仅使电动车辆起动时受到强大的机械冲击,还可能导致起动牵引力超出黏着条件限制,使电动车辆牵引力丧失而导致起动失败。

(三)起动方式

电动车辆须采取适当的方法限制起动电流和起动牵引力。一般采取以下起动方式:

1. 变阻起动

即电动车辆起动时,在牵引电动机回路中串入起动电阻,以减小起动电流,随着起动过程的进行,逐步切除起动电阻,待起动电阻全部切除后,起动过程结束。

2. 降压起动

即电动车辆起动时,降低加在牵引电动机上的端电压,以减小起动电流。

电动车辆起动过程中,随着司机控制器的升位,牵引电动机的端电压由零开始逐步升高,到起动过程结束时,端电压上升到额定电压。

四、励磁调节

(一)电动车组磁场削弱及其参数确定

电动车组通常采用改变牵引电动机主磁通的方法进行调速,以扩大电动车组运行速度的调节范围。这种调速方法称为磁场削弱。

牵引电动机磁场削弱的程度一般用磁场削弱系数 β 表示,β 定义为同一电枢电流下,削弱后与削弱前电动机的磁势比。

记作:

$$\beta = \frac{(IW)_\beta}{IW}$$

用磁势比来定义磁场削弱系数,其主要原因是磁通强弱取决于磁势(磁路不变)、并且磁势容易测算。但必须指出 β 与磁通削弱系数（ϕ 削弱程度）是不同的概念，在电机磁路不饱和时可用 β 值近似表示磁通削弱系数，在电机额定工况附近（弱饱和状态），这两个系数有一定差值（约 1.2 倍）。

从扩大调速范围方面考虑，希望 β 值愈小（削弱愈深）愈好，但从牵引电机工作条件考虑，β 值不宜太小，否则主磁场太弱、电枢反应造成电机气隙磁场畸变更甚，换向器片间电压分布严重不均，电机换向困难，难于正常运用。权衡考虑，直流电机 β 值应不小于 0.25～0.32。

直接由全磁场一次过渡到最深度的磁场削弱，会产生很大的电流冲击和牵引力冲击。为此，通常采取分级过渡式磁场削弱，削弱级数越多，过渡时的电流和牵引力冲击越小。但级数过多，造成控制线路复杂，附加设备增多，并且运用可靠性不易保证，故磁场削弱过渡级数不宜超过三级。实际运用中，应根据具体情况综合考虑。

（二）磁场削弱工况分析

电动车辆的牵引性能取决于牵引电动机的工作特性，因此，在分析电动车辆磁场削弱下的牵引特性之前应先讨论磁场削弱对牵引电动机特性的影响。

1. 磁场削弱对牵引电动机特性的影响

1）磁场削弱时牵引电动机的转速特性

全磁场时电动机的转速为：

$$n = \frac{U_d - I_a \sum R}{C_e \phi} \approx \frac{U_d}{C_e \phi}$$

磁场削弱系数为 β 时的转速为：

$$n_\beta = \frac{U_d - I_{a\beta} \sum R}{C_e \phi_\beta} \approx \frac{U_d}{C_e \phi_\beta}$$

式中　n_β——磁场削弱时的电机转速；

I_β——磁场削弱时的电机电枢电流；

ϕ_β——磁场削弱时的电机主磁通。

若令全磁场时的电机转速 n 与削弱磁场后的转速 n_β 相等，即 $n = n_\beta$，则必须有：

$$\phi = \phi_\beta$$

也就是说，如果 $n = n_\beta$，则全磁场时的励磁电流与磁场削弱时的励磁电流必须相等，要保证这一条件，削弱磁场时的电枢电流 $I_{a\beta}$ 应为全磁场时的电枢电流 I_a 的 $\frac{1}{\beta}$ 倍。即：

$$I_{a\beta} = \frac{1}{\beta} I_a$$

根据以上分析，在已知牵引电动机在恒电压下全磁场时的特性曲线基础上，只要将其各点上的横坐标加大 $\frac{1}{\beta}$ 倍，就可以得出恒电压下磁场削弱系数为 β 时的转速特性曲线。

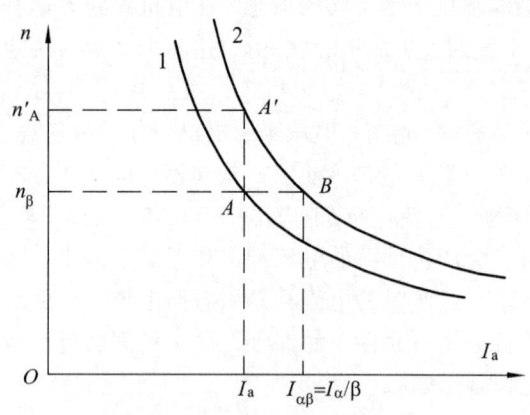

图 2-14　磁场削弱时的转速特性图　　　　图 2-15　磁场削弱时的转矩特性

图 2-14 中曲线 1 是电机全磁场时的转速特性曲线，任取曲线上一点 A，将 A 在水平方向上右移到原横坐标的 $\frac{1}{\beta}$ 倍处，便得出磁场削弱后牵引电动机的转速特性曲线 2 上的一点 B，按此法逐点平移，就可绘制出磁场削弱后的牵引电动机转速特性曲线 2。

2）磁场削弱时牵引电动机的转矩特性

全磁场时，牵引电动机的转矩特性为：

$$T = C_T \phi I_a$$

磁场削弱时电机的转矩特性为：

$$T_\beta = C_T \phi_\beta I_{a\beta}$$

若令磁场削弱前后的电机主磁通相等，即：

$$\phi_\beta = \phi$$

则其电枢电流之间必有下列关系：

$$I_{a\beta} = \frac{1}{\beta} I_a$$

将此式代入磁场削弱时的转矩特性表达式，并与全磁场时的转矩特性表达式进行比较，则有：

$$T_\beta = \frac{1}{\beta} T$$

因此，只需在已知的全磁场特性曲线基础上将任一点的横纵坐标各乘以 $\frac{1}{\beta}$ 倍，就得到了电机磁场削弱系数为 β 的转矩特性上的一个点，图 2-15 中曲线 1 是全磁场时的电机转矩特性曲线，在曲线上任取一点 A，将其横纵坐标各乘以 $\frac{1}{\beta}$ 倍，便得到曲线 2 上的 B 点。按照这个方法逐点计算，便可得出磁场削弱时的转矩特性曲线 2。

以上对磁场削弱的分析,忽略了电机内部的电阻压降(全磁场时压降为:$I_a \sum R$,磁场削弱时压降为:$\frac{1}{\beta} I_a \sum R$)、转矩损耗以及电枢反应等因素,因而其特性曲线只能作为定性分析时的参考。

2. 磁场削弱工况下的速度特性及牵引特性

前面已讨论了牵引电动机磁场削弱时的转速特性和转矩特性,考虑在一定的比例系数及传动效率基础下,便可获得相应的电动车组在磁场削弱工况下的速度特性及牵引特性。

(三)磁场削弱的条件和目的

由公式:$n = \frac{U_d}{C_e \phi}$ 可以看出,牵引电动机端电压 U_d 较小(未达到最大值)时,使用磁场削弱是不合适的,一者调节牵引电动机端电压 U_d 仍然可以方便地进行调速;另一方面若此时转速较低(牵引电动机的电枢电流 I_a 较大),贸然采取磁场削弱调速,会造成牵引电动机过流、电机换向困难,甚至导致电机环火。因此,我们可以得出结论:磁场削弱的时机为:牵引电动机端电压达到额定值,电枢电流未达到额定值,有进一步提高速度的要求。

下面我们利用图 2-14、图 2-15 来分析磁场削弱的变化情况,假定 A 点为平衡点、且满足采取磁场削弱的时机,此时考虑两种典型情况:线路为平道和坡道。

1. 线路为平道

磁场削弱后,由于电动车组的速度不可能突变,工作点将由 A 变化到 B 点,此时:$\phi_\beta = \phi$、$I_{a\beta} = \frac{1}{\beta} I_d$,则电动车组的牵引力增大了,牵引力大于列车阻力,列车将加速,由 B 点开始沿曲线 2 上移,到达 A′点牵引力等于列车阻力,列车恒速运行。

2. 线路为坡道

由于由平道转入坡道,列车的阻力将会增大,A 点牵引力小于列车阻力(有减速的可能),磁场削弱后,B 点的牵引力将会增大,此时牵引力等于列车阻力,列车将维持原速运行。

由此可见,磁场削弱在平道有助于提高速度,在坡道有助于保持速度。在恒功率条件下,采取磁场削弱可以扩大调速范围,也就是牵引电动机的恒功率调速范围扩大了。

五、直流牵引电动机在动车中的应用

(一)直流电动机的特性控制

动车组的牵引动力要求负载转矩可以在较大范围内变动,具有软特性的串励电动机应用比较广泛。串励电动机空载速率为满载速率的好几倍,它的机械特性为双曲线,当转矩增加时,速率便自动降低,功率输出可保持恒定、由电网供给电机的功率也可保持在稳定的数值而不致有大的波动。

随着电力电子技术和自动控制技术的发展，采用加复励电动机和他励电动机，可以使动车主电路更为简单。

串励、他励、复励特性是电动机磁场固定时的特性，但对磁场进行连续控制时，电机可以具有各种特性，例如可以使他励电动机具有串励特性。如果保证电枢电流总是与励磁电流相等，即 $I_a = I_f$，则电枢绕组和主极绕组分断的他励电动机将具有和串励电动机相同的励磁特性。也就是说，只要励磁电流 I_f 跟踪电枢电流 I_a 的变化，励磁方式是他励的电动机，就可以具有串励电动机的性能。

图 2-16 是使他励电动机的励磁电流任何时刻都等于电枢电流，得到串励特性的原理图；如图所示，比较电枢电流 I_a 和励磁电流 I_f 二者，将其差值输入电流调节器，并控制励磁调节器。如果 I_a 增大，与励磁电流比较后得正值，则使励磁电源输出电压增大，直到励磁电流等于电枢电流。

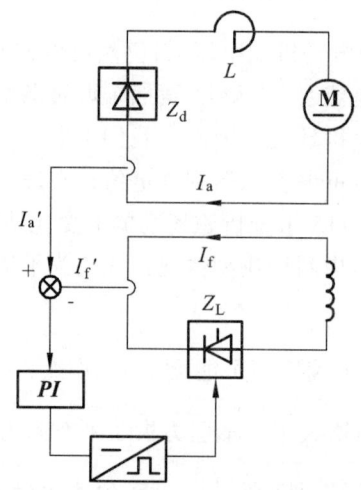

图 2-16 他励电动机的励磁调节控制

但当列车速度的变化比较缓慢，特别是列车匀速运动时，上述控制方法并不能解决几台电机并联时的分配问题；必须采用独立控制的方法，即对每台电动机的电枢独立供电或对每台电动机的磁场进行独立控制，使各电动机的负载电流相同。

他励电动机的硬特性有助于黏着的恢复，为利用他励电动机的这一特性，当动轮对发生空转时，让励磁电流不再跟踪电枢电流的变化而维持原有的值，即恢复原有的他励电动机特性。

当电枢电压突然变化时，由于励磁电流的跟踪速度较慢，往往会形成较大的电流冲击。运用串有部分励磁绕组的加复励电动机，可以缓和几台电机并联运行时电机间负载电流分配的问题，同时可以利用有利于黏着的硬特性，可简化主电路。

（二）直流牵引电动机调速的基本形式

采用直流牵引电动机的牵引传动方式主要有直直型和交直型两种方式。下面以直直型牵引传动方式为例介绍直流牵引电动机调速的基本形式。

直流牵引电动机的调速有两种基本形式：变阻控制和斩波调压控制。

1. 变阻控制

变阻控制是通过调节串入电机回路的电阻以改变直流牵引电动机端电压来达到调速目的，主要有凸轮控制和斩波调阻控制（图2-17）两种方式。

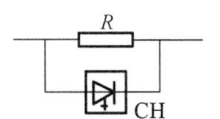

图 2-17 斩波调阻原理

（1）凸轮控制：通过转动凸轮，使有关接触器接入或切除起动电阻来改变电阻值，以达到调节牵引电动机端电压的目的。

（2）斩波调阻控制：将晶闸管或 GTO 功率元件组成的斩波器（CH）作为电子开关，与起动电阻 R 并联，通过 CH 定频调宽或定宽调频控制方式，调节接入主回路的电阻值以改变牵引电动机的端电压。

2. 斩波调压

斩波调压控制是通过接在电网与牵引电动机之间斩波器的导通与关断来改变牵引电动机端电压，其原理如图 2-18 所示。

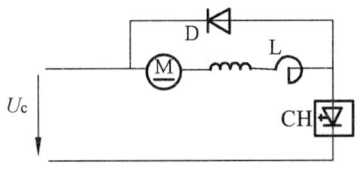

图 2-18 斩波调压原理

由于大功率可关断晶闸管（GTO）的出现，使斩波器的结构简化，所以调压线路中已广泛采用 GTO 元件的大功率斩波器。

（三）电气制动

利用直流电机的可逆原理，可以在制动工况时把牵引电动机变为发电机，将列车的动能变为电能。这时，牵引电动机轴上的反向转矩，作用在动轮上形成电制动力，称为电气制动。采用这种制动可以提高列车运行速度，减少轮对及闸瓦的磨损，同时节能效果显著。

电气制动时牵引电动机所产生的电能，如果利用电阻使之转化为热能散掉，称为电阻制动或能耗制动。如果将电能重新反馈回电网中去加以利用，就称为再生制动或反馈制动。

1. 电阻制动

按接线方式可以有两种

（1）他励式电阻制动：把串励绕组改由另外电源供电，电枢绕组与制动电阻 R_Z 相连接的方式叫他励式电阻制动，如图 2-19（a）所示。改变他励绕组的励磁电流和磁通，可以调节电机的制动电流和制动力。

（2）串励式电阻制动：牵引电动机励磁绕组反向与电枢串联，再接到制动电阻 R_Z 上，电机仍保持串励型式，如图 2-19（b）所示。这种方式虽不需要有额外的磁场电源，但是需要改变 R_Z 的大小来调节制动电流和制动力。斩波调压的电动车组可以采用斩波器与制动电阻并联，通过改变斩波器的导通比来调节电阻。

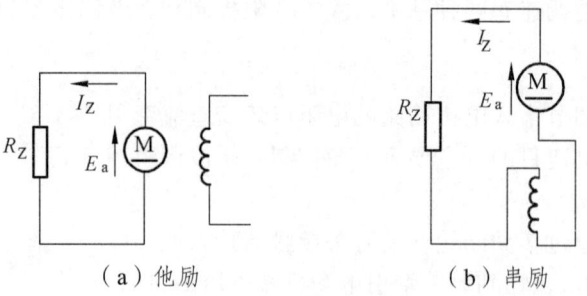

图 2-19 电阻制动原理

2. 再生制动

再生制动时，牵引电动机处于发电机状态向电网反馈电能，如图 2-20 所示。采用 GTO 斩波装置，可以比较方便地实现再生制动。

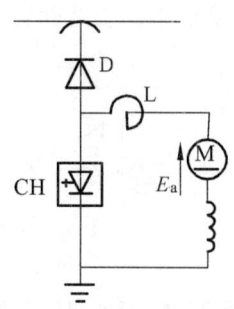

图 2-20 再生制动原理

第二节　三相交流异步牵引电机调速

多年以来直流牵引电动机一直作为各种铁道车辆的主要牵引动力。因为直流牵引电动机具有优良的牵引和制动性能，调节端电压和励磁，就可以方便地进行调速。它具有启动性能好、调速范围大、过载能力强、功率利用充分、控制简单等优点。但是，直流牵引电动机的换向器结构尚存在一系列缺点：电机换向困难和电位条件恶化、结构复杂、工作可靠性较差、制造成本高和维修麻烦。特别是在高电压大功率时，换向变得困难，电位条件恶化，使电机的工作可靠性降低。因此直流牵引电动机的发展受到了很大限制。

随着大功率晶闸管，特别是近年来全控型电力电子器件的迅速发展，可调压调频的逆变装置已经成功解决了交流电动机的调速问题。交流电动机没有换向器，作为牵引电动机就消除了由此引起的一连串问题，而且具有结构简单、维修方便、体积小、重量轻、转速高、功率大、能自动防滑等一系列优点，所以是一种较理想的牵引电动机，在铁路电力牵引装备中正在迅速取代直流牵引电动机。

铁路电力牵引传动系统普遍采用的是交流异步牵引电动机，这是因为同步电机需要集电环和电刷或者在转子上安装旋转整流器、不适于频繁起动和停止的工作需要；也不能在轮径不同或牵引电机转速有差别时，由一台逆变器驱动多台电动机并联工作。异步电动机在空间利用和重量上都优于同步电动机，因此被广泛应用。异步电动机采用 VVVF 控制，即直流电通过逆变器变为三相交流电，用电压和频率的变化来控制异步电动机，获得最佳的调速性能，并实现再生制动。

一、三相交流异步牵引电动机的基本原理及动车组方向和工况控制

（一）异步电动机的结构和原理及动车组方向控制

1. 异步电动机的结构和原理

异步电动机由定子和转子两大部分组成，定子铁芯上安放着三相对称交流绕组；转子铁芯上安放着一组对称交流绕组，这组对称绕组可以是三相对称绕组（称为绕线式），也可以是多相对称绕组（称为鼠笼式）。鼠笼形异步机的转子结构是把转子笼条固定在端环上，这些转子绕组在工作时都是短路的，转子笼条与端环构成封闭的线圈。图 2-21 所示为异步电动机的原理。

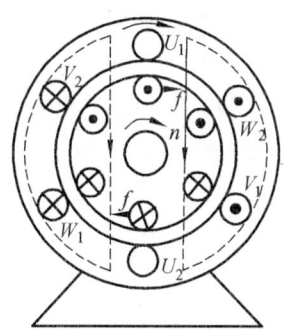

图 2-21 异步电动机原理图

当定子三相绕组中通入三相对称电流，这时在电机气隙圆周上产生了一个旋转磁场（旋转磁场按顺时针方向旋转），旋转磁场的转速 n_1（即同步转速）与频率 f_1 以及极对数 p 满足式：$n_1 = 60f_1/p$ 的关系。当这个磁场旋转时，转子导体与旋转磁场之间存在相对运动，必在转子导体中产生感应电势，其方向可用右手定则确定，其上半部导体感应电势的方向是由里向外，而下半部导体感应电势的方向是由外向里。由于转子导体是短路的，则转子导体中有感应电流流过。转子导体中的感应电流与旋转磁场相互作用产生电磁力 f，其方向可用左手定则确定。电磁力作用在转子上形成电磁转矩，使转子按旋转磁场（顺时针方向）的旋转方向转动。

为了在转子导体中产生感应电势和电流，转子与旋转磁场之间必须存在相对运动，则异步电机转子转速 n 总是小于同步转速 n_1，故三相鼠笼式电动机又称为异步电动机。

图 2-21 给出了在三相 2 极电机中旋转磁场产生的原理，在这种情况下，在一个周期内磁场沿圆周旋转一周。由此可以推断出：

4 级电机每周期旋转 1/2 周

6 级电机每周期旋转 1/3 周

2P 极电机每周期旋转 1/P 周

由此类推,设电源频率为 f_1(Hz)、转子转速为 n(rpm)、极对数为 p,则有:

$$n_1 = \frac{2 \times f_1 \times 60}{2p} = \frac{60 f_1}{p}$$

把 n_1 称作同步转速。

2. 动车组方向控制

由以上异步电动机的结构和原理可知,改变三相交流电源的相序时,可以改变定子旋转磁场的旋转方向,进而可以改变转子导体所受到电磁力的方向,从而决定转子的旋转方向。以此控制高速电动车组、地铁电动车组、电力机车的前进和后退方向。

采用异步电动机作为牵引电动机的高速电动车组、地铁电动车组、电力机车,牵引电动机需要的三相交流电源由牵引逆变器提供,因此,控制牵引逆变器输出三相交流电源的相序能实现高速电动车组、地铁电动车组、电力机车的方向控制。

3. 转差、转差频率、转差率的概念

转子的旋转速度大致随同旋转磁场的旋转速度,但不完全一致,其差值称作转差($\Delta n = n_1 - n$),转差是异步机的一个非常重要的控制因素。

在牵引时,如果转子上有负荷,则转子转速稍慢于旋转磁场。反之再生制动时,转子转速稍快于旋转磁场。设旋转磁场的旋转频率为 f_1(Hz)、转子的实际旋转频率为 f(Hz),

则 $f_1 - f = f_s$ 称作转差频率

$\dfrac{n_1 - n}{n_1} = s$ 称作转差率

(制动时因 $f_1 < f$,所以 f_s、s 皆为负值)

此外,通常说转差时往往是指转差频率或转差率。

异步电动机的转子必须切割磁通,才能产生力矩,所以转子的速度必须比磁场的速度(同步转速)略慢一些。同步转速 n_1 与转子实际转速 n 之差与同步转速的比称为转差率 s。

异步电动机的转速为:

$$n = (1-s)n_1 = (1-s)(60 f_1 / p)$$

式中 f_1——定子频率;

p——电动机极对数;

s——转差率。

通常异步电动机在额定负载时,n 接近于 n_1,转差率 s 很小,为 0.015~0.060。这就是说异步电动机的额定转速接近于同步转速。

(二)三相异步电动机的运行状态及动车组工况控制

按异步电动机转差率的大小和正负符号的不同,异步电动机可分为三种方式,即电动机状态、发电机状态和电磁制动状态,如图 2-22 所示。

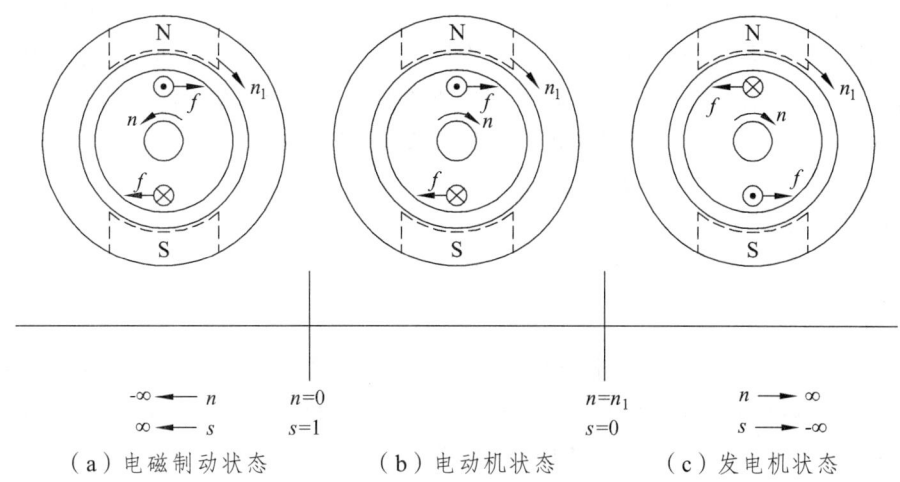

图 2-22　三相异步电动机的运行状态

1. 电动机状态

1）电动机状态的工作原理

当异步电动机作为电动机运行时，为了克服负载的阻力矩，三相异步电动机的转速 n 总是小于同步转速 n_1。在这种情况下电机电磁转矩的方向是迫使转子沿着旋转磁场方向旋转，如图 2-22（b）所示。转矩与转速同方向，此时电机处于电动机状态。

转差率是异步电动机的一个基本变量，它可以表示异步电动机的各种运行状态。

下面根据公式 $s=(n_1-n)/n_1$ 来分析三相异步电动机作为电动机运行的情况。

① 在电动机刚启动时，转子转速 $n=0$，则 $s=1$，转子切割旋转磁场的相对速度为最大，转子中的电势及电流也最大。如果电动机的电磁转矩足以克服机械负载的阻力矩，转子就开始旋转，转速会不断上升。

② 随着转子转速 n 的上升，转差率 s 减小，转子切割旋转磁场的相对速度减小，转子的电势及电流也减小。在额定状态下，转差率 s 的数值通常都是很小的，转子转速与同步转速相差并不很大。而空载时，因阻力矩很小，转子的转速 n 很高，转差率更小，接近同步转速。

③ 假设 $n=n_1$，则转差率 $s=0$，此时转子导体不切割旋转磁场，转子中就没有感应电动势及感应电流，也不会产生电磁转矩。

可见，作为电动机运行时，转速，n 在 $0\sim n_1$ 的范围内变化，而转差率 s 则在 $1\sim 0$ 的范围内变化，即当 $0<s<1$ 时，电机处于电动机状态。

2）动车组牵引工况的控制

对牵引逆变器的输出三相交流电进行控制，调节三相交流电源的频率 f_1，满足 $0<s<1$ 时，可以使高速电动车组、地铁电动车组、电力机车工作于牵引工况。

2. 发电机状态

1）发电机状态的工作原理

当 $s<0$ 时，转子转速 n 高于同步转速 n_1，如图 2-21（c）所示，电磁转矩与转子转速方向相反，为制动转矩，电机从转子轴上吸收机械功，通过电磁感应由定子向逆变器及电网输出电功率，此时电机处于发电机状态。

对于高速电动车组、地铁电动车组、电力机车，如果牵引电动机在正常运转时，突然降低定子的供电频率，转子的机械惯性将使之维持在高于旋转磁场的转速上，这时转差率为负值，进入发电机状态运行。电动机转轴上的机械能变成电能回馈给电网或消耗在电阻上。在动车组下坡或高速运行需要电制动时极易实现上述运行状态，称为再生制动或电阻制动。

2）动车组电制动工况的控制

对牵引逆变器的输出三相交流电进行控制，调节三相交流电源的频率 f_1，满足 $s<0$ 时，高速电动车组、地铁电动车组、电力机车工作于电制动工况。

3. 电磁制动状态

当 $s>1$ 时，转子转速 n 与同步转速 n_1 方向相反，如图 2-21（a）所示，电磁转矩与转子转速方向相反，为制动转矩，电机一方面从转子轴上吸收机械功，同时又从电网吸收电功率，这两部分功率消耗在转子回路的电阻上，电机处于电磁制动状态。

对于高速电动车组、地铁电动车组、电力机车，牵引电动机在正常运行时，倘若突然改变定子的相序或者改变三相交流电源的相序，即可获得这种运行状态，此时电动机将急剧趋于停转。而电源若不及时断开的话，转子将继续向相反的方向旋转。电机处于电磁制动状态下运行。

当高速电动车组、地铁电动车组、电力机车处于高速运行时，电磁制动所产生的机械冲击和电气冲击过大，应绝对禁止电磁制动状态的出现，在《铁路技术管理规程》中规定：电力机车处于高速运行中，禁止使用反方向牵引。但是，坡停后坡道起动时，在一定的限定范围内，允许电磁制动状态的出现，以利于列车缓解后，出现轻微的向后溜逸，及时防止溜逸，并顺利地完成坡道起动。

在上述三种运行状态下，转子转速总是与旋转磁场转速（同步转速）不同，因而称为异步电机。又由于异步电机的转子绕组并不直接与电源相接，而是依靠电磁感应的原理来产生感应电势和电流，从而产生电磁转矩使电动机旋转，因而异步电机又称为感应电机。

二、三相交流异步牵引电动机的机械特性及动车组调速

1. 异步牵引电机等效电路

异步电动机和变压器一样，利用了一次线圈和二次线圈之间的互感，所以异步电动机也可以用类似于变压器的等效电路（图 2-23（a））来表示。

旋转磁场以同步转速 n_1 旋转。如果转子静止不动（$s=1$），转子与旋转磁场的相对速度就是 n_1，在转子中产生的感应电势 E_2' 的频率等于旋转磁场的频率 f_1。

如果转子旋转，转差率为 s，则转子与旋转磁场的相对速度为 sn_1，在转子中产生的感应电势为 sE_2'，频率为 sf_1，二次漏抗为 sx_2。

由图 2-23（a），转子电流 I_2 为：

$$I_2=\frac{sE_2'}{\sqrt{r_2^2+(sx_2)^2}}=\frac{E_2'}{\sqrt{[r_2+(r_2/s-r_2)]^2+x_2^2}}$$

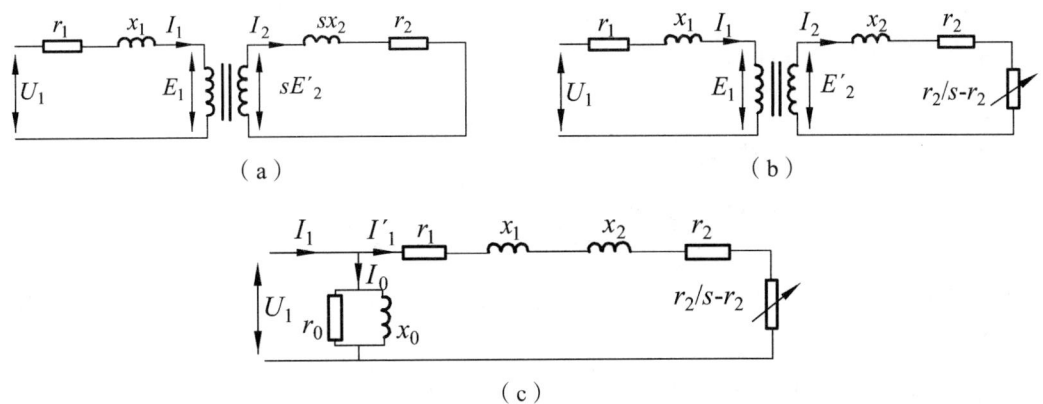

图 2-23 三相异步电动机的等效电路

图 2-23（a）也可以用图 2-23（b）来等效表示，相当于在变压器的二次侧接入了负载电阻（$r_2/s - r_2$）。

和变压器计算一样，将二次侧以 1:1 的变比（为了简化计算，假定变比为最简单的一种）换算到一次侧；并考虑到励磁电流 I_0 比较小，可以将励磁回路移到电源侧，得到简化的等效电路图 2-23（c）。

2. 参数计算

根据图 2-23（c）所示等效电路，可以求出感应电动机的各项特性：

1) 电流

定子负载电流 I_1'（等于二次电流到一次的换算值）：

$$I_1' = \frac{U_1}{\sqrt{(r_1 + r_2/s)^2 + (x_1 + x_2)^2}}$$

定子电流 I_1：

$$I_1 = I_1' + I_0$$

式中　I_0——励磁电流

2) 二次输入与输出功率

由定子向转子输入的功率 P_2，即在负载 r_2/s 消耗的功率为：

$$P_2 = (I_1')^2 \cdot \frac{r_2}{s} = \frac{U_1^2 r_2/s}{(r_1 + r_2/s)^2 + (x_1 + x_2)^2}$$

转子铜损 P_{C2} 为：

$$P_{C2} = I_1^2 r_2$$

转子输出的机械功率 P_0 为：

$$P_0 = P_2 - P_{C2} = I_1^2 r_2 \frac{1-s}{s} = \frac{U_1^2(1-s)r_2/s}{(r_1 + r_2/s)^2 + (x_1 + x_2)^2}$$

3)电磁转矩

一般电动机的输出功率可表示为:

$$P_0 = \omega T$$

转差率为 s 的异步电动机电磁转矩 T 为:

$$T = \frac{P_0}{\omega} = \frac{60}{2\pi n}P_0 = \frac{60}{2\pi n_1}\frac{U_1^2 r_2/s}{(r_1 + r_2/s)^2 + (x_1 + x_2)^2} = \frac{1}{2\pi f_1}\frac{U_1^2 r_2/s}{(r_1 + r_2/s)^2 + (x_1 + x_2)^2}$$

若考虑异步电动机的结构参数、定子极对数等因素,电磁转矩 T 还应该乘以一个固定不变的系数。

3. 定压定频时的特性曲线

电动机电磁转矩由定子在气隙产生的磁通和转子电流决定,当电源的频率、转差和加在电动机上的电压变化时,电磁转矩、定子负载电流和定子电流都会相应变化。

以下的分析的条件为:电源电压、电源频率为恒定。

1)异步电动机负载电流和定子电流的变化曲线

转差率由 1 到 0,即转子由静止到同步转速时,定压、定频下异步电动机的负载电流和定子电流变化曲线如图 2-24 所示。

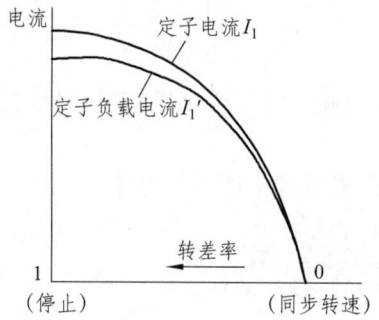

图 2-24 定压、定频下异步电动机的负载电流和定子电流变化曲线

2)异步电动机的自然机械特性曲线

当电源电压、电源频率一定,并且没有人为地改变异步电动机的极数及各参数时,得到的机械特性称为异步电动机的自然机械特性。如图 2-25 所示为一定频率和电压下的 $T=f(s)$ 自然机械特性曲线。

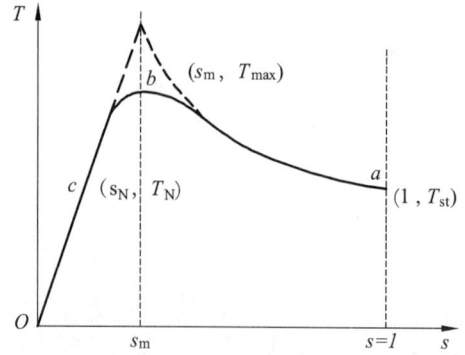

图 2-25 一定频率和电压下异步电动机的自然机械特性

$T = f(s)$ 曲线的形状可由异步电动机电磁转矩 T 公式加以解释。当 s（$s \approx 1$）值较大时，r_2'/s 的值较小，式中分母中 r_2'/s 可以忽略，分母中剩余的参数都是固定不变的量，则电磁转矩 T 近似地与转差率 s 成反比；当 s（$s \approx 0$）值很小时，r_2'/s 的值很大，式中分母中 r_1、x_1 和 r_2' 都可以忽略，则分母可以化简为 $2\pi f_1(r_2'/s)^2$，此时电磁转矩 T 近似地与转差率 s 成正比。

3）三个重要转矩和四个特殊点

从特性曲线上可以看出，有三个重要转矩，此外还有四个特殊点可以决定特性曲线的基本形状和异步电动机的运行性能。

（1）三个重要转矩。

① 额定转矩 T_N。

异步电动机带额定负载时的输出转矩，用字母 T_N 表示，此时的转差率为额定转差率 s_N。T_N 可由铭牌上的额定功率 P_N(kW) 和额定转速 n_N 来确定。

$$T_N = 9\,550 \frac{P_N}{n_N}$$

② 最大转矩 T_{max}。

当 s 达到临界转差率 s_m 时，电磁转矩达到最大值 T_{max}，称为最大电磁转矩。它也是异步电机带动最大负载的能力。最大电磁转矩与额定转矩之比称为电动机的过载能力 λ_k，即 $\lambda_k = T_{max}/T_N$，它是衡量电动机过载能力的一个重要指标。最大电磁转矩越大，短时过载能力越强。

三相异步电动机的 T_{max} 和电压的平方成正比，所以三相异步电动机对电压的波动很敏感，使用时要注意电压的变化；三相异步电动机转子轴上机械负载转矩 T_2 不能大于 T_{max}，否则将造成堵转（停车），异步电动机堵转时转子转速 n 为零，转子电流 I_2' 增大，定子电流 I_1 急剧增大，电机严重过热而烧损。

③ 启动转矩 T_{st}。

电机在启动的瞬间，即 $s = 1$ 时的电磁转矩为启动转矩 T_{st}（又称堵转转矩）。把 $s = 1$ 代入异步电动机电磁转矩 T 公式，启动转矩 T_{st} 为：

$$T_{st} = \frac{U_1^2 r'}{2\pi f_1[(r_1 + r_2')^2 + (x_1 + x_2')^2]}$$

当施加在定子每相绕组上的电压降低时，启动转矩会明显减小。T_{st} 体现了电动机带载启动的能力，若 $T_{st} \geq T_N$，电机能启动，否则不能启动。通常把在固有机械特性上启动转矩 T_{st} 与额定转矩 T_N 之比 $\lambda_{st} = T_{st}/T_N$ 作为衡量异步电动机启动能力的一个重要数据。一般启动转矩倍数 $\lambda_{st} = 1.0 \sim 1.2$。

（2）四个特殊点。

① 启动点。

当异步电动机接入电网，$n = 0$，$s = 1$，电磁转矩 $T = T_{st}$，如图 2-25 中的 a 点所示，启动点的启动电流（堵转电流）很大，但由于转子绕组的功率因素 $\cos\phi_2$ 很小，故启动转矩 T_{st} 并不很大。

② 临界点。

如果启动转矩大于轴上的阻转矩,电机将加速。随着转速的上升,转差率 s 减小。在 $s > s_m$ 范围内,随着 s 减小转矩 T 是逐渐增大的。当 $s = s_m$ 时,转矩达到 T_{max},出现了图中 b 点所示的最大值。我们把这一点称为机械特性曲线的临界点,s_m 称为临界转差率,转矩 T_{max} 称为临界转矩(又为最大转矩)。

③ 额定点。

转速继续上升,转差率 s 减小。在 $s < s_m$ 范围内,随着 s 减小转矩 T 是逐渐减小的。当 $s = s_N$ 时,如图中 c 点所示,转矩 $T = T_N$,这一点称为额定工作点。不改变电机的参数,当电源电压、电网频率和轴上输出功率都为额定值时,电机运行在这一点上。

④ 同步转速点。

如果轴上的外加转矩与电磁转矩的方向相同,帮助异步电动机克服空载转矩,电磁转矩 $T = 0$,$n = n_1$,$s = 0$。我们称这点($s = 0$,$T = 0$)为同步转速点。显然当轴上没有外转矩时,靠电机本身的力量不可能在这一点上运行。这一点是电动工作状态与发电(制动)状态的分界点。

一般地,电动机具有转速增加时转矩减小,转速减小时转矩增大的特性才能稳定运行。

设电动机原在额定转矩 T_N 下运行,则对应的转速为 n_N(转差率 s_N),现假设负载转矩突然增加,如图 2-25 所示,则电动机转速将减小(s 将增大),随着 s 的增加,电动机产生的转矩也将增加,当增加到与新的负载转矩相等时,电动机即在稍大的转差率 s(稍低的转速下)稳定运行。这同时也是为什么电动机的空载转速稍高于额定转速的原因。

从图 2-25 分析可知,异步电动机不能稳定地运行在 $1 \sim s_m$ 区间,当负载转矩小于电机转矩时,电机很快加速进入稳定运行区;当负载转矩大于电机转矩时,电机很快减速而堵转。而在 $0 \sim s_m$($0 \sim n_1$)区间,电动机的电磁转矩可以随负载的变化而自动调整(这种能力称为自适应负载能力),即异步电动机可以稳定运行的区域是在最大转矩点到同步转速之间,只限于转差率为 0% ~ 10% 的狭小区域。正是由于这种硬的机械特性,异步电动机的自动调速困难,也正是由于这种硬特性,作为牵引电机使用时具有良好的防空转性能,从而可以充分利用电动车组的黏着重量。

4. 三相异步电动机的调速方法

根据异步电动机的转速公式

$$n_1 = (1-s)\frac{60f_1}{p}$$

可以看出,改变鼠笼式异步电动机转速的方法有:变频调速——改变异步电动机定子所加电源的频率 f_1 调速;变极调速——改变异步电动机定子绕组的磁极对数 p 的调速;改变转差率调速——改变异步电动机的转差率 s 进行调速。

1)变极调速(有级调速)

变极调速是通过改变电动机定子绕组的接线方式以改变电机极数实现调速,这种调速方法是有级调速,不能平滑调速,而且只适用于鼠笼电动机。因为鼠笼式异步电动机的磁极对数能自动地随着定子磁极对数的变化而变化,从而保证定、转子磁极对数相等,以便转子产生恒定的电磁转矩。

变极调速通常采用的方法是单绕组变极调速,即在定子铁芯中装一套绕组,通过改变定子绕组的连接方式,使部分绕组中电流的方向改变,来实现电动机的磁极对数和转速的改变。

这种调速方法其特点为:具有较硬的机械特性,稳定性良好;无转差损耗,效率高;接线简单、控制方便、价格低;有级调速,级差较大,不能获得平滑调速;可以与调压调速、电磁转差离合器配合使用,获得较高效率的平滑调速特性;变极调速适用于不需要无级调速的生产机械,如风机等。

2)变转差率调速(无级调速)

变转差率调速可以通过调节定子电压、转子电阻(适应于绕线式异步电动机)、转差电压(适应于绕线式异步电动机)等方法来实现。改变外加定子电源电压来改变转差率 s,这种调速方式可用于鼠笼式异步电动机的调速。图 2-26 所示为改变定子电压调速。

由负载特性曲线 1 与不同电压下电动机的机械特性的交点,可以有 a、b、c 点所决定的速度,其调速范围很小。这种调速方法能够无级调速,但当降低定子电压时,转矩也按电压的平方比例减小,所以调速范围不大。为了扩大调速范围,调压调速应采用转子电阻值大的笼型电动机,如专供调压调速用的力矩电动机。

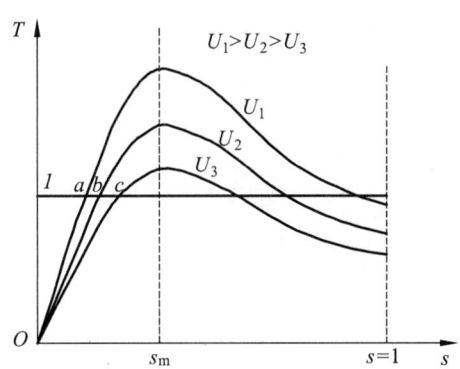

图 2-26 异步电动机变转差率调速(改变定子电压)

目前常用的调压方式有串联饱和电抗器、自耦变压器以及闸管调压等几种。晶闸管调压方式为最佳。其特点为:调压调速线路简单,易实现自动控制;调压过程中转差功率以发热形式消耗在转子电阻中,效率较低;调速范围较窄。调压调速一般适用于 100 kW 以下的生产机械。

3)变频调速(无级调速)

变频调速通过改变电机定子的供电频率,以改变电机的同步转速达到调速的目的,其调速性能优越,调速范围宽,能实现无级调速。进行变频调速时,为使电机得到满意的性能,通常应保持气隙磁通 Φ_m 不变,即可保持铁芯磁路的饱和程度。励磁电流和电动机的功率因数基本不变。这样,此种调速方法不仅调速范围大,效果好而且效率亦较高。如略去异步电动机定子阻抗压降,则 $U_1 \approx E_1 = 4.44 K_1 N_1 f_1 \Phi_m$,为使 Φ_m 保持不变,应使电压 U_1 随频率按正比例变化,即

$$\Phi_m \propto \frac{U_1}{f_1} = 常数$$

也就是说，在改变频率的同时，必须相应调节电压，这种变频调速常用英文 VVVF 来表示。

利用 VVVF 调速，也可用于异步电动机的启动。异步电动机启动时，按负载的要求选择合适的启动频率，获得所需的启动转矩，然后随着电机转速的上升相应地升高电源的频率，这种方式称为软启动。

从调速范围、平滑性以及调速过程中电动机的性能等方面来看，变频调速很优越，可以和直流电动机相媲美。但需要专门的变频变压电源，控制动车组、电力机车、轨道交通动车异步电动机的变频变压装置通常采用脉冲宽度调制器，亦称 PWM 变频器。变频调速其特点为：效率高，调速过程中没有附加损耗；应用范围广，可用于鼠笼式异步电动机；调速范围大，特性硬，精度高；技术复杂，造价高，维护检修困难。

变频调速适用于要求精度高、调速性能较好的场合，如电力机车、内燃机车、动车组、城市轨道车辆等。

5. 变压、变频时的机械特性

由于异步电动机稳定运行时的转差率非常小，此时转差频率与电源频率相比要小得多，r_2/s 比 r_1、(x_1+x_2) 都大得多，因此，异步电动机的电磁转矩可近似用下式表示：

$$T \approx k\left(\frac{U_1}{f_1}\right)^2 f_s$$

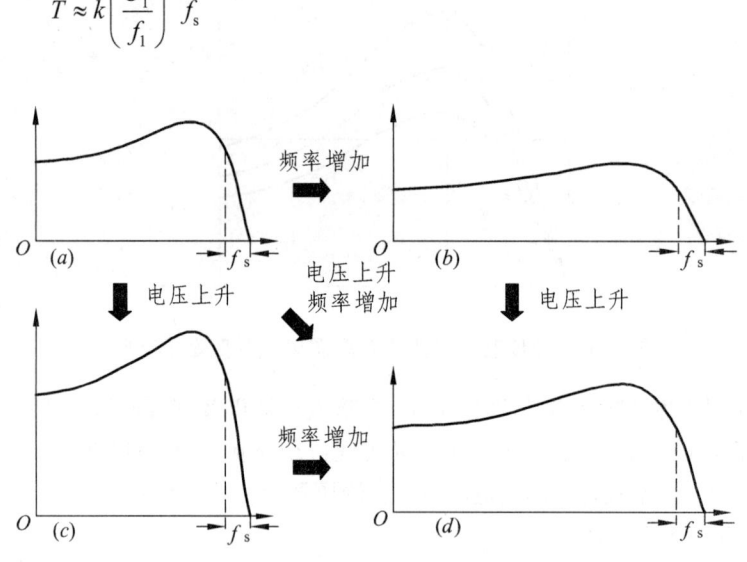

图 2-27 异步电动机机械特性曲线的变化

利用异步电动机电磁转矩的简化公式可以方便地分析异步电动机变压变频时的机械特性，但是，特别要注意简化公式的使用条件是：转差率非常小。

电源的频率、电压变化时，异步电动机机械特性曲线的变化如图 2-27 所示。

当电源的电压与频率之比保持恒定时改变频率，异步电动机的电磁转矩相应变化曲线如图 2-28 所示。

一般地说，电动机具有转速增加时力矩减少、转速减小时力矩增大的特性才能稳定地运行，由图 2-27、图 2-28 可知，稳定状态下的转速要比最大力矩转速稍大。

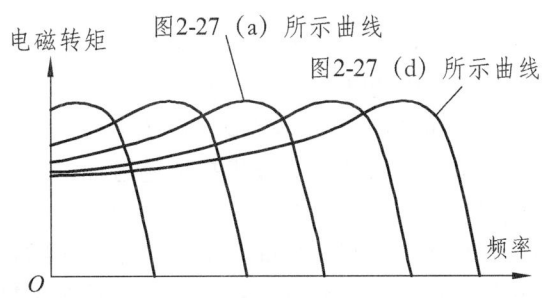

图 2-28 U/f 恒定时异步电动机机械特性曲线的变化

6. 三相异步电动机的旋转方向

三相异步电动机的旋转方向取决于定子旋转磁场的旋转方向，并且两者的方向相同。只要改变旋转磁场的方向，就能使三相异步电动机反转。因此，将三相接线端中的任意两相接线端对调，或者改变三相电源顺序（例如将 U-V-W 改为 U-W-V），就改变了旋转磁场的方向，从而使三相异步电动机反转；在逆变电路中，改变半导体开关的触发顺序，即改变三相交流电的相序就可以使旋转磁场反向，从而使三相异步电动机反转。

7. 三相异步电动机的制动

三相异步电动机的制动是指加上一个与电动机转向相反的转矩来使电动机迅速停转或限制电动机的转速。电动机在下属情况下运行时属于制动状态。一种情况是在负载转矩为势能转矩的机械设备中（例如电动车组下坡运行，起重机下放重物）使设备保持一定的运行速度。另一种情况是在机械设备需要减速或停止转动时，电动机能实现减速或停止转动。

三相异步电动机的制动方法有两种：机械制动和电气制动。机械制动是利用机械装置（如动车组所使用的空气制动系统、电磁抱闸机构等）来使电动机迅速停止转动。电气制动是使异步电动机所产生的电磁转矩的方向和电动机转子的旋转方向相反，电气制动通常可分为反接制动、再生制动和电阻制动。

1）反接制动

三相异步电动机反接制动就是在分析异步电机工作原理时指出的制动状态（$n<0, s>1$），此时转子的旋转方向与定子旋转磁场的旋转方向相反。

将正在电动机状态下运行的异步电动机的定子绕组三根供电线任意对调两根，则定子电流的相序改变，其相应的旋转磁场立即反转，从原来与转子转向一致变为与转子转向相反，于是电机立即进入相当于 $s \approx 2$ 时的制动状态。当电动机转速下降至零时，必须立即切断定子电源，否则电动机将向相反方向旋转。

反接制动方法简单，制动迅速，效果较好；但制动过程冲击强烈，能量消耗较大；不易实现准确停车；且存在电动机反向旋转的风险。

高速电动车组、地铁电动车组、电力机车处于高速运行时，应绝对禁止电磁制动状态的出现，也就是《铁路技规》所规定的：电力机车处于高速运行中，禁止使用反方向牵引。但是，坡停后坡道起动时，在一定的限定范围内，电磁制动状态允许出现，以利于列车缓解后，出现轻微的向后溜逸，及时使溜逸列车进入电磁制动状态而迅速制停，并顺利地完成坡道起动。

2)再生制动

调节三相交流电源的频率 f_1,满足 $s<0$ 时,异步牵引电机进入发电机状态,列车的动能被转化为电能,并以一定的方式回送到电网,由电网下的其他负载(如其他运行的电力机车)消耗这一部分再生电能,称为再生制动。使 $s<0$ 的方法有:① 保持 f_1 恒定,由外在因素使转子转速增加到 $n>n_1$,例如电动车组长大下坡维持恒速运行;② 随时减小 f_1,并始终使 $n_1<n$,例如电动车组进站停车。

例如电动车组下坡运行、需要电气制动维持恒速运行时,如果保持三相交流电源频率恒定不变,仍按电动机状态运行,即转子旋转方向和定子旋转磁场旋转方向相同,则在电动机的电磁转矩和电力机车所组成的列车或者电动车组下坡运行重力分量所产生的转矩共同作用下,列车将加速运行,当电动机转子转速超过同步转速,即 $n>n_1$ 时,异步电机就进入发电机制动状态运行,电磁转矩方向立即改变,一直到电磁转矩(阻碍列车的运行)与列车等效阻力(利于列车加速)产生的转矩相平衡时,转子转速才稳定不变,使列车恒速下坡。这时列车运行的动能转换为电能回送到接触网,回送的电能由接触网下的其他负载(例如运行中的其他电动车组)消耗掉,因此也称再生制动。

再生制动的优点是经济性能好,可将负载的机械能变为电能返送回电网;利于列车的安全运行,调速过程中不使用机械制动,没有机械磨耗,更加能保证列车的安全运行;主回路简单,在由电动机状态转换为发电机状态的过程中不需要电气线路的转换,系统可靠性高。因此,再生制动主要用在电动车组下坡运行或鼠笼式异步电动机变频调速由高速调为低速的时候,再生制动是电力机车和电动车组电气制动的主要形式。

3)电阻制动(能耗制动)

电阻制动作为电动车组电气制动的补充形式,若回送接触网的电能没有其他负载消耗,将无法形成电气制动,此时,应在牵引逆变器的直流侧并接制动电阻,由制动电阻通过发热的形式来消耗产生的电能。

8. 异步电动机的调节性能

图 2-29 给出了在电机电压和电源频率(逆变频率)一定情况下,异步电动机的机械特性(电动机及发电机状态)。

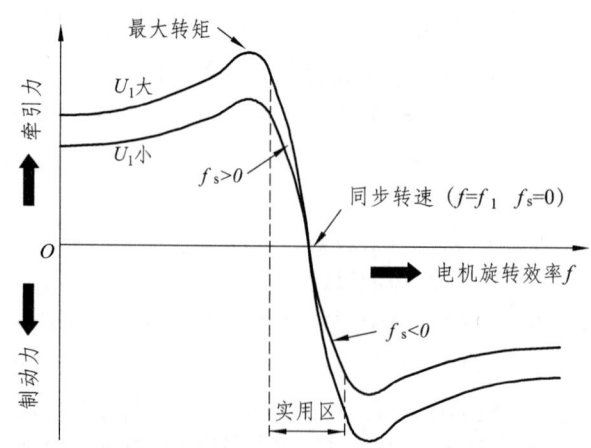

图 2-29 异步电动机的机械特性(电动机及发电机状态)

如图 2-29 所示，异步电动机具有以同步转速为中心的大致对称的机械特性曲线，电动机状态下机械特性曲线在横轴的上方，发电机状态下机械特性曲线在横轴的下方。

1）恒速性能

起动异步电动机时，就会产生起动转矩而旋转。若负载转矩小于电机转矩则加速，在初始阶段转矩随转速增大，当超过极点（最大转矩）后，转矩急剧减小。然后在最大转矩点的速度和同步速度之间与负载转矩的交点上电机的速度得到平衡。

假定加速后达到同步速度，则转矩变为 0，而不稳定，此时若没有外力支持，则速度将减小，又回到平衡点。

假如强制地使电机加速，超过同步速度，则会产生制动转矩，如果没有外力来维持这个速度，则会很快制动，使电机的速度回到原来的平衡点。

从以上的分析可以知道：异步电动机本身具有恒速电机的性质。

2）稳定运行的范围

当改变电机电压（逆变电压）时，随着电压的增减，转速也增减，但是由于同步速度不变，平衡点仅有稍许变化，而速度不会产生大的变化。

因此，为了控制速度必须改变电源的频率。同步速度与电源频率成正比地变化，而转矩具有随电源频率增加而减少的倾向，所以，仅仅提高电源的频率，电动机也未必能够加速。

如图 2-29 所示，在实用上异步机可以稳定使用的区域是在最大转矩点到同步转速之间，只限于转差率为 0～10% 之间的狭小区域。

3）调节性能

图 2-30 为异步电动机的调节特性，表示在实际中调节异步电动机的电源电压、转差频率和逆变频率（电源频率）时，异步电动机的机械特性及转矩（牵引状态时）的变化规律。从图 2-30 可以看出，为控制异步电动机的转矩和转速，必须同时控制电机电压（逆变电压）和电源频率（逆变频率）。在实际中，控制牵引逆变器的输出电压和输出频率，即能有效的控制异步电动机的转矩和转速。

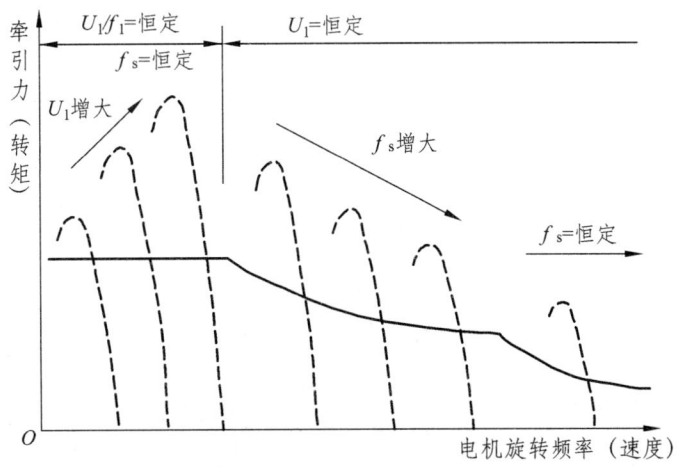

图 2-30 异步电动机的调节特性

三、动车组异步电动机的调速控制

1. 动车组异步电动机的转速控制方法

为了得到与直流串励电动机类似的牵引特性,根据异步电动机电磁转矩简化公式 $T \approx k\left(\dfrac{U_1}{f_1}\right)^2 f_s$,动车组异步电动机的转速控制一般采用以下几种方法:

① U_1/f_1 恒定控制;

② 恒功率控制;

③ 恒转差频率控制;

④ 恒电压控制。

1) U_1/f_1 恒定控制

U_1/f_1 恒定控制又称为恒压频比控制、恒磁通控制或恒转矩控制,采用 U_1/f_1 恒定控制可以在较大的速度范围内输出恒定转矩,这一控制方法主要用于动车组的起动阶段,在起动过程中保持恒定的起动转矩。U_1/f_1 恒定控制特性与直流串励电动机保持电枢和励磁电流恒定、调节电压改变速度的控制方法相同。

由异步电动机的电磁转矩简化公式可知,保持电源的电压与频率之比 U_1/f_1 及转差频率 f_s 恒定可以得到这一特性。另外,从车辆的速度与电动机的反电势也是正比关系来看,若电源电压与车辆的速度成正比,同样可以保持 U_1/f_1 恒定。

但是,逆变电路输出电压的最大值受电网电压限制,采用这种控制方法得到的速度范围不是无限的。它相当于应用直流串励电动机的电动车组采用调节牵引电动机端电压来调速所得到的速度范围。

U_1/f_1 保持恒定时,如果忽略定子的漏阻抗,气隙磁通和转矩保持恒定不变。但是,当定子频率 f_1 降低至一定数值以下时,虽然定子漏抗数值也相应减小,但定子电阻却与定子频率 f_1 无关,此时定子电阻压降影响大大增加,因而造成气隙磁通迅速减小,转矩随之减小,所以用恒 U_1/f_1 运行时,低频特性不够满意。为此,在低频时要适当加大电压,以近似地补偿定子压降,即增大 U_1/f_1 值以保持气隙磁通不变。带压降补偿的恒压频比控制特性如图 2-31 所示。

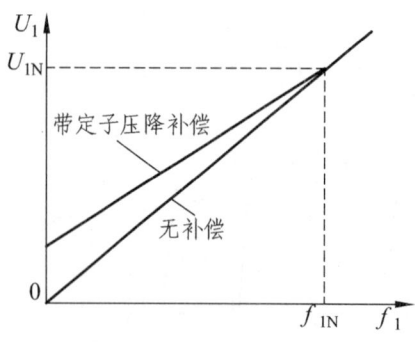

图 2-31 恒压频比控制特性

2) 恒功率控制

采用 U_1/f_1 恒定控制时,电源电压 U_1 随着电源频率 f_1 的增大而成正比的增大,但是,由于受到牵引电动机端电压(电源电压)的限制,当电源电压 U_1 达到限制值(电源电压最大值)时,将无法继续使用 U_1/f_1 恒定控制方法来调节异步电动机的转速。若强行使用 U_1/f_1 恒定控制方法来调节异步电动机的转速,将会变为电源电压为最大值不变、转差频率 f_s 恒定不变(即方法③恒转差频率控制),随着速度增加,电磁转矩会急剧下降。如果设计上转差频率对于最大值留有余地,在速度增加的同时增加转差频率,可以防止电磁转矩下降过多。

根据异步电动机的电磁转矩公式,使转差频率 f_s 与电源频率 f_1 成正比地增加,保持电源电压 U_1 为最大值,则电磁转矩 T 与电源频率 f_1,即车辆速度基本成反比,力矩的下降比恒转差频率控制方式小。

这种控制方法使转差率 $(f_1-f)/f_1$ 为恒定,即 f_s/f_1 为恒定。由图 2-27 可知,随着电源频率 f_1 增加,对应于电磁转矩最大值的转差频率 f_s 也增加,但是 f_s 不能取得过大。此时,电源电压恒定(保持电源电压 U_1 为最大值不变)、转差频率 f_s 与电源频率 f_1 成正比、输入电流基本恒定,采用此种调速方法称为恒功率控制。

这种控制方法相当于直流串励电动机的削弱磁场控制。

3) 恒转差频率控制

这是电源电压达到最大值,转差频率 f_s 亦达到最大值后,仅仅改变电源频率 f_1(即逆变电路输出频率)的控制方法。在异步电动机的电磁转矩公式中,保持 U_1 和 f_s 恒定,则电磁转矩 T 与电源频率 f_1 的平方,即车辆速度的平方基本成反比。这相当于直流串励电动机的削弱磁场控制后保持最深磁场削弱系数的自然特性。

4) 恒电压控制

U_1/f_1 恒定控制时,即使逆变电路输出电压为最大,如果输出电流、转差率到最大转矩对应点还有裕量,可以用恒转矩控制扩大速度范围。

根据异步电动机的电磁转矩公式,U_1 恒定而增加 f_1,则使 f_s 与 f_1 的平方成正比地增加。但如前所述,f_s 增加的范围十分有限,f_s 与 f_1 的平方成正比地增加的速度范围比较窄。

2. 动车组的调速控制策略

交流传动技术卓有成效的发展,一方面由于功率半导体和变流技术的进步;另一方面取决于日臻完善的控制方法和控制装置。后者能够使变流器——电机的整个系统具备不同的性能,以满足不同应用场合的要求。对于铁路牵引来说,这些要求包括:平稳起动、抑制滑行和空转、再生制动、调速范围宽。此外,常常还希望多台并联工作的电动机能够由一个变流器进行控制。

对于传动系统性能来说,重要的是选择合适的控制方法。对于铁路牵引用的电压源逆变器供电的变频传动系统,制定基本控制策略的出发点可概括为三点:

(1) 通过对变流器输出的适当控制,使电动机在零速度到基速的这个范围内,以接近恒定的磁通工作,而在基速以上的范围内,以一个固定的端电压工作。为此所要求的端电压变化情况如图 2-32 所示。

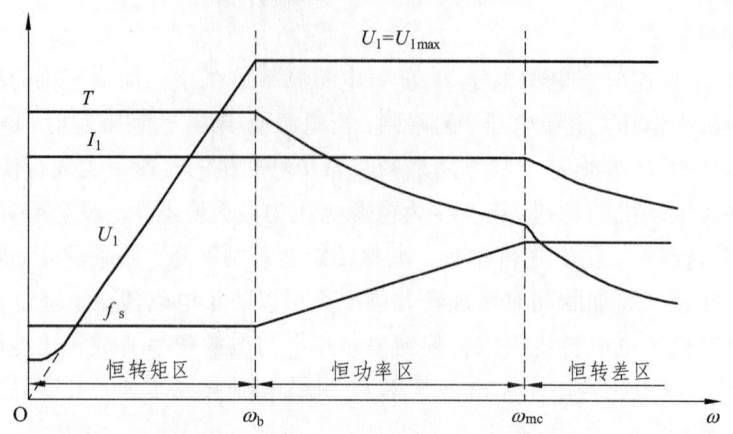

图 2-32　端电压、转差频率、电磁转矩、功率和定子电流与定子频率的变化关系

从图 2-32 可以看出,从零速到基速 ω_b 之间,电动机在最大恒定定子电流 I_1 下提供恒转矩 T;在基速到临界速度 ω_{mc} 之间为恒功率运行。在恒转矩区中,滑差频率 f_s 保持恒定,而在恒功率区内随定子频率线性增加,并在临界速度时达到最大值。如果电动机超过临界值运行,其滑差频率保持为最大值,并且定子电流和功率减少。

(2) 系统或部件的过载或故障必须通过控制来处理,而不是随意增加设计容量或加大尺寸。

(3) 尽可能降低损耗,提高系统效率。

四、交流异步牵引电机在电动车组中的应用问题

(一) 转矩裕量与恒功范围

异步电机的最大电磁转矩取决于电机漏抗,最大电磁转矩与实际输出转矩的差值称为转矩裕量(图 2-33)。交流异步牵引电机应用于电动车组时,应确保即使在恒功区的最高速度点仍有适当的转矩裕量。但转矩裕量过大,又会使电机的重量和体积不必要地增加。

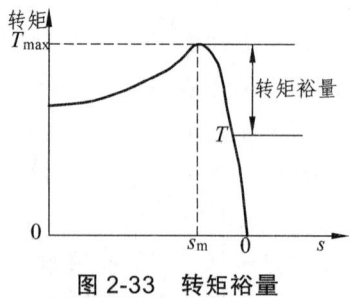

图 2-33　转矩裕量

增大异步电机最大电磁转矩的方法有两种:

1. 增大磁通 ϕ(磁负荷型)

磁负荷型电机的铁心体积较大,重量也增加;定子线圈的导体数较少,因而漏抗较小。

2. 增大转子电流 I_2（电负荷型）

电负荷型电机的磁通较小，因而铁心体积较小，重量较轻；但定子线圈的导体数较多，因而漏抗大，最大电磁转矩小。

根据电动车组的性能要求，可采用不同的电磁负荷分配。要求恒功范围大的电动机，其最大电磁转矩也较大，属于磁负荷型。恒功范围小的电动机，其最大电磁转矩较小，属于电负荷型。

（二）异步牵引电动机并联运行

1. 多台牵引电动机之间的连接方式

电动车组动力车上有多台牵引电动机，牵引逆变器与多台牵引电动机之间的控制方式有：集中控制、独立控制和转向架独立控制，各有利弊。图 2-34 是集中控制方式原理图，图 2-35 是独立控制方式原理图。

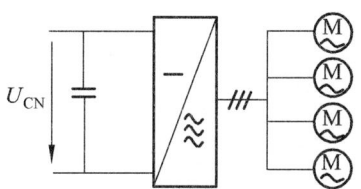

图 2-34　集中控制方式原理图

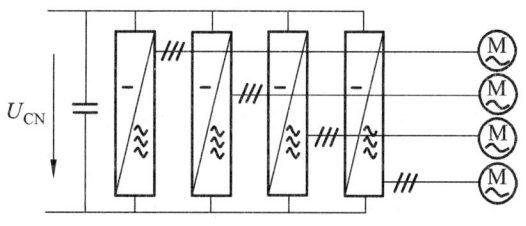

图 2-35　独立控制方式原理图

独立控制方式所用的元器件及控制装置增多，相应会增加故障率和投资，但是它可克服集中控制时由于轮径差和异步电动机特性不一致而产生黏着力降低或滑动的问题；更重要的是某个逆变器出现故障，还有其他几个逆变器可以照常工作，车辆仍可维持故障运行；在防空转、防滑行时，用降低功率来抑制空转或滑动，这方面也只涉及个别轴，所以功率损失也小。另外，这可以方便地实现电气轴重转移补偿。采用动力集中式的动车组、电力机车作为牵引动力时，由于牵引力集中在一台车上面，黏着所产生的问题较为突出，因此，牵引电动机一般采用独立控制，或者采用折中方案由转向架独立控制。

动力分散式的动车组每辆动车通常由一台牵引逆变器供电，多台异步电机并联运行；例如 CRH2 型动车组每辆动车就是由一台逆变器拖动四台异步电机并联运行。

2. 并联运行下牵引电动机的性能比较

由于异步电机的硬特性，电机电气特性或动轮轮径略有差异，就会引起电机负载分配不匀。当动车组动轮轮径相同，由电机电气特性差异所引起电机负载分配不匀如图 2-36 所示。

对异步电机特性影响最大的因素是转子的电阻，电机转子电阻对牵引力的影响如图 2-37 所示，应选择电阻分散性小、温度变化率小、截面尺寸均匀的材料用作电机转子导体。

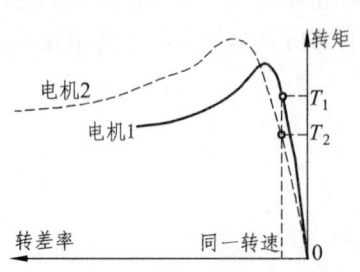

图 2-36　电机特性差异引起负载分配不匀

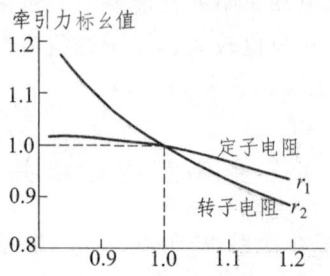

图 2-37　电机转子电阻的影响

当电机电气特性相同，动车组的动轮轮径不同时，也会产生电机负载分配不匀，如图 2-38 所示。牵引工况时，轮径大的负载偏大，轮径小的负载偏小；制动工况则相反：轮径大的负载偏小，轮径小的负载偏大。

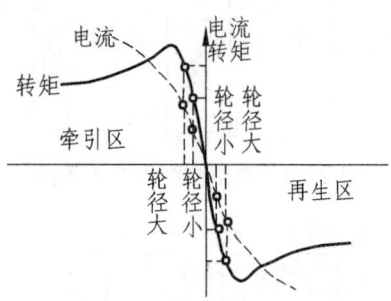

图 2-38　动轮轮径差异引起负载分配不匀

表 2-1　电机额定转差率的影响

电机额定转差率	大	小
电动机效率	低	高
电动机温升	高	低
动车性能	差	好
轮径差的影响	小	大
后退起动余力	大	小
控制要求	简单	严格
再黏着特性	基本相同	

负载分配不匀程度还与电机的额定转差率有关，额定转差率越小，负载分配不匀越严重，即使轮径差不大，也会有较大的牵引力差；但额定转差率大又对电机的效率、温升和动车性能不利，（见表 2-1）。设电机以 $s\%$ 转差率运转，轮径差为 $\pm a\%$，则轮径大的电机转速低，将以 $(s+a)\%$ 转差率运行，其转矩和电流都比规定值增加 $(s+a)/s$。

(三) 坡道起动

为了防止坡道起动时电动车组后退,异步电机的转差频率 f_s 随电动车组后退速度而增加,但由于牵引逆变器允许电流等限制,电流不能增大,牵引力相应减小,造成电动车组无法坡道起动。牵引逆变器应可以在正转和反转的整个范围内连续控制,转矩控制在一定的转差频率和电流下进行,而与后退速度无关。这样可以保证在前进方向上产生需要的转矩,实现坡道安全起动。

(四) 防止空转和滑行

异步牵引电机具有硬牵引特性:电机转速增加到接近同步转速时,转矩急剧下降;达到同步转速时转矩为零;超过同步转速则自动进入再生工况,产生制动力矩。这种特性有利于发生空转和滑行后轮轨之间的再黏着,并且不会发生类似直流串励牵引电动机的转子飞速现象。

对于由一台牵引逆变器供给多台异步电机并联运行的电动车组,在检测空转时,应选取并联电机中转速最低的作为基准信号;而检测滑行时,应选取其中转速最高的作为基准信号。为了提高防止空转和滑行系统的灵敏度,通常还检测电机转速的变化率作为空转和滑行发生的信号。

从防空转和滑行性能出发,在控制轮径差的同时,电动车组牵引电机应选取额定转差率大些的为宜。

五、交流异步牵引电机的设计特点

与一般工业用交流异步电动机相比,交流异步牵引电机在设计上有如下特点:

(1) 为减小转矩不平衡,额定转差率通常设计得比一般异步电动机大,约为3%;为了确保所需的转差率,转子导条使用高电阻、高强度的铜锌合金材料;为了尽量抑制热膨胀,端环采用低电阻的纯铜;为了提高转子的强度和可靠性,将转子导条和端环焊牢后,还在端环上加装保持环。为保证各电动机的转速—转矩特性相近,选择电阻分散性小、温度变化率小、截面尺寸均匀的导条材料;并在轴端设置高精度的转速检测器,以便对转速进行精确控制。

(2) 来自逆变电路的电流高次谐波分量较大,为防止集肤效应引起的交流电阻增大而增加温升,采取了减小导体截面积,限制绕组导体高度的措施,例如增加定子线圈的并联支路数、线圈断面形状趋于扁平。

(3) 异步电动机无换向器,允许提高额定转速,缩小体积、减轻重量,因而减速器采用尽可能大的传动比。

(4) 适当加大气隙。由于牵引电动机运行环境恶劣,无法避免沙尘和垃圾侵入,为便于拆装,气隙通常为同样大小的普通异步电动机的两倍。

（5）加大通风量，改善散热效果，并留有一定的温度裕量。考虑电流谐波分量损耗、电机表面和进出风口滤网污染使散热效果变差，应有 30~50 ℃的温度裕量。

（6）定子加强防尘、耐振的结构。适当增加定子有效材料、提高转轴强度。

六、交流异步电动机转矩——转速闭环控制

如果对交流传动调速系统的暂态性能没有什么特殊要求，且电动机长期在稳定速度下运行，由逆变电源对交流异步电机进行开环控制即可获得满意的结果。但是，如果要求系统在诸如电压和负载波动时具有快速动态响应能力和精确的稳态运行性能，则必须采用反馈闭环控制。

在铁路电力牵引传动系统中，对传动系统要求突然加速或减速的情况下，由于定子频率突变时不能保证不超过颠覆点，所以采用开环控制其结果是不满意的。在采用闭环控制时，需要精确的反馈信号，并进行系统的优化设计，以保证静态控制精度和动态稳定性。要求牵引传动系统具备较宽的调速范围，每个速度点都有相应的、合适的转矩值。因此速度值和转矩值是系统的被调量，并取为反馈控制信号。

如图 2-39（a）所示为具有闭环转矩控制的交流传动系统框图。在牵引传动中，这个转矩环是一个必不可少的基本单元。指令转矩或给定转矩 T^* 由一个直流参考电压表示，实际转矩信号由测定出来的电流和磁通等电量确定。T^* 与 T 相比较所产生的偏差 $\Delta T = T^* - T$ 送到转矩调节器，以获得满意的转矩控制性能。

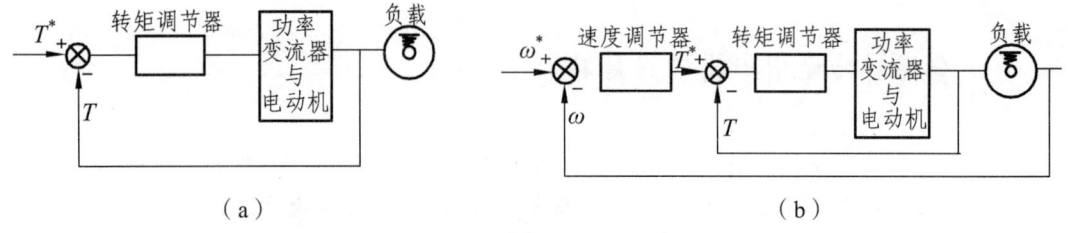

图 2-39 交流传动系统的闭环控制

如图 2-39（b）所示为具有双闭环速度控制的交流传动系统框图。如果已经获得满意的转矩控制性能，还可以在外面再增加速度控制环，以获得双闭环的速度控制系统。其参考信号 ω^* 也是一个模拟电压，它的大小和极性表示所希望的电动机转速与转向。这个指令速度或给定速度 ω^* 与负载的实际转速相比较，所得的速度偏差 $\Delta \omega = \omega^* - \omega$ 提供给速度调节器。从速度外环得到的补偿误差信号变成了转矩内环的转矩指令信号或转矩给定信号。

在直流电机中，当气隙磁通恒定时，电动机的转矩和电枢电流成正比。所以利用电枢电流环既可以有效地控制转矩，又可以在快速暂态过载和稳态过载时保护功率变流器和电动机。对于感应电动机来说，是一个复杂的、非线性、多变量控制对象，而且在鼠笼结构中，还没有办法检测转子电流。所以，不像直流电机那样，有一种标准的控制结构，还需要人们去开发各种各样的异步电动机调速控制方法。

异步电动机的基本运行性能可由以下一组方程表示：

$$\dot{U}_1 = -\dot{E}_1 + \dot{I}_1(R_1 + jX_{1\sigma})$$

$$T = C_T \Phi_1 \dot{I}_2' \cos\varphi_2$$

$$\dot{I}_2' = \frac{\dot{E}_2'}{\sqrt{\left(\dfrac{R_2'}{s}\right)^2 + (X_{2\sigma}')^2}}$$

$$\cos\varphi_2 = \frac{R_2'/s}{\sqrt{\left(\dfrac{R_2'}{s}\right)^2 + (X_{2\sigma}')^2}}$$

其中　$\dot{U}_1$——端电压矢量；

　　　$\dot{E}_2'$——感应电势矢量（ $=\dot{E}_1$）；

　　　$\dot{I}_2'$——折合到定子侧的转子相电流矢量；

　　　R_2' 和 $X_{2\sigma}'$——折合到定子侧的转子电阻与漏抗；

　　　φ_2——转子相位角；

　　　S——转差率。

根据上述这些基本性能方程式，对于铁路电力牵引这类要求高性能的异步电动机传动系统，有两种方法可建立一个有效的转矩控制环，一种是利用测定的或估算的转矩值作为反馈信号，与给定转矩进行比较，产生转矩调节器的输入偏差信号；另一种是由给定转矩信号产生与转矩相关联的其他物理量作为给定信号，并测定这些物理量的实际值作为反馈信号。譬如把气隙磁通、转差频率或定子电流的控制环结合在一起，也可以有效地控制电动机转矩。所以，无论控制结构如何复杂，或采取什么样的反馈环和反馈量，功率变流器只有两个控制变量，即电压和频率。

1. 转差频率控制

转差频率控制方式力求保持恒气隙磁通，易于实现，技术也比较成熟。电机产生的转矩和流过的电流大致与转差率成比例。在不同给定供电频率之下，控制转差频率，即可控制异步电机的转速和转矩，以及相应的功率。但其主要问题是，在暂态条件下无法精确地控制转子磁通向量与定子电流向量之间的相位角。

1）基本概念

通常异步电动机都在转差率很小的范围内运行。因为转差率 s 很小，所以：

$$\cos\varphi_2 \approx 1$$

则电动机的转矩：

$$T = C_T \Phi I_2' \cos\varphi_2 \approx C_T \Phi I_2'$$

$$I_2' \propto \Phi f_s$$

式中　f_s——转差频率（也就是转子电流频率 f_2）。

故　　　　　　　$T \propto \Phi I_2' \propto \Phi^2 f_s \propto \Phi^2 \Delta\omega$

可见异步电动机工作在转差较小的情况下，只要保持气隙磁通不变，转矩近似和转差频率 f_s（即 $\Delta\omega$）成正比；这样用转差频率作为转矩的控制指令值，就可以得到与直流电动机恒磁通下调速相同的特性。这就是转差频率控制的出发点。

2）基本规律

异步电动机可控电流是定子电流 I_1，其中包含励磁电流分量 I_m 和负载电流分量 I_2'，只有保持 I_m 恒定，才能在采用转差频率控制时，保持电动机气隙磁通 Φ 不变。I_m 和 I_2' 均难以直接测量，当负载改变引起 $\Delta\omega$ 变化时，根据 I_m、I_2' 和 Φ 之间的函数关系，调节 I_1，可以使 I_m 维持不变。

有交流电机等值电路图，根据并联电路的分流关系有

$$\dot{I}_m = \dot{I}_1 \frac{r_2' + j\omega_1 s L_2'}{r_2' + j\omega_1 s(L_2' + L_m)}$$

令 I_m 为常数，可以画出 $I_1 = f(\Delta\omega)$ 曲线如图 2-40 所示。当 $\Delta\omega = 0$ 时，$I_m = I_1$；在工作区内，且 $\Delta\omega$ 较大时，曲线也可以近似以 $I_1 = \Delta\omega I_m (L_m + L_2')/r_2'$ 代替。当 $\Delta\omega$ 变化时，控制电流按此函数规律变化时，即可维持 I_m（即 Φ）为恒定，保证电动机在每个速度点发出所要求的转矩。

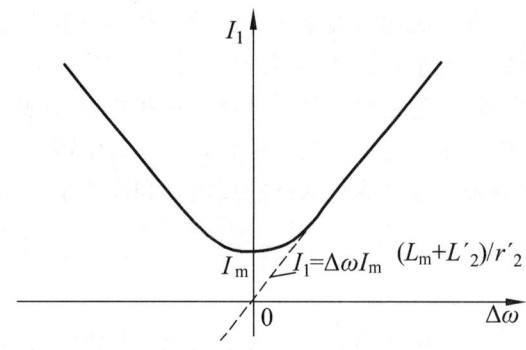

图 2-40　$I_1 = f(\Delta\omega)$ 曲线

2. 磁场定向式矢量控制

为了使异步牵引电机具有更加优良的动态性能，提出了另外两种控制方案：磁场定向式矢量控制和直接转矩控制。

磁场定向式矢量控制（简称磁场矢量控制）的转速闭环系统是实现高性能交流调速的有效办法。在一定的条件下，矢量控制系统相当于把非线性、强耦合的异步电动机调速系统解耦成两个独立的线性系统：转速控制系统和磁链控制系统。线性系统的调节器比较容易设计，因此矢量控制交流调速系统的静、动态性能可以和直流调速系统的性能相媲美。系统的具体结构原则上可分成两种，即磁链闭环（直接磁场定向）和磁链开环（间接磁场定向）型矢量控制系统。

采用磁场矢量控制方式控制异步牵引电机，是以异步电机的转子磁场为基准，基于直流调速系统的控制思想对异步电机进行矢量解耦，把一次电流解耦为励磁电流分量和力矩电流

分量进行单独控制，在保持磁通一定的情况下控制力矩电流分量，即使力矩目标值急剧变化时也不至于产生显著的振荡和超调，从而实现快速动态响应控制，调速范围宽，使电机力矩迅速变化到目标值，从而大大提高对空转和滑行控制的效率。矢量控制最大的缺点是要经过两次坐标变换，并且求矢量的模和相角的计算特别复杂。

磁场矢量控制的基本思路是：以产生相同的旋转磁场为准则，三相交流电动机中 A、B、C 三相固定对称绕组通以三相正弦交流电流 i_A、i_B、i_C；二相交流电动机中α、β二相固定对称绕组通以二相正弦交流电流 i_α、i_β；以旋转磁场同步转速旋转、互相垂直的绕组 M、T 通以直流电流 i_M、i_T 时都可以产生同样的转速为 ω_1 的旋转磁场 Φ。也就是说，这些电流之间存在着确定的矢量变换关系。只要按照某种规律控制三相交流电动机中的三相正弦交流电流，就可以得到好的力矩控制性能。

为了找出这种控制规律，通常以矢量变换为工具，将定子电流矢量分解为两个相互垂直的分量，一个相当于直流电动机的磁场电流称为励磁电流分量，另一个相当于电枢电流称为力矩电流分量。对各自独立的两个电流分量进行控制就构成了力矩瞬时值的矢量控制。为此必须经过坐标变换，第一步是将 A、B、C 三相坐标系的交流量变换为α—β坐标系的交流量（相当于把三相交流电动机变换为等值的二相交流电动机），第二步是将α—β坐标系的交流量再变换为以转子磁场定向的 M—T 坐标系的直流量（相当于把交流电动机模型转换为直流电动机模型）。在控制调节过程中，对用两相表示的电压、电流和磁通进行分析，确定幅值的大小和相位。

完成矢量变换运算的相应单元有三相两相变换器（3 相/2 相）、直角坐标/极坐标变换器（K/P）和矢量旋转变换器（VR），这些矢量变换最后必须将直流量还原为交流量以控制交流电动机。因此，这些运算功能的变换是可逆的。

3. 直接转矩控制

近年提出的直接转矩控制比矢量控制简单，易于实现。牵引电机的响应快，动态性能优良，对空转时电机动态特性及其黏着恢复有利。由于列车具有巨大的惯性，在正常运行条件下，与列车的机械时间常数相比，异步电机的电磁时间常数可以忽略不计。

采用直接转矩控制方式控制异步牵引电机，是以异步电机的定子磁场为基准，使控制性能不受转子参数变化的影响，此外力矩和磁链都采用直接反馈的双位式 Band-Band 控制，从而不用将定子电流分解成力矩和励磁分量，有很优良的动态响应性能。

1) 直接转矩控制原理

直接转矩控制系统是近十几年发展起来的另一种高动态性能的交流变压变频调速系统，其核心问题是力矩和定子磁链反馈模型，以及如何根据力矩和磁链控制信号来选择电压空间矢量控制器的开关状态。和矢量控制系统一样，它也是分别控制异步电机的转速和磁链，而且采用在转速环内设置力矩内环的方法，以抑制磁链变化对转速的影响，因此，转速与磁链也是近似解耦的。

2) 直接转矩控制的特点

① 力矩和磁链都采用直接反馈的双位式 Band - Band 控制，从而避开了将定子电流分解成力矩和励磁分量，省去旋转坐标变换，简化了控制器的结构，但却带来了力矩脉动，因而限制了调速范围。

② 选择定子磁链作为控制对象,而不像磁场矢量控制系统那样选择转子磁链。这样一来,稳态的机械特性虽然差一些,却使控制性能不受转子参数变化的影响,这是它优于磁场矢量控制系统的主要方面。

3) 直接转矩控制系统和磁场矢量控制系统的比较

直接转矩控制系统和磁场矢量控制系统都是已经获得实际应用的高性能异步电机调速系统。两者都采用力矩和磁链分别控制,符合异步电机数学模型所需的控制要求。在性能上,磁场矢量控制系统偏重力矩 T_e 与转子磁链 Ψ_2 的解耦,有利于分别设计转速与磁链调节器;实行连续控制,调速范围可宽达 1:100 以上;但因按 Ψ_2 定向时,受电机转子参数影响,降低了鲁棒性。直接转矩控制系统直接进行力矩 Band-Band 控制,简化了控制器的结构;控制定子磁链 Ψ_1,而不是 Ψ_2,不受转子参数影响;但不可避免地产生力矩脉动,降低了调速性能,因此适用于风机、水泵及牵引传动等对调速范围要求不高的场合。两种系统的特点和性能比较详见表 2-2。

表 2-2 直接转矩控制系统和磁场矢量控制系统的特点与性能比较

特点与性能	直接转矩控制系统	磁场矢量控制系统
磁链控制	定子磁链	转子磁链
转矩控制	Band-Band 控制,脉动	连续控制,平滑
旋转坐标变换	不需要	需要
转子参数变化影响	无	有
调速范围	不够宽	较宽

第三节 电力牵引特性

机车牵引特性是指机车轮周牵引力 F 与机车速度 v 之间的关系,即:$F=f(v)$,它是列车运行时牵引计算的依据。对牵引特性影响较大的因素有牵引电动机的特性和机车的控制方式,此外还有牵引变流器的外特性。同时,机车的牵引特性受其部件运行条件的制约,因而在不同的速度下,机车最大牵引力受到限制。

一、交直型电力机车牵引特性

(一) 电力机车牵引特性的限界

交—直流传动电力机车一般属于相控机车,相控机车的特性由整流器、牵引电动机、机车的结构参数确定。机车的牵引特性有诸多限制,这些限制如图 2-41 所示。

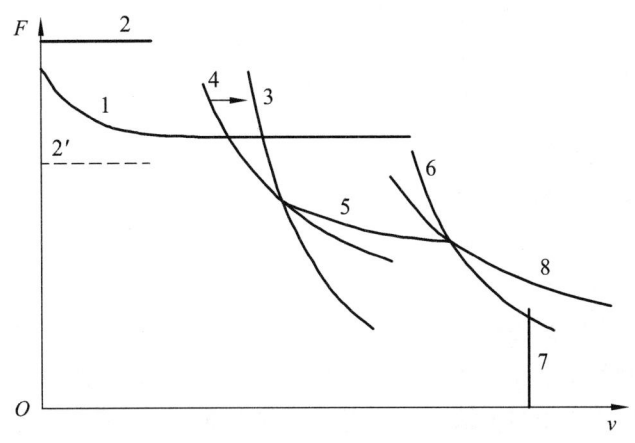

图 2-41 相控电力机车牵引特性限制曲线

1. 黏着限制（曲线 1）

机车的牵引力应该小于动轮与钢轨之间由黏着条件所决定的极限黏着力，否则动轮将发生空转。该曲线是按计算黏着系数计算得出的计算黏着牵引力曲线。

2. 牵引电动机允许的最大电流限制（曲线 2）

机车发挥的牵引力应小于牵引电动机低速大电流换向所决定的最大电流时的牵引力。该电流大于牵引电动机的额定电流，受牵引电动机绕组发热温升的限制，只允许短时运行。对干线电力机车，一般为额定电流的 1.2～1.4 倍，个别达到 1.6 倍。对客运电力机车，由于其传动装置的传动比较小，因而由牵引电动机电流限制计算所得的牵引力也小，曲线 2 可能如图 2-41 中的虚线 2′所示，低于黏着限制之下。这时机车的牵引特性限制应是曲线 2′，而不是曲线 1。

3. 牵引电动机允许的最高电压限制（曲线 3）

受换向片间电压和电位条件限制，因而牵引电动机有一个最高工作电压。曲线 3 即为满磁场（固定磁场分路）时的最高端电压，由牵引电动机特性计算所得的牵引特性。

4. 整流器输出特性确定的最大电压限制（曲线 4）

在《电力机车通用技术条件》（GB3317-1982）中规定：机车受电弓电压额定值为 25 kV，并在 20～29 kV 内能正常工作。所以整流器输出的最高电压也随受电弓处的电压变化而变化，当网压升高时，曲线 4 将如箭头方向向右移动，反之则向左移。牵引电动机最高电压限制曲线 3 比整流电压最高电压限制曲线 4 有更陡的特性。这是因为整流器交流侧的阻抗压降和平波电抗器的电阻压降所致。由图 2-41 也可以看出，机车的牵引力越大，则牵引电机电流越大，上述压降也越大，所以大电流时曲线 4 位于曲线 3 的下侧。

5. 牵引电动机功率限制（曲线 5）

当牵引电动机在曲线 3 工作时，电压已达到最高允许值，电流则由列车的阻力而定。

在曲线 3 的右侧，牵引电动机的工作电压不变，进入磁场削弱下工作。曲线 5 是牵引电动机额定电压和额定电流计算所得的牵引特性，显然这是一条恒功率的限制曲线。由牵引电动机发出传递至机车轮缘的功率限制为常数：

$$P = Fv/3.6 = NU_N I_N \eta_m \eta_d = 常数$$

式中　N——牵引电动机数；
　　　U_N——牵引电动机额定电压，V；
　　　I_N——牵引电动机额定电流，A；
　　　η_m——牵引电动机效率；
　　　η_d——牵引驱动装置效率。

所以恒功率限制的牵引特性为双曲线。因为工作电压已达最高值，这里指的恒功曲线 5，实质上是牵引电动机额定电流的限制，而电流限制实质上又是牵引电动机的发热限制，也就是不超过电机绝缘温升标准时的允许电流。

6. 最深磁场削弱限制（曲线 6、8）

牵引电动机的换向受最深磁场削弱限制，最深磁场削弱系数由牵引电机设计确定。图中曲线 6 相当于电机最高端电压，最深磁场削弱时的牵引特性。曲线 8 则相当于整流器最大输出电压，最深磁场削弱时的牵引特性。

7. 机车构造速度的限制（曲线 7）

机车的运行速度应小于由机车构造所决定的最大安全速度。

由上可知，电力机车牵引特性的工作范围应在如图 2-41 所示粗实线决定的范围内。对相控机车，而且采用无级磁场削弱时，则可以工作于上述范围中的任一点；对有级磁场削弱时，在满磁场区可以工作于范围内的任一点，而磁场削弱区则工作于曲线 3、曲线 6 间的磁场削弱级曲线上。

（二）牵引特性与控制

在计算机车的牵引特性时，首先必须知道牵引电动机的工作特性。牵引电动机的工作特性取决于其转轴上的输出特性。

1. 整流电压控制

相控机车中，通过对晶闸管的相位控制和牵引绕组的投入数量，来改变整流电压的大小，图 2-42 表示的是一般相控整流电路的原理图。若采用反馈控制，就可以构成自动调节系统。随反馈信号的不同，就构成所谓恒流控制、恒压控制、恒速控制，但这些只能在没有达到满电压前才有可能（尚有调节余量）。当达到满电压后，电压只能按整流器输出的外特性变化。对一定控制角 α 的整流电压 U_d，将随整流电流 I_d 的增大而减小。其整流外特性如图 2-43 中直线 1 所示。由牵引电动机转速公式可知，机车的速度不单受电动机电枢电阻的影响，还受整流器内阻的影响。因此由此计算出的牵引特性与电动机端电压为额定值 U_N 时计算的牵引特性是不同的。

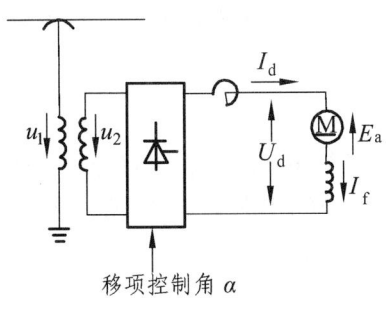
图 2-42 电压控制原理图

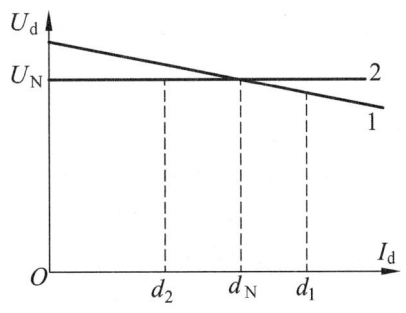
图 2-43 整流电压外特性
1—U_2 = const; 2—U_d = const

2. 恒流控制

所谓恒流控制是指机车运行中，维持电动机电枢电流按某一指令值保持不变的控制。它常用于机车起动加速过程。由于电动机电枢电流是由整流器提供的，因此实际上是对整流电流 I_d 进行恒流控制。

当整流器向单台电机供电时，整流电流 I_d 即是电机的电枢电流 I_a，由电压平衡方程式可得电流 I_d 的表达式：

$$I_d = \frac{U_d - E_a}{R_m} = \frac{U_d - C_e \Phi n}{R_m}$$

由上式可知，如果随着电动机转速 n 的变化，控制整流电压 U_d，使整流电流 I_d 不变，就达到恒流控制的目的。恒流控制的原理图如图 2-44 所示。

牵引电动机输出轴上的转矩为：

$$T_z = T - T_0 = C_m \Phi I_d - T_0$$

通常电机铁耗和机械损耗产生的空载转矩 T_0 约为额定转矩的 1.5% 左右。对于串励电机来说，电枢电流与主极磁通有一定的比例关系。所以当恒流控制时，机车的牵引力也是恒定的，牵引特性如图 2-45 所示。

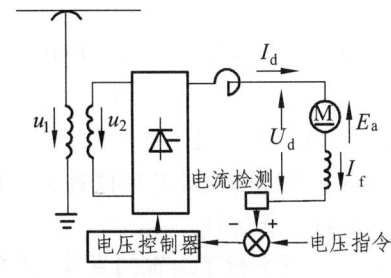
图 2-44 恒流控制原理图

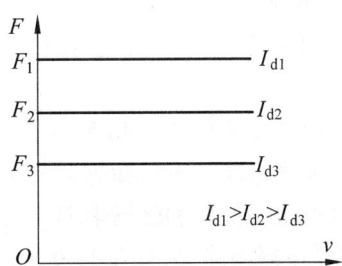
图 2-45 恒流控制的牵引特性

相控机车在起动过程中，无一例外均采用恒流起动的方式。因为在起动过程中没有牵引力的波动，所以平均起动牵引力大，可以最大限度地接近黏着限制。

当机车一旦发生空转时，恒流控制就不能抑制空转，这是不利的一面。为了克服恒流控制而形成的持续空转，这时必须由空转保护装置发出信号，终止恒流控制，甚至减载运行以恢复黏着。

3. 恒压控制

所谓恒压控制是指机车运行中，维持牵引电动机的端电压不变，也就是维持整流电压按某一指令值维持不变的控制，控制原理如图 2-46 所示。恒压控制时，其实质是用自动调节的办法，补偿了整流器内阻的电压降。

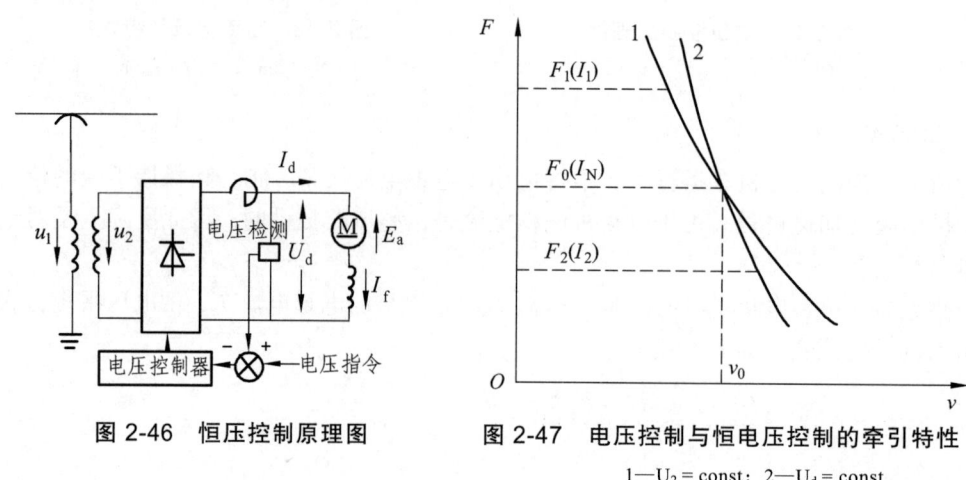

图 2-46 恒压控制原理图　　图 2-47 电压控制与恒电压控制的牵引特性

1—U_2 = const；2—U_d = const

当电网电压提高时，曲线 1 就向右移；当网压降低时，则曲线 1 向左移。如果图 2-47 中，曲线 2 是电机额定电压下得到的牵引特性。那么当速度 $v > v_0$ 时，由于整流器的输出电压将高于额定电压，尚有调节余量，通过恒压控制使整流器输出电压 U_d 保持恒定，因而可运用于曲线 2。反之，当速度 $v < v_0$ 时，由于整流器的输出电压达不到电机的额定电压，所以只能运用于曲线 1。

恒压控制方式在日本的机车上运用得比较广泛，因为恒压控制有较硬的牵引特性，所以有较好的再黏着性能。

4. 速度控制

速度控制是采用速度反馈，让机车的速度按一定规律变化的控制。通常使用的是准恒速控制。

恒速控制的原理如图 2-48 所示，机车的速度信号可以从反应机车速度的任一环节取得，例如轮对、大小齿轮、电机轴等。装于轮对上的传感器必须能耐受轮轨间的冲击。恒速控制可通过电机电压的控制和磁场削弱（仅当采用无级磁削时）来达到。

恒速控制的牵引特性如图 2-49 中的虚线所示，它是一组平行于纵轴的直线，其值随速度指令值变化。从牵引特性可知，只要速度有微小的变化，牵引力会产生很大的波动，这是不希望的。因而往往采用图中实线的准恒速形式，速度和牵引力之间的关系可写成：

$$F = A - Bv$$

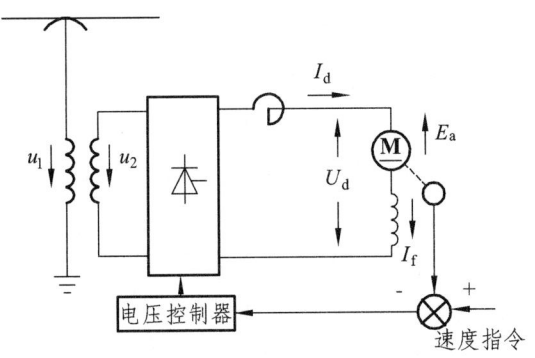

图 2-48 恒速控制原理图

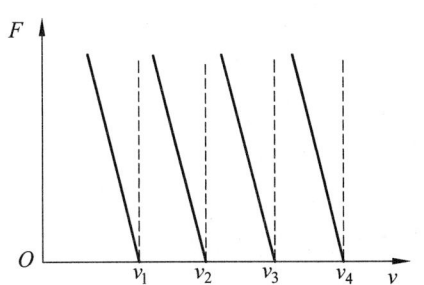

图 2-49 恒速控制与准恒速控制的牵引特性

或者写成电动机电枢电流 I_d 与速度 v 之间的关系：

$$I_d = a - bv$$

电流 I_d 与牵引力之间则由 $T_z = T - T_0 = C_m \Phi I_d - T_0$ 和 $F = 2N\mu\eta_d \dfrac{T_z}{D}$ 确定（N 为牵引电动机台数，μ 为齿轮传动比，D 为动轮直径）。

我们只要确定 $F = A - Bv$ 中的斜率 B，就可确定牵引特性的倾斜程度。这时的牵引特性如 2-49 中的实线所示。对于不同的 A 值，可以得到一组平行的直线，这种控制我们称为准恒速控制。为实行这一控制，应该在速度反馈回路中插入一个反应式为 $I_d = a - bv$ 的函数发生器（检测电流值 I_d，实时计算出速度 v 的指令）。

5. 特性控制

特性控制目前广泛用于国内机车上，它首先用于引进的 8K 机车上。它是恒流控制和准恒速控制的结合，即使机车牵引特性具有恒流起动和准恒速运行的双重性能。例如 8K 机车，就有下列要求：

（1）恒流曲线，对不同的级位 N，存在下面的函数关系：

$$I_a = 200 N \ (\text{A})$$

（2）准恒速曲线，根据级位 N 和机车速度 v，有函数关系式：

$$I_a = 930 N - 90 v \ (\text{A})$$

我们将曲线（1）和（2）取最小值。例如对于第 N 级司机手柄位，上述两曲线的交点为 v_N，则当 $v < v_N$ 时，取恒流曲线（1）的输出，当 $v > v_N$ 时，取准恒速曲线（2）的输出，由此构成图 2-50 的曲线。根据公式 $I_a = 200N$ 或公式 $I_a = 930 N - 90 v$ 就可得出 8K 机车牵引的控制特性。

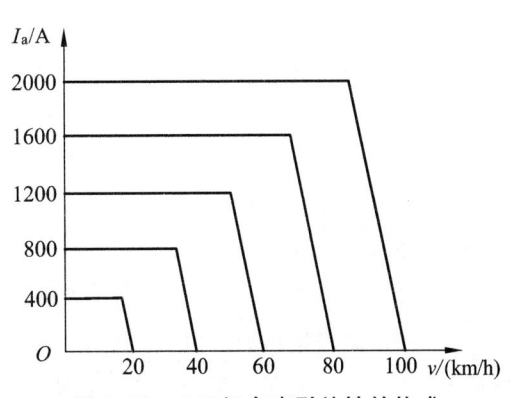

图 2-50 8K 机车牵引特性的构成

(三) SS9 型电力机车特性

电力机车是一个能量变换器，它将接触网上的高压电能经过多次转换变换为牵引列车的机械能，最终以机车的牵引力和机车的速度表现出来，由于每一环节的能量转换总是伴随着损耗或者性能的变化，所以均会对机车的牵引特性产生影响，其中以牵引电动机的特性和机车控制方式的影响较大。

机车牵引特性是指机车轮周牵引力 F 与机车速度 v 之间的关系，即 $F=f(v)$。它是列车运行时牵引计算的依据。计算牵引特性的同时，必须计算机车的速度特性和机车的牵引力特性。

1. 机车速度——电流特性 $[I_a = f(v)]$

机车的速度——电流特性是指机车运行速度 v 与牵引电动机电枢电流 I_a 之间的关系即 $I_a = f(v)$。

SS9 型电力机车采用恒流准恒速特性控制：即低速时的恒流控制和设定速度点的准恒速控制，机车运行电流和速度随司控器调速手柄的级位调节而变化。司控器调速手柄分 18 级，但级位是连续的，标定的两级间的位置也可以使用。

机车特性控制函数如下：

$$I_a = \begin{Bmatrix} 110\,N \\ 880\,N - 88\,v \\ 1\,305 \end{Bmatrix} \quad (A) \text{ 取最小值}$$

式中　I_a——牵引电机给定电流，A；

　　　v——机车速度，km/h；

　　　N——级位。

根据机车牵引控制特性及牵引电动机特性，可得出机车速度——电流特性曲线如图 2-51 所示，图中 OABCDEFG 是限制曲线，由于 SS9 型电力机车采用了晶闸管整流及磁场削弱，牵引电机的端电压和励磁电流均可平滑调节，因此机车可以运行在限制曲线内的任何一点。

机车限制曲线由以下限制条件形成：

(1) 最大起动电流限制。SS9 型电力机车在 0~5 km/h 内起动电流被限制在 1 305 A，如图 2-51 中 OA 所示。

(2) 黏着及最大功率限制。机车从 5 km/h 开始，电流随机车速度的增加而线性下降，到 B 点时，机车功率达到最大值 5 400 kW，其限制曲线如图 2-51 中 AB 所示。

(3) 牵引电动机额定电压的限制。这是为保证额定电压下安全换向的限制，如图 2-51 中曲线 BC 所示，该曲线为电动机端电压为 990 V 时的自然速度特性。

(4) 牵引电动机持续功率的限制。机车运行到 C 点达到牵引电动机的额定电压 990 V，额定电流 870 A，机车如需增加速度，则电压将自动线性超压至 1 100 V，相应的电流由 870 A 降至 783 A，以维持机车功率不变，其限制曲线如图 2-51 中 CD 所示。这时机车若需继续增加速度，则保持电压 1 100 V 不变，采用无级磁场削弱的办法，即将磁场分路系数由 0.87 减小至 0.49 来达到，相应限制曲线如图 2-51 中 DE 所示。

（5）最深磁场削弱限制。SS9 型电力机车控制最深磁场削弱系数为 0.49，其限制曲线如图 2-51 中 EF 所示。

（6）机车最高速度限制。机车最高速度为 170 km/h，其限制曲线如图 2-51 中 FG 所示。

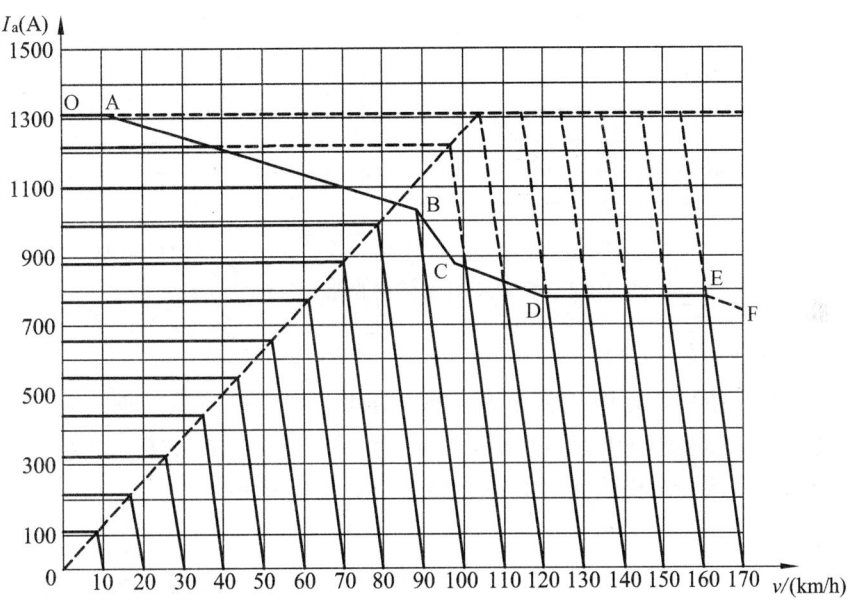

图 2-51 机车牵引速度——电流曲线 $I_a = f(v)$

2. 机车牵引力特性 $[F = f(I_a)]$

机车牵引力特性是指机车轮周牵引力 F 与牵引电机电枢电流 I_a 之间的关系，即 $F = f(I_a)$。机车牵引力可以根据牵引电机的输出轴上的转矩进行计算，其关系可由下式求出

$$F = \frac{2N}{D} \mu \eta_d T_z$$

式中　N——牵引电机台数，SS9 型电力机车为 6 台牵引电机；

　　　η_d——传动效率；

　　　T_z——牵引电机轴上转矩，kN·m。

其中 T_z 等于牵引电动机产生的电磁转矩 T 减去用于克服电机铁耗和机械损耗形成的空载转矩 T_o，即

$$T_z = T - T_o = C_m \Phi I_a \times 10^{-3} - T_o \quad (\text{kN·m})$$

根据牵引电机特性和机车型式试验的数据所得的机车牵引力特性曲线如图 2-52 所示。

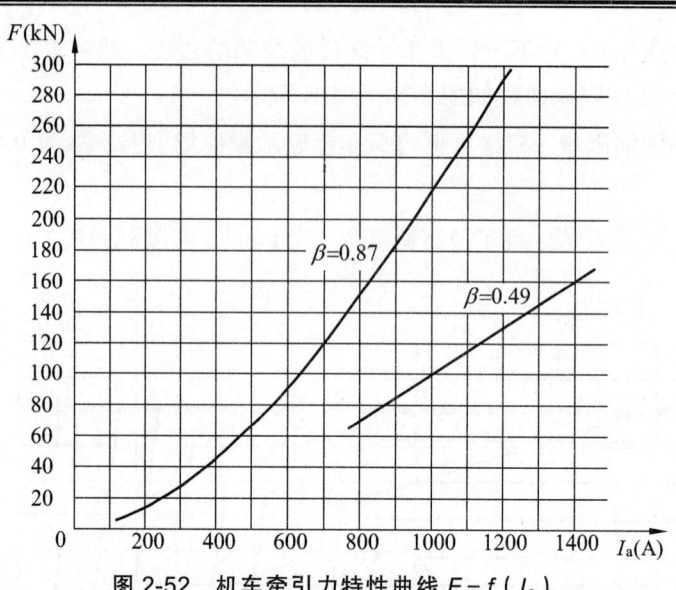

图 2-52 机车牵引力特性曲线 $F = f(I_a)$

3. 机车牵引特性 $[F = f(v)]$

机车牵引特性是指机车轮周牵引力 F 与机车速度 v 之间的关系, 即 $F = f(v)$。机车牵引特性可由前述的机车速度——电流特性 $I_a = f(v)$ 和机车牵引力特性 $F = f(I_a)$ 求得。

机车牵引特性曲线一般由机车行驶试验测出, 如图 2-53 所示。

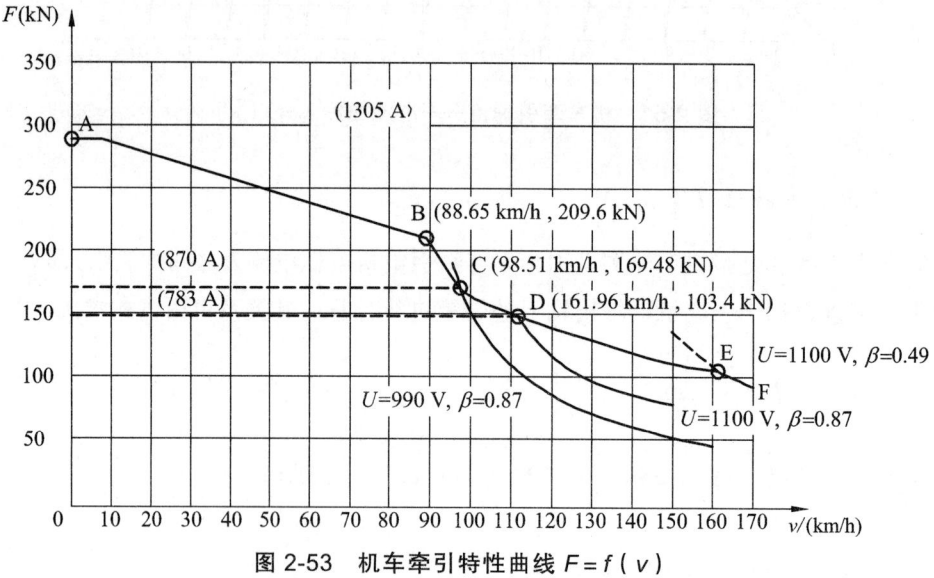

图 2-53 机车牵引特性曲线 $F = f(v)$

二、动车组牵引特性

(一) ICE 和 TGV Eurostar 动车组牵引特性

图 2-54 和图 2-55 分别为 ICE 和 TGV Eurostar 动车组的牵引特性曲线, 它们代表了两种

不同的设计思想。其中图 2-54 的牵引特性曲线具有一定的普遍意义。当速度低于 92 km/h 时，机车输出准恒力矩；当速度高于 92 km/h 后，进入恒功区。由于在 92 km/h 速度点，变流器输出满电压，因此机车的颠覆力矩设定在最高速度点，实际上属于大牵引电机小变流器方式。具有这种牵引性能的机车或动车组在整个速度范围内其牵引力较大，加速性能较好，不仅适合于客运，同时也适合货运。

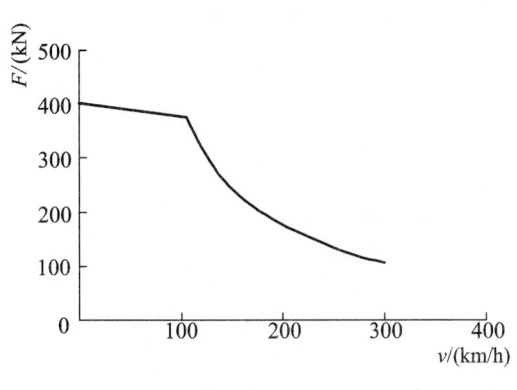

图 2-54　ICE 牵引特性曲线　　　图 2-55　TGV Eurostar 牵引特性曲线

相比较而言，图 2-55 的牵引特性曲线就显得有些不一般。该曲线共分成 4 段：(1) 低速启动时有较大的牵引力。(2) 速度为 23 km/h ~ 115 km/h，输出力矩随速度的增加而迅速下降。(3) 速度为 115 km/h ~ 200 km/h，保持较平的力矩特性。(4) 速度为 200 ~ 300 km/h，输出恒功率。

这种牵引特性具有如下一些特点：(1) 启动力矩大，但由于时间较短，牵引电机不容易过热。因此短时的大启动力对牵引电机的设计要求没有提高。(2) 力矩随速度迅速下降，牵引电机的电流也迅速下降。由于具有该特性的牵引动力车是为高速客运设计，因此在中速区不需要太大的牵引力。(3) 电动机的颠覆力矩按最高速度设计，虽然牵引电机的功率较大，但由于恒功区较窄，电动机的用铁量较少，因此有别于一般的大电机小变流器方案，牵引电机质量反而大大减小。该动力牵引车的最大输出轴功率为 1 100 kW，轴重维持在 17 t 左右。(4) 动力牵引车进入恒功区前，需通过改变变流器的输出电压才能达到控制电机输出特性的目的，因此在恒功区前运行时，变流器开关损耗增大，但由于负载电流的下降，导通损耗下降，总的损耗不会增加太大。

通过上面的分析可知，该动力牵引车在高速时既保持一定的牵引力，又能使牵引电机的体积、质量减小。从变流器的输出特性看，通过改变 VVVF 终点速度的位置，可使系统的匹配更加经济。

(二) 动车组牵引特性的特点

图 2-56 为 CRH 系列动车组的牵引特性曲线，它们具有相似的牵引特性，特点如下：

(1) 低速区特性平坦或随速度升高而下降，这样的特性与动车组的黏着特性随速度的变化趋势是相适应的。

(2) 牵引力数值与内燃机车、电力机车的牵引力相比小很多；由于中高速动车组大都采用轻量化技术,与普通旅客列车相比列车重量小,所以仍然具有较高的起动加速能力(或功率重量比)。

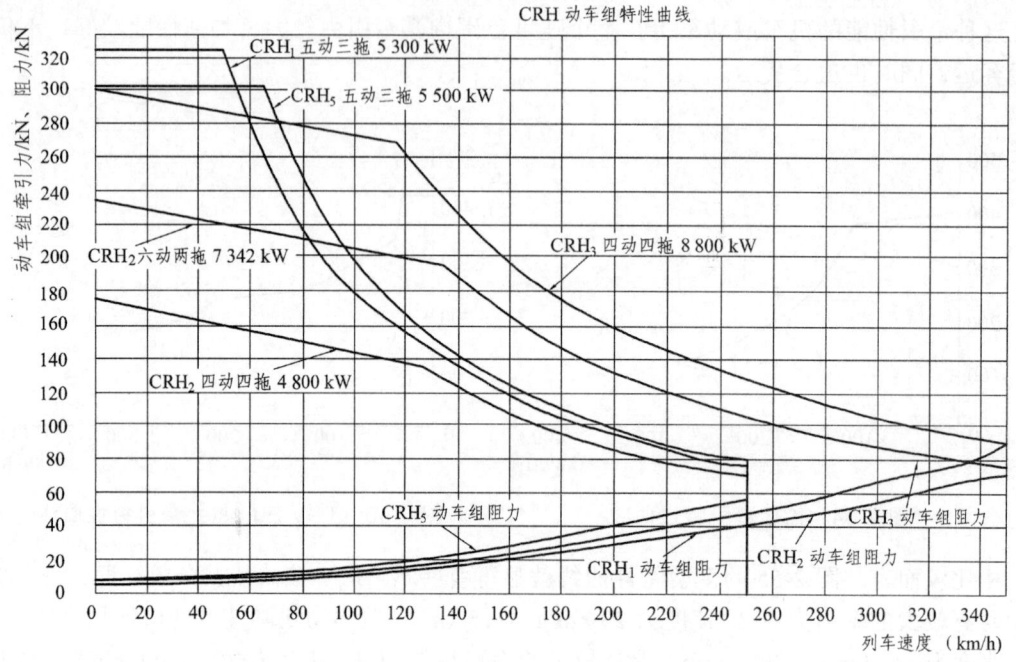

图 2-56 CRH 系列动车组的牵引特性曲线

(3)高速区特性为恒功率曲线,牵引力随速度升高而呈双曲线关系下降;这一点与普通内燃、电力机车的恒功牵引特性曲线是相似的;但恒功范围略小,一般在 2~3 左右,且向高速区移动;对于最高运行速度 300 km/h 的动车组,恒功范围起始点多在 100 km/h 以上。

(4)因采用动力分散牵引模式,在正常轨面状态下,起动时及低速范围的牵引力低于黏着限制曲线较多,因此,在动车组的牵引特性曲线图中黏着特性曲线通常是不画出来的。

(5)在动车组的牵引特性曲线上通常不标注最低持续速度,因为在全功率下,即便在20‰以上甚至接近30‰的坡道上,列车的均衡速度仍然在恒功区以内,牵引电机的散热能力在允许范围。也可以认为,在正线运行时(坡道12‰)不会出现全功率、低速持续运行的工况。

(三)CRH2 牵引特性曲线

1. CRH2 型动车组各牵引级位的牵引特性曲线

CRH2 型动车组牵引级位共 10 级(1N~10N),整级位之间能平滑调节,图 2-57 是 CRH2 型动车组各牵引级位的牵引特性曲线。其中第 10N 牵引特性曲线的恒功范围起始点在125 km/h,下式为牵引第 10N 的牵引力数学表达式。

$$F = 176 - 0.36v \qquad 0 \leqslant v \leqslant 125 \text{ km/h}$$

$$F = 16\,250\,v \qquad v > 125 \text{ km/h}$$

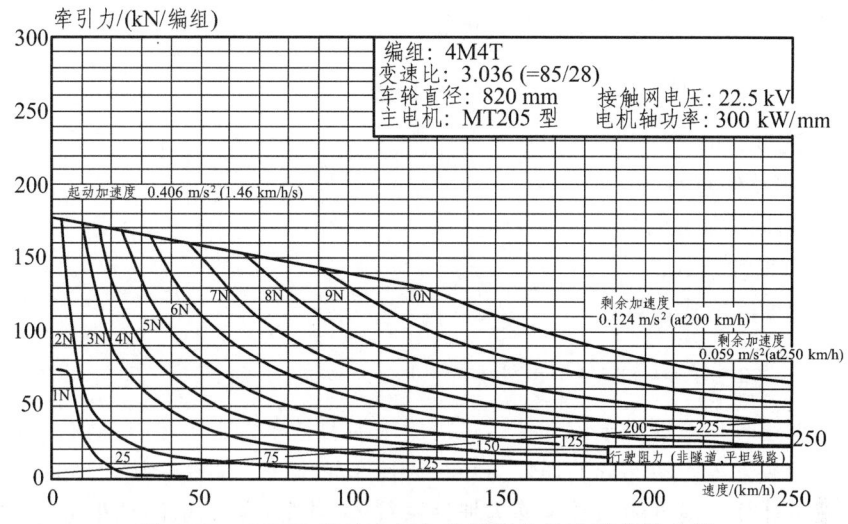

图 2-57　CRH2 型动车组各牵引级位的牵引特性曲线

2. CRH2 型动车组的牵引性能曲线

CRH2 型动车组的牵引性能曲线如图 2-58 所示。

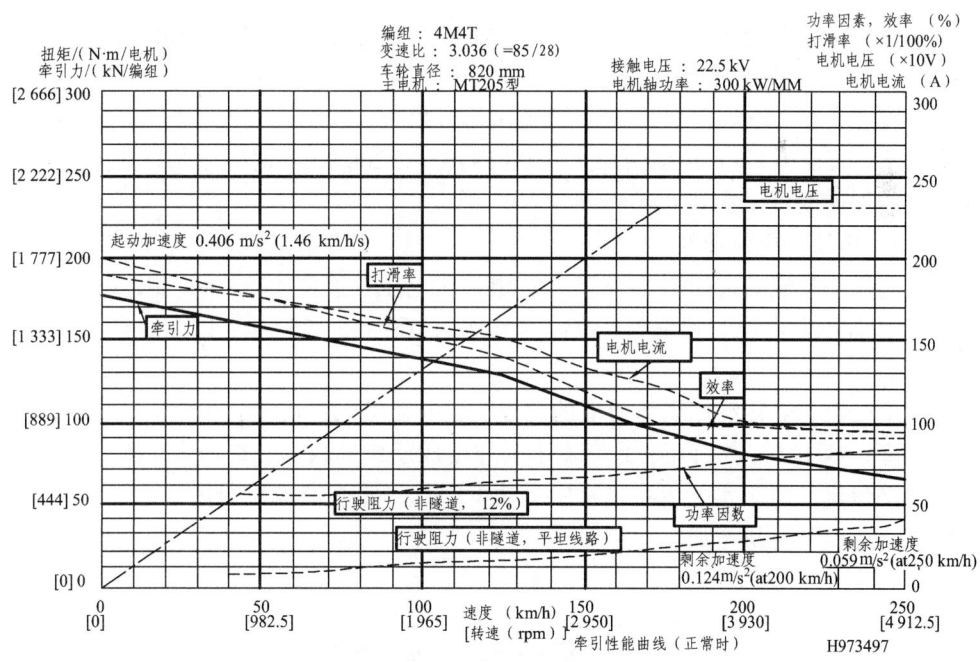

图 2-58　CRH2 型动车组的牵引性能曲线

1）牵引力曲线

牵引力为动车组所要求的全功率对应的最大牵引力。牵引力在 0～125 km/h 的速度内，以速度 0 km/h 的牵引力为基点按一定斜率下降，在速度 125 km/h 以上，牵引力与速度呈双曲线下降（恒功率）的趋势。

2）牵引力与速度的关系

一般来说，所需牵引力按照下列公式计算：

$$F = G(1+\gamma) \cdot a + G \cdot w \quad (N)$$

式中　a——加速度，m/s^2；
　　　G——编组整体重量，t；
　　　w——运行阻力，N/t；
　　　γ——列车惯性系数；

其中，加速度以下式计算：

$$a = (F - G \cdot w)/G(1+\gamma) \quad (m/s^2)$$

在动车组加速时，不仅对车体加速，也需要施加力量来克服车轮、车轴、制动盘片、驱动用电机、齿轮装置等旋转部分的惯性力矩，以使车轮旋转、加速。从计算的角度，用旋转部分的等效重量计算，换算的系数定义为惯性系数γ。惯性系数的值因动车组的 M 车（有驱动电动机、齿轮装置）与 T 车的比例（动拖比）不同而不同，一般按照动车组的技术规格所规定。车辆的等价重量按照 $G(1+\gamma)$ 来计算。

3）运行阻力

曲线中的虚线表示无隧道、直线、平坡及最大坡度 12‰ 下对应的运行阻力。

按照实际计算，在 208 km/h 附近，牵引力曲线与运行阻力（12‰）曲线相交，这一点是坡度 12‰ 对应的动车组的均衡速度点。

对于平直道，在 250 km/h 点，牵引力超出运行阻力，表明还有继续加速的余量，用剩余加速度来表示，即 250 km/h 时剩余加速度 0.059 m/s^2，200 km/h 时剩余加速度 0.124 m/s^2。

起动时的加速度可以达到 0.406 m/s^2。

4）电动机电压、电流曲线

电动机电压、电流曲线如图 2-58 所示。电动机电压在速度 175 km/h 前，设定为 U/f（电压/频率）常数控制（电压、频率与速度略呈比例），速度在 175 km/h 以上时电动机电压保持恒定。

假设功率因数、空转滑行均为恒值的前提下，电动机电流在速度 125 km/h 以下，与牵引力呈比例下降；从 125 ~ 175 km/h 是基本上与速度成反比例减少；在速度 125 km/h 以上，电动机电流保持恒定。由于实际运行过程中，功率因数、转差率均为变化值，所以在高速区域的电流要比上述说明有所增加。

第二章习题

1. 写出直流牵引电机的转速特性公式？并画出直流串励牵引电机的转速特性曲线？为什么转速特性曲线是一条近似的双曲线？

2. 写出直流牵引电机的转矩特性公式？并画出直流串励牵引电机的转矩特性曲线？为什么转矩特性曲线是一条近似的抛物线？

3. 简述直流串励牵引电机的调速方法有哪些?
4. 查阅资料,说明 SS_4 改型电力机车是如何控制机车运行方向的?是如何控制机车运行工况的?主要采用了哪些调速方法?
5. 根据串励电机与他励电机的比较结果,简述牵引工况时,为何选择串励电机?
6. 交直型电力机车的起动电流有什么特点?为什么?有哪些危害?应采取哪些措施?
7. 什么是磁场削弱?机车实施磁场削弱的条件是什么?
8. 什么是磁场削弱系数?说明磁场削弱系数的物理意义。
9. 交直型电力机车磁场削弱的方法有哪些?
10. 电力机车电气制动的基本原理是什么?电力机车电气制动有哪几种形式?
11. 何谓电阻制动?何谓再生制动?
12. 说明为什么三相交流异步电机是铁路电力牵引传动的发展方向?
13. 简述三相交流异步电机是如何旋转起来的?
14. 如何控制动车组的运行方向?是否需要电气开关进行牵引电机接线的转换?为什么?
15. 说明同步转速、电机实际转速、转差、转差频率、转差率的概念?
16. 说明三相异步电动机有哪些运行状态?这些运行状态与动车组工况控制的关系是怎样的?如何实现工况控制?是否需要电气开关进行牵引电机接线的转换?
17. 根据三相异步电动机电磁转矩公式: $T=\dfrac{1}{2\pi f_1}\dfrac{U_1^2 r_2/s}{(r_1+r_2/s)^2+(x_1+x_2)^2}$,说明如何实现动车组的工况控制?是否需要电气开关进行牵引电机接线的转换?当动车组稳定运行时,转差率 s 有什么特点?
18. 根据三相异步电动机电磁转矩公式: $T=\dfrac{1}{2\pi f_1}\dfrac{U_1^2 r_2/s}{(r_1+r_2/s)^2+(x_1+x_2)^2}$,及转速公式: $n=(1-s)\dfrac{60f_1}{p}$,说明三相异步电动机的调速方法有哪些?动车组采用的调速方法有哪些?动车组调速过程中,是否需要电气开关进行牵引电机接线的转换?
19. 动车组主要采用电阻制动还是再生制动,为什么?
20. 画出异步电动机的自然机械特性曲线?根据自然机械特性曲线简述异步电动机从静止状态到稳定运行状态的启动过程?
21. 根据图 2-25,说明动车组采用固定电源电压和固定电源频率方式下启动时,有哪些缺点?
22. 根据异步牵引电动机的气隙磁通公式: $\varPhi_m \propto \dfrac{U_1}{f_1} \approx$ 常数,说明动车组调速过程中为什么不采用单独调节电源电压 U_1 调速(固定电源频率 f_1)?也不采用单独调节电源频率 f_1 调速(固定电源电压 U_1)?
23. 变频调速的控制方法有哪些方法?
24. 叙述恒转矩变频调速原理。
25. 叙述恒功率变频调速原理。
26. 画出动车组的调速控制策略曲线?

27. 转矩裕量的定义？转矩裕量过大、过小会产生什么问题？
28. CRH2 型动车组每辆动车的四台牵引电机采用什么供电方式？HXD_{3C} 型电力机车的六台牵引电机采用什么供电方式？为什么？
29. 什么是机车的牵引特性？画图说明交直型电力机车牵引特性的工作范围。
30. 交直型电力机车有哪几种控制方式，有何优缺点？
31. 交直型电力机车有哪些特性？各特性曲线如何？
32. 分析 CRH2 型动车组的牵引特性曲线？

第三章 动车组变流技术

第一节 牵引变流器结构及电力电子器件

一、电力牵引交流传动系统的结构及类型

(一)电力牵引交流传动系统的结构

图 3-1 所示为采用交流传动技术的电力机车的系统结构。由图 3-1 可以看出,在现代交流传动电力机车上,来自接触网的单相交流电在牵引变压器中变换成所需大小的合适电压,经整流器整流后供给中间直流回路。中间直流回路起无功能量交换的作用,完成储能、能量变换、滤波的任务。通过牵引逆变器的逆变,将直流变换为交流牵引电机调速所需要的交流能量。工作过程中,控制装置接受司机控制器的控制指令,通过触发脉冲发生器控制整流器和逆变器中的电力电子器件,实现交—直—交的能量变换。

从电力牵引交流传动系统的工作过程可以看出,牵引变流器由以下部分组成:整流器、中间直流环节、牵引逆变器、控制系统。

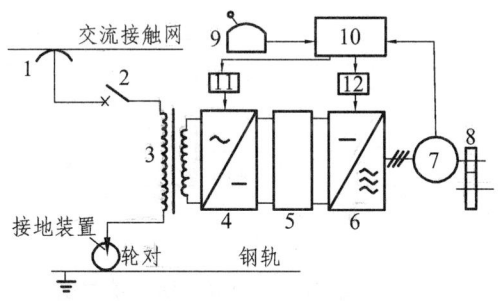

图 3-1 交流传动电力机车的系统结构

1—受电弓;2—主断路器;3—牵引变压器;4—整流器(网侧);5—中间回路;6—逆变器(电动机侧)
7—交流牵引电动机;8—传动齿轮;9—司机控制器;10—电子控制装置;11、12—触发脉冲发生器

(二)电力牵引交流传动系统的类型

1. 根据中间直流环节储能元件的类型分类

在现代交流传动电力机车上,来自接触网的单相交流电在牵引变压器中变换成所需大小

的合适电压,经整流器整流后供给中间直流回路。由于从单相交流接触网来的功率是以脉动形式提供给中间回路的。从传动特性来看,希望得到尽可能恒定的功率,从而得到尽可能恒定的转矩。因此,中间回路首先是一个能量存储和变换的装置,同时它又是一个滤波器,在平衡功率波动方面起着决定性的作用。

在电工技术领域中,存在两种具有储能特性的无源元件:电容器和电抗器。根据所选择的不同的储能元件,交流传动相应地分为两种基本系统:电压型系统和电流型系统。相应地,把有关的交—直—交变流器称为电压型变流器和电流型变流器。电路结构如图 3-2 所示。

电压型变流器中,电容器用作中间回路的储能器,它接受向中间回路供给的瞬时电流与从中间回路取用的瞬时电流之差,并使电压保持恒定。作为逆变器的电源,在其输入端提供一个实际上恒定不变的电压。由于这个电源具有低的内阻抗,所以逆变器的端电压不随负载变化。这种逆变器称为电压源逆变器,对于单电动机传动或多电动机传动都同样适用。但是低的内阻抗使得时间常数也很小,在逆变器端子上出现的任何短路,都会使短路电流迅速上升,很难通过一般方法加以消除,必须采用快速熔断器或特殊的保护措施。

对于电流型变流器,采用电抗器作为中间回路储能器。它吸收波动形式的差电压,保持中间回路的电流强度恒定。由于这个作为逆变器电源的中间回路具有很大的内阻抗,逆变器输入端的电流在负载变化时保持恒定。这种逆变器称为电流源逆变器。但是,电流源逆变器的端电压明显地随负载变化。如果用来向多台并联的电动机供电,那么其中任何一台电动机负载的变化都会影响到其他电动机的工作。所以,电流源逆变器对于多电动机传动系统来说是不适用的。

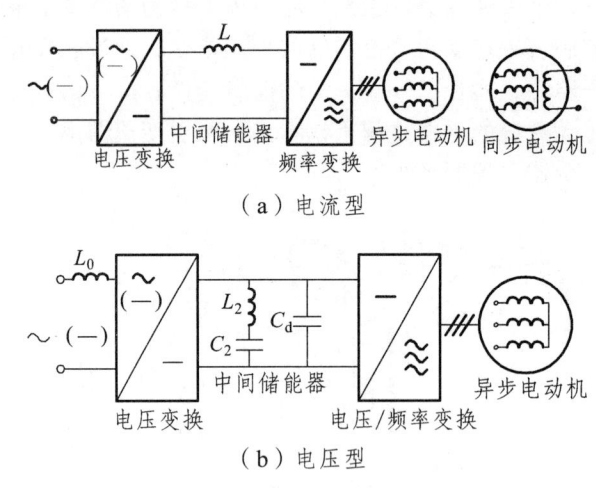

图 3-2 电力牵引交流传动系统类型

目前,我国 CRH 系列动车组(包括地铁列车)均采用电压源逆变器。

2. 根据交流牵引电动机的类型分类

对于电力牵引交流传动,除了不同类型变流器的选择以外,人们还面临不同类型的交流牵引电动机的选择:同步型还是异步型。迄今,在电力牵引领域出现的交流传动系统基本上有以下两类:

(1)电流型变流器供电的同步电动机或笼型异步电动机系统[见图 3-2(a)]。

（2）电压型变流器供电的笼型异步电动机系统［见图3-2（b）］。

电流型系统［见图3-2（a）］其实是从相控整流桥供电的脉流牵引电动机系统直接演变过来的。只不过在采用直流电动机的情况下，频率变换是由电动机上的机械式变频器——换向器来实现的。而在交流传动中，这项任务由逆变器完成。对于采用异步电动机的电流型系统，逆变器依靠电动机漏抗和谐振电容进行换相；而对于采用同步电动机的情况，则借助负载本身的换相电压（电动机反电势）进行换相。在这两种情况下，电动机各个绕组都将流过方波电流，除了增大铜耗外，还使转矩中含有较明显的谐波成分。因之，需要采取特殊措施。

在使用同步牵引电动机的情况下，逆变器比较简单，也不需对晶闸管提出特殊的关断方面的要求。但是，当速度在接近于零的范围内，由于电动机反电动势的值太小，不足以使晶闸管换相。所以，当电力牵引上采用这种系统时，在3%~10%额定速度值以下，仍然需要依靠附加的强迫换相装置进行工作。另外一方面，为了向同步电动机的励磁绕组供电，必须采用集电环和电刷，或者采用旋转整流器，结构比较复杂。

与上述两种电流型系统不同的方案是，采用电压型变流器供电的异步牵引电动机系统。逆变器向牵引电动机输出频率和幅值可变的三相电压，通过适当地选择脉宽调制技术，能够进一步改善输出电压波形。在电动机漏抗的影响下，使电动机绕组中的电流尽可能接近于正弦形，并从而减小转矩的脉动程度。此外，网侧变流器通过中间回路储能设备（二次谐波吸收电路、支撑电容器）解耦，使得对接触网的反作用（如干扰电流和功率因数等问题）可以通过网侧变流器的设计技巧加以解决。在迄今开发的交流传动动车组以及电力机车上，网侧变流器几乎全是采用四象限脉冲整流器，电机侧变流器几乎全是采用电压型变流器。

二、牵引变流器用电力电子器件

在牵引变流电路中，最核心的组成部分是电力电子开关器件。一般包括GTR、GTO、MOSFET、IGBT等。GTO、GTR等是早期的电力电子开关器件，它们能够承受较高的电压，但是其导通和关断的频率较低。MOSFET的通断频率较高，可以达到百兆赫兹的级别，但是它所能承受的电压较小。IGBT集合了早期开关器件耐压高和MOSFET通断频率高的优点，是目前应用非常广泛的电力电子开关器件。在动车组牵引变流器中，IGBT是目前应用的主要开关器件。

（一）绝缘栅双极晶体管IGBT

1. IGBT简介

复合型电力电子器件IGBT是绝缘栅双极晶体管（Insulated Gate Bipolar Transistor）的简称。它综合了电力电子器件GTR的安全工作区宽、电流密度高、导通压降低和电力电子器件MOSFET输入阻抗高、驱动功率小、驱动电路简单、开关速度快、热稳定性好的优点，因而发展很快，应用领域正在不断扩展中。

1）工作原理

IGBT是以MOSFET（Metal Oxide-Semiconductor Field-Effect Transistor，金属氧化层半

导体场效晶体管）为驱动元件、GTR 为主导元件的达林顿电路结构器件。它相当于一个由场效应管 MOSFET 驱动的厚基区 GTR，简化的等效电路如图 3-3（a）所示，其中 T_1 是 N 沟道型 MOSFET，T_2 是 PNP 型 GTR，R_{dr} 是厚基区 GTR 的基区内电阻，这种结构称 N-IGBT，即 N 沟道型的 IGBT，应用得较多。若用 P 沟道型 MOSFET 作为控制元件构成 IGBT，称 P-IGBT 型器件。一般的 IGBT 模块中，还封装了反并联的快速二极管，以适应逆变电路的需要，因此没有反向阻断能力。

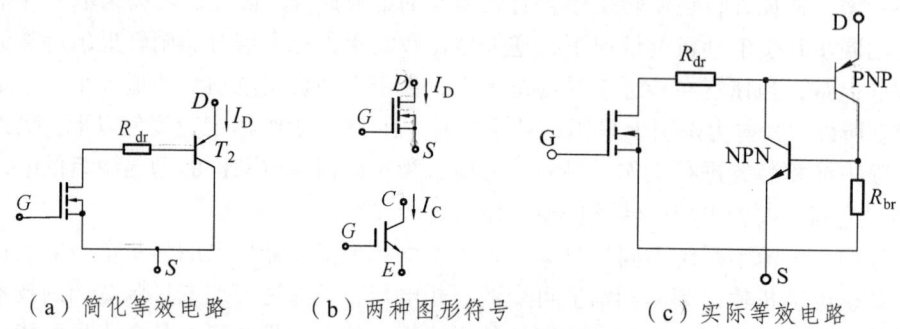

（a）简化等效电路　　（b）两种图形符号　　（c）实际等效电路

图 3-3　IGBT 的等效电路及图形符号

IGBT 的图形符号有两种形式，如图 3-3（b）所示。其中图 3-3（b）下方的图形较为简单实用。图中漏极 D 用集电极 C 表示，源极 S 用发射极 E 表示，漏电流 I_D 改用集电极电流 I_c 表示。对于 P-IGBT 型器件，图形符号中的箭头方向相反。图 3-13（c）是具有寄生晶体管 NPN 的实际等效电路，此寄生管正常情况下不起作用，但如果 I_c 太大，寄生管就会导通，使 IGBT 失控，这就是下面将要讨论的擎住效应。

IGBT 的控制原理与 MOSFET 基本相同，IGBT 的开通和关断受栅极控制，N 沟道型 IGBT 的栅极上加正偏置电压并且数值上大于开启电压时，IGBT 内的 MOSFET 的漏极与源极之间因此感应产生一条 N 型导电沟道，使 MOSFET 升通，从而使 IGBT 导通。反之，如在 N 沟道型 IGBT 上加反偏置电压，它内部的 MOSFET 漏源极间不能感生导电沟道，IGBT 就截止。

2）特性

首先看 IGBT 的伏安特性，即输出特性，N-IGBT 的伏安特性如图 3-4（a）所示。由图可知 IGBT 的控制参数为栅极 G 与源极 S 之间的电压 V_{GS}（或用 V_{GE} 表示）。伏安特性的纵坐标为漏极电流 I_D（或 I_c），横坐标是漏极与源极间的电压 V_{DS}（或 V_{CE}），IGBT 的伏安特性分：

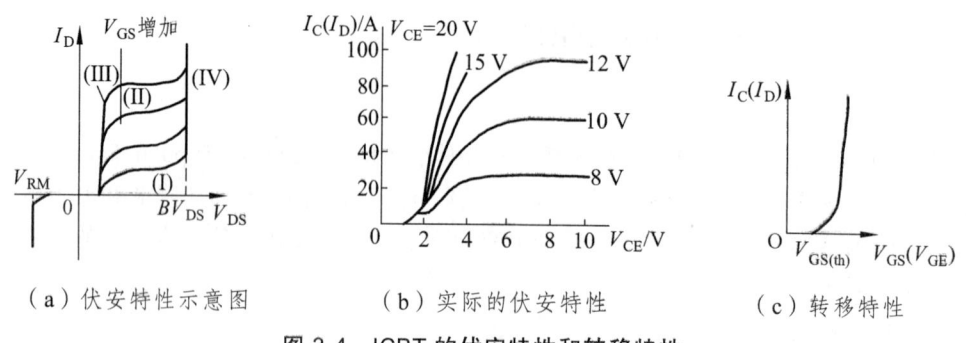

（a）伏安特性示意图　　（b）实际的伏安特性　　（c）转移特性

图 3-4　ICBT 的伏安特性和转移特性

① 截止区：即正向阻断区，此时栅极电压没有达到 IGBT 的开启电压 $V_{GS}(th)$；
② 放大区：即线性区，输出电流受栅源电压的控制，V_{GS} 越高、I_D 越大，两者有线性关系；
③ 饱和区：此时因 V_{DS} 太小，V_{GS} 失去线性控制作用；
④ 击穿区：此时因 V_{DS} 太大，超过击穿电压 BV_{DS} 而不能工作。

由于结构上的原因，IGBT 的反向阻断电压只能达到数十伏的水平，非对称型的 IGBT 则几乎没有反向阻断能力，因此限制了 IGBT 的某些应用范围。

图 3-4（b）为 IGBT 的实际伏安特性，其中 I_D、V_{DS} 和 V_{GS} 已分别用 I_C、V_{CE} 和 V_{GE} 表示。由此图可定量看出，在一定的栅极电压下，随着 I_C 加大，通态电压 V_{CE} 加大；但加大栅极电压 V_{GE}，在一定的 I_C 下可减小 V_{CE}，即可以减少 IGBT 的通态损耗。

再看 IGBT 的转移特性。如在图 3-4（b）横轴上作一条垂直线（即保持 V_{CE} 为恒值）与各条伏安特性相交，可获得转移特性。这是漏极电流与栅源电压比之间的关系曲线，如图 3-4（c）所示。它与 MOSFET 的转移特性相同，当栅源电压 V_{GS} 小于开通电压 $V_{GS}(th)$ 时，IGBT 处于关断状态。在 IGBT 导通后的大部分漏极电流范围内，I_D 与 V_{GS} 呈线性关系。最高栅源电压受最大漏极电流的限制，其最佳值一般取 15 V 左右。

最后看一下 IGBT 的动态特性。IGBT 在开通过程中，大部分时间是作为 MOSFET 来运行的，只有在漏源电压 V_{DS} 下降过程的后期，PNP 晶体管才由放大区转到饱和区。图 3-5（a）是 IGBT 的开通过程，$V_{GS}(t)$ 是作为控制信号的门源电压波形，$I_D(t)$ 是漏极电流波形，$V_{DS}(t)$ 是漏源电压波形。这些波形与 MOSFET 开通时的波形相似。开通时间由开通延迟时间 $t_{d(on)}$、电流上升时间 t_{ri} 和电压下降时间 t_{fi} 三者组成。开通时间为 0.2~0.5 μs。

在图 3-5（b）IGBT 关断过程中，因为 MOSFET 关断后，PNP 晶体管中存储的电荷难以迅速消除，造成漏极电流有较长的尾部时间。关断时间由关断延迟时间 $t_{d(off)}$、电压上升时间 t_{ri} 和电流下降时间 t_{fi} 三者组成，约为 1 μs。

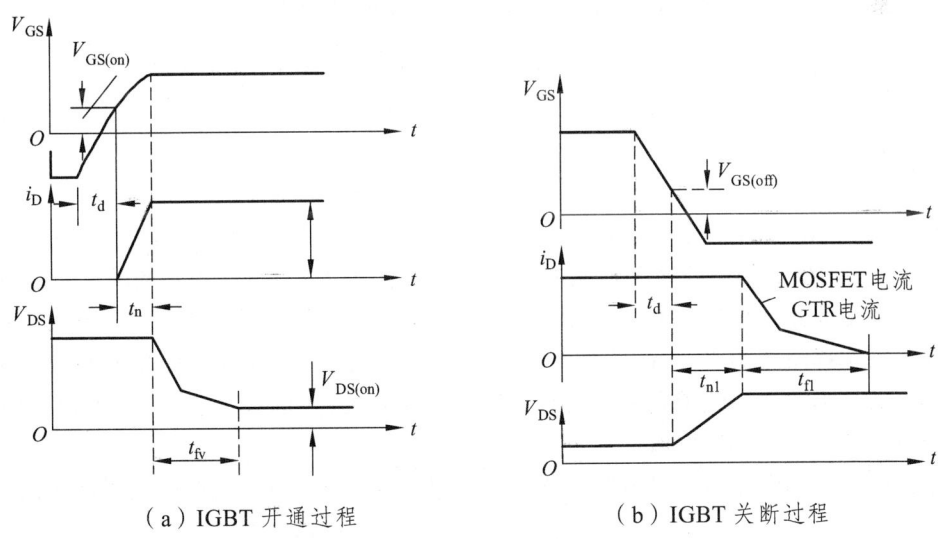

（a）IGBT 开通过程　　　（b）IGBT 关断过程

图 3-5　IGBT 开通与关断过程

3）IGBT 的栅极驱动电路

对 IGBT 栅极驱动电路的基本要求可归纳为下列几点：

① 提供适当的正向和反向输出电压,使 IGBT 能可靠地开通和关断。
② 提供足够大的瞬时功率或瞬时电流,使 IGBT 能及时迅速建立栅控电场而导通。
③ 输入、输出延迟时间尽可能小,以提高工作频率。
④ 输入、输出电气隔离性能足够高,使信号电路与栅极驱动电路绝缘。
⑤ 具有灵敏的过电流保护能力。

IGBT 是 MOSFET 与 GTR 的复合结构,所以用于电力 MOSFET 的栅极驱动电路原则上也能适用于 IGBT。IGBT 是场控型器件,输入阻抗很高,但对于大功率 IGBT(如 1 200 V、200~500 A 以上元件),由于有相当大的输入电容,数值上等于 C_{CG} 加 C_{GE},所以在 IGBT 导通瞬间栅极脉冲电流的峰值可能达到数安培。因此栅控电路应有足够大的正向电压和输出能力。同时 IGBT 的栅极正向电压 V_{GE}(正偏电压)还与它的通态电压 V_{CE} 有关。当 V_{GE} 增加时,通态电压 V_{CE} 下降,只有当 V_{CE} 大到一定值时,V_{CE} 才能达到较低的饱和值,如图 3-6 所示。使 IGBT 达到饱和的正偏压与该元件的容量有关,例如对于 50 A 的元件,选择正偏压 V_{GE} 为 15 V 较好,这时 V_{CE} 为 4 V。通常对较大容量的 IGBT,正偏压取 15~20 V[见图 3-4(b)及图 3-6]。

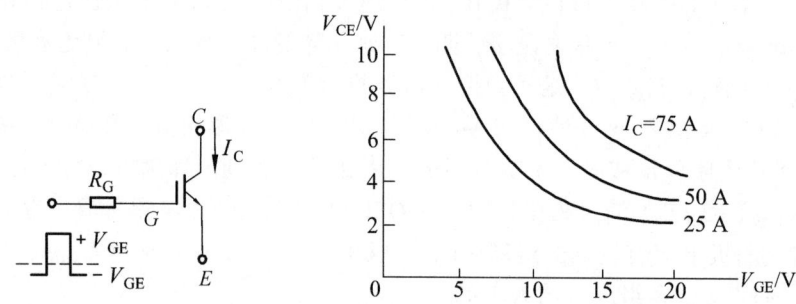

图 3-6 IGBT 的通态电压和栅极电压的关系

栅极负偏压对 IGBT 的关断特性影响不大,但在驱动电动机的逆变器电路中,为了使 IGBT 能稳定可靠地工作,还需要负偏压。同时栅极负偏压还能够防止 IGBT 在过大的 dV_{CE}/dt 下发生误触发,负偏压通常取 -5 V 或者稍大一些。

IGBT 栅控电路中的栅极电阻 R_G 对它的工作性能影响颇大,取较大的 R_G,对抑制 IGBT 的电流上升率 di_C/dt 及降低元件上的电压上升率 dV/dt 都有好处。但若 R_G 过大,就会过分延长 IGBT 的开关时间,使它的开关损耗加大,这对高频的应用场合是很不利的;而过小的 R_G 可使 di_C/dt 太大而引起 IGBT 的不正常或损坏。所以正确选择 R_G 的原则是应在开关损耗不太大的情况下,选择略大的 R_G。R_G 的具体数值还与栅控电路的具体结构形式及 IGBT 的电压、电流大小有关,大致在数欧姆到数十欧姆左右。小容量 IGBT 的 R_G 值较大,可超过 100 Ω,具体数值可参考元件厂的推荐值。

为了使栅极驱动电路与信号电路隔离,应采用抗噪声能力强、信号传输时间短的光耦合器件。

IGBT 门极与发射极的引线应尽量短,并且这两根引线应该绞合后使用,以减少栅极电感和干扰信号的进入。图 3-7 中,用光耦器件隔离信号电路与栅控电路。栅控电路由 MOSFET 及晶体管推挽电路构成,具有正、负偏置。当输入信号为高电平时,MOSFET 截止,T_1 导通,使 IGBT 迅速开通。当输入信号为低电平时，MOSFET 及 T_2 都导通，IGBT 截止。

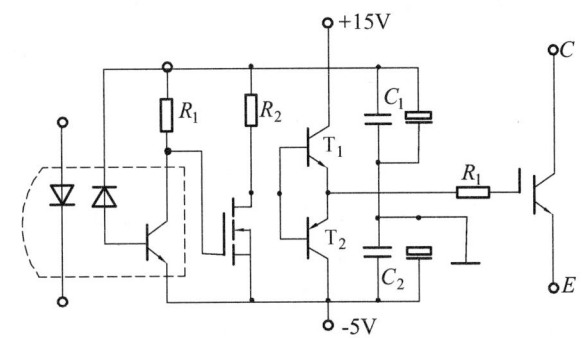

图 3-7 IGBT 的栅极驱动电路原理图

2. IGBT 的选择

在设计或者选用 IGBT 逆变电路时，必须正确选择或核对所采用的 IGBT 容量。从原理上说，必须考虑到在最大负载和可能出现的过电压、过电流下，元件仍能可靠地工作，它既不超出 IGBT 的正向安全工作区，又不超出反向安全工作区。这种安全工作区是由 IGBT 的产工厂提供的。在实际应用时，还可按生产工厂所提供的计算公式选用元件，下面是三菱公司推荐的公式。

1）电压定额的决定方法

元件的电压定额由中间直流环节可能出现的最大直流电压的峰值 U_{dmax} 决定，故有：

元件额定电压 = 最大直流电压的峰值 U_{dmax} + 再生电压增加值 + 浪涌电压

式中，U_{dmax} 是直流中间环节在正常情况下空载时所能达到的最大峰值电压，而不是中间环节的直流平均电压。再生电压增加值是指直流中间环节在有反馈电流时，由于储能电容 C_d 的过充电而引起的电压升高部分。浪涌电压情况比较复杂，它可能由瞬时出现的 IGBT 开关过程中的 Ldi/dt 引起，也可能是电网的瞬时波动。

2）电流定额的决定方法

元件的电流定额是由 IGBT 逆变电路的容量计算出最大电流值来确定的。现以负载是电动机为例，计算其电流定额。设电动机的输出功率为 P_M，则电流定额为：

$$I_C = \frac{10^3 P_M}{\cos\varphi \sqrt{3} U} \sqrt{2} K_4 K_5$$

式中　$\cos\varphi$——电动机的功率因素；

　　　P_M——电动机的输出功率；

　　　U——相电压有效值；

　　　K_4——逆变器的过载倍数，即安全系数，取其值为 2；

　　　K_5——考虑电网电压等因素引起的电流脉动率，取其值为 1.2。

上列计算式的分子是根据电动机输出的轴功率，折算出逆变电路所需的容量，除以分母得出逆变电路相电流的有效值，再折算成峰值，然后由相电流峰值必要的系数 K_4 和 K_5，得到 IGBT 的电流定额。

（二）可关断晶闸管（简称 GTO）

GTO 是高电压、大电流双极型全控型器件。与 SCR 相比，GTO 的工作频率较高且具有自关断能力，省去了强迫换流电路，所以整体体积减小、质量减轻、效率提高、可靠性增加。在大容量变流设备中 GTO 发挥了其高电压大电流的优势，在机车牵引传动、交流电机调速、不停电电源和直流斩波调速等领域被广泛应用。

GTO 的缺点有两个：一是关断增益较小，门极反向关断电流较小；二是为限制 du/dt 及关断损耗需设置专门的缓冲电路，这部分电路消耗一定能量，而且需要快速恢复二极管、无感电阻、无感电容等器件。

（三）智能型功率模块 IPM

智能型功率模块 IPM 是以 IGBT 技术为基础的电力电子开关，由高速低功耗的管芯和优化的门极驱动电路以及快速保护电路构成。与 IGBT 器件相比，IPM 还具有以下特点：① 快速的过流保护；② 过热保护；③ 桥臂对管互锁保护；④ 器件布局合理，无外部驱动线，抗干扰能力强，工作可靠性高；⑤ 驱动电源欠压保护。

第二节 脉冲整流器及中间直流环节

脉冲整流器是列车牵引传动系统电源侧变流器。在牵引时作为整流器，将单相交流电转变成直流电，经中间直流环节能量交换后，再供给牵引逆变器，由牵引逆变器驱动交流牵引电动机；再生制动时作为逆变器，将直流电转变成单相交流电，通过牵引变压器、主断路器、受电弓回送接触网，由接触网下的其他负载消耗再生电能，形成再生制动。

脉冲整流器可方便地运行于电压电流平面的四个象限，因此亦称为四象限脉冲整流器。脉冲整流器具有以下优点：

（1）能量可以双向流动；
（2）从电网侧吸收的电流为正弦波；
（3）功率因数可达到 1；
（4）减低了接触网的等效干扰电流，减少对通讯的干扰；
（5）可以保证中间回路直流电压在允许偏差内。

一、脉冲变流器基本工作原理

图 3-8 为脉冲整流器电路原理图，由交流回路、功率开关桥路以及直流回路组成。其中交流回路包括变压器牵引绕组的输出电压 u_N、漏电感 L_N 和绕组电阻 R_N（R_N 很小，可以忽略

不计);直流回路包括二次滤波环节 L_2、C_2 和中间支撑电容 C_d。其简化的等效电路如图 3-9 所示。

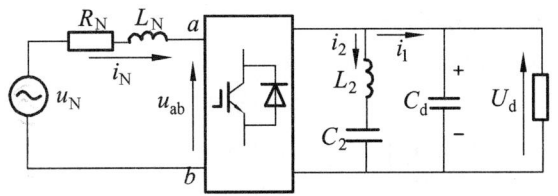

图 3-8　脉冲整流器模型电路

脉冲整流器的电压矢量平衡方程为:

$$\dot{U}_N = j\omega L_N \dot{I}_N + \dot{U}_{ab}$$

式中　$\dot{U}_N$——二次侧牵引绕组电压相量;
　　　$\dot{I}_N$——二次侧牵引绕组电流的基波相量;
　　　$\dot{U}_{ab}$——调制电压的基波相量。

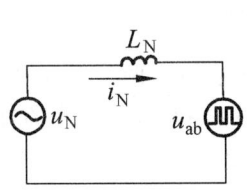
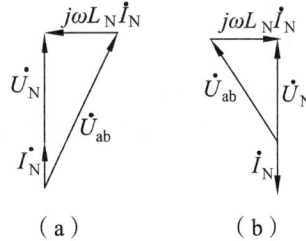

图 3-9　脉冲整流器的简化等效电路　　图 3-10　脉冲整流器简化基波相量图

当二次侧牵引绕组电压 $\dot{U}_N$ 一定时,$\dot{I}_N$ 的幅值和相位仅由 $\dot{U}_{ab}$ 的幅值及其与 $\dot{U}_N$ 的相位差来决定。改变基波的幅值和相位,就可以使 $\dot{I}_N$ 与 $\dot{U}_N$ 同相位或反相位。在牵引工况下,$\dot{I}_N$ 与 $\dot{U}_N$ 的相位差为 0°,该工况下的矢量图如图 3-10(a)所示,此时 $\dot{U}_{ab}$ 滞后 $\dot{U}_N$;而对于再生制动工况,$\dot{I}_N$ 与 $\dot{U}_N$ 的相位差为 180°,该工况下的矢量图如图 3-10(b)所示,此时 $\dot{U}_{ab}$ 超前 $\dot{U}_N$,电机通过脉冲整流器向接触网反馈能量。

由图 3-10 可以得到下式:

$$\begin{cases} U_{ab} = U_d \cdot M_a / \sqrt{2} \\ U_{ab}^2 = U_N^2 + (\omega L_N I_N)^2 \\ \omega L_N I_N = K U_N \end{cases}$$

式中　U_d——直流侧电压;
　　　M_a——变流器的调制深度,从系统工作的安全可靠性和电网的特性(考虑,控制系统应保证 $0.8 \leq M_a \leq 0.9$;
　　　K——短路阻抗的标幺值,一般取 0.3~0.35。

由上式可得:

$$U_d = U_N \cdot \sqrt{2(1+K^2)}/M_a$$

式 $U_d = U_N \cdot \sqrt{2(1+K^2)}/M_a$ 表明了中间直流电压 U_d 与变压器牵引绕组电压 U_N、变压器短路阻抗标幺值 K 以及调制深度 M_a 的关系。

由图 3-10 可知，如果保持 $\dot{I}_N$ 与 $\dot{U}_N$ 同方向，即功率因数为 1，则 $\dot{U}_{ab}$ 随负载电流变化。显而易见，当 $\dot{I}_N = 0$ 时，$\dot{U}_{ab\min} = \dot{U}_N$，这时调制深度 M_a 为最小，即 $M_{a\min} = \sqrt{2}U_{ab\min}/U_d = \sqrt{2}U_N/U_d$。而 M_a 的最大值主要取决于元件的开关频率及调制比。

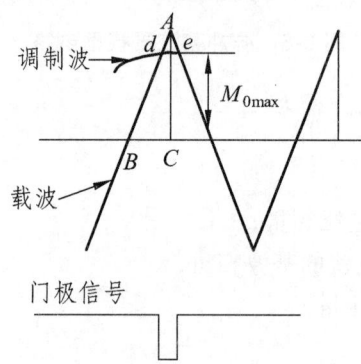

图 3-11 最大调制深度计算示意图

在图 3-11 中，当调制比达到其最大值时，门极信号相邻两个开关点的间距须满足 $t_{de} \geq t_{on} + t_D$，其中 t_{on} 是为了复原吸收回路所需的最短时间；t_D 是保证一个器件开通之前另一个器件必须完全关断所需的最小时间，假定载波信号的幅值为 1，则由 $\Delta ABC \approx \Delta Ade$ 有：

$$\frac{1-M_{a\max}}{1} = \frac{\frac{1}{2}(t_{on}+t_D)}{BC}$$

$$M_{a\max} = 1 - \frac{t_{on}+t_D}{2\overline{BC}}$$

假定对于高速列车，满足 $U_d = 3\,000$ V，$K = 0.3$，当 $M_{a\max} = 0.9$ 时有：

$$U_{ab\max} = U_d \cdot M_a/\sqrt{2} = 3\,000 \times 0.9/\sqrt{2} = 1909.2 \ (\text{V})$$

$$U_{N\max} = U_d \cdot M_a/\sqrt{2(1+K^2)} = 3\,000 \times 0.9/\sqrt{2(1+0.3^2)} = 1828.67 \ (\text{V})$$

考虑网压波动范围为 22.5~29 kV，如果上述最大值只有在网压为 29 kV 的工况下才允许出现，而在系统设计时，变流器的输入电压通常对应于 25 kV 工况，因此折算到 25 kV 时的额定电压为：

$$U_N = U_{N\max} \times \frac{25}{29} = 1576.44 \ (\text{V})$$

$$U_{ab} = U_{ab\max} \times \frac{25}{29} = 1645.85 \ (\text{V})$$

折算到 22.5 kV 时的额定电压为：

$$U_N = U_{N\max} \times \frac{22.5}{29} = 1\,418.8 \quad (V)$$

$$U_{ab} = U_{ab\max} \times \frac{22.5}{29} = 1\,481.3 \quad (V)$$

二、中间直流环节

在交—直—交变流器中，储能器是作为变流器的四象限整流器和负载端变流器的逆变器之间的联接纽带，一般称之为中间直流环节（或中间回路）。在电压型四象限脉冲整流器中，由两个部分组成：一个是相应于 2 倍电网频率的串联谐振电路（也可以取消）；另一个是滤波电容器或支撑电容器。

1. 二次谐波滤电路

从四象限整流器工作原理可知：

第一，因为串联谐振电路对 2 倍网频调谐，所以二次谐波电流从这个谐振电路流过，而直流分量 I_d 流入负载。

第二，2 倍网频的串联谐振电路的无功功率，来自与阻抗 L_N 的功率交换，并因而降低电源的瞬时功率的脉动分量。

第三，表示电源的感性的无功功率需要一个容性的无功功率来加以平衡，所以，从电源侧来看，四象限整流器可以用一个可变电容 C 和一个可变电阻 R_L 的并联电路来等效地表示。可变电容代表其与漏感 L_N 交换无功功率的那个部分，而 R_L 代表不同负载所要求的有功功率。

在选择串联谐振电路的电感和电容值时，除了考虑很大的谐振电流可能在电容器上产生过电压的危险外，还必须考虑电抗器的结构尺寸与电感值、持续电流与最大电流有关，而电容器的结构尺寸与电容值、最大电压与充电损耗有关。所以，适当选择参数，将有助于减少总费用。

2. 支撑电容器 C_d

在理想情况下，特别是当负载纯粹是一个电阻时，并不需要另外一个储能器的。因为反应漏感和四象限整流器之间无功功率变换的二次谐波电流从串联谐振电路上流过，而流到负载上去的是一个纯直流分量。但是实际上，由于以下原因，在脉冲整流器的输出端，或者说在中间回路中，由电容器构成的另一个储能器是必不可少的，这是因为：

（1）与脉冲整流器、逆变器交换无功功率和谐波功率。它们是在脉宽调制过程中产生的。

（2）与异步电动机交换无功功率。

（3）由于串联谐振回路中实际存在的电阻，二次谐波电流并非全部通过串联谐振电路，而是由串联谐振电路和支撑电容器 C_d 分流。所以，从这个角度出发来说，支撑电容器 C_d 也部分地起着与变压器漏感交换无功功率的作用。

（4）支撑中间回路电压，使其保持稳定。如果这个电容器太小，变流器的控制将变得相当困难。因为控制稍有一点误差，中间回路的电压就会出现很大的波动。

三、两电平脉冲整流器

1. 两电平脉冲整流器的工作原理

单相两电平脉冲整流器主电路如图 3-12 所示，L_N 和 R_N 分别为牵引绕组漏电感和电阻，开关管 T_1、T_2、T_3、T_4 组成一个全控桥电路，L_2 和 C_2 组成一个二次滤波器，C_d 为中间直流侧支撑电容。

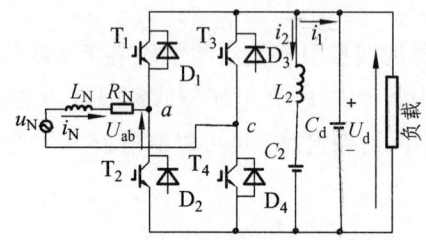
图 3-12 两电平脉冲整流器主电路

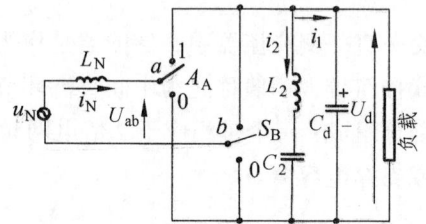
图 3-13 两电平脉冲整流器开关等效图

为了便于分析，定义理想开关函数 S_A 和 S_B 如下所示。采用理想开关函数并忽略牵引绕组电阻，则图 3-12 所示的两电平脉冲整流器主电路可以等效为图 3-13 所示的电路。

$$S_A = \begin{cases} 1 & T_1 \text{ 导通} \\ 0 & T_2 \text{ 导通} \end{cases}$$

$$S_B = \begin{cases} 1 & T_3 \text{ 导通} \\ 0 & T_4 \text{ 导通} \end{cases}$$

由于上桥臂与下桥臂不允许直通，则 S_i（$i = A$，B）与 S_i'（为下桥臂的开关函数）必须满足 $S_i' = 1 - S_i$。于是 u_{ab} 的取值有 U_d、0、$-U_d$ 三种电平，有效的开关组合有 $2^2 = 4$ 种，即 $S_A S_B = 00$、01、10、11 四种逻辑，则 u_{ab} 可表示为：

$$u_{ab} = (S_A - S_B) U_d$$

对应于 4 个开关的不同开闭状态，电路共有以下 3 种工作模式：

工作模式 1：$S_A S_B = 00$ 或 11，即下桥臂开关或上桥臂开关全部导通，则此时 $u_{ab} = 0$，电容 C_d 向负载供电，直流电压通过负载形成回路释放能量，直流电压下降。另一方面，牵引绕组两端电压 u_N 直接加在电感 L_N 上，对电感 L_N 充放电：当 $u_N > 0$，D_1 与 T_3 导通或 T_2 与 D_4 导通，电感电流 i_N 上升，电感 L_N 储存能量；当 $u_N < 0$，D_3 与 T_1 导通或 T_4 和 D_2 导通，电感电流 i_N 下降，电感 L_N 释放能量。在此过程中，有下式成立：

$$u_N = L_N \frac{di_N}{dt}$$

工作模式 2：$S_A S_B = 01$，其等效电路如图 3-14（a）所示，此时 $u_{ab} = -U_d$；T_1 和 T_4 同时关断，由 D_3 和 D_2 导通形成回路，$u_N < 0$，电流流向与电流 i_N 的参考方向相反，并对电感充电储能，电感电流 i_N 上升，满足如下关系式：

$$L_N \frac{di_N}{dt} = u_N + U_d$$

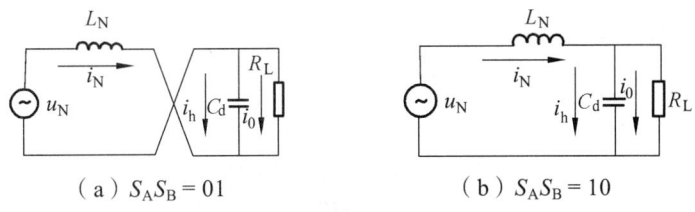

图 3-14 不同开关模式下的等效电路

工作模式 3：$S_AS_B = 10$，其等效电路如图 3-14（b）所示，此时 $u_{ab} = U_d$；T_3 和 T_2 同时关断，由 D_1 和 D_4 导通形成回路，$u_N > 0$，储存在电感中的能量向负载 R_L 和电容 C_d 释放，电感电流 i_N 下降，一方面给电容充电，使得直流电压上升，保证直流电压稳定，同时高次谐波电流通过电容形成低阻抗回路；另一方面给负载提供恒定的电流；满足如下关系式：

$$L_N \frac{di_N}{dt} = u_N - U_d$$

在任意时刻，处于整流状态的脉冲整流器都只能工作在 3 种模式中的 1 种，在不同的时间段，通过对上述 3 种开关模式的切换，实现直流侧负载电压的稳定和负载电流的双向流动。

2. 两电平脉冲整流器的 PWM 控制原理

两电平脉冲整流器采用 SPWM 调制，其调制方式如图 3-15 所示。当 $u_a > u_{ca}$ 时，S_A 为 1，否则为 0。b 相与 a 相调制方式相同，但 u_a 与 u_b 相位相差 180°，u_{cb} 与 u_{ca} 相同。

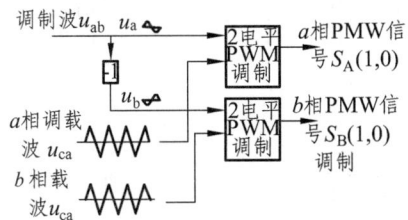

图 3-15 两电平脉冲整流器 SPWM 调制示意图

图 3-16 为两电平脉冲整流器 SPWM 调制波形。

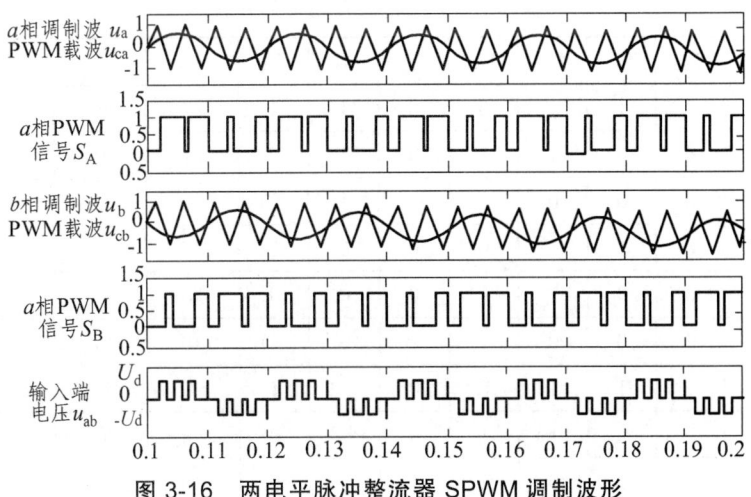

图 3-16 两电平脉冲整流器 SPWM 调制波形

四、三电平脉冲整流器

1. 三电平脉冲整流器工作原理

单相三电平脉冲整流器主电路如图 3-17 所示，图中，为直流侧支撑电容 C_1 上的电压，u_2 为直流侧支撑电容 C_2 上的电压。为了便于分析，定义理想开关函数 S_A 和 S_B 如下所示。采用理想开关函数并忽略牵引绕组电阻，则图 3-17 所示的三电平脉冲整流器主电路可以等效为图 3-18 所示的电路。

$$S_A = \begin{cases} 1 & T_{a1}和T_{a2}导通 \\ 0 & T_{a2}和T_{a3}导通 \\ -1 & T_{a3}和T_{a4}导通 \end{cases}$$

$$S_B = \begin{cases} 1 & T_{b1}和T_{b2}导通 \\ 0 & T_{b2}和T_{b3}导通 \\ -1 & T_{b3}和T_{b4}导通 \end{cases}$$

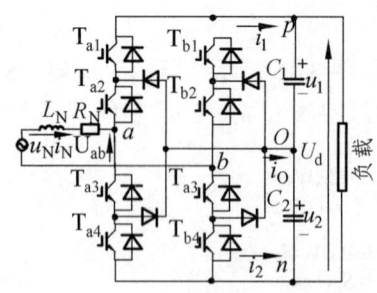

图 3-17 脉冲整流器主电路图

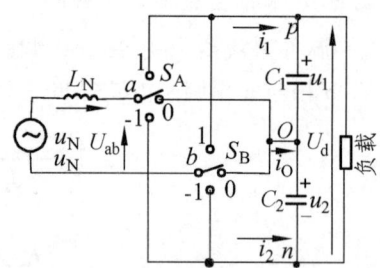

图 3-18 脉冲整流器开关等效电路图

显然，由 S_A 和 S_B 组成的电路共有 $3^2 = 9$ 种组合，对应主电路有 9 种工作模式。开关状态及相应的电压值如表 3-1 所示。

表 3-1 工作状态及相应的电压

T_{a1}	T_{a2}	T_{a3}	T_{a4}	T_{b1}	T_{b2}	T_{b3}	T_{b4}	S_A	S_B	u_{ao}	u_{bo}	u_{ab}	Mode
1	1	0	0	1	1	0	0	1	1	u_1	u_1	0	1
1	1	0	0	0	1	1	0	1	0	u_1	0	u_1	2
1	1	0	0	0	0	1	1	1	-1	u_1	$-u_2$	u_1+u_2	3
0	1	1	0	1	1	0	0	0	1	0	u_1	$-u_1$	4
0	1	1	0	0	1	1	0	0	0	0	0	0	5
0	1	1	0	0	0	1	1	0	-1	0	$-u_2$	u_2	6
0	0	1	1	1	1	0	0	-1	1	$-u_2$	u_1	$-u_1-u_2$	7
0	0	1	1	0	1	1	0	-1	0	$-u_2$	0	$-u_2$	8
0	0	1	1	0	0	1	1	-1	-1	$-u_2$	$-u_2$	0	9

工作模式 1（$S_A = 1$，$S_B = 1$）：开关管 T_{a1}、T_{a2}、T_{b1} 和 T_{b2} 导通，T_{a3}、T_{a4}、T_{b3} 和 T_{b4} 关断，网侧端电压 $u_{ao} = u_1$、$u_{bo} = u_1$、$u_{ab} = 0$。如果网侧电源电压 $u_N > 0$，则网侧电流 i_N 增大，电容 C_1 和 C_2 通过负载电流放电。

工作模式 2（$S_A = 1$，$S_B = 0$）：开关管 T_{a1}、T_{a2}、T_{b2} 和 T_{b3} 导通，T_{a3}、T_{a4}、T_{b1} 和 T_{b4} 关断，网侧端电压 $u_{ao} = u_1$、$u_{bo} = 0$、$u_{ab} = u_1$。如果正向电源电压 u_N 大于（或小于）直流侧电压 U_d 的一半，则网侧电流 i_N 增大（或减小），网侧电流对电容 C_1 进行充电，而电容 C_2 通过负载电流放电。

工作模式 3（$S_A = 1$，$S_B = -1$）：开关管 T_{a1}、T_{a2}、T_{b3} 和 T_{b4} 导通，T_{a3}、T_{a4}、T_{b1} 和 T_{b2} 关断，网侧端电压 $u_{ao} = u_1$、$u_{bo} = -u_2$、$u_{ab} = u_1 + u_2$。正向网侧电流 i_N 减小，正向网侧电流对电容 C_1 和 C_2 充电。

工作模式 4（$S_A = 0$，$S_B = 1$）：开关管 T_{a2}、T_{a3}、T_{b1} 和 T_{b2} 导通，T_{a1}、T_{a4}、T_{b3} 和 T_{b4} 关断，网侧端电压 $u_{ao} = 0$、$u_{bo} = u_1$、$u_{ab} = -u_1$。如果反向的电源电压 u_N 大于（或小于）直流侧电压 U_d 的一半，则网侧电流 i_N 减小（或增大），反向网侧电流对电容 C_1 进行充电，而电容 C_2 通过负载电流放电。

工作模式 5（$S_A = 0$，$S_B = 0$）：开关管 T_{a2}、T_{a3}、T_{b2} 和 T_{b3} 导通，T_{a1}、T_{a4}、T_{b1} 和 T_{b4} 关断，网侧端电压 $u_{ao} = 0$、$u_{bo} = 0$、$u_{ab} = 0$。如果网侧电源电压 $u_N > 0$，则正向网侧电流 i_N 增大，电容 C_1 和 C_2 通过负载电流放电。

工作模式 6（$S_A = 0$，$S_B = -1$）：开关管 T_{a2}、T_{a3}、T_{b3} 和 T_{b4} 导通，T_{a1}、T_{a4}、T_{b1} 和 T_{b2} 关断，网侧端电压 $u_{ao} = 0$、$u_{bo} = -u_2$、$u_{ab} = u_2$。如果正向电源电压 u_N 大于（或小于）直流侧电压 U_d 的一半，则网侧电流增大（或减小），网侧电流对电容 C_2 进行充电，而电容 C_1 通过负载电流放电。

工作模式 7（$S_A = -1$，$S_B = 1$）：开关管 T_{a3}、T_{a4}、T_{b1} 和 T_{b2} 导通，T_{a1}、T_{a2}、T_{b3} 和 T_{b4} 关断，网侧端电压 $u_{ao} = -u_2$、$u_{bo} = u_1$、$u_{ab} = -u_1 - u_2$。反向网侧电流 i_N 减小，反向网侧电流对电容 C_1 和 C_2 进行充电。

工作模式 8（$S_A = -1$，$S_B = 0$）：开关管 T_{a3}、T_{a4}、T_{b2} 和 T_{b3} 导通，T_{a1}、T_{a2}、T_{b1} 和 T_{b4} 关断，网到端电压 $u_{ao} = -u_2$、$u_{bo} = 0$、$u_{ab} = -u_2$。如果反向的电源电压 u_N 大于（或小于）直流侧电压 U_d 的一半，则网侧电流 i_N 减小（或增大）；反向网侧电流对电容 C_2 进行充电，而电容 C_1 通过负载电流放电。

工作模式 9（$S_A = -1$，$S_B = -1$）：开关管 T_{a3}、T_{a4}、T_{b3} 和 T_{b4} 导通，T_{a1}、T_{a2}、T_{b1} 和 T_{b2} 关断，网侧端电压 $u_{ao} = -u_2$、$u_{bo} = -u_2$、$u_{ab} = 0$。如果网侧电源电压 $u_N > 0$，则正向网侧电流 i_N 增大，电容 C_1 和 C_2 通过负载电流放电。

2. 三电平脉冲整流器 PWM 控制原理

三电平脉冲整流器 PWM 调制方式为 SPWM，其理想相开关函数如下所示，其调制方式如图 3-19 所示。当 b 相调制波 u_b 与 a 相相差 180°相位，其与 b 相载波 u_{cb} 之间的关系与上述关系相同，为减少高次谐波，b 相载波需要偏离 a 相载波 180°相位。

$$u_a > u_{ca}（正侧载波）> u_{ca}（负侧载波）时，S_A = 1$$

$$u_{ca} >（正侧载波）> u_a > u_{ca}（负侧载波）时，S_A = 0$$

$$u_{ca} >（正侧载波）> u_{ca}（负侧载渡）> u_a 时，S_A = -1$$

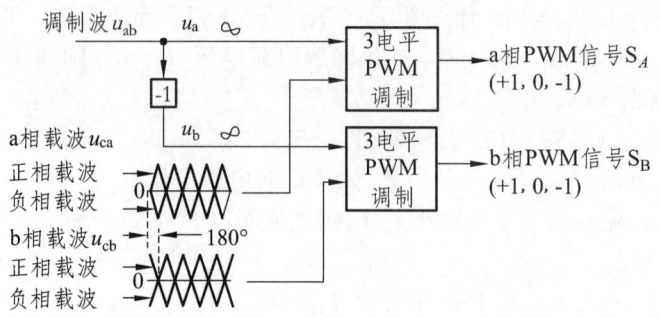

图 3-19 脉冲整流器 SPWM 调制方式

三电平脉冲整流器利用上述调制方式进行切换动作,得到的 PWM 调制和动作波形如图 3-20 所示,u_{ab} 是采用 U_d、$U_d/2$、0、$-U_d/2$、$-U_d$ 这 5 种电平来等效的正弦波。与两电平脉冲整流器相比,这样可以有效地减小网侧输入端电流 i_N 的谐波。

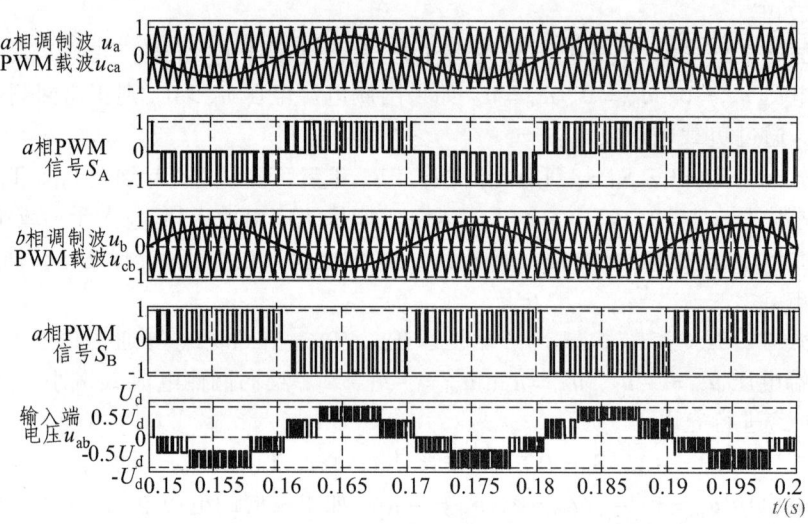

图 3-20 三电平脉冲整流器 PWM 调制动作波形

第三节 牵引逆变器

牵引变流器从负载来看可分为电压型和电流型两种。由于电压型变流器相对于电流型变流器具有较大的优势,所以在交流传动领域大多采用电压型逆变器。电压型牵引变流器的驱动一般采用"四象限脉冲整流器 + 中间直流电路 + 电压型牵引逆变器 + 异步牵引电动机"的方式。

根据变流器输出交流侧相电压的可能取值可将电压型变流器分为两点式和三点式。在交流传动领域,当中间电路直流电压 $U_d > 2.7$ kV 时,主电路中通常采用两点式结构;当 $U_d > 3$ kV 时,宜采用三点式结构。

第三章 动车组变流技术

牵引逆变器的作用是将中间回路的直流电转换为交流异步牵引电动机调速所需要的三相交流电。从电能的流向可以看出，牵引状态下，牵引逆变器按逆变方式工作；电气制动状态下，按整流方式工作。

一、单相桥式逆变电路

逆变电路从其结构而言，也像整流电路那样有零式（中间抽头式）和桥式、单相和多相之分。

图 3-2 是一个单相桥式逆变电路的原理示意图，其中 T_1、T_2 和 T_3、T_4 两组理想开关轮流接通时，负载 R 上就可得到交流电压 u_R，这是一个幅值为直流电源电压 U_d 的周期性交变电压，相应的交流电流为 i_R。负载电压和负载电流的频率取决于两组理想开关的切换频率。

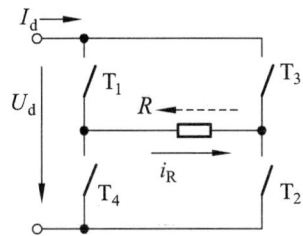

图 3-2 单相桥式逆变电路原理示意图

用全控型器件，如 IGBT 取代图 3-2 中的开关后，得到图 3-3（a）所示的单相桥式 IGBT 逆变器的主电路。

图 3-3（b）和图 3-3（c）是 IGBT 逆变器在电阻负载下的输出电压 u_R 和输出电流 i_R 的波形。在 $0 \sim \pi$ 期间，IGBT1（用 T_1 表示）和 IGBT2（用 T_2 表示）导通；在 $\pi \sim 2\pi$ 期间，IGBT3 和 IGBT4（分别用 T_3 及 T_4 表示）导通。图 3-3（d）则为直流输入电流 i_d 的波形，图中假设 IGBT 的开关是瞬时完成的理想过程。

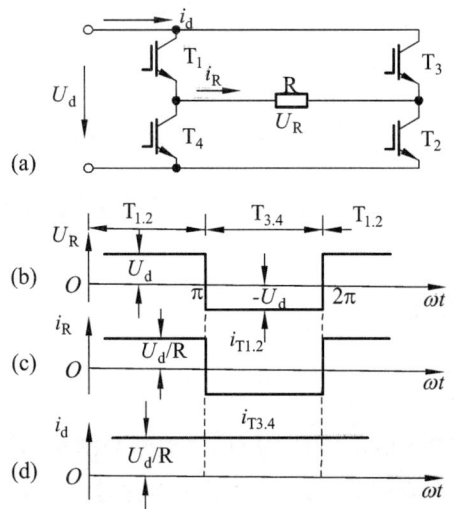

图 3-3 单相桥式 IGBT 逆变器的主电路及波形

对于感性负载，交流电流滞后电压一个相位角，当两组开关已经切换，电压已经反向时，感性负载电流仍将在滞后角时间内保持原来的流通方向，如果强迫开断这一感性负载的滞后电流，必然会引起过电压造成电力电子器件的击穿损坏。为此，在感性负载下，每个电力电子器件上还需反向并联一个快速二极管，以构成滞后电流的通路，如图 3-4（a）所示。

在图 3-4（a）中 $\omega t = \pi$ 时刻，当 IGBT1（T_1）和 IGBT2（T_2）关断、IGBT3（T_3）和 IGBT4（T_4）导通后，感性负载电流从 T_1、T_2 转移到由 D_3、D_4 及电源所构成的续流回路中，使负载电流在滞后角内继续保持原方向流通。同理，在 T_3、T_4 切换到 T_1、T_2 后，负载电流改经 D_1、D_2 和电源电路续流。负载电流 i_2 的波形如 3-4（c）所示，由两段指数曲线组成，阴影部分为二极管中的电流，其余为 IGBT 中的电流。图 3-4（d）为直流输入电流 i_d 的波形。它由正方向的 IGBT 电流和反方向的 i_D 电流组成，由图可见，在二极管导通期间，感性负载向电源反馈了能量。

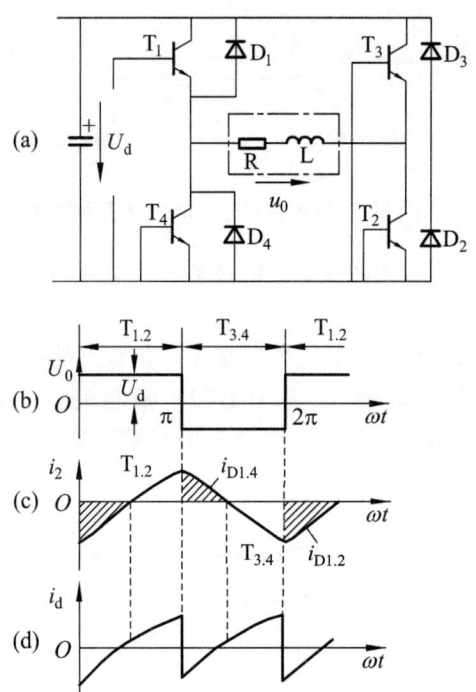

图 3-4 感性负载单相桥式 IGBT 逆变器的主电路及波形

二、三相桥式逆变电路

1. 结　构

三相桥式逆变电路如图 3-5 所示，图中应用可关断晶闸管 GTO 作为逆变管，也可用其他全控型器件（比如 IGBT）构成逆变电路，若用晶闸管时，还应有强迫换流电路；但逆变电路的基本结构都是相同的。

从电路结构上看，如果把三相负载 Z_A、Z_B、Z_C 看成三相整流变压器的三个绕组，那么三相桥式逆变电路犹如三相桥式可控整流电路与三相桥式二极管整流电路的反并联，其中可控电路用来实现直流到交流的逆变，不可控电路为感性负载电流提供续流回路，完成无功能量的续流或反馈。因此与 GTO 并联的六个二极管 $D_1 \sim D_6$ 称为续流二极管或反馈二极管。

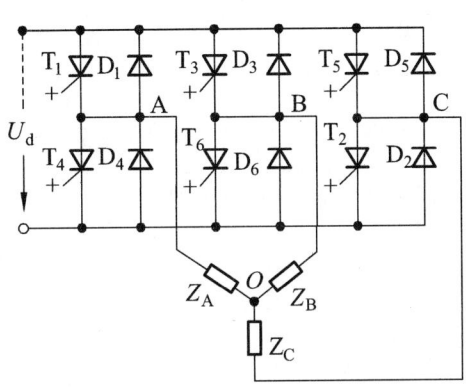

图 3-5 三相桥式逆变电路

图 3-5 所示的三相桥式逆变电路，其管子的导通次序和整流电路一样，也是 T_1、T_2、$T_3 \cdots$ 各管的触发信号依次互差 60°。根据各管导通时间的长短，分为 180°导通型和 120°导通型两种。对瞬时完成换流的理想情况，180°导通型的逆变电路在任意瞬间都有三只管子导通，各管导通时间为 180°。同相中上下两桥臂中的两只管子称为互补管，它们轮流导通，如 A 相中的 T_1 和 T_4。各导通 180°，但相位也差 180°，不会引起电源经 T_1 和 T_4 的贯穿短路。所以，180°型桥式逆变电路每隔 60°各管按照如下顺序导通：$T_1 \to T_2 \to T_3$、$T_2 \to T_3 \to T_4$、$T_4 \to T_5 \to T_6 \cdots T_5 \to T_6 \to T_1$。在 120°导通型逆变电路中各管导通 120°，任意瞬间只有不同相的两只管子导通，同一桥臂中的两只管子不是瞬时互补导通，而是有 60°的间隙时间。所以逆变器的各管每隔 60°，依次按 $T_1 \to T_2$、$T_2 \to T_3$、$T_3 \to T_4 \cdots T_6 \to T_1$ 次序导通。当某相中没有逆变管导通时，该相的感性电流经该相中的二极管流通。

2. 基本参数

按 180°导通方式工作的三相桥式逆变电路，每隔 60°为一个阶段，其等值电路、相电压、线电压、图形及数值如表 3-2 所示。表中设三相负载对称

$$Z_A = Z_B = Z_C$$

在 0°~60°阶段晶闸管（或其他全控型电力电子器件）T_1、T_2、T_3 同时导通，A 相和 B 相负载 Z_A、Z_B 都与电源的正极连接，C 相负载 Z_C 与电源的负极连接，由于三相负载对称，如取负载中心点 O 为电压的基准点，则 A 相的电压 U_{AO} 和 B 相的电压 U_{BO} 相等，均为 $\frac{1}{3}U_d$，U_d 为直流电源电压，C 相的电压为 $-\frac{2}{3}U_d$。

表 3-2 180°导通型三相桥式逆变电路各阶段的等值电路、相电压和线电压值

阶段		0°~60°	60°~120°	120°~180°	180°~240°	240°~300°	300°~360°
导通管号		1、2、3	2、3、4	3、4、5	4、5、6	5、6、1	6、1、2
等值电路		$Z_A^+\ Z_B\ \atop O\ \ Z_C^-$	$\ \ \ \ Z_B^+\atop Z_A^-\ \ Z_C^-$	$Z_B^+\ Z_C^+\atop -Z_A$	$\ \ \ \ Z_C^+\atop Z_A^-\ \ Z_B^-$	$Z_C^+\ Z_A^+\atop Z_B^-$	$Z_A^+\ \ Z_C^+\atop O\ \ Z_B^-$
相电压	U_{AO}	$+\frac{1}{3}U_d$	$-\frac{1}{3}U_d$	$-\frac{2}{3}U_d$	$-\frac{1}{3}U_d$	$+\frac{1}{3}U_d$	$+\frac{2}{3}U_d$
	U_{BO}	$+\frac{1}{3}U_d$	$+\frac{2}{3}U_d$	$+\frac{1}{3}U_d$	$-\frac{1}{3}U_d$	$-\frac{2}{3}U_d$	$-\frac{1}{3}U_d$
	U_{CO}	$-\frac{2}{3}U_d$	$-\frac{1}{3}U_d$	$+\frac{1}{3}U_d$	$+\frac{2}{3}U_d$	$+\frac{1}{3}U_d$	$-\frac{1}{3}U_d$
线电压	U_{AB}	0	$-U_d$	$-U_d$	0	$+U_d$	$+U_d$
	U_{BC}	$+U_d$	$+U_d$	0	$-U_d$	$-U_d$	0
	U_{CA}	$-U_d$	0	$+U_d$	$+U_d$	0	$-U_d$

同理,在 60°~120°阶段,逆变管 T_1 关断。T_2、T_3、T_4 导通,Z_B 与电源正极接通,Z_A 与 Z_C 与负载接通,故 $U_{BO}=+\frac{2}{3}U_d$,$U_{AO}=U_{CO}=-\frac{1}{3}U_d$。其余类推。最后得出任何一相的相电压的波形为六阶梯波,U_{BO} 落后 U_{AO} 120°,U_{CO} 落后 U_{BO} 120°,如图 3-6(a)所示。

线电压由相电压相减得出:

$$U_{AB} = U_{AO} - U_{BO}\ (如\ 0°\sim 60°阶段其值为零)$$

$$U_{BC} = U_{BO} - U_{CO}\ (如\ 0°\sim 60°阶段其值为\ U_d)$$

$$U_{CA} = U_{CO} - U_{AO}\ (如\ 0°\sim 60°阶段其值为\ -U_d)$$

线电压波形如图 3-6(b)所示,它们是宽为 120°的矩形波,各线电压波形依次相差 120°。

初相角为零的六阶梯波(如图 3-6 中的 U_{BO})的基波可用付氏级数求得,相电压中无余弦项、偶次项和三的倍数次谐波。电压中最低为五次谐波,含量为基波的 20%,其次为七次谐波,含量为基波的 14.3%。

对于基波无初相角的矩形波线电压,其中谐波分量与相电压中的谐波分量相同,只是符号不同,使波形产生差异。线电压比相电压的幅值大 $\sqrt{3}$ 倍。

根据图 3-6 可以算出六阶梯波的相电压和方波线电压的有效值之间仍有 $\sqrt{3}$ 倍的关系。

实际的电压波形较上面分析的结果略有误差,这是由于在分析中忽略了换流过程,也未扣除逆变电路中的电压降落的缘故。

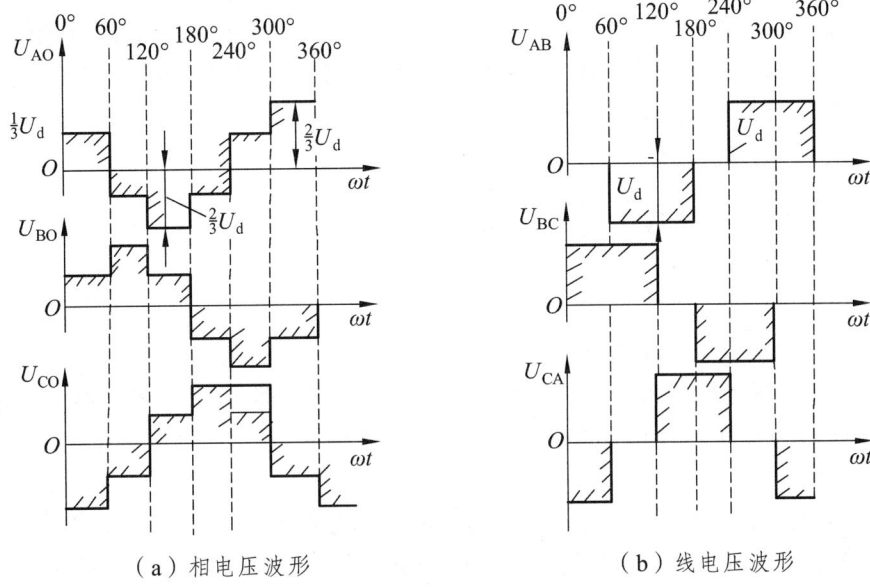

(a)相电压波形　　　　　　　　　(b)线电压波形

图 3-6　180°导通型三相逆变器输出波形

当三相逆变器按 120°导通方式工作时，如在 0°~60°阶段中 T_6、T_1 导通，则 Z_A、Z_B 分别接电源正负极（见图 3-7），Z_C 不通电，则 $U_{AO} = \frac{1}{2}U_d$，$U_{CO} = 0$。在 60°~120°阶段，T_1、T_2 导通，Z_A、Z_C 分别接电源正负极，Z_B 不通电，则 $U_{AO} = \frac{1}{2}U_d$，$U_{BO} = 0$，$U_{CO} = -\frac{1}{2}U_d$。以此类推，获得图 3-7 所示的输出电压波形。与图 3-6 相反，这里的相电压为矩形波，线电压为六阶梯波。

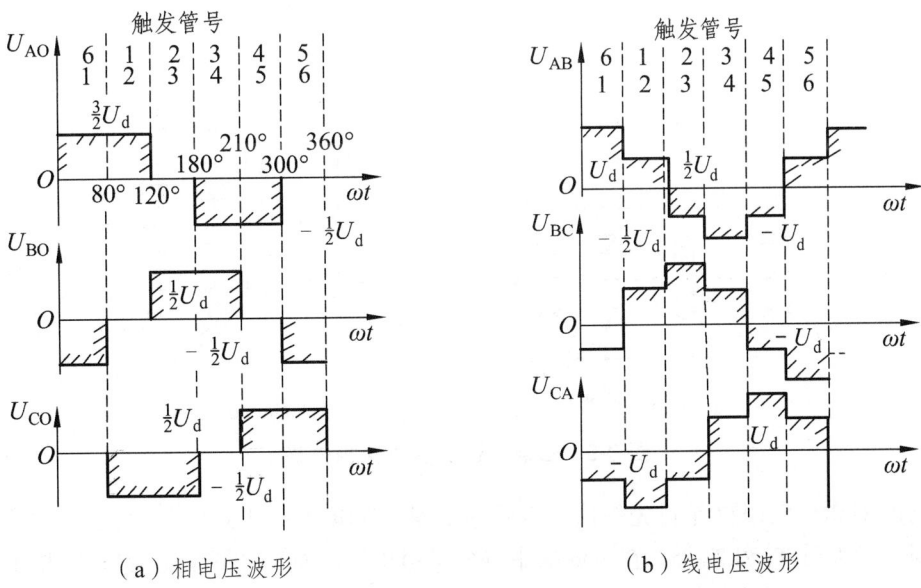

(a)相电压波形　　　　　　　　　(b)线电压波形

图 3-7　120°导通型三相逆变器的输出电压波形

由图 3-7 可见，逆变器采用 120°导通方式时，采用同一桥臂中上下管有 60°的导通间隙，对换流安全有利，但管子的利用率低，并且若电机采用星形接法，始终有一绕组断开，在换流对该相中会引起较高的感应电势，应采用过电压保护措施。而 180°导通方式无论电动机何种接法，正常工作时不会引起过电压，因此对于电压型逆变器，180°导通方式应用较为普遍。

三、三电平（三点式）逆变电路

1. 原　理

一般的三相逆变电路的输出电压只有两种电平，以图 3-5 中的 A 相为例，以电源中点（$U_d/2$ 处）为基准，当 T_1 导通时输出为正，当 T_4 导通时输出为负，即 $\pm U_d/2$。若负载为三相电动机，并以电机中点 O 为基准，则电机的相电压 U_{OA} 为六阶梯波，如图 3-6 所示。

三点式逆变器的输出电压有三种电平，以图 3-8 的三点式逆变器原理图为例，当 A 相开关处于三种不同位置时，相对电源中点 O 的输出电压为 $U/2$、0、$-U/2$，因此称三点式或三电平逆变器；在向三相电动机供电时，电机的相电压有 12 个阶梯，是一种准 12 阶梯波，可使电动机的谐波分量减少，脉动力矩降低。

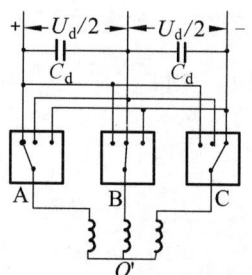

图 3-8　三点式逆变电路示意图

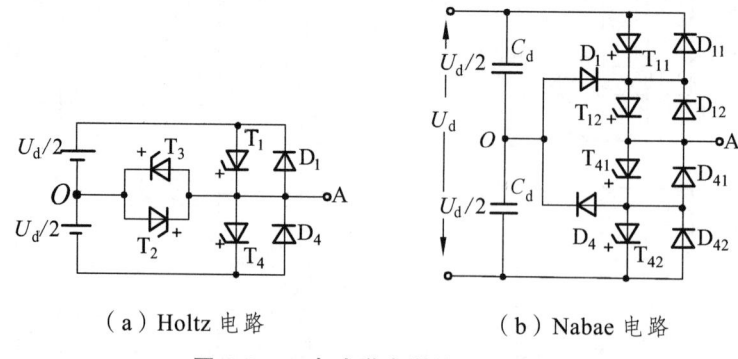

（a）Holtz 电路　　　　　　　　（b）Nabae 电路

图 3-9　三点式逆变器的 A 相电路

德国的 Holtz 于 1977 年首先提出三点式逆变器，其电路如图 3-9（a）所示。它的特点是除了一对主逆变管 T_1 和 T_4 外，在电源的中点零又引出另一对反并联的逆变管 T_2 和 T_3，因此无论负载电流流入电机的 A 相，还是从 A 相流出，逆变器 A 相的输出电压都有三种状态：

$U_d/2$、0、$-U_d/2$。图 3-9（b）是日本的 Nabae 在 20 世纪 80 年代提出的另一种三点式逆变器电路，这里也画出逆变器的 A 相电路，其特点是主逆变管 T_1 和 T_4 已分别由串联的 T_{11}、T_{12} 和 T_{41}、T_{42} 四只管子所取代，电源的中点零由二只二极管 D_1 和 D_4 引出，分别接到上下桥臂的中间，如图 3-11（b）所示。其工作原理是 T_{11}、T_{12} 都导通时，A 点相对电源中点的电压为 $U_d/2$；当负载电流经 D_1 和 T_{12}、或者经 D_4 和 T_{41} 与电源中点连通，则 A 点输出电压为零；当 T_{41} 和 T_{42} 导通时，输出电压为 $-U_d/2$。

由于图 3-9（b）方案中主逆变管采用串联方式，在一定的 U_d 下，主逆变管 $T_{11} \sim T_{42}$ 的耐压可以降低一半，这对目前耐压水平还较低的 IGBT 等新型场控器件在逆变器中的应用，是十分有利的，因此国外电力牵引，如日本新干线新型高速动车的主传动电路中，已开始应用三点式 IGBT 逆变电路。图 3-9 的电路中采用的是 GTO，它可以使逆变器的中间直流环节的电压升到 6 000 V 左右，从而使逆变器的单机容量达到 10 000 kV·A。

2. 三点式逆变器的输出电压波形

三点式逆变器和普通二点式逆变器一样，可以按方波（阶梯形波）方式工作，也可以按 PWM 方式工作。若按方波方式工作时，相电压波形如图 3-10（a）所示，电压有 $U_d/2$、0、$-U_d/2$ 三种。这里的起始角 α 即为 A 相中 T_{11}、T_{12} 的控制角，改变 α 的大小，可以控制方波的宽度，从而改变三相电动机的相电压。若按脉宽调制方式工作，可以得到不同数量和不同宽度的一系列正、负脉冲，脉冲幅值为 $\pm U_d/2$，如图 3-10（b）所示。在图 3-10（a）、图 3-10（b）中相电压的参考点均为电源中点。

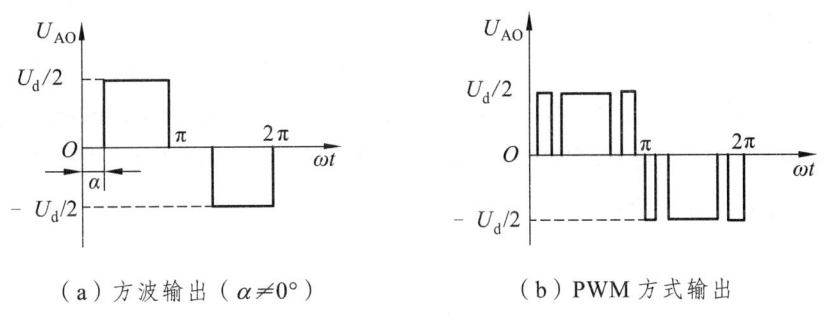

（a）方波输出（$\alpha \neq 0°$）　　　（b）PWM 方式输出

图 3-10　三点式逆变电路的两种输出电压波形

改变图 3-10（a）中的控制角 α，可以改变逆变器输出相电压（如 U_{AO}）的波形，因此也可改变三相负载上的相电压波形。图 3-8 中负载是电动机的三相绕组，中点是相电压参考点（图 3-8 中的 O' 点）。

若 $\alpha = 0°$，逆变器的相电压 U_{AO} 是幅值为 $\pm U_d/2$ 的方波，这时的负载相电压就和普通二点式逆变器那样没有电压为零阶段，负载电动机的相电压必然和普通二点式逆变器供电的情况相同，是六阶梯波（见图 3-6），各阶段的电压值也相同。

但当 $\alpha \neq 0°$ 时，三点式逆变器输出的相电压中出现电压为零的阶段，因此以图 3-8 中 O' 为参考点的负载上，相电压的波形也随着改变。在图 3-11 中当 α 为 0°、15°、30°、45°、60° 等情况下的负载相电压 $U_{AO'}$ 的波形，由图可见当 α 加大时，$U_{AO'}$ 的有效值下降。当 $\alpha = 15°$ 时 $U_{AO'}$ 的波形最接近正弦，由 12 个阶梯组成。

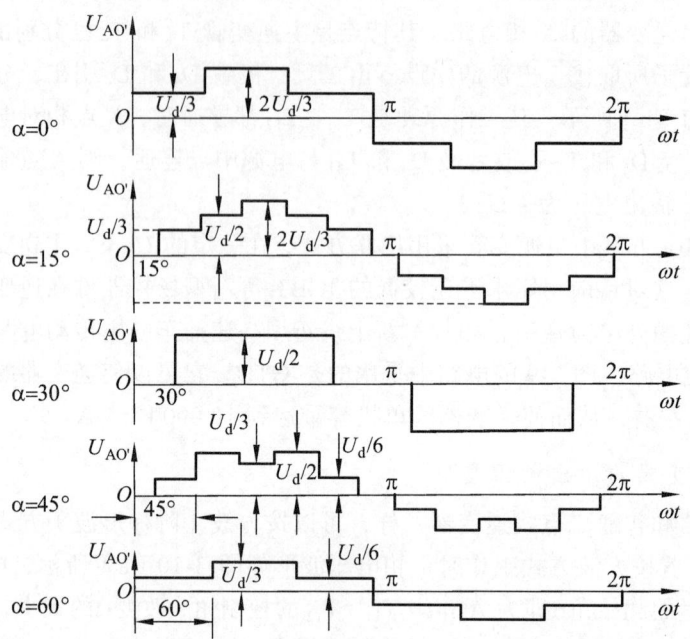

图 3-11 三点式逆变电路在不同控制角 α 时的负载相电压 $U_{AO'}$ 波形

由于逆变器输出的相电压 U_{AO} 基准点为电源的中点,而负载电动机相电压 $U_{AO'}$ 的基准点为三相绕组中点 O',因此从 U_{AO}、U_{BO}、U_{CO} 归算到 $U_{AO'}$、$U_{BO'}$、$U_{CO'}$ 时还需要进行等效电路的运算。

图 3-12 是不同开关频率下 GTO、IGBT、三点式 IGBT 三种逆变器的电机电流波形,由图可见 $f_T = 450$ Hz 的 GTO 逆变器输出电流中谐波较大,$f_T = 1\,500$ Hz 的两种 IGBT 逆变器中,三点式逆变器的输出波形最好。

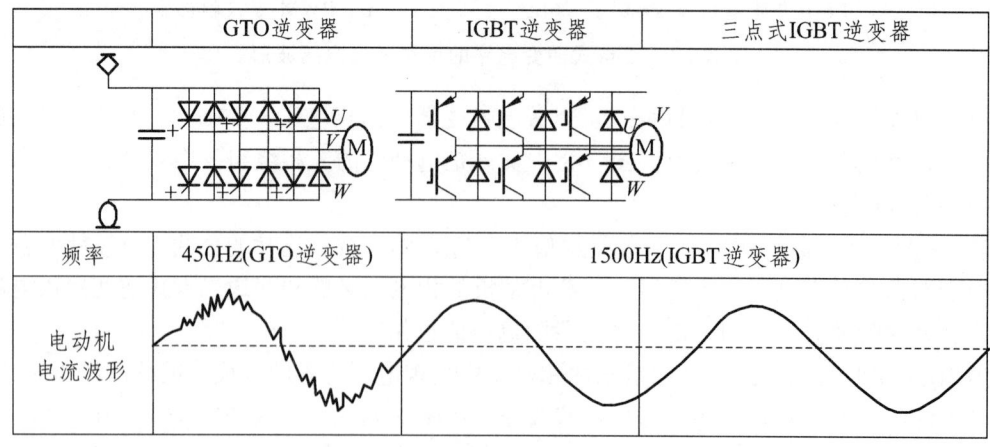

图 3-12 不同开关频率下三种逆变器的电机电流波形

四、PWM 脉宽调制技术

1. 脉宽调制

目前 VVVF 转速控制中主要采用的是 PWM 调制技术。主要是为了得到更加接近于正弦波的逆变输出电压波形，减少谐波干扰。脉宽调制（Pulse Width Modulation，PWM）的调压方法是把逆变电路的输出电压斩波成为脉冲，通过改变脉冲的宽度、数量或者分布规则，以改变输出电压的幅值和频率。这种方法种类很多。它只需对逆变器本身加以控制，使调压、调频一次完成。调节迅速而不需增加功率设备，因而是逆变电路调压调频（VVVF）的主要方法，尤以正弦脉宽调制（SPWM）的谐波分量最少，应用最广。

从获得 SPWM 波的方法来看，有三角波（载波）与正弦波（调制波）相交，得出开关切换模式的 SPWM 逆变器。还有锯齿波（载波）与正弦波（调制波）相交，马鞍形波与正弦波相交，三角波（载波）与准正弦的阶梯波（调制波）相交等方法得出的 SPWM 波。所有这些控制方法和指定次数的谐波消去法所追求的目标，都是使输出的波形中谐波最少，最接近正弦波。

从逆变电路的负载端来看，又有追求电动机的气隙磁通（磁链）尽量接近圆形的磁链跟踪型逆变器。有六种开关状态的六阶梯波逆变器输出电压，加到三相电动机的定子绕组上，与逆变器的每一种开关状态相对应，电动机中就有一个合成的空间电压矢量。六阶梯波逆变电路输出的电压空间矢量为六条等幅对称的矢量，逆变器的开关状态切换一次，合成的电压矢量在电机绕组中跳跃式地转动 60°的空间（见图 3-18）。在气隙中形成一个六边形的跳跃式旋转的磁场，与正弦电压下电动机的圆形旋转磁场一样，在电磁力的作用下，使电动机旋转。但是由于六阶梯波逆变器只能提供六边形的旋转磁场，在低频下，电动机的力矩不均衡，会出现电动机转轴的轻微颤动或步进现象。经过 PWM 控制，电压矢量相应增加，其磁链可迫近圆形，从而使电动机气隙中获得准圆形的旋转磁场。

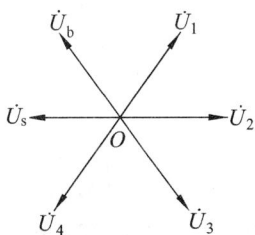

图 3-18 逆变器—感应电机系统的电压矢量

电流跟踪型逆变电路的基本思想是将电动机定子电流的检测信号与正弦波电流给定信号进行比较，如果实际电流大于给定值，可通过开关的切换使电流下降，反之则增加。结果是实际电流接近正弦形给定电流。显然这样的逆变电路开关动作也是一种 PWM 控制。

2. 正弦脉宽调制（SPWM）逆变电路

在动车组中，逆变电路的负载大多是感应电动机，要求可以调压、调频，而且输出是正弦波形。为此可以把一个正弦半波作 i 等分，把正弦曲线每一等分所包含的面积，都用一个与其面积相等的等幅矩形脉冲来代替。这样，由数量足够多的等幅而不等宽的矩形脉冲所组成的波形就与正弦的半波等效,而另半波也可用相同的方法得到。与正弦波等效的等幅矩形脉冲序列波形如图 3-19 所示,各脉冲的幅值是相等的,所以逆变器可由恒定的直流电源供电,当逆变器各开关元件在理想状态工作时,显然驱动开关元件的控制信号也应该是与图 3-19 相似的一系列脉冲波。

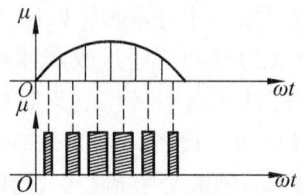

图 3-19 与正弦波等效的等幅矩形脉冲序列波形

1) 单极性正弦脉宽调制

单极性 SPWM(Sinusoidal Pulse Width Modulation,正弦脉宽调制)是指逆变器输出相电压在任何半周内始终为一个极性,如图 3-20(a)所示。它的控制信号由两个半周中不对称的等腰三角形载波与正弦调制波相交得出,如图 3-20(b)所示。当正弦波的瞬时绝对值超过三角波时,逆变器的开关管导通,反之关断,从而获得按正弦规律分布的一系列脉冲。正弦调制波的频率即为逆变器输出电压的频率。每个正弦半波中三角形载波数为整数,图 3-20(b)中其值为 6。这样输出的电压波形对称,谐波分量较少。

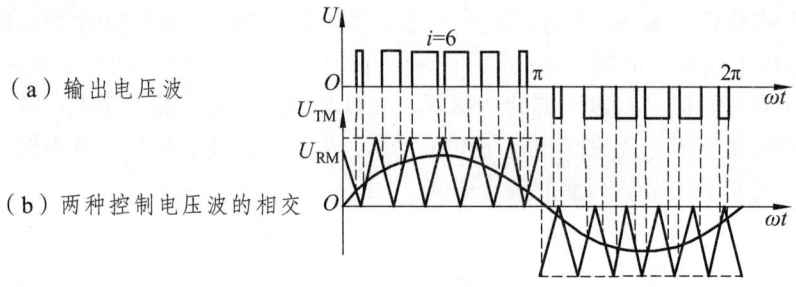

图 3-20 单极性 SPWM 波形(脉冲数 $i=6$)

设三角形载波的频率为 f_t,正弦调制波的频率为 f_r,两者之比为载波比 N,在图 3-20 中 N 为 12。显然,载波比越大,逆变器输出的谐波分量越少。所以载波比的下限受谐波分量的规定值所限制,而载波比的上限受逆变器开关管的开关频率所限制,如晶闸管仅为 200 Hz,而 IGBT 可高达 50 kHz 左右。

设三角形载波电压的幅值为 U_{TM},正弦调制电压的幅值为 U_{RM},显然,无论改变那个幅值,两个控制电压波的交点都起变化,因而可获得不同宽度的输出电压脉冲。通常是改变正弦调制电压的幅值,若使其幅值 $U_{RM}=0$,则各脉冲宽度都等于零。又如 U_{RM} 变得相当大时,各脉冲连成一片,成为矩形输出波,其输出电压达到最大值。当然,实际上的正弦调制电压幅值不应超过三角形载波电压的幅值,若正弦波幅值过分接近三角波的幅值,则在三角波峰值附近的脉冲间隙时间太小,会导致开关管、特别是开关速度较慢的晶闸管来不及关断,而使输出脉冲相连,在双极性 SPWM 逆变中则造成贯穿短路。

图 3-21 是单极性 SPWM 在载波比为 20 时的基波和谐波，其谐波分量 U_n（$n=1$，3，5，7，…）和基波分量 U_1 的比值与调制深度 U_{RM}/U_{TM} 的关系。

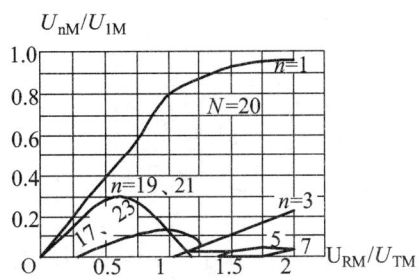

图 3-21　单极性 SPWM 在载波比力 20 时的基波和谐波

由于图 3-20（a）所示的电压脉冲波为奇函数，波形对称于 π/2，所以输出电压的付氏级数表达式中无常数项和余弦项，由图 3-20 可见其谐波分量仅在第 20±1 次较大，这是由于其载波比 N 为 20 的缘故。逆变器输出的基波分量随着调制深度的加大而线性增加。

综上所述，单极性 SPWM 逆变器输出电压中的低次谐波分量很少，$N±1$ 次谐波因其谐波次数较高又容易被电感性负载所抑制。此外，在实用阶段这种逆变器可随调制深度的不同，线性控制输出电压。

2）双极性正弦脉宽调制

双极性 SPWM 是逆变器输出半个周期内，同一桥臂的上、下两个元件作互补式通、断工作的控制方式，所以在逆变器输出相电压在任何半周内，都有正、负极性交替出现，由此取其基波，可得交变的正弦波电压，其输出电压的脉冲波如图 3-22（b）所示。双极性 SPWM 是由对称于横坐标的三角形载波与正弦调制波相交得出的，如图 3-22（a）所示。

与单极性 SPWM 相同，也只需要控制正弦波的频率和幅值就能调节双极性 SPWM 逆变器输出电压的频率和数值。

由图 3-23 可见双极性 SPWM 的低次谐波也很少，$n=N±1$ 的谐波较大，但易被电动机等感性负载所抑制，此外基波分量随调制深度的加大而线性增加。这种调制方式对目前通用的二点式（二电平）逆变器是合适的，但要预防上下桥臂上的两个互补管的贯穿短路，为此必须先关断后开通。

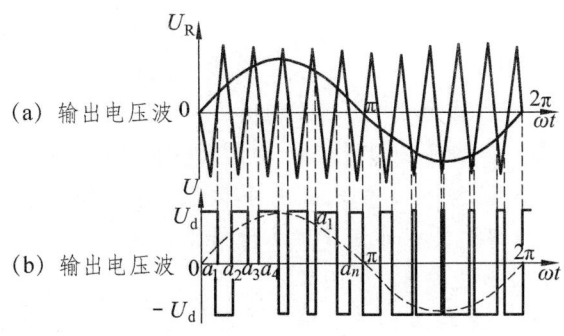

图 3-22　双极性 SPWM 波形

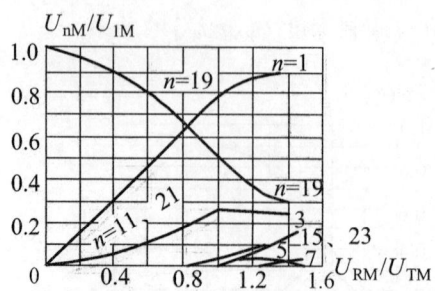

图 3-23 双极性 SPWM 在 $N=19$ 时的基波与谐波

在实际应用中，不能超出所采用的开关管的最高工作频率，所以在输出频率高的阶段，载波比应取较小值。在输出频率很低的阶段，载波比可以取得相当高，甚至载波比也可以不为整数，这就是所谓"异步正弦脉宽调制"。但大功率逆变器的 N 不宜太高，以便降低开关损耗。

第三章习题

1. 简述交流传动电力机车的系统结构？分析归纳各组成部分的作用？
2. 根据图 3-1 简述交流传动电力机车的工作原理？
3. 根据第 2 题的说明，分析交流传动技术的电力机车的电气制动工作原理？
4. 牵引变流器由哪些部分组成？
5. 分析归纳牵引变流器各组成部分的作用？
6. 根据中间直流环节储能元件的类型分类，牵引变流器有哪些类型？分别可以连接哪些类型的交流电机？HXD 系列电力机车属于什么类型？CRH 系列动车组属于什么类型？
7. 如何控制 CRH 系列动车组的运行方向？是否需要电气开关进行牵引电机接线的转换？为什么？
8. 牵引变流电路中，核心电力电子器件有哪些？动车组牵引变流器中，目前主要采用哪种电力电子器件？
9. 动车组如何实现工况控制？是否需要电气开关进行牵引电机接线的转换？
10. IGBT 有哪些特点？
11. 脉冲整流器有哪些优点？
12. 根据图 3-9、图 3-10，简述脉冲整流器在牵引工况和再生制动工况时，如何提高功率因数（牵引时，u_N 和 i_N 相位差调节为 $0°$；再生制动时，u_N 和 i_N 相位差调节为 $180°$）？
13. 电压型四象限脉冲整流器中，中间直流环节由哪两个部分组成？
14. 查阅资料，为什么 CRH_2 型动车组中间直流环节没有 2 倍电网频率的串联谐振电路？
15. 支撑电容器 C_d 有什么作用？
16. 简述牵引工况和电气制动工况时，牵引逆变器的工作状态有什么不同？

17. 为什么 CRH 系列动车组牵引逆变器中的每个电力电子器件上需反向并联一个快速二极管？

18. 简述图 3-4 电路的工作过程？

19. 简述脉宽调制的定义？

20. 中间直流环节中支撑电容的电容量值很大，根据电容的充放电特点，说明在牵引变流器启动时，为什么不能直接对支撑电容进行充电？应如何解决？

21. 根据图 3-19，说明牵引逆变器如何获得正弦波？如何调节交流电的频率？如何调节输出电压的大小？

22. 根据图 3-22，如何调节交流电的频率？能否调节输出电压的大小？

第四章　电气线路图的识图方法

第一节　电气线路图的一般知识

动车组电气线路图标出了所有车辆上的全部电机、电器、仪表、电子设备、计算机控制设备、其他负载及其相互间的电气联接。作为动车组司机、检修人员、技术及管理人员，首先应该看懂电气线路图，进一步要能分析、判断和处理电气线路常见故障，甚至操纵动车组，从而做到正确地运用电动车组，充分发挥电动车组的潜能。

一、电气线路图的分类

根据用途、电器设备、工程内容及表达形式的不同，电气线路图通常可分为以下几类：

1. 系统图或框图

系统图或框图就是用符号或带注释的框概略表示系统或分系统的基本组成、相互关系及其主要特征的一种简图。系统图或框图常用来表示整个工程或其中某一项目的供电方式和电能输送关系，也可以表示某一装置或设备各主要组成部分的关系。

2. 电路（原理）图

电路原理图又简称电路图，它是按工作顺序用图形符号从上而下、从左到右排列，详细表示电路、设备或成套装置的全部组成和连接关系，而不考虑其实际位置的一种简图。其目的是便于详细理解设备的工作原理、分析和计算电路特征和参数，所以这种图又称为电气原理图或电气原理接线图。本书将要介绍的城市轨道交通电动车辆的电气线路图就属于电气原理图。

3. 接线图

接线图主要用于表示电气装置内部元件之间、外部其他装置之间的连接关系，它是便于制作、安装及维修人员接线和检查的一种简图或表格。

4. 电气平面图

电气平面图是表示电气工程项目的电气设备、装置和线路的平面布置图，它一般是在建筑平面图的基础上制出来的。

5. 设备布置图

设备布置图表示各种设备和装置的布置形式、安装方式以及相互之间的尺寸关系，通常由平面图、主面图、断面图、剖面图等组成。

6. 设备元件和材料表

设备元件和材料表就是把成套装置、设备、装置中各组成部分和相应数据列成表格，来表示各组成部分的名称、型号、规格和数量等，便于读图者阅读，了解各元器件在装置中的作用和功能，从而读懂装置的工作原理。设备元件和材料表是电气线路图中重要的组成部分，它可置于图中的某一位置，也可单列一项（视元器件材料的多寡而定）。为了方便书写，通常是从上而下排序。

二、电路图的特点

电路图与其他工程图有着本质的区别，它表示系统或装置中的电气关系，所以具有其独特的一面，其主要特点有：

（1）清楚：电路图是用图形符号、连线或简化外形来表示系统或设备中各组成部分之间相互电气关系及其连接关系的一种图。

（2）简洁：电路图是采用电气元器件或设备的图形符号、文字符号和连线来表示的，没有必要画出电气元器件的外形结构，所以对于系统构成、功能及电气接线等，通常都是采用图形符号、文字符号来表示的。

（3）独特性：电路图主要是表示成套装置或设备中各元器件之间的电气连接关系。

（4）布局：电路图是按功能布局的，它只考虑便于看出元件之间功能关系，而不考虑元器件实际位置，突出设备的工作原理和操作过程，按照元器件动作顺序和功能作用，从上而下，从左到右布局。

（5）多样性：对系统的元件和连接线描述方法不同构成了电路图的多样性，同时，对于一个电气系统中各种电气设备和装置之间，从不同角度、不同侧面去考虑，存在不同关系。

三、电路图的电气元件及图形符号

电路图都有三种最基本的电路元件：手动控制电器、自动控制电器和用电器。

1. 手动控制电器

在电动车组的自动控制系统中，手动控制电器用来传递开始起动、停止、以及运行状态转换等操作的命令，因此它属于主令性电器。手动控制电器有：司机控制器、制动控制器、运行方向控制开关、各类按键开关及按钮开关、列车信息触摸显示屏等。其中司机控制器为鼓形或凸轮形控制器，列车信息触摸显示屏为软开关（程序控制）。

1）鼓形或凸轮形控制器

鼓形或凸轮形控制器的触头通、断情况采用展开图形式表示，如图 4-1 所示，图形符号中有黑实线（或黑点）时，表示该控制器手柄处于某一工作位（各工作位用虚线表示），黑实线上方的导线对应的接点是接通的。如：手柄处于"1"位时，301、302、304 导线对应的接点是接通的。

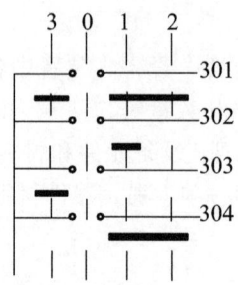

图 4-1　鼓形或凸轮形控制器的图形符号

2）按键开关和按钮开关

按开关的工作状态能否自动复位可分为：自复式和非自复式。自复式是指手按上去时，开关动作；手离开时，开关回复原始状态。若手离开时，开关不能复位，则为非自复式。

按开关不同的原始状态可分为：常开开关和常闭开关。常开开关是指平时触点分开，手动按上去时，触点闭合的开关。常闭开关是指平时触点闭合，手动按上去时，触点断开的开关。开关的图形符号如图 4-2 所示。

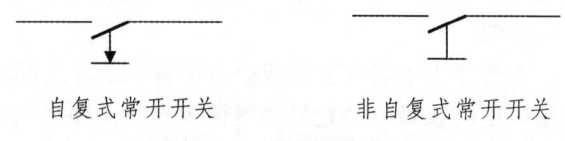

图 4-2　开关的图形符号

2. 自动控制电器

电动车组的自动控制电器类型较多，常用的有：中间继电器、压力继电器、温度继电器、速度继电器、时间继电器、电磁接触器、电空接触器、真空接触器等。

1）中间继电器

继电器的触头依电器线圈在无电状态下的通断状态可分为：常开触头和常闭触头。

常开触头是指该继电器的线圈未通电时，其触头是断开的；当线圈通电时，其触头才闭合。常开触头又称为动合触头或正联锁。常闭触头是指该继电器的线圈未通电时，其触头是闭合的；当线圈通电时，其触头才断开。常闭触头又称为动断触头或反联锁。

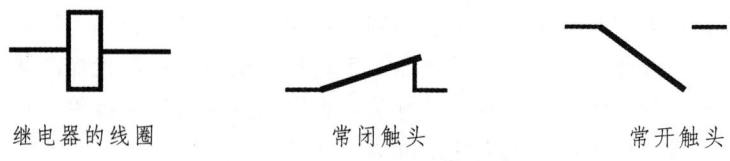

图 4-3　中间继电器的图形符号

常开触头和常闭触头的定义同样适用于各类继电器以及接触器。电动车组电路图中，基本采用"左开右闭,上闭下开"的联锁表示法则,即图形符号的触头开口方向朝左和朝下的的为常开触头或正联锁;触头开口方向朝右和朝上的为常闭触头或反联锁。

中间继电器的图形符号如图4-3所示。

2)压力继电器

压力继电器是以压力的高低作为控制信号的电开关。其图形符号如图4-4所示。

3)温度继电器

温度继电器是以温度作为控制信号的一种电开关。其图形符号见图4-5。

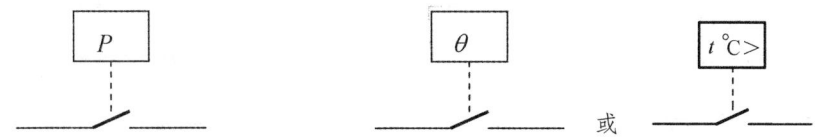

图4-4　压力继电器的图形符号　　　图4-5　温度继电器的图形符号

4)时间继电器

时间继电器触头的表示方法与前述正、反联锁的符号、通断规律类似。时间继电器触头类型可以分为延时闭合和延时断开两种,分别用触头符号上附加的圆弧开口方向表示,圆弧开口朝向触头侧为延时闭合,反之为延时断开。时间继电器的图形符号如图4-6所示。

线圈　　通电时延时断开　　通电时延时闭合　　断电时延时闭合　　断电时延时断开

图4-6　时间继电器的图形符号

5)接触器

动车组使用的接触器有电空接触器、电磁接触器和真空接触器,其工作原理与中间继电器类似,它的主触头和辅助触头的画法仍满足联锁的表示法则。接触器的图形符号如图4-7所示。

3.用电器

电动车组的用电器主要为各类电机、空调设备、照明设备及通风设备等。

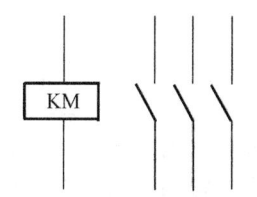

图4-7　接触器的图形符号

四、电路图中电气元件的表示方法

电气元件在电路图中通常采用图形符号来表示,绘出其电气连接,在符号旁标注项目代号(文字符号),必要时还标注有关的技术数据。

一个元件在电路图中完整图形符号的表示方法有:集中表示法、分开表示法和半集中表示法。

（一）集中表示法

把设备或成套装置中的一个项目各组成部分的图形符号在简图上绘制在一起的方法，称为集中表示法。在集中表示法中，各组成部分用机械连接线（虚线）互相连接起来，连接线必须是一条直线，可见这种表示法只适用于简单的电路图。图 4-8 是两个项目，继电器 KA 有一个线圈和一对触点，接触器 KM 有一个线圈和三对触头，它们分别用机械连接线联系起来，各自构成一体。

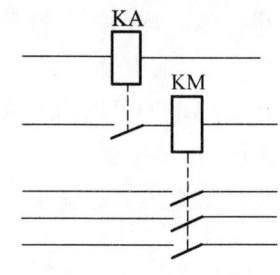

图 4-8　集中表示法示例

（二）半集中表示法

把一个项目中某些部分的图形符号在简图中分开布置，并用机械连接符号把它们连接起来，称为半集中表示法。例如，图 4-9 中 KM 具有一个线圈、三对主触头和一对辅助触头。表达清楚，在半集中表示中，机械连接线可以弯折、分支和交叉。

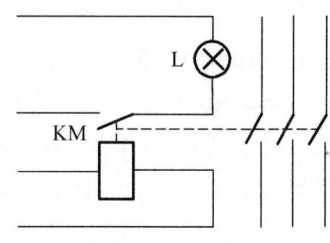

图 4-9　半集中表示法示例

（三）分开表示法

把一个项目中某些部分的图形符号在简图中分开布置，并使用项目代号（文字符号）表示它们之间关系的方法，称为分开表示法，分开表示法也称为展开法。若图 4-9 采用分开表示法，就成为图 4-10，可见分开表示法只要把半集中表示法中的机械连接线去掉，在同一个项目图形符号上标注同样的项目代号就行了。这样图中的点划线就少，图面更简洁，但是在看图中，要寻找各组成部分比较困难，必须综观全局图，把同一项目的图形符号在图中全部找出，否则在看图时就可能会遗漏。为了看清元件、器件和设备各组成部分，便于寻找其在图中的位置，分开表示法可与半集中表示法结合起来，或者采用插图、表格表示各部分的位置。

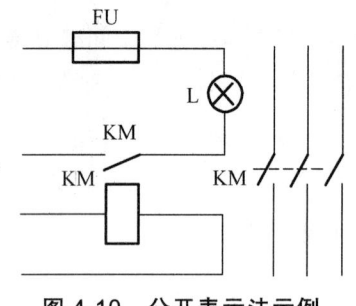

图 4-10　分开表示法示例

（四）项目代号的标注方法

（1）采用集中表示法和半集中表示法绘制的元件，其项目代号只在图形符号旁标出并与机械连接线对齐。见图 4-8 和图 4-9 中的 KM。

（2）采用分开表示法绘制的元件，其项目代号应在项目的每一部分自身符号旁标注，如图 4-10 所示。必要时，对同一项目的同类部件（如各辅助开关，各触点）可加注序号。

标注项目代号时应注意：① 项目代号的标注位置尽量靠近图形符号；② 图线水平布局

的图、项目代号应标注在符号上方。图线垂直布局的图、项目代号标注在符号的左方；③ 项目代号中的端子代号应标注在端子或端子位置的旁边；④ 对围框的项目代号应标注在其上方或右方。

五、元器件触头和工作状态表示方法

（一）电器触头位置

电器触头的位置在同一电路中，当它们加电和受力作用后，各触点符号的动作方向应取向一致，对于分开表示法绘制的图，触头位置可以灵活运用，没有严格规定。

（二）元器件工作状态的表示方法

在电路图中，元器件和设备的可动部分通常应表示在非激励或不工作的状态或位置，例如：

① 继电器和接触器在非激励的状态，图中的触头状态是非受电下的状态。
② 断路器、负荷开关和隔离开关在断开位置。
③ 带零位的手动控制开关在零位置，不带零位的手动控制开关在图中规定位置。
④ 机械操作开关（如行程开关）在非工作的状态或位置（即搁置）时的情况及机械操作开关的工作位置的对应关系，一般表示在触点符号的附近或另附说明。
⑤ 温度继电器、压力继电器都处于常温和常压（一个大气压）状态。
⑥ 事故、备用、报警等开关或继电器的触点应该表示在设备正常使用的位置，如有特定位置，应在图中另加说明。
⑦ 多重开闭器件的各组成部分必须表示在相互一致的位置上，而不管电路的工作状态。

（三）元器件技术数据的标志

电路中的元器件的技术数据（如型号、规格、整定值、额定值等）一般标在图形符号的近旁，对于图线水平布局图，尽可能标在图形符号下方；对于图线垂直布局图，则标在项目代号的右方；对于像继电器、仪表、集成块等方框符号或简化外形符号，则可标在方框内，如图 4-11 所示。

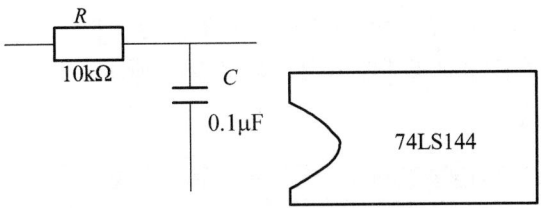

图 4-11 元器件技术数据的标注

六、电路图中连接线的表示方法

（一）连接线一般表示法

在电气线路图中，各元件之间都采用导线连接，起到传输电能、传递信息的作用，所以看图者应了解它的表示方法。

1. 导线一般表示法

一般的图线就可表示单根导线。对于多根导线，可以分别画出，也可以只画一根图线，但需加标志。若导线少于四根，可用短划线数量代表根数；若多于四根，可在短划线旁加数字表示，如图 4-12（a）所示。表示导线特征的方法是：在横线上面标出电流种类、配电系统、频率和电压等；在横线下面标出电路的导线数乘以每根导线截面积（mm）^{2}，当导线的截面不同时，可用"+"将其分开，如图 4-12（b）所示。

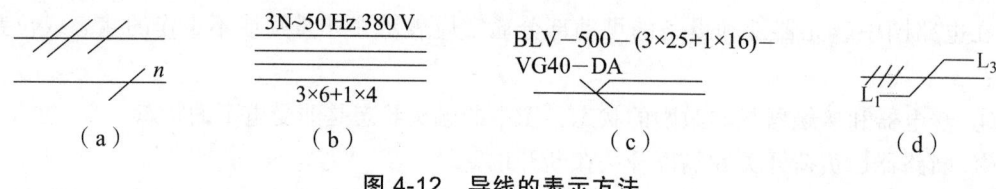

图 4-12 导线的表示方法

要表示导线的型号、截面、安装方法等，可采用短划指引线，加标导线属性和敷设方法，如图 4-12（c）所示。该图表示导线的型号为 BLV（铝芯塑料绝缘线）；其中 3 根截面积为 25 mm2，1 根截面积为 16 mm2；敷设方法为穿入塑料管（VG），塑料管管径为 40 mm，沿地板暗敷。

要表示电路相序的变换、极性的反向、导线的交换等，可采用交换号表示，如图 4-12（d）所示。

2. 图线的粗细

一般而言，电源主电路、一次电路、主信号通路等采用粗线，控制回路、二次回路等采用细线表示。

3. 连接线分组和标记

分组：为了方便看图，对多根平行连接线，应按功能分组。若不能按功能分组，可任意分组，但每组不多于三条，组间距应大于线间距。

标记：为了便于看出连接线的功能或去向，可在连接线上方或连接线中断处作信号名标记或其他标记，如图 4-13 所示。

4. 导线连接点的表示

导线的连接点有"T"形连接点和多线的"+"形连接点。对于"T"形连接点可加实心圆点，也可不加实心圆点，如图

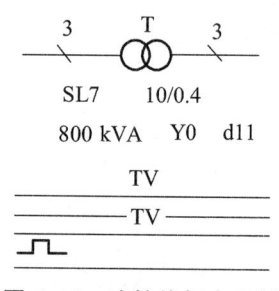

图 4-13 连接线标志示例

4-14（a）所示。对于"+"形连接点，必须加实心圆点，如图 4-14（b）所示。而交叉不连接的，不能加实心圆点，如图 4-14（c）所示。

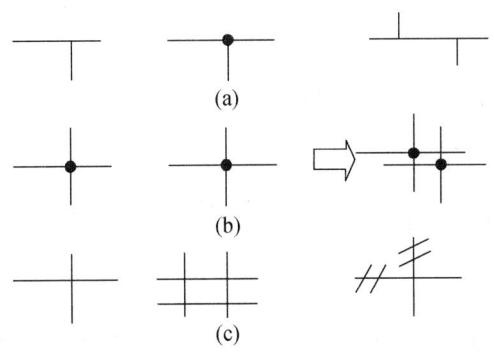

图 4-14　导线连接点的表示示例

（二）连接线连续表示法和中断表示法

1. 连续表示法及其标志

连接线可用多线或单线表示，为了避免线条太多，以保持图面的清晰，对于多条去向相同的连接线，常采用单线表示法，如图 4-15 所示。

当导线汇入用单线表示的一组平行连接线时，在汇入处应折向导线走向，而且每根导线两端应采用相同的标记号，如图 4-16 所示。

连续表示法中导线的两端应采用相同的标记号。

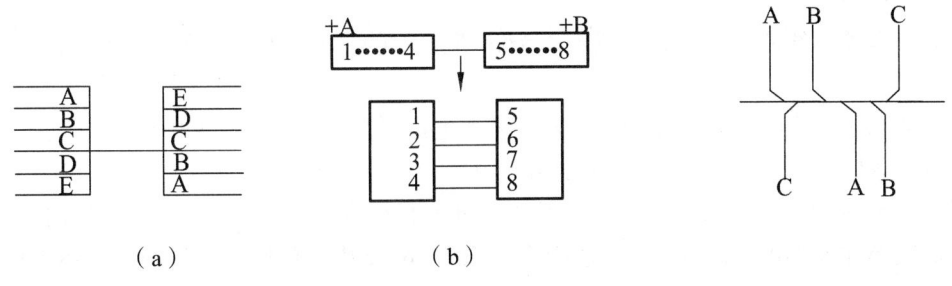

图 4-15　连接线表示法　　　　　　图 4-16　汇入导线表示法

2. 中断表示法及其标志

为了简化线路图或使多张图采用相同的连接表示，一般采用中断表示法。

在同张图中断处的两端给出相同的标记号，并给出导线连接线去向的箭头号，如图 4-17 中的 G 标记号。对于不同张的图，应在中断处采用相对标记法，即中断处标记名相同，并标注"图序号/图区位置"，见图 4-17 所示。图 4-17 中断点 L 标记名，在第 20 号图纸上标有"L3/C4"，它表示 L 中断处与第 3 号图纸的 C 行 4 列处的 L 断点连接；而在第 3 号图纸上标有"L20/A4"，它表示 L 中断处与第 20 号图纸的 A 行 4 列处的 L 断点相连。

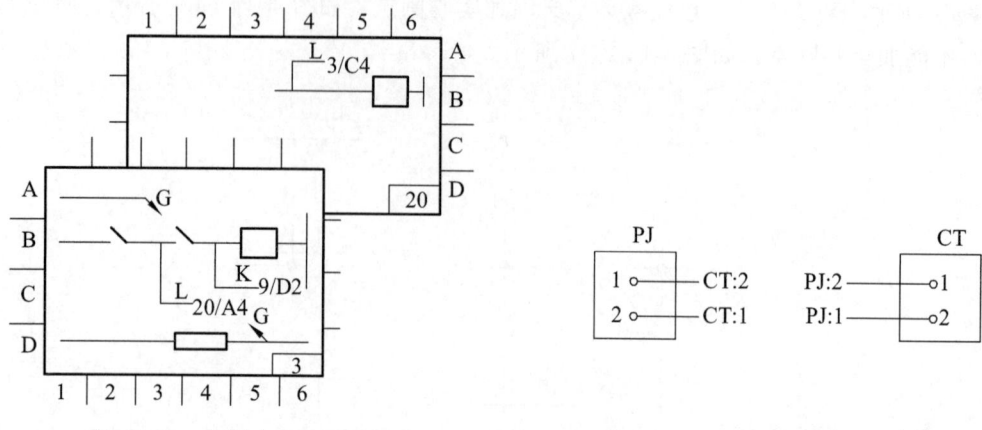

图 4-17　中断表示法及其标志　　　　图 4-18　中断表示法的相对标注

对于接线图，中断表示法的标注采用相对标注法。即在本元件的出线端标注去连接的对方元件的端子号。如图 4-18 所示，PJ 元件的 1 号端子与 CT 元件的 2 号端子相连接，而 PJ 元件的 2 号端子与 CT 元件的 1 号端子相连接。

七、联锁的运用方法

电动车组的控制系统是多种多样的，但不管系统多么复杂，如同房子由门、窗、墙、房顶等组合而成一样，其电路也是由一些基本的典型线路组成。常用的联锁方法有：串联联锁、并联联锁、反控制联锁、自锁联锁、经济电阻联锁等。

1. 串联联锁

在某一电器的线圈电路中，串联若干个联锁触头（可以是其他电器的联锁触头）称为串联联锁。

如图 4-19 所示的串联联锁电路中，Z 为 Z 继电器的线圈，a 为 A 继电器的一个常开触点，b 为 B 继电器的一个常开触点，c 为 C 继电器的一个常闭触点。

当 A、B 继电器处于吸合状态、C 继电器处于释放状态时，a、b、c 触点均闭合，则 Z 继电器的线圈才能得电，Z 继电器才能吸合。而 a、b、c 中，任何一个不符合上述工作状态，则继电器 Z 释放。由此可以看出，a、b、c 三个条件均满足时，Z 继电器才能吸合。

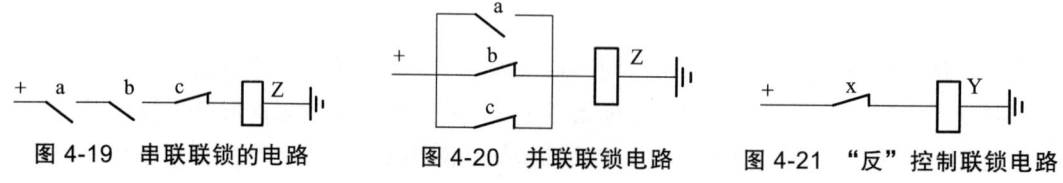

图 4-19　串联联锁的电路　　　　图 4-20　并联联锁电路　　　　图 4-21　"反"控制联锁电路

2. 并联联锁

在某一电器的线圈电路中，并联若干个联锁触头（可以是其他电器的联锁触头）称为并联联锁。图 4-20 即为一个并联联锁电路。

图中 a、b、c、Z 的含义与图 4-21 中的电器含义一样，当 A 继电器处于释放状态，B、C 继电器处于吸合状态时，a、b、c 触点均断开，此时，Z 继电器线圈失电，Z 继电器处于释放状态。若 a、b、c 中，任何一个不满足上述工作状态时，Z 继电器都将得电吸合。

3. "反"控制联锁

在某一电器的线圈电路中，串联另一电器的常闭触头称为"反"控制联锁。如图 4-21 所示为"反"控制联锁电路。

图中当 X 继电器处于释放状态时，x 触头闭合，则 Y 继电器线圈得电，Y 继电器吸合。若 X 继电器处于吸合状态时，x 触头断开，则 Y 继电器线圈失电，Y 继电器释放。由此可见，Y 继电器的状态总与 X 继电器的状态相反，实现了"反"控制。

4. 自锁联锁

在某一电器的线圈电路中，串联有该电器本身的正连锁触头称为自锁联锁，又称为自持联锁、记忆电路或自保电路。自锁联锁电路如图 4-22 所示。

图中 A 为自复式按钮开关，y 为 Y 继电器的常开触点，接通电源时，由于 A 和 y 均处于断开状态，则 Y 继电器线圈失电，Y 继电器释放。当按压 A 按钮开关时，A 触点闭合，Y 继电器线圈得电，Y 继电器吸合，其常开触点 y 闭合。此时，既使 A 按钮松开，仍可由 y 触点使 Y 继电器线圈得电，Y 继电器一直处于吸合状态。由此可见，自锁联锁电路具有一定的记忆功能，一旦被起动，就可以保持这种状态不变。

图 4-23 为停止优先的自锁电路，图 4-24 为起动优先的自锁电路，根据以上联锁方法可以分析其动作原理。

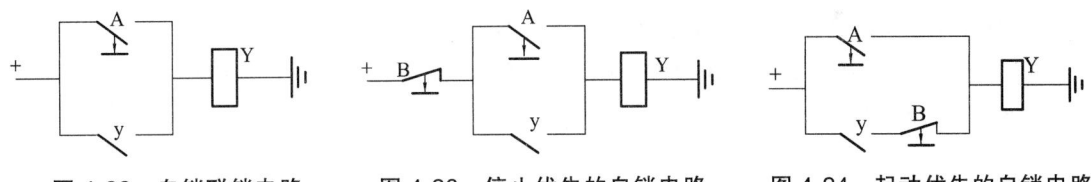

图 4-22 自锁联锁电路　　图 4-23 停止优先的自锁电路　　图 4-24 起动优先的自锁电路

5. 经济电阻电路

在某些电路中，为了使电器可靠吸合，同时又提高其本身的返回系数，可在电器线圈的电路中接入经济电阻电路。如图 4-25 所示。

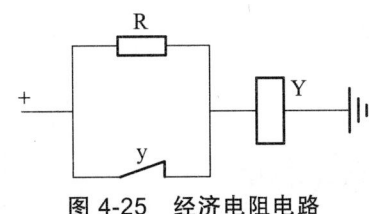

图 4-25 经济电阻电路

在继电器 Y 吸合瞬间，其反联锁 y 尚未断开，由 y 短接经济电阻 R，使继电器有较大的安匝数得以吸合；当继电器 Y 吸合后，其反联锁断开，在 Y 继电器线圈电路中串入经济电阻 R，使继电器线圈的电流减小。此时，虽然安匝数减小，可是继电器气隙、磁阻减小，磁通与吸力并不比吸合瞬间小,仍能保持继电器处于吸合状态。减小线圈电流有利于降低线圈温升、并提高电器的返回系数(较容易释放)。

八、电气原理图的阅读方法

在现实生活中,电气设备的种类越来越多,其控制线路也越来越复杂。随着微电子技术、电力电子技术的发展,电气控制元件也发生了质的飞跃,由原来的有触点变为无触点,控制手段由继电式变为计算机控制方式(或程序控制器方式)。而控制手段的不断进步,使其功能不断增加,甚至变为全部智能化。继电式控制是电气设备控制的基础,因此,电路图的学习应从继电式控制电路图着手。下面介绍电路图的两种典型阅读方法:

(一)查线读图法

查线读图法(又称寻线法)先从主电路开始,查读了主电路后就可大体知道电动机是否有正、反转控制,以及采用什么调速方式和制动方法。根据主电路分析结果所提供的线索及元件触点的文字符号,就可以在控制回路中找出相应的控制环节。在查读控制回路时,一般是从控制电源侧开始,然后从上到下查读,并且应在假定的某一个指令或信号作用下跟踪线路,观察在该指令作用下会引起哪些控制元件的动作,再查读这些被驱动的控制元件的触头又驱动了哪些元器件,一直查读到出口电器(执行电器)为止。注意在查读时,应把被驱动继电器的所有触头的动作状态变化全部查读完,不可遗漏。

图 4-26 是某电动机的控制线路图,图中 SA 是一个选择开关,打在"1"位置时是手动切换操作,打在"2"位置时是自动切换操作。

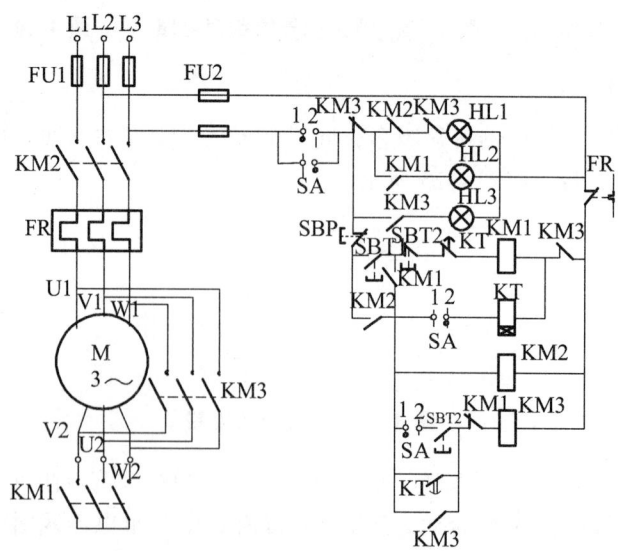

(a) Y-△降压启动控制原理图

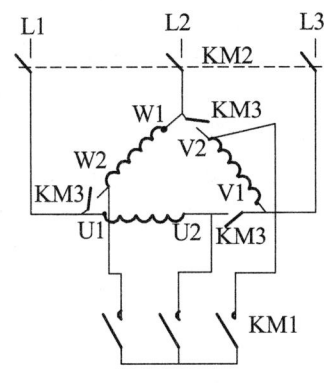

（b）Y-△接线原理图

图 4-26　某电动机控制电路

首先查读主电路，图中有三个接触器，KM1 将电动机接成 Y 形，KM3 将电动机接成△形，KM2 是电源接触器，FR 是热继电器发热元件。由图可见，这是一个 Y－△降压起动控制线路，起动时接成 Y 形，运行时接成△形。在切换过程中，KM1 先断开，然后 KM3 闭合，否则就会造成电源直接短路。

然后再查读控制回路，下面通过起动过程和停车过程来分析。

1. 起动过程

假定 SA 选择开关置在"2"位（即自动切换操作），按下起动按钮 SBT1 使 KM1 有点，（电源通过停止按钮 SBP→SBT1→SBT2（手动切换按钮）→KT 的常闭触点→KM1 线圈→KM3 的常闭触点→FR 的常闭触点），KM1 的触点闭合，使电动机接成 Y 形，同时 KM1 的常闭触点断开，使 KM3 线圈不能得电，防止电源短路。KM1 的另一对常开触点闭合，使时间继电器 KT 有电，进行起动计时，同时也使 KM2 得电，KM2 的主触点闭合，接通电源进行起动，其辅助常开触点闭合进行自锁。当整定的起动时间到时，KT 的常闭触点打开，使 KM1 失电，KM1 的主触点断开，其常闭触点闭合，在 KT 常开触点延时闭合的共同作用下使 KM3 得电。KM3 的主触点闭合，使电动机在△形下起动运行，同时 KM3 的辅助触点进行自保。这样 Y—△切换起动就结束了。

为了简便地表示上述过程，我们规定：用"↓"表示电磁线圈失电、开关受外力作用撤销、常闭触点闭合、常开触点断开等；用"↑"表示电磁线圈得电、开关受外力作用、常开触点闭合、常闭触点打开等，因此上述过程可用以下方法表示：

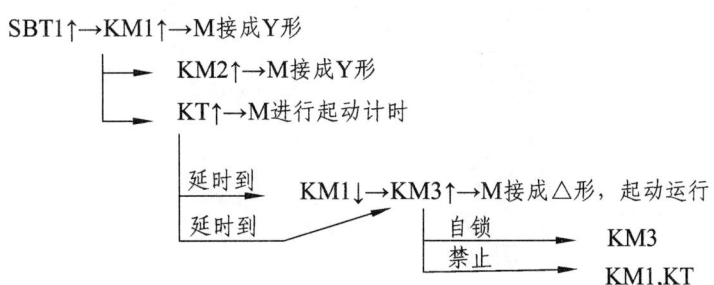

2. 停车过程

停车时只需按下停止按钮 SBP，使得 KM2、KM3 失电，各自的主触点断开，M 失电，就可停车。

查线读图法比较直观，特别是用符号来表示时，其动作顺序很清楚，但是对于复杂的线路却容易出错或遗漏，所以在读图时，当某一个继电器被驱动后，应把该继电器所有触点所带动的下一级元器件的作用状态全部找出并列在该继电器符号的下属列下，有多少对触点就有多少条支路，不得遗漏。

（二）逻辑代数读图法

1. 列出各个控制元件的逻辑代数方程

列代数方程时，方程等号的左边是控制元件本身，如接触器、继电器、指示灯等；等号的右边列出控制元件的各个控制触点（该控制元件所处的整个回路）所包括的逻辑量。其逻辑量规定：常闭触点写成"非"的形式，常开触点与其线圈逻辑量一致；转换开关 SA 按常开触点处理，主令器件按常开触点处理；触点间并联是"或"运算，串联是"与"运算；熔断器和电源关系可以不写在代数式中；方程中的所有逻辑量都是未通电或未受外力作用下的初始量。应按图中的每一个控制元件列出一个方程，图中所有控制元件都应有对应的一个方程。例如，某起动控制电路中接触器 KM 线圈的逻辑代数方程可写成：

$$KM1 = \overline{SB1}(SB2 + KM)$$

2. 求各元件代数方程的值

先记住初始状态时各逻辑变量的状态，然后假定某一个指令（主令电器的操作、按钮按下、压力开关断开等）发生，看哪一个逻辑代数式运算后为"1"，表示等号左边的那个控制元件得电。再将该运算结果代入其他方程式，求出其他控制元件的状态，一直到求出所有出口元件（执行元件）和被控制对象的状态。

如图 4-27 是某抽、鼓风机的控制线路图。采用逻辑代数读图法，首先列出控制元件的方程式。正转（鼓风）时，接触器 KMF 线圈（用 KMF_0 表示，以便区别于其本身的符号）

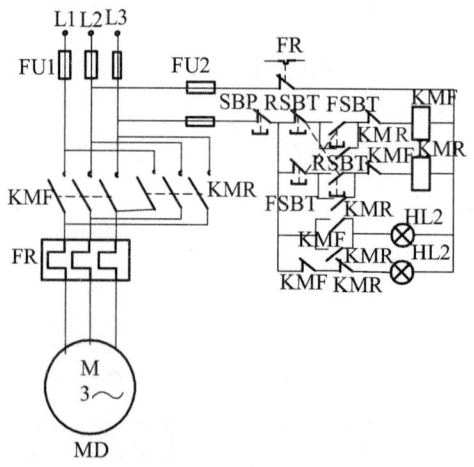

图 4-27 某抽、鼓风机的控制线路图

$$KMF_0 = \overline{SBP} \cdot \overline{RSBT} \cdot (FSBT + KMF) \cdot \overline{KMR} \cdot FR$$

反转（抽风）时，接触器 KMR 线圈

$$KMR_0 = \overline{SBP} \cdot \overline{FSBT} \cdot (RSBT + KMR) \cdot \overline{KMF} \cdot FR$$

对于指示灯 HL1 和 HL2，

$$HL1 = KMF \cdot KMR \cdot \overline{SBP} \cdot FR$$

$$HL2 = (KMF + KMR) \cdot \overline{SBP} \cdot FR$$

然后根据指令求解上述逻辑方程，如果运算结果为"1"，表示接触器（继电器）的电磁线圈得电或指示灯亮；若运算结果为"0"，则结论相反。接下来考察相应的执行元件的动作情况，我们按下正转（鼓风）按钮，则 FSBT = 1，那么

$$KMF_0 = 1 \cdot 1 \cdot (1 + KMF) \cdot 1 \cdot 1 = 1$$

$$KMR_0 = 1 \cdot 0 \cdot (0 + KMR) \cdot 0 \cdot 1 = 0$$

$$HL1 = 0 \cdot 1 \cdot 1 = 0$$

$$HL2 = (0 + 1) \cdot 1 = 1$$

因 $KMF_0 = 1$，正转的接触器线圈得电，其常闭触点打开。KMR 反转接触器不能得电，防止直接短路；其常开主触点闭合，便风机正转，常开辅助触点进行自锁，使运行指示灯亮。

同理，若我们按下反转（抽风）按钮，则 $RSBT = 1$，那么：$KMF_0 = 0$，$KMR_0 = 1$，$HL1 = 0$，$HL2 = 1$。这时 KMR 反转，接触器线圈得电，风机反转，常闭触点打开，禁止正转接触器线圈得电，防止误操作造成直接短路。

这种逻辑代数读图法一般用于比较复杂的继电控制线路。只要控制的逻辑代数方程式列写正确，那么各控制元件之间的关系和制约关系就非常清楚，也不会遗漏。该读图法可用来验证继电控制线路的设计是否合理，是否存在"竞争""冒险"等情况，也可将继电控制线路转化为静止元件得逻辑电路或 PLC 控制的梯形图以及进行直接编程。

第二节　动车组电路图的规定

一、CRH2A 型动车组线号

1. 线号的定义

按照下述考虑方法分配线号。（例如：下述线号为：1234A1）

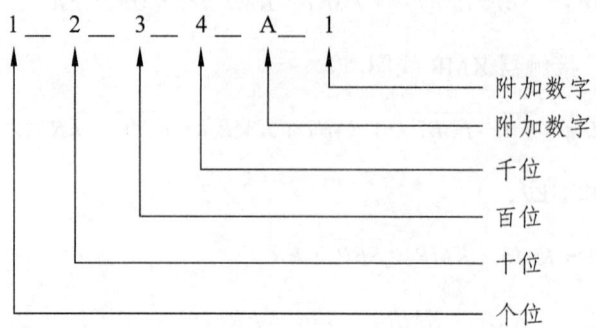

(1)千位、百位:区别电源系统、信号种类。0(零)时可以省略,其对应的分类关系见表 4-1。

表 4-1

线号	分类
1~99	控制指令回路(DC100 V)
100~199	DC100 V 系统
200~249	AC100 V 系统(稳定输出)
250~299	AC100 V 系统(非稳定)
300~399	AC220 V 系统
400~499	辅助制动型、ATP 信号、速度发电机
500~599	主变换回路
700~799	AC400 V(单相)系统
741、742、743 771、781、791	AC400 V(3 相)系统
800~899	空调装置
900~906	主回路接地、主回路过电流检测
1100~1199	广播回路
1400~1499	ATP 天线、无线电服务系统
1500~1599	MTr2 次回路(主回路)
1600~1699	ATP 装置
2500~2502	特高压回路(AC25 kV 系统)

(2)十位、个位:作为回转序号分配。0(零)时可以省略。
例如:线号为 9 的时候:009→○:9
(3)英文记号:在相同信号系统中信号是有关联的,因为继电器或开关等原因在回路上被分离时采用英文记号。
(4)附加数字:在相同信号系统中,需要比英文记号更详细的区分时,采用附加数字。

2. 特别线号

（1）车辆信息控制装置的线号。

关于车辆信息控制装置的输出输入线，可采用特别的线号：

M + 3 位号码：车辆信息控制装置的输出输入线号；

MF + 3 位号码：光缆的线号。

（2）LKJ2000 的线号。

根据建议资料，对于 LKJ2000 的线号，作如下线号分配：

J + 3 位号码···与 LKJ2000 有关的线号。

二、CRH₂ₐ 型动车组电气设备文字符号

1. 电气设备文字符号的定义

按照下述方法考虑电气设备文字符号的命名。（下述记号为「CMCORR1」的例子）

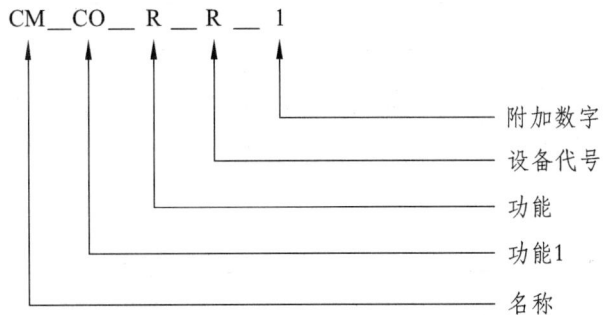

（1）名称：用英文的简称，见表 4-2。（CM = Compressor Motor）

表 4-2

记 号	机 器
？？（数字）	和？？km/h、？？？线等数字相关联
AC	交流
AP	空气压力
APU	辅助电源装置
ATC	ATP 装置
B?	制动器？档
Bat	蓄电池
Bz	蜂鸣器
Cab	司机室
CI	主变流装置
CM	空气压缩机

续表

记 号	机 器
D	侧拉门装置
EB	快速制动
HMLp	前部标识灯
MC	主控制器
MLp	后部标识灯
MM	主电动机
MRr	气源
MT	主变压器
Pan	受电弓
RrLp	备用灯
SB	辅助制动开关
UB	紧急制动开关
VCB	真空断路开关

（2）功能：表示动作的功能。不必要时可以省略。也可以重复，见表 4-3。（CO = Cut Off、R = Reserve）

表 4-3

记 号	功 能
C	闭合
O	断开
CO	切除
R	辅助

（3）设备代号：表示有代号设备的种类。（R = Relay）见表 4-4。

表 4-4

记 号	机 器
R	继电器
TD	时限继电器
K	接触器
N	断路开关
S	开关
V	电磁阀
He	加热器

续表

记号	机器
Th	温度检测器
Lp	指示灯
T(Tr)	变压器

（4）附加数字：相同的功能用于复数设备时，可作为运转序号附加。

2、回路示例（图 4-28）

线号、设备的含义如下：

① 103 线：DC100 V 电源；

② MCN3：第 3 个主控制器用（运转指令用）的断路开关；

③ B0FR：制动手柄在"运转位"至"快速位"时，被励磁的继电器；

④ 153F、153E1、153E2：表示与 153 线相关的线；

⑤ MCR：主控制器用继电器（操作侧时为励磁）；

⑥ MRrAPSR：总风缸压力开关用继电器（正常压力时为励磁）；

⑦ 153K：紧急制动用接触器（向紧急制动电磁阀供电用的接触器）。

因此，下述条件，可成为紧急制动缓解的条件之一。（注：153K 接触器以下也有回路条件，即使该回路成立，紧急制动有时也会不缓解。）

① 制动设定器为运转～快速位置（拔出位置以外）；

② 本头车为操作侧；

③ 总风压力为正常值。

另外，线号为 153 系统，因此可得知是紧急制动部分的回路。

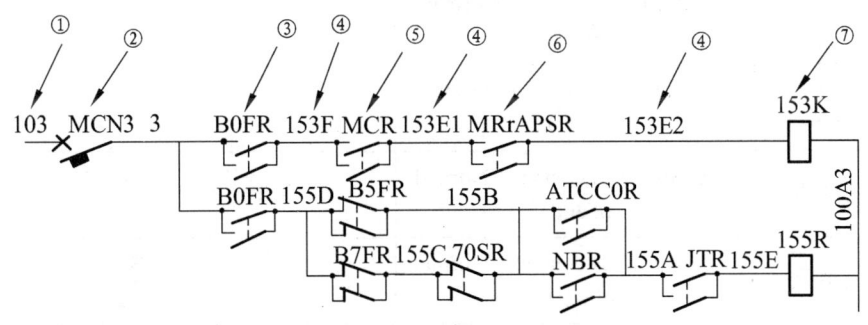

图 4-28 头车的运转指令回路

三、CRH$_{2A}$ 型动车组电气设备图形符号

电气设备图形符号见表 4-5。

表 4-5　CRH$_{2A}$ 型动车组电气设备图形符号

名　称	英　文	符　号
继电器线圈	Relay coil	??R
接触器线圈	Contactor coil	??K
计时继电器线圈	Time relay coil	??TD
插销继电器线圈	Latch relay coil	??R ??R-R
继电器 A 接点 （线圈励磁时闭合）	Relay A contact（Normal open）	??R
继电器 B 接点 （线圈励磁时断开）	Relay B contact（Normal close）	??R
继电器并联 A 接点 （线圈励磁时闭合）	Relay A contact（Normal open）	??R
继电器并联 B 接点 （线圈励磁时断开）	Relay B contact（Normal close）	??R
继电器串联 A 接点 （线圈励磁时闭合）	Relay A contact（Normal open）	??R　??R
继电器串联 B 接点 （线圈励磁时断开）	Relay B contact（Normal close）	??R　??R
接触器 A 接点 （线圈励磁时闭合）	Contactor A contact（Normal open）	??K
接触器 B 接点 （线圈励磁时断开）	Contactor B contact（Normal close）	??K
按钮式开关 A 接点	Push Switch A contact（Normal open）	??S
按钮式开关 B 接点	Push Switch B contact（Normal close）	??S
按钮式自返回开关 A 接点	Momentary Push Switch A contact（Normal open）	??S
按钮式自返回开关 B 接点	Momentary Push Switch B contact（Normal close）	??S
开关 A 接点	Switch A contact（Normal open）	??S

续表

名　称	英　文	符　号
开关 B 接点	Switch B contact（Normal close）	??S
螺线阀	Solenoid valve	??V
凸轮式开关	Cam switch	
		o：开关两端接通或导线有电
断路器	No fuse breaker	??N
变压器	Transformator	??T 或 ??TR
接地	Ground	
电阻	Resistor	Re 或者
二极管	Diode	
电容器	Capacitor	
可变电阻	Varistor	
光二极管	Light-Emitting Diode（LED）	
电晶体	Transistor	
光感电晶体	Phototransistor	
插座	Outlet	
外部电源插座	Connector for external power（AC 400 V）	
灯具电源插座	Connector for room lamp	
蓄电池	Battery	
前部标识灯	Head lamp	

续表

名 称	英 文	符 号
后部标识灯	Mark lamp	⊗
屏蔽线	Shielding wire	
绞合线	Twisted wire	
连接	Connected	
不连接	Not Connected	
联动	Inter lock	??R

四、CRH$_{2A}$型动车组电气设备文字符号定义（见表4-6）

1	153K	153 线接触器
2	155R	155 线继电器
3	156R	156 线继电器
4	160SAR1，2	160 km/h 速度继电器 1，2
5	30DLR	30 km/h 门锁继电器
6	30SR	30 km/h 速度继电器
7	33COR	
8	5DLR	5 km/h 门锁继电器
9	5SR	5 km/h 速度继电器
10	A5SR	5 km/h 速度继电器辅助继电器
11	70SR	70 km/h 速度继电器
12	ABHeCN	
13	ACK1	交流电接触器 1
14	ACK1R	交流电接触器 1 继电器
15	ACK2	交流电接触器 2
16	ACK2R	交流电接触器 2 继电器
17	ACLN	滤清器 NFB
18	ACM	辅助压缩电机
19	ACMGV	辅助压缩电机控制器

续表

20	ACMGVR1，2	辅助压缩电机控制器继电器1，2
21	ACMHe	辅助压缩电机加热器
22	ACMK	辅助压缩电机接触器
23	ACMN	辅助压缩电机NEB
24	ACMR1，2	辅助压缩电机继电器1，2
25	ACMS	辅助压缩电机开关
26	ACOCR1，2	交流电过流继电器1，2
27	ACOCRR1，2	交流电过流预留继电器1，2
28	ACOSN	
29	ACVN1，2	转换电源NFB 1，2
30	ADCD1，2	自动门控设备1，2
31	ADCOS11~12、21~22	自动门控设备切断开关11~12，21~22
32	ADN1，2	自动门控设备NFB 1，2
33	AHeK	辅助加热器接触器
34	AHeKN	辅助加热器接触器NFB
35	AHeS	辅助加热器开关
36	AHWN	自动洗手盆NFB
37	AMLpR1~3	标志灯预留继电器1~3
38	AmpN1，2	放大器NFB 1，2
39	AOCN	交流电过流NFB
40	APCR	空气管路关闭继电器
41	APCS	空气管路关闭开关
42	APCV	空气管路关闭阀
43	APOR	空气管路开启继电器
44	APOV	空气管路开启阀
45	APPS	空气管路压力开关
46	APU	辅助电源装置
47	APUCN	辅助电源装置控制NFB
48	APUBMN	辅助电源装置风机电机NFB
49	ARf	辅助整流器
50	ARfK	辅助整流器接触器
51	ARfKR	辅助整流器接触器继电器
52	ARfN2	辅助整流器NFB 2

续表

53	ARfRN	辅助整流器接触器 NFB
54	Arr	避雷器
55	ASCN	激活的悬挂控制 NFB
56	ATCBR	ATC 强制动继电器
57	ATCKB1R	ATC 弱制动继电器
58	ATCKB4R	ATC 中制动继电器
59	ATN	辅助变压器 NFB
60	ATPBTMN	ATP BTM 装置电源 NFB
61	ATPCOR	ATP 切除继电器
62	ATPDMIN	ATP DMI 装置电源 NFB
63	ATPDRUN	ATP DRU 装置电源 NFB
64	ATPFN	ATP 风扇电源 NFB
65	ATPN1	ATP 主电源 NFB 1
66	ATPPK	ATP 主电源接触器
67	ATPSTMN	ATP STM 装置电源 NFB
68	ATPVCN	ATP 装置电压控制器 NFB
69	ATr	辅助变压器
70	B 运非 R	制动控制手柄「运转-快速」定位继电器
71	B1 非 R	制动控制手柄「1N-快速」定位继电器
72	B2 非 R	制动控制手柄「2N-快速」定位继电器
73	B3 非 R	制动控制手柄「3N-快速」定位继电器
74	B4 非 R	制动控制手柄「4N-快速」定位继电器
75	B5 非 R	制动控制手柄「5N-快速」定位继电器
76	B6 非 R	制动控制手柄「6N-快速」定位继电器
77	B7 非 R	制动控制手柄「7N-快速」定位继电器
78	B 非 R	制动控制手柄「快速（运转-7N）」定位继电器
79	B1~3K	制动控制手柄 「1N-3N」定位接触器
80	B4~5K	制动控制手柄 「4N-5N」定位接触器
81	B6~7K	制动控制手柄 「6N-7N」定位接触器
82	B 非 K	制动控制手柄 「非常」定位接触器
83	Bat	蓄电池
84	BatK1, 2	蓄电池接触器 1，2
85	BatK2R	蓄电池接触器 2 继电器

续表

86	BatKCN	蓄电池接触器控制 NFB
87	BatKN	蓄电池接触器 NFB
88	BatN1,2	蓄电池 NFB 1,2
89	BatVDN	蓄电池电压检测 NFB
90	BCCN	制动控制单元控制 NFB
91	BCU	制动控制单元
92	BCUHe	制动控制单元加热器
93	BCUN	制动控制单元 NFB
94	BKK	
95	BKKN	
96	BKKONR	
97	BKKR	
98	BKKR-R	
99	BMK	风机电机接触器
100	BNPFsR	
101	BNR	
102	BNS	
103	BNUBAR	
104	BNUBR	连挂-分解用紧急制动继电器
105	BR1	制动继电器 1
106	BTRCN	制动命令转换控制单元 NFB
107	BV	制动阀
108	BVN	制动阀 NFB
109	BVR	制动阀继电器
110	BVR1,2	制动阀继电器 1,2
111	BVTR	制动阀限时继电器
112	BzS	蜂鸣器开关
113	CabGS	司机室接地开关
114	CabHe1,2	司机室加热器 1,2
115	CabHeN1,2	司机室加热器 NFB 1,2
116	CabHeS1,2	司机室加热器开关 1,2
117	CabLp	司机室照明灯
118	CabLpN	司机室照明灯 NFB

续表

119	CabLpS	司机室照明灯开关
120	CabRLpConR	司机室室内照明灯接触器插座
121	CabRrLp	司机室预留灯
122	CabRrLpN1,2	司机室预留灯 NFB
123	CabTeLp	中间司机室测试灯
124	CabTeS	中间司机室测试开关
125	CabUCN	
126	CBCDN	
127	CBCN	
128	CBMN	
129	CBN	
130	CDR1,2	电流检测继电器
131	CI	变流器逆变器
132	CIBM1~3	变流器逆变器风机电机 1~3
133	CIBMN1~3	变流器逆变器风机电机 NFB 1~3
134	CIBMNR	变流器逆变器风机电机 NFB 继电器
135	CICN1,2	变流器逆变器控制 NFB 1,2
136	CIFR1,2	变流器逆变器故障继电器 1,2
137	CIGRR1,2	变流器逆变器接地继电器 1,2
138	CM	压缩机电机
139	CMCN	压缩机电机控制 NFB
140	CMCOR	压缩机电机切断继电器
141	CMCOR-R	压缩机电机切断继电器-重新设置
142	CMCORR1,2	压缩机电机切断重复继电器 1,2
143	CMGV	压缩机电机控制器
144	CMK	压缩机电机接触器
145	CMN	压缩机电机 NFB
146	CMSN	压缩机电机同步 NFB
147	CMV	压缩机电机阀
148	CMVTR	压缩机电机阀限时继电器
149	CORR	切断重复继电器
150	COSN	切断开关 NFB
151	COSN1	切断开关 NFB 1

续表

152	CrFM	乘务员室风扇电机
153	CrFMN	乘务员室风扇电机 NFB
154	CrFMS	乘务员室风扇电机开关
155	CSR	恒速继电器
156	CT1	电流变压器 1
157	CT3	电流变压器 3
158	C t t CN	接触器控制 NFB
159	CUHCS	车钩手柄关闭开关
160	CUHOS	车钩手柄开启开关
161	CVT	恒压变压器
162	DCR	直流电源继电器
163	DICOS1，2	门互锁切断开关 1，2
164	DIR	门互锁继电器
165	DIRR11，12	门互锁预留继电器 11，12
166	DIRR21，22	门互锁预留继电器 21，22
167	DIRR31，32	门互锁预留继电器 31，32
168	DIRR41，42	门互锁预留继电器 41，42
169	DIRS	门互锁继电器开关
170	DLS	门锁开关
171	DMS1~4	门微型开关 1~4
172	DN	门 NFB
173	DOCHN	门鸣叫 NFB
174	DPSR 1~4	门按扭传感继电器 1~4
175	DS1~4	门开关 1~4
176	DSN	门开关 NFB
177	DV11，12，21，22	门磁阀 11，12，21，22
178	DV31，32，41，42	门磁阀 31，32，41，42
179	DVCN1，2	门上阀门控制 NFB 1，2
180	DVCR1，2	门磁阀关闭继电器 1，2
181	DVN1，2	门阀 NFB 1，2
182	DVOR1，2	门磁阀开启继电器 1，2
183	DVR 11，12，13，21，22，23	门磁阀继电器 11，12，13，21，22，23
184	DVS1，2	门磁阀开关 1，2

续表

185	EBR	ATP 紧急制动继电器
186	EBz	紧急蜂鸣器
187	EBzCOS	紧急蜂鸣器切断开关
188	EBzR	紧急蜂鸣器继电器
189	EBzRR	紧急蜂鸣器重启继电器
190	EBzRS	紧急蜂鸣器重启开关
191	EBzS1,2	紧急蜂鸣器开关1,2
192	EC g ConR	电子转换器接触继电器
193	EC g ConV	电子转换器接触阀
194	ECgRIsR	电子转换器接触缓解继电器
195	ECgRIsV	电子转换器接触缓解阀
196	EGCN	紧急接地开关控制 NFB
197	EGCS1,2	紧急接地开关关闭转换器1,2
198	EGCV	紧急接地开关关闭阀
199	EGCVN	紧急接地开关关闭阀 NFB
200	EGOCK	EGS 开启和关闭阀
201	EGOS1,2	紧急接地开关开启开关1,2
202	EGOV	紧急接地开关开启阀
203	EGOVN	紧急接地开关开启阀 NFB
204	EGS	紧急接地开关
205	EGSHe	紧急接地开关加热器
206	EGSR	紧急接地开关继电器
207	EL1,2	电子照明1,2
208	ELN	电子照明 NFB
209	EVBat	紧急通风蓄电池
210	EXConR	外部电源连接器插座
211	EXR1,2	外部电源继电器1,2
212	ExTh	外部热量
213	FDRR	
214	FiCN1~4	
215	FiFR1~3	
216	FiHeN1	
217	FiLvN	

续表

218	FiOS1, 2	
219	FiPB	
220	FiT80R	
221	FiT100R	
222	FrBz	防火蜂鸣器
223	FrBzR	防火蜂鸣器继电器
224	FrBzRS	防火蜂鸣器重启开关
225	FrBzS1, 2	防火蜂鸣器开关 1, 2
226	FrLP	防火灯
227	FVSN	瞬时阀传感器 NFB
228	GB11~14	接地刷 11~14
229	GB21~24	接地刷 21~24
230	GHe	玻璃加热器
231	GHeN	玻璃加热器 NFB
232	GHeTh	玻璃加热器热量
233	GR3	接地继电器 3
234	GRR3-1	接地预留继电器 3
235	GRR3-2	接地预留继电器 3
236	GRT	接地继电器变压器
237	GS	接地开关
238	HELPS	救助开关
239	HGS	
240	HGWR	
241	HLp1~4	头灯 1~4
242	HLp1~4HR	头灯 1~4 远光灯继电器
243	HLp1~4LR	头灯 1~4 近光灯继电器
244	HMLpDS	头部标志灯变光开关
245	HMLpN	头部标志灯 NFB
246	HMLpS	头部标志灯开关
247	HmRS	小时计重启开关
248	Innet1~2N	Internet 运行 NFB
249	IVK1	
250	JAHeK	连接辅助加热器接触器

续表

251	JAHeR	连接辅助加热器继电器
252	JaN1, 2, 3	机套 NFB 1, 2, 3
253	JBVR	连接蓄电池继电器
254	JCMR	连接压缩机电机继电器
255	JRrLpK	连接预留灯接触器
256	JRrLpR	连接预留灯继电器
257	JTR	无紧急制动继电器
258	KBA1R	缓解制动「1N」辅助继电器
259	KBA4R	缓解制动「4N」辅助继电器
260	KBMg	主控制箱磁性线圈
261	KBMgN	主控制箱磁性线圈 NFB
262	KBMgS	主控制箱磁性线圈开关
263	KHCR	
264	KHCS	
265	KHCV	
266	KHOR	
267	KHOS	
268	KHOV	
269	KRR	接触器预留继电器
270	LKJCOR	LKJ 切断继电器
271	LKJN	LKJ NFB
272	LKJPK	LKJ 电源接触器
273	LvADCD	盥洗室自动门控设备
274	LvADN	盥洗室自动门 NFB
275	LvDCS1, 2	盥洗室自动门关闭开关 1, 2
276	LvDOS1, 2	盥洗室自动门开启开关 1, 2
277	LVHe1~4	调整加热器等级 1~4
278	LvLp	盥洗室灯
279	LvLpN	盥洗室灯 NFB
280	LvLpS1, 2	盥洗室灯开关 1, 2
281	MaRConR1	设备室接触器插座
282	MaRLp1, 2	设备室内照明 1, 2
283	MaRLpN1, 2	设备室室内照明 NFB 1, 2

续表

284	MC	主控制器
285	MCN1~3	主控制器 NFB 1~3
286	MCPR	主控制器接通继电器
287	MCR	主控制器继电器
288	MCRR	主控制器预留继电器
289	MC 切 R	主控制器「切」定位继电器
290	MDLN	
291	MDLR	
292	MGFR1，2	
293	MLpN	标志灯 NFB
294	MLpR1，2	标志灯继电器 1，2
295	MLpS	标志灯开关
296	MMBM1，2	主电机风机电机 1，2
297	MMBMN1，2	主电机风机电机 NFB 1，2
298	MMCOR	主电机切断继电器
299	MMCOR-R	主电机切断继电器 - 重新设置
300	MONN1，2	监控器设备 NFB 1，2
301	MOTN1，2	监控器终端设备 NFB 1，2
302	MRHPS	主风缸高压开关
303	MRLPS	主风缸低压开关
304	MRPSR	主风缸空压开关选择继电器
305	MRrAPSR	主风缸空压开关继电器
306	MSP1，2	扬声器监控器 1，2
307	MTBM	主变压器风机电机
308	MTBMN	主变压器风机电机 NFB
309	MTCOR	主变压器切断继电器
310	MTCOR-R	主变压器切断继电器 - 重新设置
311	MTCORR	主变压器切断预留继电器
312	MTOFR	主变压器油流量继电器
313	MTOFRR	主变压器油流量预留继电器
314	MTOPM	主变压器油泵电机
315	MTOPMN	主变压器油泵电机 NFB
316	MTr	主变压器

续表

317	MTThR	主变压器热动继电器
318	MTThRR	主变压器热动预留继电器
319	MXR	混合继电器
320	MXRN1, 2	混合继电器 NFB 1, 2
321	NBR	正常制动继电器
322	NBTR	正常制动限时继电器
323	NRLpR	一定数量照明继电器
324	NVR	无电压继电器
325	NVR1N	无电压继电器 1 NFB
326	NVR1VD	无电压继电器 1 电压检测仪
327	OCTN	过流变压器 NFB
328	PaConR1~4N	PC 接触器 NFB
329	PaIvN	PC 逆变器 NFB
330	Pan	受电弓
331	PanCGS	受电弓转换开关
332	PanCOR	受电弓切断继电器
333	PanCOR-R	受电弓切断继电器 - 重新设置
334	PanDAR	受电弓降弓命令辅助继电器
335	PanDRN	受电弓降弓命令继电器 NFB
336	PanDS	受电弓降弓开关
337	PanDWR	受电弓降弓继电器
338	PanIR	受电弓互锁 NFB
339	PanN	受电弓 NFB
340	PanUCK	受电弓升弓保持阀
341	PanUR	受电弓升弓继电器
342	PanUS	受电弓升弓开关
343	PanUV	受电弓升弓阀
344	PanUVN	受电弓升弓阀 NFB
345	PCON	压力切断 NFB
346	PCOR	ATP 供电切断继电器（卸载）
347	PCOV	压力切断阀
348	PDN1	
349	PG1~4	脉冲发生器 1~4

续表

350	PLpCOS1，2	主照明切断开关 1，2
351	PLpN1，2	主照明 NFB 1，2
352	PR	供电继电器
353	PS1~4	压力开关 1~4
354	RCAR	牵引命令辅助继电器
355	RConN	室内接触器 NFB
356	RConR1，2	室内接触器插座 1，2
357	RCS	
358	RLp	室内照明
359	RLpCAR	室内照明控制辅助继电器
360	RLpConR	室内照明接触器插座
361	RLpK	室内照明接触器
362	RLpN1~3	室内照明 NFB 1~3
363	ROR	
364	ROS	
365	ROV	
366	RrLp	预留灯
367	RrLpCgK	预留灯转换接触器
368	RrLpCgN	预留灯转换 NFB
369	RrLpCgN2	预留灯转换 NFB 2
370	RrLpCgR	预留灯转换继电器
371	RrLpCgS	预留灯转换开关
372	RrLpN	预留灯 NFB
373	RS	重启开关
374	RSR1	重启开关继电器
375	SBN1，2	子制动 NFB 1，2
376	SBNR	子制动继电器
377	SBN1R	子制动继电器 1
378	SBN1 补接	子制动 NFB 1 补接
379	SCNCRN1，2	部分控制 MCR NFB 1，2
380	SCN1~3	部分控制 NFB 1~3
381	SCK	部分控制接触器
382	SCR	部分控制继电器

续表

383	SCTR1, 2	部分控制限时继电器1, 2
384	SGZR1, 2	部分故障继电器1, 2
385	SMCR1, 2	部分MCR1, 2
386	SVCBCR	部分VCB关闭继电器
387	SVCBOR	部分VCB开启继电器
388	SConN1~4	运行接触器NFB 1~5
389	SePR	传感器电源继电器
390	SePN	传感器电源NFB
391	SG	速度发生器
392	SIV	静态逆变器
393	SKG1~4	防滑发生器1~4
394	SKN	防滑NFB
395	SKVR	防滑阀继电器
396	SKVRR	防滑阀预留继电器
397	SLR	防滑检测继电器
398	SLRR	防滑检测预留继电器
399	SP	扬声器
400	SPCOS	扬声器切断开关
401	SqS	顺序开关
402	SRLpN1	
403	SRLpN2	
404	SS1~4	速度传感器1~4
405	SVCBCR	部分真空电路断路器关闭继电器
406	SVCBOR	部分真空电路断路器开启继电器
407	SVCN	
408	TAX2N	TAX2 NFB
409	TAX2PK	TAX2 电源接触器
410	TeLp	测试灯
412	TInFN	列车信息设备NFB
413	ToBz	卫生间蜂鸣器
414	ToBzR	卫生间蜂鸣器继电器
415	ToBzS1~3	卫生间蜂鸣器开关1~3
416	ToConN	卫生间连接器插座NFB

续表

417	ToConR1, 2	卫生间连接器插座1, 2
418	ToFM1, 2	卫生间风扇电机1, 2
419	ToFMN1, 2	卫生间风扇电机NFB 1, 2
420	TSC1N	TSC1 NFB
421	TSC1PK	TSC1 电源接触器
422	TSHeN	卫生间座位加热器NFB
423	TThRN	车辆（轮胎）热动继电器NFB
424	TThRR	车辆（轮胎）热动预留继电器
425	TWBat	列车无线广播蓄电池
426	TWBatN	列车无线广播蓄电池NFB
427	TWCN	列车无线广播充电器控制NFB
428	TWEmCgK	列车无线广播紧急转换接触器
429	TWEmCgS	列车无线广播紧急充电器开关
430	TWN	列车无线广播装置控制NFB
431	TyClV	轮胎清洁阀
432	TyClVN	轮胎清洁阀NFB
433	UBR	紧急制动继电器
434	UBRS	紧急制动重启开关
435	UBRSR	紧急制动重启开关继电器
436	UBRSWR	紧急制动重启开关继电器
437	UBS1, 2	紧急制动开关1, 2
438	UBTR1, 2	紧急制动限时继电器1, 2
439	UN1	
440	UN2	
441	UN12	
442	UN22	
443	UCN3	
444	UCN11	
445	UCN21	
446	UR0	设备命令继电器
447	UVN	紧急磁阀NFB
448	UVR	紧急磁阀继电器
449	UVR1, 2, 3	紧急磁阀继电器1, 2, 3

续表

450	UVRS	紧急磁阀继电器短路开关
451	V1	电压计 1
452	V3	电压计 3
453	V4	电压计 4
454	VCB	
455	VCBARN	真空电路断路器辅助继电器 NFB
456	VCBA1R	真空电路断路器辅助继电器
457	VCBCOR	真空电路断路器切断继电器
458	VCBCOR-R	真空电路断路器切断继电器-重启
459	VCBCR1, 2	真空电路断路器关闭继电器 1, 2
460	VCBCS	真空电路断路器关闭开关
461	VCBHe	真空电路断路器加热器
462	VCBN	真空电路断路器 NFB
463	VCBOAR	真空电路断路器开启辅助继电器
464	VCBOR1, 2	真空电路断路器开启继电器 1, 2
465	VCBOS	真空电路断路器开启开关
466	VCBRR	真空电路断路器预留继电器
467	VCgS	电压计转换开关
468	VDTN	电压检测变压器 NFB
469	VeFM	通风风扇电机
470	VeFMCN1, 2	通风风扇电机控制 NFB 1, 2
471	VeFMN	通风风扇电机 NFB
472	VN1	电压计 NFB 1
473	VN3	电压计 NFB 3
474	VN4	电压计 NFB 4
475	WaPFS	水泵浮动开关
476	WaPHe	水泵加热器
477	WaPHm	水泵小时计
478	WaPMV1	水泵磁阀 1
479	WaPMV2	水泵磁阀 2
480	WaP	水泵
481	WaPN	水泵 NFB
482	WaPR	水泵控制继电器

续表

483	WaPTh	水泵加热器恒温器
484	WhDR	鸣笛声下降继电器
485	WhDV	鸣笛声下降阀
486	WHeN1, 2	水加热器 NFB 1, 2
487	WLMN	水位计 NFB
488	WLMR	水位计继电器
489	WPN	雨刮器 NFB
490	WVCN	
491	24 V 电源 N	
492	前进 R	换向开关「前进」定位继电器
493	后进 R	换向开关「后进」定位继电器
494	牵引指令 R	牵引指令继电器
495	恒速 SW	恒速开关
496	恒速切 SW	恒速切开关
497	复位 SW	复位开关
498	启动试验 SW	启动试验开关
499	车上试验 SW	车上试验开关
500	耐雪 SW	耐雪开关
501	空挡 R	空挡继电器
502	收音机架电源 N	
503	别车 EgCR	
504	保温试验 SW	
505	水封装置 1He	
506	计器灯 SW	
507	给汤器 N	
508	给汤器 ConR	
509	乘务员室 ConN	
510	乘务员室 ConR1, 2	
511	连络用 SW	
512	LMPN	机车电源 NFB
513	LvDECS	盥洗间门
514	LvDHS	盥洗间门

第四章习题

1. 根据用途、电器设备、工程内容及表达形式的不同,电气线路图通常可分为哪些类型?本课本后所附的图纸属于哪种类型?
2. 电路图中最基本的三种电路元件有哪些?
3. 动车组中手动控制电器主要有哪些?
4. 图 4-1 中,若手柄处于"2"位时,哪些导线对应的接点是接通的(或处于得电状态)?
5. 动车组常用的自动控制电器有哪些?
6. CRH_2 型动车组采用哪种画法的联锁表示法则?
7. 下列时间继电器触头在线圈得电时,如何动作?线圈失电时,如何动作?

  (a)   (b)

8. 动车组电路图中元器件工作状态的表示方法是如何规定的?
9. 导线连接点的表示方法是如何规定的?
10. 如何解除图 4-22 的自锁状态?
11. CRH_{2A} 型动车组的线号是如何划分的?
12. CRH_{2A} 型动车组电器的文字符号中含有下列字母,分别代表什么类型的电器?
  (a)K (b)R (c)S (d)V (e)M

第五章　CRH2 型动车组牵引与控制系统

第一节　CRH2 型动车组牵引/制动主电路

CRH2 型动车组采用动力分散型交流传动方式。目前已上线运营的 CRH2 型动车组分为 CRH2A、CRH2B、CRH2C、CRH2E、CRH380A，运营速度为 200 km/h~350 km/h。本课程以 CRH2A 动车组为基础，对 CRH 系列动车组进行分析，教材附图车型为 CRH380A 型动车组。

一、CRH2A 动车组主牵引系统的基本原理

如图 5-1 主牵引系统示意图所示，CRH2A 动车组主牵引系统主要由受电弓、牵引变压器、牵引变流器及牵引电机组成。受电弓通过电网接入 25 kV 的高压交流电，输送给牵引变压器，降压成 1 500 V 的单相交流电。降压后的单相交流电再输入牵引变流器，通过一系列的处理，变成电压和频率均可控制的三相交流电，输送给牵引电机，通过电机的转动而牵引整个列车。

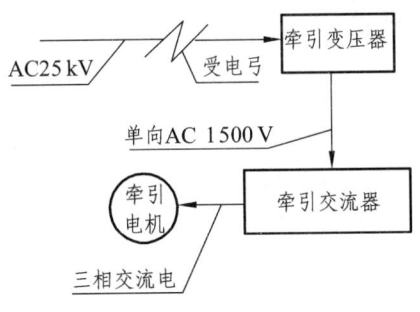

图 5-1　主牵引系统示意图

主牵引基本动力单元由 1 台牵引变压器、2 台牵引变流器、8 台牵引电机构成，1 台牵引变流器驱动 4 台牵引电机。4 台牵引电机并联使用。4 台牵引电机特性差异控制在 ±5% 以内，以便电流负荷分配均匀。

动车组有两个相对独立的主牵引动力单元。正常情况下，两个牵引单元均工作。当设备故障时，M1 车和 M2 车可分别使用。另外，整个基本单元可使用 VCB 切除，不会影响其他单元工作。

二、CRH2A 动车组主牵引系统结构简图

图 5-2 为 CRH2A 动车组主牵引系统结构简图。

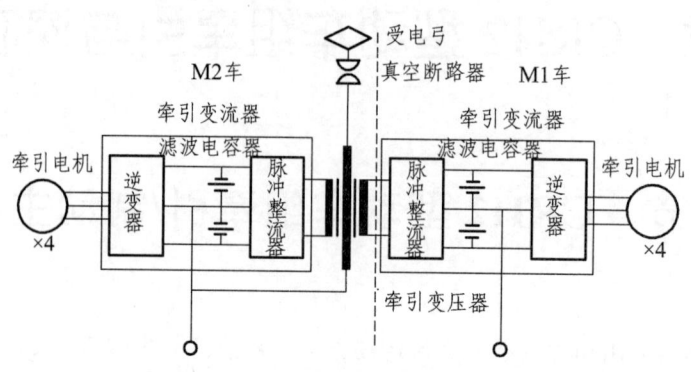

图 5-2　主电路结构简图

动车组由受电弓从接触网接受 25 kV、50 Hz 单相交流电,通过真空断路器(VCB)连接到牵引变压器原边绕组。牵引变压器牵引绕组输出的 AC 1 500 V、50 Hz 电源输入脉冲整流器。脉冲整流器由单相三电平 PWM 变流器、交流接触器 K 组成。采用无触点控制装置实现对输出直流电压 2 600～3 000 V 定压控制、牵引变压器原边功率因数的控制以及故障保护。再生制动时,牵引变流器经过牵引变压器反馈电能。牵引逆变器采用了 VVVF 的控制方式,整流器输入给支撑电容器的直流电压,依据无接点控制装置控制信号,输出变频变压的三相交流电对 4 台并联的电机进行速度、力矩控制。再生制动时牵引电机发出三相交流电,经整流后向支撑电容器输出直流电压。

三、牵引传动装置的布置

(一)车辆编组

CRH2A 型动车组以 4 辆动车和 4 辆拖车共 8 辆车构成一个编组,编组内的各种配置如下图所示。另外,根据需要配备了可同时使 2 个编组进行重联运行的相关设备。

车辆编组如图 5-3 所示。

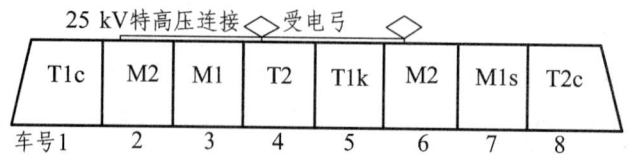

图 5-3　车辆编组

（二）设备构成

牵引/制动系统主电路设备构成如表 5-1 所示。

表 5-1　牵引/制动系统主电路设备构成

主电路设备	1号车（T1c）	2号车（M2）	3号车（M1）	4号车（T2）	5号车（T1k）	6号车（M2）	7号车（M1s）	8号车（Tc2）
受电弓				1		1		
VCB & 避雷器		1				1		
牵引变压器		1				1		
主变换装置（牵引变流器）（CI）		1	1			1	1	
牵引电机		4	4			4	4	

（三）单元构成

CRH2A 型动车组包括两个动力单元。在一个动力单元中，主电路的基本单元由受电弓（1台）、VCB（主断路器）（1台）、牵引变压器（1台）、牵引变流器（2台）、牵引电机（8台）构成。

1台牵引变流器驱动4台牵引电机。

上述主电路设备安装在 M1 车、M2 车 2 节车厢上，由 2 辆构成 1 个单元。

四、主电路图的组成

（一）25 kV 特高压电路

接触网电源采用 25 kV、50 Hz 单相交流电，列车通过安装在在 4 号车或 6 号车的受电弓之中的一个（正常运行中，只升起单弓，另一个受电弓处于降下状态）从接触网上受电，2号车与 6 号车之间用 25 kV 特高压电缆贯通连接。

M2 车上安装有牵引变压器，通过特别高压（特高）电缆而贯通连接在各车的 25 kV 特高电源，经由各车的特高压接头、主断路器 VCB，连接到牵引变压器原边绕组上。

特高压连接设备构成如表 5-2 所示。

表 5-2　特高压连接设备构成

特高压连接设备	2号车（M2）	3号车（M1）	4号车（T2）	5号车（T1k）	6号车（M2）
受电弓			1		1
保护接地开关（EGS）			1		1
倾斜型电缆接头			1	1	

续表

特高压连接设备	2号车（M2）	3号车（M1）	4号车（T2）	5号车（T1k）	6号车（M2）
直线接头	1	2	1	1	
3分支接头					1
变流器（CT1）	1				1
主断路器（VCB）	1				1
牵引变压器	1				1

（二）牵引变压器2次电路

牵引变压器（MTr）的低压侧由3个绕组构成，其中2个绕组是向动车驱动电路（牵引变流器）提供电力的2次绕组，第三个绕组是向本单元的通风冷却设备、空气压缩机、照明、空调等辅助电路、控制电路、通信电路等提供电力的3次绕组。

（三）牵引变流器

CRH2A型动车组牵引变流器（以下简称变流器）由单相三电平脉冲整流器、中间直流电路、三电平逆变器、真空交流接触器等主电路设备以及牵引控制装置、控制电源等控制设备组成。上述设备安装在1个箱体内，为减轻重量，箱框采用铝合金结构。每个动车设置一台牵引变流器，每台变流器驱动4台并联牵引电机。

牵引变压器牵引绕组输出的 AC 1 500 V、50 Hz 单相交流电，通过三电平 PWM 脉冲整流器变换为直流电，经中间直流回路将 DC 2 600~3 000 V（再生制动时稳定在 3 000 V）的直流电输出给牵引逆变器，牵引逆变器输出电压、频率可调的三相交流电（电压为 0~2 300 V，频率为 0~220 Hz）驱动牵引电机。三电平逆变器采用异步调制、5脉冲、3脉冲和单脉冲相结合的控制方式。变流器取消了中间直流回路的二次滤波环节，牵引变压器不需设置二次滤波电抗器，使得二者重量均得到大幅度降低。

1. 脉冲整流器部分

动车组的脉冲整流器部分由单相三电平电压型 PWM 脉冲整流器和交流接触器 K 构成。可实现交流电网侧功率因数接近1；电网电流尽可能接近正弦，消除谐波，最大程度地提高电网的经济效益，减少电网对周围环境的电磁污染；在电网电压或负载发生变化时，能够维持中间直流电压的稳定，给电机侧逆变器提供良好的工作条件。脉冲整流器还可以实现牵引、再生工况间快速平滑地转换，牵引时作为整流器，再生制动时作为逆变器。

牵引工况下，以牵引变压器牵引绕组的输出电压（AC 1 500 V、50 Hz）为输入，通过牵引控制装置的控制，实现输出直流电压为 2 600~3 000 V（按速度范围变化可调）的定电压控制以及牵引变压器原边电压、电流单位功率因数的控制。此外，还可通过牵引控制装置实现保护功能。再生制动时脉冲整流器工作在逆变状态，以中间回路支撑电容器输出电压 DC 3 000 V 为输入，向牵引变压器侧输出 AC 1 500 V、50 Hz 电压。交流接触器 K 控制输入侧主电路的接通、断开。

与传统两电平脉冲整流器相比，CRH_{2A}型动车组脉冲整流器具有以下优点：

（1）每一个功率器件所承受的关断电压仅为直流侧电压的一半。这样在相同的情况下，直流电压可以提高1倍，容量也可以提高1倍。

（2）在同样的开关频率及控制方式下，三电平脉冲整流器输出电压或电流的谐波大大小于两电平脉冲整流器，因此它的总的谐波失真THD也要远小于两电平脉冲整流器。

（3）三电平脉冲整流器输入侧的电流波形即使在开关频率很低时，也能保证一定的正弦度。

2. 中间直流电路

中间直流电路主要由均压电阻、支撑电容器和过压保护电路构成，目的是获得直流恒压。支撑电容器5组并联，分别组装于各个功率模块内，即两台脉冲整流器模块各装1组，3台逆变器模块也各装1组，合计容量8 000 μF。

中间直流电路中部分器件的功能简介如下：

GCT：检测牵引变压器牵引侧接地电流。根据设定值，产生下列保护：OVTh导通，脉冲整流器、逆变器门控闭锁，牵引变流器原边绕组接触器（K）断开，VCB断开。

过电压抑制可控硅单元（OVTh单元）：由可控硅、缓冲电阻器、缓冲电容器、栅级驱动基板、直流电压检测器等构成。当检测到支撑电容器的过电压，且控制电源为断时，可控硅导通，让支撑电容器具有放电功能。

DCPT：组装在OVTh单元内，对直流电压进行检测。当检测到OVTh误触发、直流过电压、直流低电压、电压异常等时，根据条件，脉冲整流器、逆变器门控闭锁，牵引变流器原边绕组接触器（K）等断开。

3. 逆变器部分

逆变器部分以支撑电容器电压为输入，牵引控制装置控制IGBT或IPM的开通或关断。牵引时逆变器输出电压和频率可调的3相交流电，控制4台并联牵引电机的转速和转矩。再生制动时以牵引电机输出的3相交流电源为输入，向支撑电容侧输出直流电压。

牵引电机控制采用矢量控制方式，转矩电流和励磁电流独立控制，以提高转矩控制精度、响应速度及电流控制性能。电路构成采用与脉冲整流器相同的三电平结构。

（四）牵引电机

牵引电机在M1、M2各车的各转向架上各安装2台。电动机上使用着3相鼠笼式感应电动机，在非驱动一侧安装有速度传感器。速度传感器检测牵引电机的速度（旋转数）即动车组速度，把速度信息送到上述逆变器。

此速度信息（速度的反馈信号）是为电动机的速度控制、扭矩控制及制动控制而使用。

（五）保护电路

1. 紧急保护接地开关

受电弓和紧急保护接地开关安装在同一车辆上。紧急保护接地开关通过把特高压电源接地,来防止对车体施加特高电压。由于主断路器 VCB 的原因引起不能断开主电路的事故电流时,或在接触网电压异常时,强制性地操作紧急保护接地开关(EGS),使接触网接地、把接地电流流向接触网,让变电所的隔离开关跳闸,能使接触网处于无电压的状态。此外,在对高压设备箱内部进行检查时,为确保维修人员的安全,通过紧急保护接地开关和高压设备箱间的联动的锁定装置,预先把受电弓接地,即使万一受电弓上升,也能防止触电事故的发生。

2. 主断路器

安装主断路器 VCB 的目的是:在牵引变压器二次侧以后的电路发生故障时,能够迅速、安全、确实地阻断过电流。在正常时,主断路器 VCB 也是对主电路的开闭进行操作的一种开关,它兼有断路器和开关的 2 种作用。

3. 交流避雷器

由于来自于接触网的雷电冲击(surge),因负荷断路引起的开关(时)冲击(surge/浪涌)由与牵引变压器并联的交流避雷器(Arr)进行分路、限制到由交流避雷器的电压限制特性决定的电压值。由此,防止把高电压加在各设备上。

4. 原边电流互感器及过电流继电器

原边电流互感器(CT1)的 1 次侧串联在 25 kV(特高压)的输入侧,交流过电流继电器(ACOCR)连接到原边电流互感器 2 次侧。原边电流互感器监视 25 kV 电路的电流,当出现原边过电流时,CT1 的 2 次侧电流超过交流过电流继电器的设定值时,能够发出让 VCB 断开的跳闸信号。

(六) 接地装置

接地装置(GB11,12,13,14,21,22,23,24)安装在 M1、M2 车的驱动轴齿轮装置的非车轮一侧。接地装置是经由接地装置把牵引变压器的回流线电流直接流到车轴,以防止因回流线电流流到转向架轴承而引起轴承损伤。

牵引变压器(Mtr)接地线被连接到 M2 车与各驱动轴相对应的中转端子板上,此外,M1 车则经由 M1 车与 M2 车之间的连接器,与 M2 车相同,连接到与各驱动轴对应的中转端子板,从那里连接到各轴的接地刷上。

此外,在动力车之间,为减小动力线发出的噪声对控制线的影响以及考虑到不同车体间的等电位化问题,用接地线来把各车体间连接起来。T2-4 车虽然不带动力,但考虑到保护接地开关(EGS)的影响,用接地线把与 M1-3 车之间的车体之间连接起来。

(七) 预充电电路

支撑电容器与预备充电电路(图 5-4)相连,起动时通过内置充电电阻的充电变压器从辅助电路进行初期充电,以防止 K 接通时产生过大的冲击电流。

换向开关接通方法:接通 CHK 充电(约 1 s),然后断开 CHK,接通 K。

中间直流电路设置由电阻和半导体开关构成的过电压保护电路。为防止牵引变流器原边绕组投入用接触器（K）投入时的过大冲击电流，在 K 投入前对支撑电容器进行充电。开始充电的时间是从终端装置输入换向器（reverser）投入信号的时候。以下表示从充电开始到 K 投入为止的流程。

① 换向器投入；
② 输出充电用接触器（CHK）投入；
③ 支撑电容器充电；
④ 充电用接触器（CHK）断开；
⑤ K 投入。

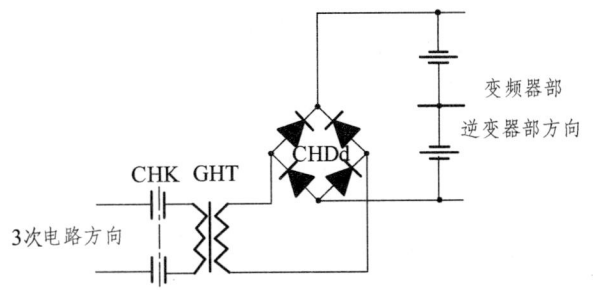

图 5-4　支撑电容器预备充电电路构成

第二节　动车组牵引/制动控制电路

　　动车组控制电路是将控制牵引变流器、牵引变压器、制动装置及辅助装置的控制电器、信号装置和控制电源连成一个电气控制系统，并接收和传递列车网络信息控制装置的指令和状态信息，实现对动车组的操纵和控制。与 CRH2 型动车组牵引/制动控制相关的电路主要包括：系统的安全联锁、司机控制器、过电分相、牵引控制、制动控制等。

一、系统安全联锁

　　动车组运行过程中，必须保证在各种异常情况下不影响人身安全和设备的安全，故障发生后能将损失限制在一定的范围。安全保证有如下措施：运行安全联锁、高压回路联锁和动车组主电路保护。

（一）运行安全联锁

运行安全联锁有如下几方面：

1. 司机室操作联锁

司机在端车 T1c-1 或 T2c-8 车驾驶时，另一端车的主控继电器（MCR）不能吸合，所有的操作无效，这样保证了只能在一端司机室驾驶。

2. ATP 启动快速制动

列车未能减速到在闭塞区间设定的速度时，ATP 的发出快速制动指令，实现快速制动。

3. 列车分离启动紧急制动和快速制动

列车分离时，紧急制动电磁阀 UV 失磁，紧急制动和快速制动同时启动，制动控制单元

BCU 将以紧急制动和快速制动的高位优先得实施制动。

4. 总风管管压降低时启动紧急制动和快速制动

总风管用气压低于设定值[(590±10)kPa]时，紧急电磁阀和快速制动电磁阀失磁，在紧急制动发挥作用的同时，快速制动得到制动指令。

5. 制动不足检测时启动紧急制动和快速制动

在检测到制动不足时，紧急电磁阀和快速制动电磁阀失磁，在紧急制动发挥作用的同时，快速制动得到制动指令。

6. 自动过分相感应信号故障处理

过分相严重故障时，故障报警，手动通过分相区；预告信号故障时，由强迫断信号启动过分相；没有收到过分相恢复信号时，人工操作恢复分相前的状态。

7. 门控制电路的安全控制

在关门状态下，速度达到 30 km/h 以上时，侧门压紧电磁阀被励磁，按压气缸把门压紧，保持气密；在开门状态下，只有速度低于 5 km/h 时，对应的开门安全继电器动作，才能完成开门动作。

（二）高压回路联锁

高压设备箱是在车体下部安装牵引变压器一次设备的箱子，如图 5-5 所示，高压设备箱内的电缆头 CH、真空断路器 VCB 和避雷器 Arr。由于在高压设备箱内不仅存在高压危险，而且有些设备即使断开 VCB 也得不到保护，因此在高压设备箱内要设置特别的高压联锁装置。

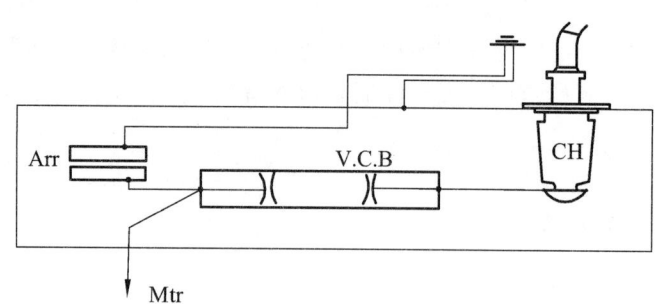

图 5-5　高压设备箱

按表 5-3 中的 1~4 的顺序进行处理，可用打开高压设备箱的底板。

表 5-3　高压设备联锁处理

顺序	场所	操作
1	司机台	① 切断真空接触器 VCB； ② 降下受电弓； ③ 开启保护接地开关 EGS

续表

顺序	场所	操作
2	辅助空气压缩单元内钥匙箱	关闭受电弓升起用配管截断旋塞； 关闭EGS切断用配管截断旋塞
3	辅助空气压缩单元内钥匙箱	如果满足顺序1、2的所有条件，则可以取出高压设备箱的钥匙； 取出钥匙时，无法关闭钥匙箱盖。
4	高压设备箱	用钥匙可以打开高压设备箱的底板； 如果不关闭底板，则无法拔出钥匙

要保证安全，打开高压箱的底板开关，同时满足两个条件：

① 受电弓保持在下降状态；

② 安全接地开关EGS在闭合状态。

要实现上述的联锁关系，专门设计用于开启高压箱底板的钥匙箱，钥匙箱是辅助电动空气压缩机的组件。钥匙箱的结构如图5-6所示，有两个管道拧紧旋塞EGSOCK和PANUCK。EGSOCK是断开安全接地开关的拧紧旋塞；PANUCK是升起受电弓的拧紧旋塞。机械上设计成只有关闭EGSOCK和PANUCK，即在即安全接地开关EGS闭合和受电弓下降后时才能打开端盖。

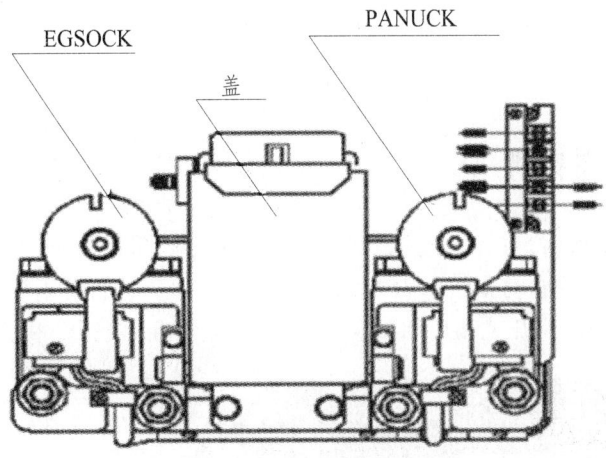

图 5-6　高压箱底板的钥匙箱

要取出钥匙，还必须按下KBMgS，如图5-7所示，只有EGS闭合时才能用钥匙。取出钥匙后钥匙箱的盖子无法关上。取出钥匙后可以打开高压箱的底板，高压箱的底板不关上后钥匙不能取出。从上述联锁关系可以看出只有按照上述相反的顺序操作才能放回钥匙，断开EGS，升起受电弓，在高压箱有电时无法打开底板。

一列动车组有两个钥匙箱和两个高压箱。每辆车的钥匙不一样，这样可以防止用同一把钥匙使其他的锁扣开起底板导致危险。

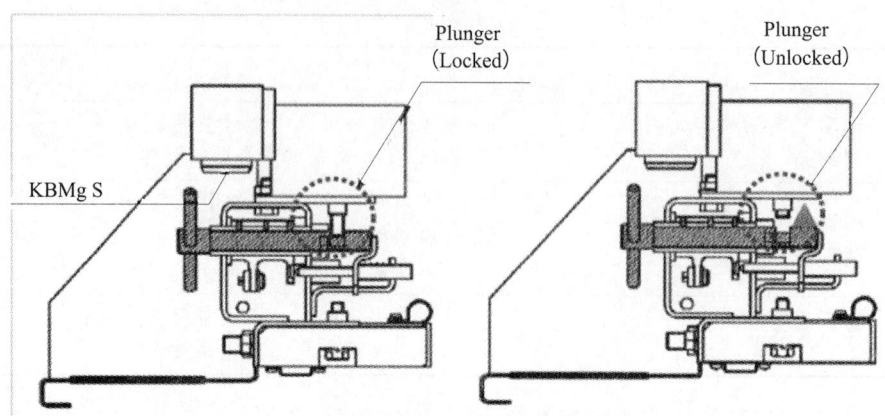

图 5-7 钥匙箱 KBMgS 联锁

(三) 主电路保护联锁

主电路设有牵引变压器 1 次侧保护、变压器保护、变压器 2 次侧保护和变压器 3 次侧保护,这些保护与主电路开关联锁,保证故障时主电路的安全。

(1) 在牵引变压器 2 次侧和 3 次侧发生接地故障时,将会断开主断路器 VCB,切断高压电网;同时断开牵引变流器的输入接触器 K 和封锁牵引变流器有触发脉冲;

(2) 在牵引变压器 1 次侧、2 次侧和 3 次侧发生过流故障时,将会断开主断路器,切断高压电网;同时断开牵引变流器的输入接触器 K 和封锁牵引变流器有触发脉冲;

(3) 变压器油泵运行停止或油温上升时,将会断开牵引变流器的输入接触器 K,同时封锁牵引变流器有触发脉冲。

二、司机控制器控制

司机控制器在司机室内,T1c-1 或 T2c-8 内各有一套。司机控制器由方向控制器、牵引控制器和司控制动器组成,完成动车组牵引方向、牵引控制指令、制动指令设定(图 5-8)。司控器在司机室内同时配合恒速开关和启动试验开关,实现恒速控制指令和变流器故障后的试验。

图 5-8 司控制器在司机室的布置

（一）方向控制器控制

如图 5-9 所示，方向手柄有三个位置，"前"位、"切位"和"后"位。"前"位时，向前继电器得电动作；"后"位时，向后继电器得电动作；"切"位时两个继电器均不动作。方向控制器控制生成牵引方向（向前或向后）指令条件和牵引指令继电器条件。（说明：所有的控制电源是来自 DC 100 V 辅助电源 103 线，图中 103-1、103-2、103-3 分别表示与 103 线的相连的第 1 至 3 个支路。）

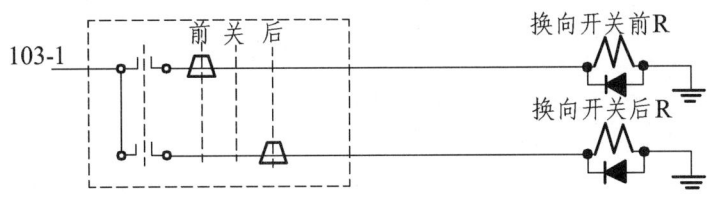

图 5-9　方向控制器控制

1. 方向指令生成条件

如图 5-10 和 5-11 所示，在主控制继电器 MCR 励磁时，换向手柄在"向前"位时，线 4 加压，向监控器传递向前指令；换向手柄"向后"位时，线 5 加压，向监控中央装置传递向后指令。

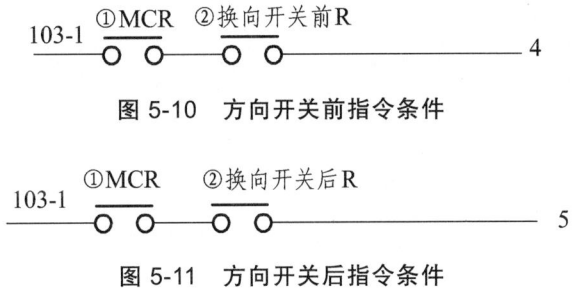

图 5-10　方向开关前指令条件

图 5-11　方向开关后指令条件

2. 牵引指令 R 生成条件

如图 5-12 所示，在其他条件满足时，方向控制手柄离开"切位"，在"前位"或"后"时，换向开关前 R 或后 R 得电，对应的常开触点闭合，牵引指令 R 得电动作。牵引指令 R 动作后，牵引指令才能发出。由此也可见，方向手柄在"切"位时，是发不出牵引指令的。牵引指令 R 得电动作条件还有：

（1）是操作端：① MCR 励磁；

（2）换向手柄离开"切"位：② 换向开关前 R 或③ 换向开关后 R 进行励磁；

（3）没有快速制动或紧急制动：④ JTR 励磁；

（4）塞拉门在关闭状态或关门联锁继电器用开关为 ON：⑤ DIR 励磁或⑥ DIRS 为 ON。

上述条件同时满足时，牵引指令继电器才能得电。这些条件说明，只有在安全条件下，方向控制器的操作才能成为牵引指令 R 动作条件。

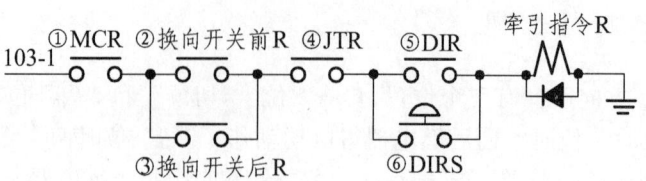

图 5-12　牵引指令 R 条件

(二) 牵引控制器控制

牵引控制器又称主控制器（MC），主要功能是生成牵引指令的 10 个级位指令，同时生成牵引指令条件和恒速运行指令条件。

1. 牵引指令级位

如图 5-13 所示，牵引方向手柄在"向前"位或"向后"位时，牵引指令继电器 R 得电动作，操作牵引控制器时，11 线、12 线、13 线、15 线、17 线、19 线被分别加压，各线输入至监控器中央装置，通过网络向牵引变流器传送牵引指令。

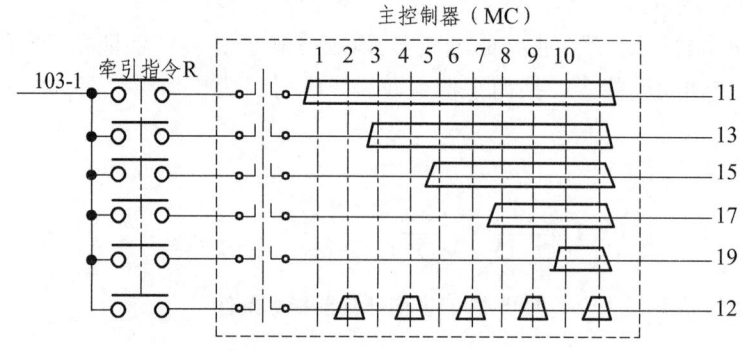

图 5-13　牵引级位指令

根据牵引手柄的位置不同，不同的线加压，形成了 10 级的牵引指令。级位与各线加压的对应关系如表 5-4 所示。

表 5-4　牵引控制器级位与指令线对应关系

指令线	牵引控制器级级位									
	1	2	3	4	5	6	7	8	9	10
11	○	○	○	○	○	○	○	○	○	○
13			○	○	○	○	○	○	○	○
15					○	○	○	○	○	○
17							○	○	○	○
19									○	○
12		○		○		○		○		○

注：○ = "加压"、空白处 = "失压"

2. 牵引指令条件

牵引指令条件是要通知监控中央装置，发出的牵引控制指令。如图逻辑关系如图 5-14、图 5-15 和图 5-16 所示。

图 5-14 中牵引控制器在"切"位时，主控切继电器 R 得电，图 5-15 的 MC 切常开触点得电闭合，在牵引方向手柄不在空档位时，主控手柄接通继电器 MCPR 得电，并且在主控器在其他级位运行时通过辅助触点保持状态不变。图 5-16 中 MCPR 常开触点闭合，在其他条件满足时，9 线得电，同时继电器 PR 得电闭合。9 线连向监控中央装置，表示牵引指令有效，PR 通过触点信号接至制动控制器表明牵引指令有效。上述牵引指令条件还有：

（1）牵引方向手柄不在"切"位：① 牵引指令 R 励磁，常开触点合；
（2）制动手柄在运行位：④ B 运非 R 励磁且⑦ B1 非 R 不励磁；
（3）ATP 制动常用制动无效：⑩ NBR 励磁；
（4）ATC 缓和 B1 制动无效：⑪ATCKB1R 不励磁。

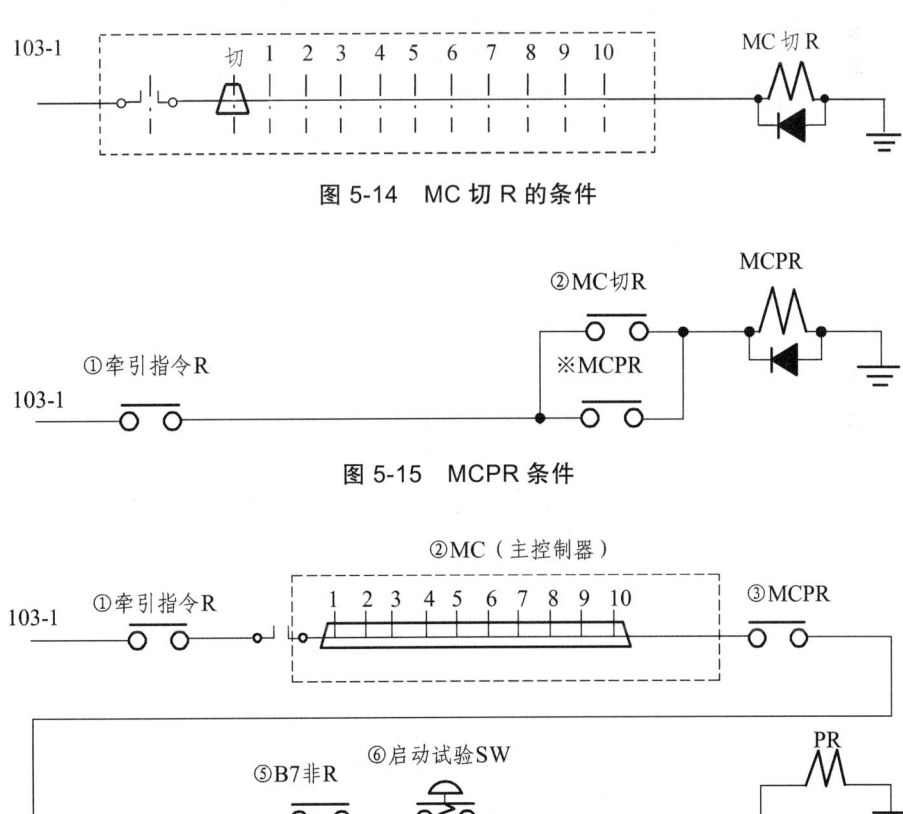

图 5-14　MC 切 R 的条件

图 5-15　MCPR 条件

图 5-16　牵引指令条件

上述条件同时满足时，牵引指令有效。上述条件说明，一旦有制动指令，不管来自制动手柄还是 ATP，牵引指令条件不能生成。因此，制动有较牵引更高的优先级别，从而保证了行车的安全。

3. 恒速运行条件

恒速控制条件是通过线 23 传递给监控装置，恒速控制运行条件生成如图 5-17 和图 5-18 所示。

图 5-17 中，主控制手柄在 2 级以上时，其他条件满足时，按下定速开关，恒速继电器 CSR 得电动作。恒速继电器 CSR 电动后，其与定速按钮并联的常开触点闭合，保证在定速开关断开后，CSR 的状态能自保持；在定速关闭开关被断开时，CSR 失电，且在定速关闭开重重闭合时，CSR 状态能自保持。恒速运行的其他条件有：

（1）牵引方向手柄不在空档位：① 牵引指令 R 励磁；

（2）ATP 未切除：② ATPCOR 励磁；

（3）LKJ 装置未切除，信号设备有效：③ LKJCOR 励磁；

（4）制动手柄在"运行"位：④ B 运非 R 励磁，⑤ B1 非 R 不励磁；

（5）ATP 未输出 ATP 强制动以上：⑥ NBR 励磁；

（6）ATP 未输出 ATP 弱制动以上：⑦ ATCKB1R 不励磁；

（7）ATP 未输出 ATP 紧急制动：⑧ EBR 励磁；

（8）定速断开按钮没有按下：⑨ 定速断开 SW 为 OFF。

上述条件同时满足时，当 CSR 得电动作后，其常开触点闭合，线 23 得电加压，将恒速控制信号传给监控中央装置。

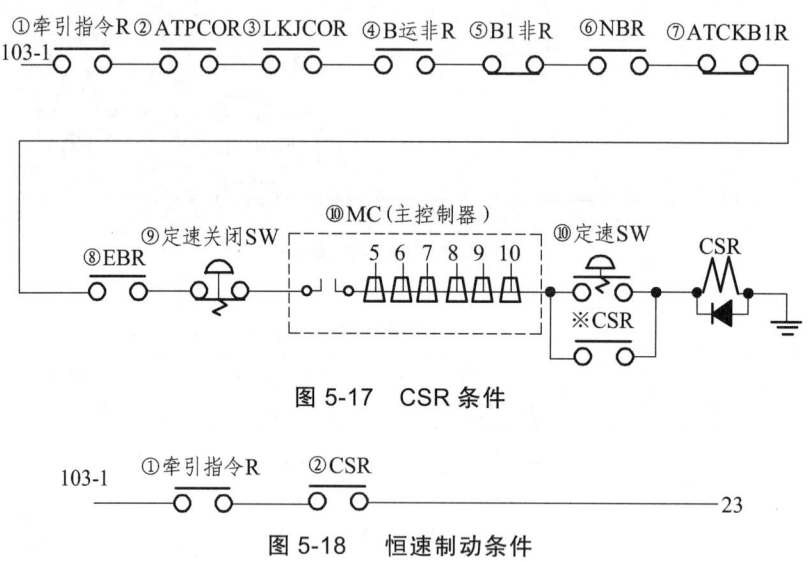

图 5-17　CSR 条件

图 5-18　恒速制动条件

（三）司控制动器控制

图 5-19 是 CRH2 型动车组的司机制动控制器操作面外形图，有"运行""1-7 级""快速"及"拨取"10 个位置。司控制动器的功能有四：其一，在"运行"位，与牵引控制信号联锁，生成牵引指令条件，牵引指令有效；其二，在制动级位，发出"1-7"级常用制动；其三，在"快速"位时，发出快速制动级位指令；其四，"拨取"位，在紧急情况下激发快速制动。此外，还要生成再生电气制动指令。

图 5-19　司控制动器的操作外形图

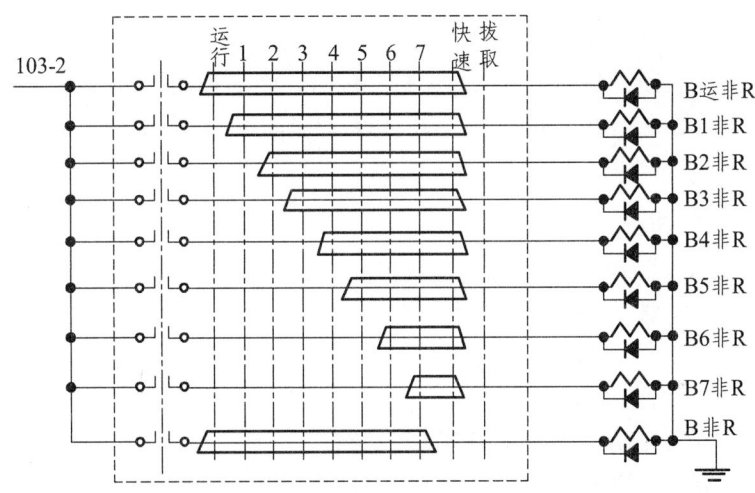

图 5-20　司控制动器级位及继电器控制原理图

图 5-20 是司控制动器级位开关及继电器逻辑控制原理图，对应有 9 对触点开关和 9 个继电器。各个位置与继电器的对应关系如表 5-5 所示。

表 5-5　司控制动器位置与对应继电器的关系

继电器	制动设定器指令									
	运行	1	2	3	4	5	6	7	快速	拨取
B运非R	○	○	○	○	○	○	○	○	○	○
B1非R		○	○	○	○	○	○	○	○	○
B2非R			○	○	○	○	○	○	○	○
B3非R				○	○	○	○	○	○	○
B4非R					○	○	○	○	○	○
B5非R						○	○	○	○	○

续表

继电器	制动设定器指令									
	运行	1	2	3	4	5	6	7	快速	拨取
B6 非 R							○	○		
B7 非 R								○	○	
B 非 R	○	○	○	○	○	○	○	○		

注：○ = "励磁"，空白处 = "非励磁"。

1. 与牵引控制联锁

牵引指令条件联锁：制动手柄在"运行"位时，与牵引控制器配合生成牵引指令条件，9线加压，传送至车辆信息控制中央装置的牵引指令有效，同时 PR 继电器得电动作，制动控制器接收牵引指令条件（图 5-16）。

恒速行运行条件联锁：制动手柄在"运行"位时，牵引控制器运行在 2 级以上时，恒速按钮开关闭合时，恒速继电器 CSR 得电动作，线 23 加压，车辆信息控制中央装置接收恒速控制有效信号（图 5-16 和图 5-17）。

2. 常用制动级位指令

如图 5-21 至图 5-27 所示，司控制动控制器的继电器输出，线 61-67 加电，生成 1-7 级制动指令，传向制动控制器。

控制器手柄在"1"时，B1 非 R 得电，61 加压，生成制动 1 档指令。如图 5-21 所示，在如下两条件下也会生成 1 档制动指令：

（1）ATC 最大常用制动模式：② ATCBR 励磁；

（2）ATC 缓和制动（B1）有效：③ ATCKB1R 励磁。

其中② ATCBR 励磁使线 61 及图 5-25 的线 66 和图 5-26 中的线 67 加压生成 ATC 制动模式下的最大常用制动指令；③ ATCKB1R 励磁使线 61 加压，生成 ATC 制动模式下的 1 级制动指令。

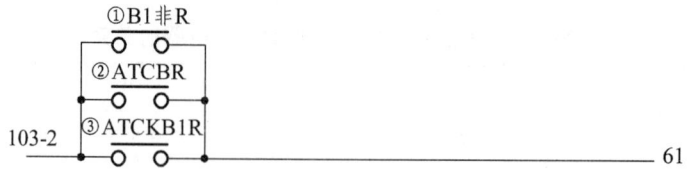

图 5-21 制动 1 档指令条件

控制器手柄在"2"时，B2 非 R 得电，62 加压，生成制动 2 档指令。如图 5-22 所示。

图 5-22 制动 2 档指令条件

控制器手柄在"3"时，B3 非 R 得电，63 加压，生成制动 3 档指令，如图 5-23 所示。

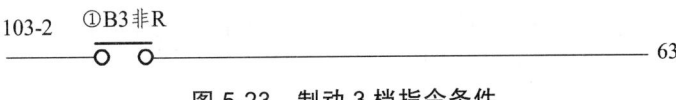

图 5-23　制动 3 档指令条件

控制器手柄在"4"时，B4 非 R 得电，64 加压，生成制动 4 档指令，如图 5-24 所示，图中②ATCKB4R 励磁也会使线 64 加压，生成 ATC 制动模式下的 4 级制动指令。

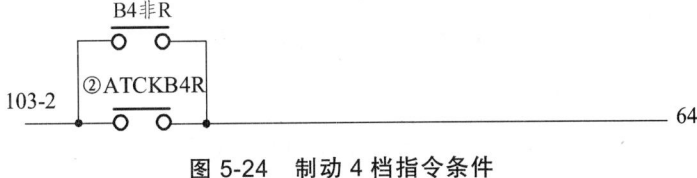

图 5-24　制动 4 档指令条件

控制器手柄在"5"时，B5 非 R 得电，65 加压，生成制动 5 档指令，如图 5-25 所示。

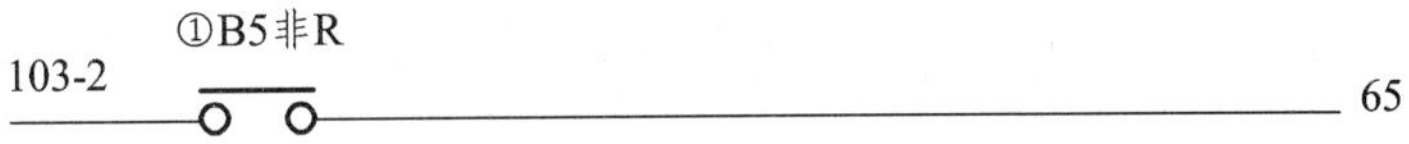

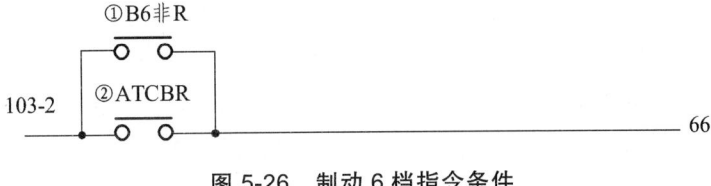

图 5-25　制动 5 档指令条件

控制器手柄在"6"时，B6 非 R 得电，66 加压，生成制动 6 档指令。如图 5-26 所示，图中②ATCBR 励磁也使线 66 加压，与图 5-21 的线 61 和图 5-27 中的线 67 加压生成 ATC 制动模式下的最大常用制动指令。

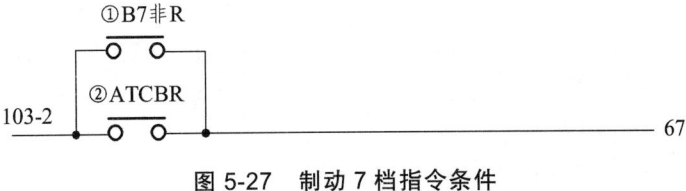

图 5-26　制动 6 档指令条件

控制器手柄在"7"时，B7 非 R 得电，67 加压，生成制动 7 档指令，如图 5-27 所示。图中②ATCBR 励磁也使线 67 加压，与图 5-21 中的线 61 和图 5-26 中的线 66 加压生成 ATC 制动模式下的最大常用制动指令。

图 5-27　制动 7 档指令条件

3. 快速制动级位指令

手柄在快速制动位时，"B 非 R"失电处于非励磁状态，对应的③ B 非 R 常开触点断开，线 152 失压，向制动器传递快速制动指令，如图 5-28 所示，图中的其他条件也会激发快速制动指令：
- 制动压力不足、列车分离等使 154 线失压：① JTR 无励磁；
- ATP 快速制动：② EBR 无励磁；

采用了失压后产生快速制动，这样可以保证在出现断线故障时，列车的安全制动。

图 5-28　快速制动指令条件

4．紧急制动指令

手柄在"拨取"位时，① B 运非 R 和②主控制继电器 MCR 都处于失电状态，因此 153K 也失电不励磁，如图 5-29 所示。

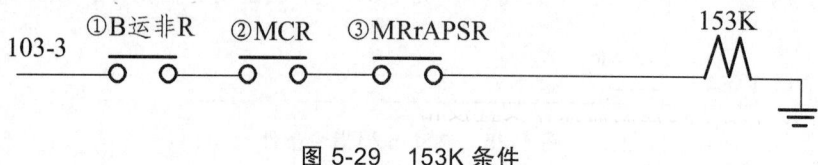

图 5-29　153K 条件

153K 不励磁使线 153 非加压，惯通 153 线不加压，使紧急制动阀 UV 失电，执行紧急制动。紧急制动后，154 线被断开，154D 线不加压，通过 JTR 条件使线 152 不加压发出快速制动指令。在图中，在总风缸压力低于设定值 [（590±10）kPa] 时，压力开关 MRHPS 断开，③MRrAPSR 失电常开触点断开。

5．再生电制动有效指令

在制动模式（1-7 级和快速制动）下，电气制动开关闭，同时其条件满足时，线 10 加压，向监控器传送再生制动有效指令，如图 5-30 所示。其他条件有：

（1）车速 5 km/h 以上或空档试验时：④ 5SR 为非励磁或⑤ 空档 R 励磁；

（2）制动装置正常，不是辅助制动模式：⑥ SBNR 为非励磁；

由图可见在电气制动开关关闭时，在下述两种条件下也能发出再生制去路有效指令：

（3）ATC 制动模式且无紧急制动：② ATCBR 励磁；

（4）ATC 缓和制动（B1）有效：③ ATCKB1R 励磁。

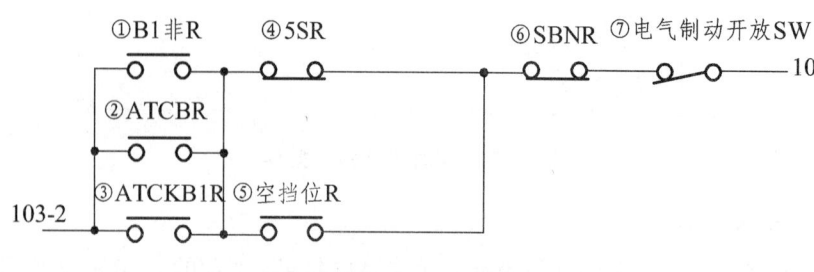

图 5-30　再生制动有效条件

(四)恒速控制

如图 5-17 和 5-18 所示,在牵引方向手柄离开"切位"、制动设定器手柄在"运行"位、牵引手柄在 2 级以上"整数级"位且恒速运行中未移动、ATP 未切除、LKJ 装置未切除、无 ATP 制动、无 ATP 卸载的条件下,定速开关闭合时,通过线 23 向车辆信息控制中央装置发出恒速控制指令。

(五)起动试验控制

如图 5-16 可知,正常操作时,司控制动控制器在制动模式时,牵引控制器发出的牵引指令是无效的。为了方便在变流器及控制系统处理后进行静态试验,在控制台上专设了"起动试验"开关,如图 5-16 所示,制动手柄在"7"级或"快速"制动位时,牵引指令条件仍能生成。这样在制动时,可以进行牵引系统试验,动车组处于静止状态。

(六)与控制相关的其他电路

本节前部分介绍了司控制器操作及直接相关牵引控制电路,为了便于对系统的理解,与司控器相关的一些控制电路在此说明。

1. 主控制继电器 MCR

主控制继电器决定司机的操作是否有效,一端司机室内有一个主控制继电器,只有在主控制继电器闭合时,其操作有效。动车组其中一端司机室操作有效时,通过电器联锁关系,另一端司机室的操作无效。主控制继电器控制和联锁如图 5-31 和图 5-32 所示。

图 5-31 是主控制继电器的控制条件,在如下条件下,主控制继电器 MCR 闭合:

(1)制动手柄不在"拨取"位:① B 运非 R 励磁;
(2)另一端的是非操作端:② MCRR 非励磁;
(3)与其他编组没有联挂:③ MXR 非励磁。

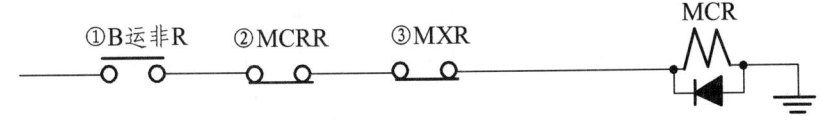

图 5-31　MCR 条件

主控制辅助继电器 MCRR 受控制于另端司机室的主控制继电器的状态,另一侧主控制继电器合上时,MCRR 励磁时,同侧主控制继电器 MCR 不能得电。T1c 和 T2c-8 车的主控制继电器联锁关系如图 5-32 所示,联锁信号由贯通线 3X(3Z)和 3Y(3W)传递。这种联锁关系使司机只能在一端驾驶有效。

如果与其他编组有连挂关系时,连挂处的主控制继电器不能得电动作,也就是中间的司机室不能是操作端。

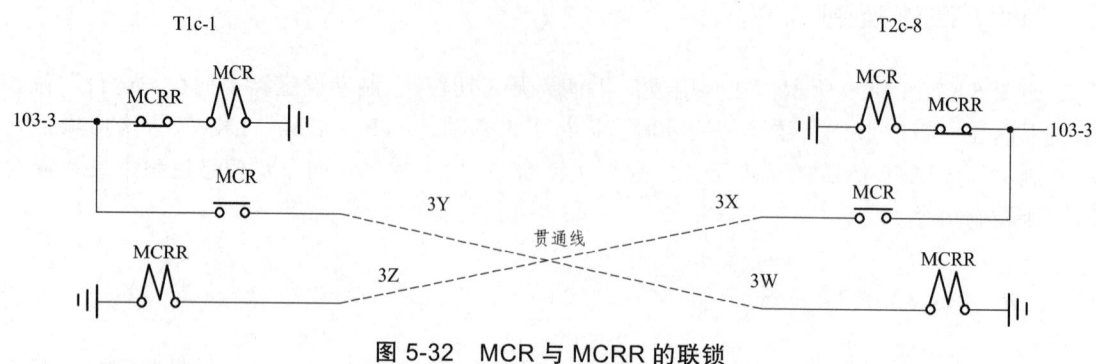

图 5-32　MCR 与 MCRR 的联锁

2. JTR 条件

JTR 条件是几种紧急制动同时激发快速制动条件的综合，JTR 失电非励磁后使图 5-28 中的 152 线变为非加压而生成快速制动指令。

图 5-33 是 JTR 条件生成图。紧急制动发生后，154D 线失压，JTRTD 失电，常闭触点断开，JRT 电失非励磁。同时也可看至主控继电器 MCR 非励磁时也引发 JTR 条件，MCR 动作条件参见图 5-31。采用 JTRTD 是延时释放继电器，JTRTD 常开触点从有电到无电要经过 0.2S 后才动作，这样可以防止短时的干扰信号引起的误动作。

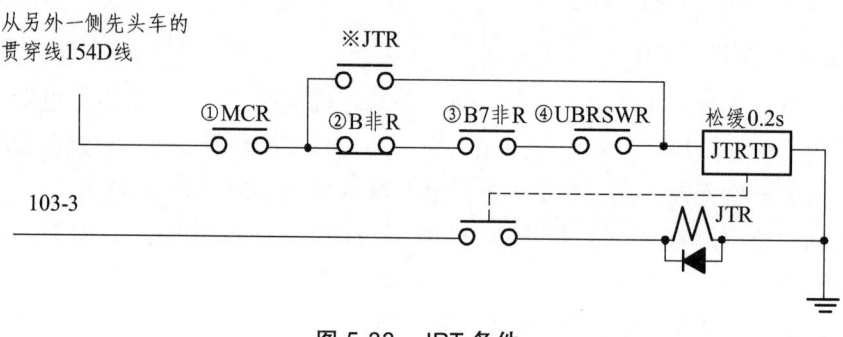

图 5-33　JRT 条件

从图 5-33 还可以看到，一旦 JTR 失电后，JTR 的常开触点断开，要恢复 JTR 条件，要在制动条件不存在后（154D 线加压），同时有如下两个条件：

（1）制动手柄在"快速制动"位：② B 非 R 非励磁，且③ B7 非 R 励磁（图 5-20）；

（2）按下紧急制动复位按钮：④ UBSWR 励磁。（图 5-38）

紧急制动复位按钮松开，JTR 条件恢复后，JTR 常开触点闭合自保持维 JTRTD 励磁，JTR 也励磁。

3. 制动不足检测

制动力不足检测是为防止制动控制线路故障而设置的，在检测到制动力不足时，启动紧急制动。制动力不足检测及处理原理见图 5-34 至 5-36。

图 5-34 是制动力不足检测条件，在检测条件满足时，155R 非励磁，贯通线 155 非加压，图 5-35 中的继电器 UBR 非励磁，这样图 5-36 中制动力不足继电器 UBR 常开触点①UBR 断开，制动力不足检波可以启动。

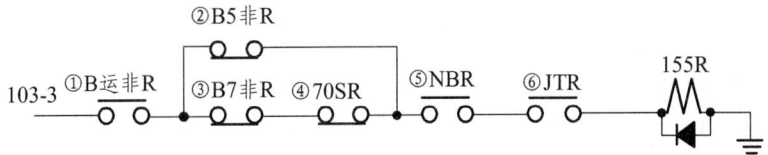

图 5-34 制动力不足检测条件

图 5-34 使 155R 失电，产生制动力检测的条件有：

（1）制动手柄在"拨取"位① B 运非 R 非励磁（图 5-20）；

（2）制动手柄在 5 级以上，且车速 70 km/h 以下：② B5 非 R 为励磁且④ 70SR 为励磁（图 5-20）；

（3）制动手柄在 7 级以上，且车速 70 km/h 以上：③ B7 非 R 为励磁且④70SR 为非励磁（图 5-20）

（4）ATP 强制动或 ATP 紧急制动启动：⑤ NBR 非励磁；

（5）紧急制动启动：⑥ JTR 非励磁（图 5-33）。

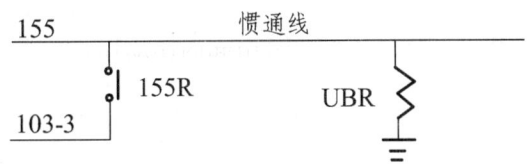

图 5-35 UBR 动作原理

上述条件中的一个成立，就可启动制动力检测。

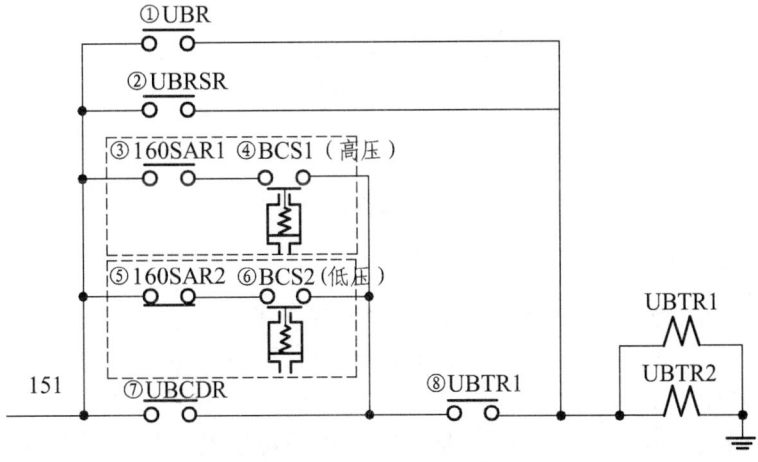

图 5-36 制动力不足检测

图 5-36 是制动力不足检测逻辑电路图，在制动不足检测条件不满足时 UBR 的常开触点① UBR 闭合，UBTR1 和 UBTR2 闭合。制动力不足条件满足时，UBR 的常开触点① UBR 断开，进入制动力不足检测。在制动力足够时，UBTR1 和 BUTR2 励磁，紧急制动系统按正

常动作操作；一旦检测到制动力不足，UBTR1 和 BUTR2 非励磁，BUTR1 的常闭触点断开紧急制动阀，直接执行紧急制动，原理见图 5-37。在 CRH2 型动车组上，为了防止干扰引起 UBTR1 和 BUTR2 误动作，增加了延时动作继电器 UBTRTD，将 UBTRTD 放在 UBTR1 和 BUTR2 位置，将 UBTRTD 的延时断开触点控制 UBTR1 和 BUTR2。

图 5-36 中，在牵引变流器检测到电制动力不足时，电制动力不足继电器⑦UBCDR 的常闭触点断开，根据不同车速下对制动压力的要求来检测制动力是否满足制动要求。车速 160 km/h 以上时，③ 160SAR1 合上，高压不足，④ BCS1 断开；或者车速 160 km/h 以下，⑤ 160SAR2 闭合，低压不足，⑥ BCS2 断开，都会使 UBTR1 和 UBTR2 闭合变为非励磁。UBTR1 非励磁后，常闭触点③ UBTR1 断开，制动力恢复后，制动不足的检测状态不能自动恢复。只有在制动力恢复正常情况下：制动力检测条件不满足，UBR 的常开触点① UBR 闭合，或者紧急复位继电器② UBRSR 常开触点闭合。

4. 紧急制动自锁

紧急制动是由紧急制动阀 UV 失磁后执行的。在制动控制线路正常时，紧急制动由贯通线 153 失压从而使 UV 非励磁，执行紧急制动；在制动控制线路故障，检测到制动力不足时，UBTR1 非励磁，直接断开 UV 线包，153C 线失电，向制动控制器传送紧急制动指令。在 UV 失电同时，紧急制阀继电器 UVR1- UVR3 也失电，UVR1 的常开触点断开，使紧急制动不能自动恢复。要使紧急制动复位，在紧急制动在命令或紧急制动条件不存在时，紧急制动复位继电器 UBRSR 闭合，UV 及 UVR1- UVR3 恢复为励磁状态，UVR1 的常开触点闭合自保，紧急制动复位。

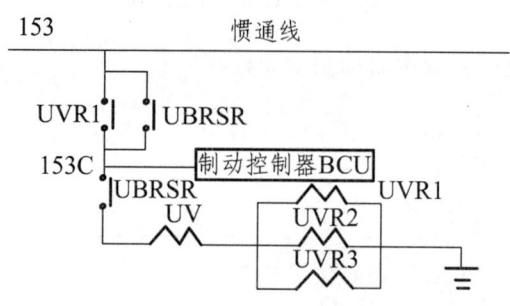

图 5-37 紧急制动自锁

5. 紧急制动复位

由图 5-37 可知，紧急制动恢复要 UBRSR 励磁常开触点闭合时才能实现。紧急制动要在满足一定的条件下，按下紧急复位键后，紧急制动指令才能复位。紧急制动的复位原理如图 5-37 至图 5-39 所示。

图中 5-38 是紧急制动的复位条件，继电器 156R 得电励磁，图 5-39 中的贯通线 156 得电，紧急制动复位继电器 UBRSR 得电励磁，使紧急制动复位。

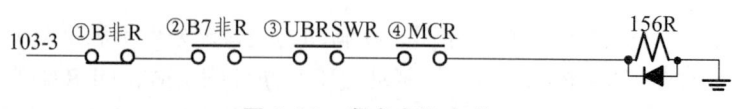

图 5-38 紧急复位条件

由图 5-38，紧急制动复位条件有：
（1）制动手柄在"快速"位：① B 非 R 为非励磁且② B7 非 R 励磁（图 5-20）；
（2）紧急制动复位开关 UBRS 按下：③ UBRSWR 励磁（图 5-40）：
（3）制动手柄不在"拨取"位：④ MCR 励磁（图 5-31）。
上述条件同时满足时，156R 得电励磁，实现紧急制动复位。

图 5-39　UBRSR 动作原理

图 5-40 是紧急制动复位按键控制逻辑图，在紧急制动按键 UBRS 按下时，紧急复位开关继电器 UBRSWR 得电励磁，在其他条件满足时，实现紧急制动的复位。

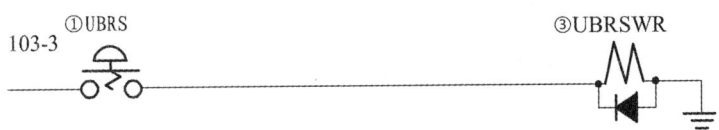

图 5-40　UBRSWR 条件

6. ATP 制动指令

ATP 可发出快速制动命令，最大常用制动命令及常用制动 B1 和 B4。

紧急情况下，ATP 正常情况下，ATP 控制 EBR 失电，152 线失压，向制动控制器执行快速制动命令，原理参见图 5-28。

在超过限制速度后、通过 ATP 发出常用制动最大制动，释放 NBR，通过 NBR 的常开触点② NBR 接点闭合来励磁 ATC 制动继电器 ATCBR，如图 5-41 所示。ATCBR 得后 61 线、66 线和 67 线得电信息控制中央装置发送最大常用制动指令,同时通过 67 线(67 线是贯通线),将 ATC 制动模式传给各车辆制动控制器。61 线、66 线和 67 线的得电控制逻辑参见图 5-21、图 5-26 和 5-27。JTR 失电后会使 ATCBR 得电动作，产生最大常用制动指令。

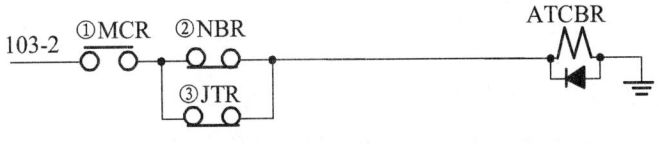

图 5-41　ATC 快速制动条件

在 ATP 判断不要最大制动力时,可以发出 B1 级或 B4 级 ATC 常用制动。ATP 控制 KBA1R 得电动作，图 5-42 中的 ATCKB1R 得电动作，其常开触点闭合，图 5-21 中的 61 线得电，发出 1 档常用制动指令。ATP 控制 KBA1R 得电动作，图 5-43 中的 ATCKB4R 得电动作，其常开触点闭合，图 5-24 中的 64 线得电，发出 4 档常用制动指令。

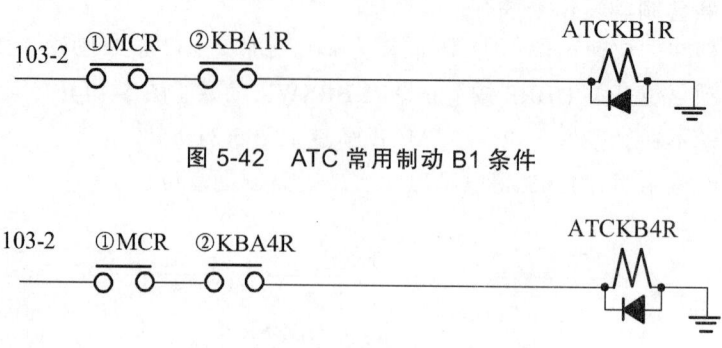

图 5-42 ATC 常用制动 B1 条件

图 5-43 ATC 常用制动 B4 条件

三、动车组自动过分相

CRH2 型动车组采用了车上自动过分相装置，采用的是广州铁路集团公司科研所开发的产品。其主要功能是当动车组通过分相区时，系统根据当时动车组速度、位置自动平滑降低牵引电流、断开牵引机组、辅助机组和分断真空断路器，通过分相区后，自动闭合真空断路器、闭合牵引机组、辅助机组和控制牵引电流平滑上升，从而实现动车组通过分相区时操作的自动化，大大地减轻了司机的工作强度。系统采用了高可靠的 PLC 作为控制单元、免维护的地面定位方式，实现精确控制动车组通过分相区。

（一）过分相系统组成

过分相装置由车上和车下两部分组成。车下部分是四个无源的磁性感应器，沿过分相处的轨道两侧分布；车上部分由感应接收器（简称车上感应器）和自动过分相信号处理器两部分组成，车上部分结构如图 5-44 所示。自动过分相的核心是信号处理器，一方面接收感应器传来的列车位置信号，同时向列车控制系统传递过分相控制信号及分相检测装置的状态信号。过分相控制是靠动车组控制系统来完成的。

1. 地面感应器（地感器）

地面感应器是嵌入到轨枕里的永久磁铁，具有耐高温、耐腐蚀、不会损坏等特点，适合安装在室外。

2. 车载感应接收器（车感器）

车载感应接收器基于电磁感应原理，感应接收线圈与地面感应器的磁场相结合，完成系统的定位识别。具有识别准确高、响应时间短、抗干扰能力强、无故障运行时间长等优点。

3. 信号处理器

系统采集感应接收器接收的定位信号、动车组运行方向、处理相应的信息、发出相关的信息指令、自诊断故障信息、输出显示信息等功能。

第五章　CRH2 型动车组牵引与控制系统

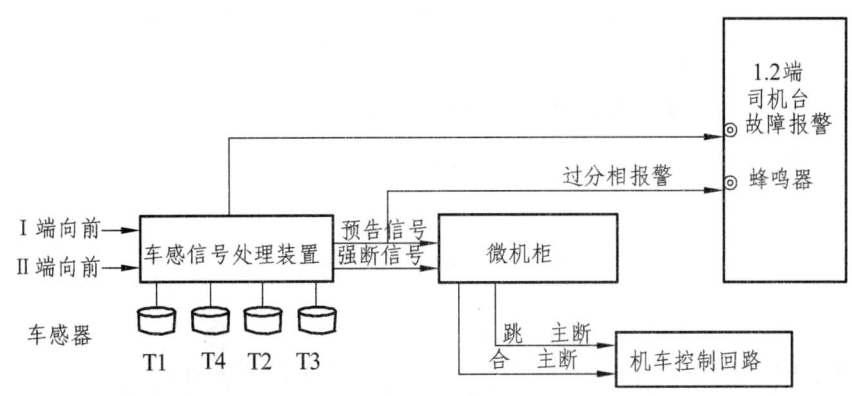

图 5-44　车载自动过分相系统结构图

4. 过分相控制器

系统控制单元由动车组的监控装置（MON10）实现。根据信号处理器输出的定位信息以及动车组速度、司机指令、牵引电流、供电网压等相关信息，确定控制牵引电流下降的速率控制辅助机组的分断，确定断开真空断路器的位置。通过分相区后，根据接收到信号处理器输出的定位信息，闭合真空断路器，恢复辅助电路，同时控制牵引电流平稳上升。

每套自动过分相装置可提供两级故障信息：一级将提示司机需要采用人工手动方式进行过分相的操纵；二级将提示司机系统虽有故障但动车组可以维持运行并自动通过分相区段，但需动车组回基地后进行相关处理。

（二）过分相系统功能

动车组过分相信号的感应和处理，由地面磁感应器、车上感应器和车上感应信号处理装置共同完成。动车组过分相的控制，由动车组控制系统完成。

动车组通过感应地面定位信号确定机车与分相点的相对位置，如图 5-45 所示，定位电磁铁的位置分布及与分相区间的相对位置在图中有标注。四个地面定位感应电磁铁沿轨道斜对称埋设，动车组感应信号接收器也设在两侧，且采用备份接收，以保证过分相定位信号的可靠。

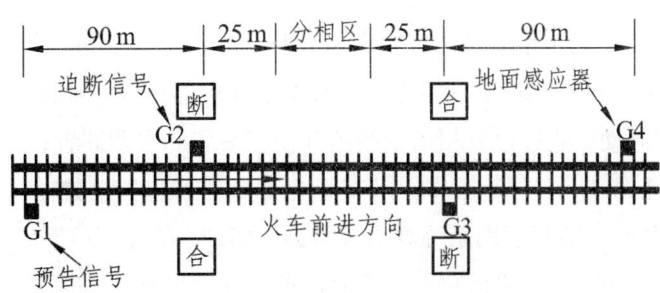

图 5-45　地面感应器的埋设方式

过分相有两种模式：即预告断模式和强迫断模式。预告断模式是正常模式，强迫断模式是在预告断位置信号故障时采取的一种紧急模式。

图 5-46 和图 5-47 分别 I 端和 II 端向前行驶时的信号检测结构图，两种情况下检测原理一样，只是点对应的感应信号的作用不一样，现以 I 端向前行驶的情况来说明。

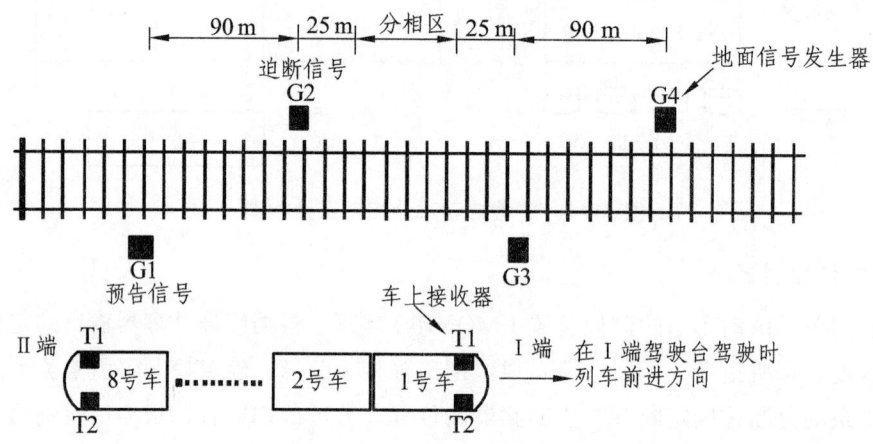

图 5-46　I 端向前行驶的检测图

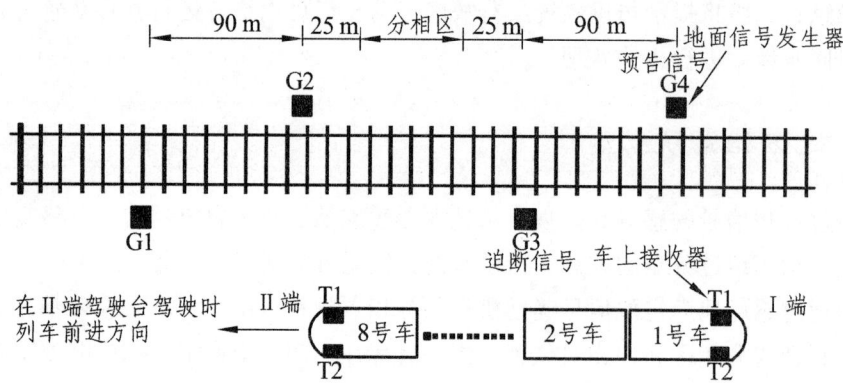

图 5-47　II 端向前行驶的检测图

动车组运行至 1 号感应器时，自动过分相信号处理器接收到车感器感应的地面分相预告定位信号，信号处理器向动车组监控装置发出过分相预告信号，监控装置的内部逻辑如图 5-48 所示。监控装置根据此时动车组运行速度，发布牵引变流器命令，控制电机电流平稳下降到 0，停止牵引或再生制动；通过过分相指令线断开换气装置和空调装置；辅助电源（APU）接收监控装置的停止指令 1 s 后停止工作。动车组行至 2 号感应器位置时，信号处理器向监控装置发出强制断信号时，断开辅助系统真空接触器 ACK1，断开变压器的 MTr 的供电，停止司机室空调装置和 AC100 电源系统供电。最后监控装置发出断"主断"信号给控制电路，断开主断路器 VCB，这种模式称为预告模式。

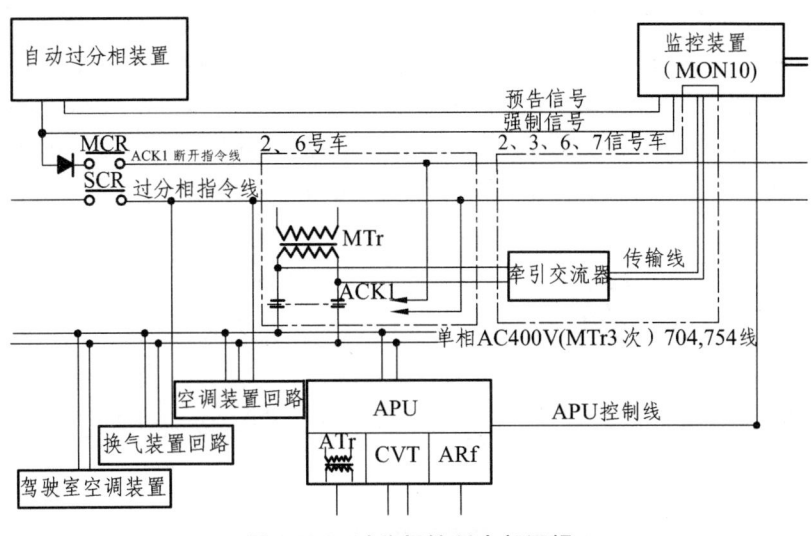

图 5-48 过分相控制内部逻辑

当 1 号感应器信号失效，动车组运行至 2 号感应器时，自动过分相信号处理器接收到车感器感应的地面分相强迫定位信号，信号处理器向动车组监控装置发出过分相强迫断信号。监控装置立即封锁电机电流，停止牵引或制动，同时断开真空接触器 ACK1，停止所有的辅助供电，发出断"主断"信号，断开主断路器 VCB，这种模式称为强迫断模式。

动车组通过无电区后，到达 3 号感应器时，自动过分相信号处理器接收到车感器感应的地面分相合闸定位信号，则通过预告信号通道向动车组监控发出分相恢复信号。监控装置接收恢复信号后，合主断器，通过分相指令线恢复辅助系统开关 ACK1 合闸，恢复换气装置和空调装置，起动 APU，5 s 后恢复牵引或再生指令。在正常接收 3 号感应器信号时 4 号感应器信号不起作用。如果没有接收到 3 号感应器信号，则用 4 号感应器信号作为分相恢复信号；如果 3 号和 4 号感应器的信号都没收到，监控系统得不到分相恢复指令，可人工按下监控装置上的复位开关，使监控装置和分相控制回路自动复位，动车组恢复到正常控制状态。

分相检测装置严重故障时，信号处理器向监控装置发出故障信号，在操纵台上显示故障信号，操纵台人工操作通过分相区。

四、牵引控制

牵引控制指牵引系统中主要设备，受电弓、主断路器、主变压器、牵引变流器等牵引主要设备的管理及控制。

（一）受电弓控制

受电弓设置在 T2-4 车和 M2-6 车上，动车组只能由一个受电弓供电，当一个受电弓升起时，通过继电器（PanIR）联锁，另一个受电弓上升指令将不能发出。受电弓的升降可通过设置在操纵台和司机背面配电盘上的升/降开关进行控制或通过信息显示器触摸键进行切除和升弓操作。

1. T2-4 车和 M2-6 车上的联锁装置

如图 5-49 所示,在 T2-4 车、M2-6 车上均设置了升弓联锁继电器 PanIR。当 T2-4/M2-6 车的受电弓升起后,该 T2-4/M2-6 车的升弓联锁继电器 PanIR 励磁,通过联锁电路断开 M2-6/T2-4 车的升弓电路,这样在 T2-4/M2-6 车的受电弓升起后,即使对 M2-6/T2-4 车的受电弓进行升弓操作,也不会升起 M2-6/T2-4 车的受电弓。

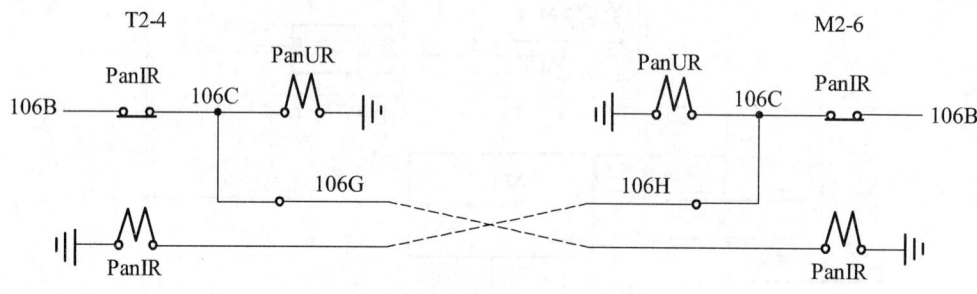

图 5-49 两端车的受电弓联锁控制

2. 升起受电弓控制

在接地保护开关(EGS)和主断器(VCB)断开时,接地保护开关继电器 EGSR 和主断器辅助继电器 VCBRR 处于得电励磁状态,对应的触点处于闭合状态。如图 5-50 所示,升受电弓开关(PanUS)闭合后,升受电弓指令通过 MCR、EGSR 和 VCBRR 使 106X 线或者 106Y 线得电。106X 线得电是控制 M2-6 车上的受电弓升弓,106Y 线是控制 T2-4 车上的受电弓升弓,升起那个车的受电弓,由受电弓的切换开关(PanCGS)进行选择。如 106Y 线得电,PanUR 得电励磁,PanUR 的相应触点闭合。其一,使 PanUR 处于自锁状态;其二,另一节车的 PanIR 得电励磁,保证另一节车的受电弓无法升起;其三,这时如果没有下降受电弓的指令,受电弓下降继电器(PanDWR)处于非励磁状态,受电弓上升电磁阀 PanUV 得电励磁,受电弓上升。

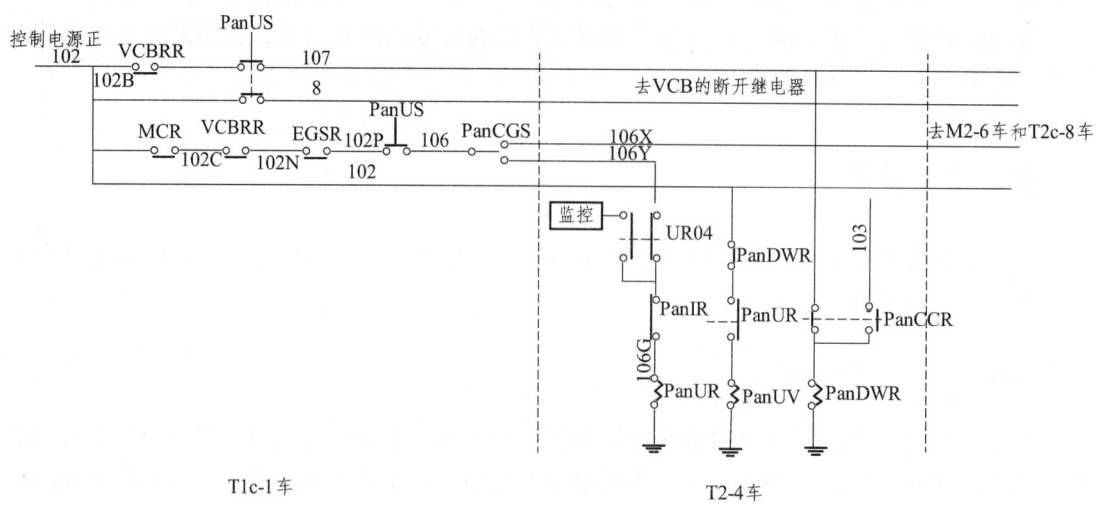

图 5-50 受电弓控制

如果通过监控显示器输入升起受电弓的指令，单元指令继电器（URO4）切换到监装置侧，监控装置通过 URO4 对 PanUR 励磁，实现升弓控制。

升弓状态被输入到终端装置并在信息显示器画面上显示出来。

3. 降下受电弓的指令

在图 5-50 中 VCB 处于断开状态，主断路器继电器（VCBRR）处于得电励磁状态，对应的接点闭合，受电弓下降开关（PanDS）闭合时，电源通过 VCBRR 和 PanDS 使 107 得电，107 线被加压，受电弓下降继电器（PanDWR）被励磁，PanDWR 常闭触点断开，PanUV 成为非励磁状态，受电弓下降。

在受电弓下降开关合上时，同时给 VCB 断开指令 8 线得电，控制 VCB 断开，以防止在 VCB 没有断开时执行降弓操作。

在由监控显示器输入降下受电弓的指令，开放受电弓指令继电器（PanCOR）被励磁，对应的常闭触点断开，常开触点合上，由常开触点经由 103 线使 PanDWR 得电励磁工作，PanDWR 常闭触点断开，PanUV 成为非励磁状态，受电弓下降。

上述图中只画出 T1c-1 车和 T2-4 车与受电弓控制相关的控制电路，M2-6 车与 T2-4 的控制电路完全是一样的，只是受电弓控制指令是通过 106X 接收的。T2c-8 车与 T1c-1 车控制是一样的，都可以对受电弓进行操作。

（二）主断路器控制

正常工作时，真空断路器 VCB 接通或断开 25 kV 高压电路与牵引变压器的连接；故障时通过 VCB 能够快速、安全、可靠的切断电流，保护电路和保证列车安全。它兼有断路器和开关的 2 种作用。

1. VCB 投入控制

VCB 投入是在确认 T2-4 或 M2-6 号车的受电弓升起后，操作 VCB 投入开关（VCBCS），VCB 投入指令的 7 线得电，VCBCR1 励磁。各车的 VCB 要投入，其保护装置都没有动作，此时 VCBOR2 得电励磁。在 VCBCR1 和 VCBOR2 都励磁后，在 M1 车和 M2 车的牵引变流器的接触器（KRR）在断开状态，主变压器的油泵断路器 NFB（MTOPMN）投入，VCB-M 得电励磁，VCB 投入。

1）VCB 投入控制命令

如图 5-51 所示，在主控继电器 MCR 得电励磁时，VCB 投入开关（VCBCS）闭合，或者由信息控制终端装置发出的自动过分相合 VCB 指令，SVCBCR 继电器得电，对应的常开触点闭合，VCB 的投入指令线 7 得电加压。

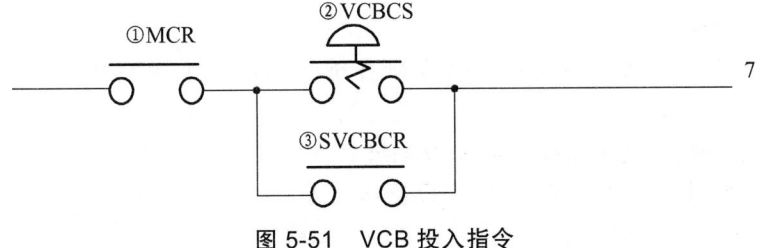

图 5-51 VCB 投入指令

2）VCBCR1 条件

如图 5-52 所示，在 MCR 励磁，司机按合主断开关 VCBCS 时，同时监视器显示器没有发出选择模块的指令，UR0＊非励磁时，VCBCR1 励磁。

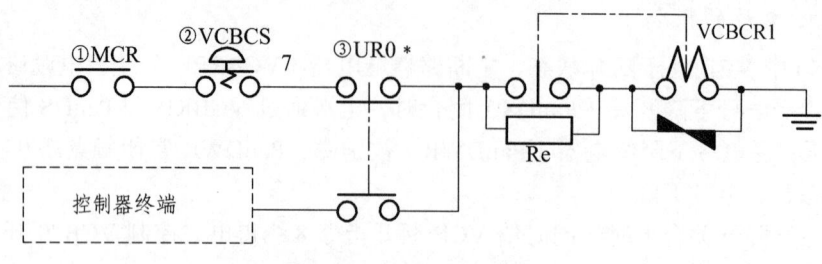

图 5-52　VCBCR1 条件

3）VCBOR2 条件

如图 5-53 所示，VCBOR2 得电有联锁条件和系统正常条件两类，所有条件满足时 VCBOR2 得电励磁。即下列条件中①∧②∧③∧④∧⑤∧⑥∧(⑦∨⑧)∧⑨∧(⑩∨⑪)∧⑫有效时，VCBOR2 闭合。

① ACMGVR 励磁：辅助气压正常；
② VCBOR1 非励磁：无 VCB 断开指令；
③ VCBCOR 非励磁：监视器显示器没有发出断开 VCB 的指令；
④ ACOCRR 非励磁：不是 1 次（原边）过电流；
⑤ AOCN 励磁：3 次没有过电流；
⑥ GRR3 非励磁：3 次电路没有接地；
⑦ CIFR 励磁：牵引变流器装置正常；
⑧ CORR 励磁：牵引电机切除；
⑨ CIGRR 非励磁：牵引变流器装置接地正常。

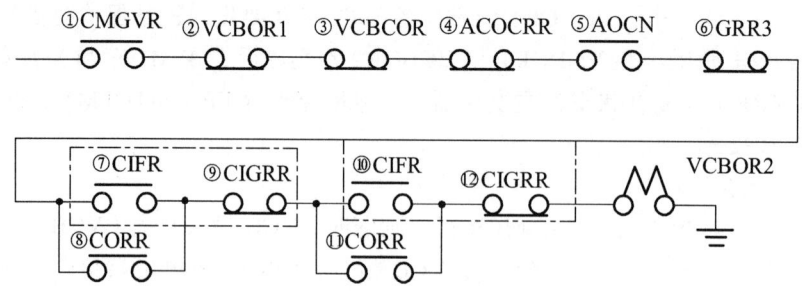

图 5-53　VCBOR2 条件

4）VCB-M 条件

VCB-M 得电后，VCB 闭合动作。VCB-M 在条件：①∧{(②∧③∧④∧⑤)∨⑦}∧⑥有效时闭合。

① OCTN 非励磁：变压器过电流 NFB 断开；
② MTOPMN 励磁：牵引变压器油泵断路器投入；
③ KRR 非励磁：牵引变流器装置接触器断开（M2 车）；

④ KRR 非励磁：牵引变流器装置接触器断开（M1 车）；
⑤ VCBCR1 励磁：参照图 5-52；
⑥ VCBOR2 励磁：参照图 5-53；
⑦ VCB 处于 ON 的位置。

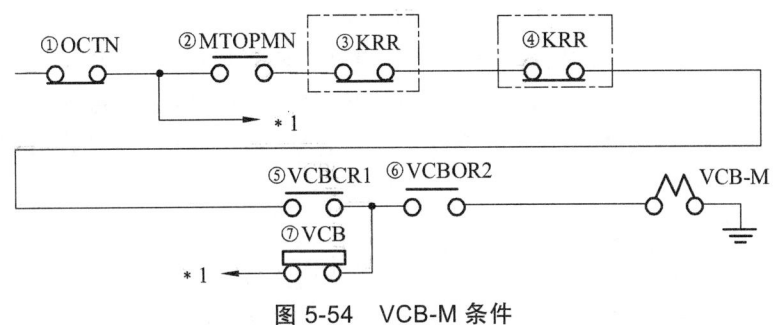

图 5-54 VCB-M 条件

2. VCB 断开控制

断开 VCB 有三种情况。正常操作时，闭合操纵台上的 VCB 断开开关（VCBOS），或过分相断 VCB 命令，对应的触点闭合，VCB 断路指令的 8 线被加压，VCB 断开继电器 1（VCBOR1）工作。VCBOR1 得电后，图 5-53 中的 VCBOR2 失电，图 5-54 中的 VCBOR2 触点断开，VCB-M 失电，编组的所有 VCB 都断开。在电路出现故障时，图 5-53 和图 5-54 中的故障继电器动作，VCBOR2 条件不满足，VCB-M 失电，VCB 断开，为了防止在 VCB 没有断开而降下受电弓时引起拉弧，在操作降下受电弓开关（PanDS）时，8 线得电，使 VCB-M 失压后，VCB 断开。

1）VCB 断开指令条件

如图 5-55 所示，在主断分断开关 VCBOS 合上或者过电分相装置发出的断开 VCB 命令后，SVCBOR 闭合，VCB 断开指令（8 线）被加压，VCBOR1 被励磁。

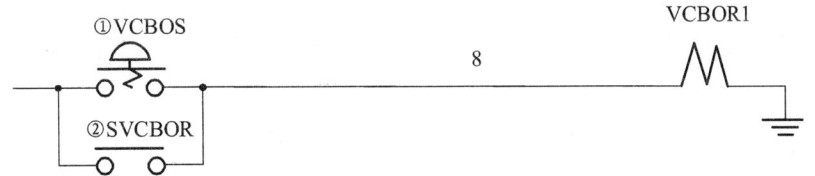

图 5-55 VCB 的断开命令

2）异常时 VCB 断开

图 5-52 中，由以下的任一动作造成 VCBOR2 的无电压，该单元的 VCB 断开。
① ACMGVR（小型空气压缩机调压器用继电器）：OFF（辅助气压的低下）；
② VCBCOR（VCB 开放继电器）：ON（由设备远程控制的断开）；
③ ACOCRR（交流电流辅助继电器）：ON（1 次（原边）过电流检测）；
④ AOCN（辅助电路过电流 NFB）：OFF（3 次过电流检测）；
⑤ GRR3（3 次电路接地继电器）：ON（3 次电路接地检测）；
⑥ CIFR（牵引变流器故障检测继电器）：OFF（牵引变流电路故障检测）；
⑦ GRR（初级电路接地继电器）：ON（初级电路接地检测）。

（三）变压器控制

与牵引变压器相关的控制，主要有1次、2次、3次侧保护及变压器温度和油泵的保护，对应的保护开关动作，并分断主断路器。这些信息还会传入终端装置。

（1）1次电路交流过电流，3次电路接地异常。

当检测到1次电路交流过电流（ACOCR）、3次电路接地异常（GRR3）时，VCB跳闸。故障信息同时送入牵引变流器控制系统，控制系统接收到故障信息时立即封锁脉冲整流器和牵引逆变器门极驱动信号，断开牵引变流器1次侧电源接触器（K）。VCB的动作参见图5-52和图5-53。

（2）牵引变压器异常，通风机停止。

牵引变压器温度异常（MTThRR）和牵引变压器油压泵异常（MTOFRR）时，牵引变压器异常信息输入到牵引变流器控制系统，控制系统立即封锁脉冲整流器和牵引逆变器门极驱动信号，同时断开牵引变流器1次侧电源接触器（K）。

（3）牵引变压器2次过流。

通过2次侧电流互感器（ACCT）检测出牵引变压器2次电流，电流信号传到牵引变流器控制系统。控制系统检测到过流时，封锁脉冲整流器和逆变器门极驱动信号，同时断开牵引变流器1次侧电源接触器（K）。

（4）牵引变压器2次接地。

牵引变流器的接地电流传感器（GCT）检测牵引变压器2次侧接地电流，电流信号也传送给牵引变流器控制。控制系统检测到接地电流大于设置值时，说明变压器二次则接地，控制系统封锁脉冲整流器和逆变器门极驱动信号，牵引变流器1次侧电源接触器（K）断开。

（四）牵引变流器控制

牵引变流器除完成牵引控制外，还与监控装置终端交换信息、主断路器控制接口交换信息，控制滤波电容的预充电。

1. 牵引变流器与车辆作息控制终端装置接口

牵引变流器和终端装置间的数据传输通过光传输进行，传输和接收控制指令信息及故障信号等。除了使用光纤传输的控制指令信息之外，作为备份，使用硬导线把牵引控制线送至牵引变流器。这些控制线有：

（1）前进（4线）；

（2）后退（5线）；

（3）复位（6线）；

（4）动力级位A（9A线）；

（5）动力级位B（9B线）。

另外使用硬导线，把下列故障、状态信号等从牵引变流器输入到终端装置，故障继电器有：

（1）控制装置正常诊断用继电器（WDTR）；
（2）牵引变流器故障检测用继电器（CIFR2）；
（3）牵引变流器接地检测用继电器（CIGRR2）；
（4）牵引变流器控制电源用继电器（DCR）；
（5）主电路电流检测装置用继电器（CDR2）。

2. 牵引变流器与主断路器接口与控制

牵引逆变器与断路器 VCB 的接口信号用作 VCB 投入或断开条件，牵引变流器传至 VCB 的信号有：

（1）牵引变流器 1 次侧电源投入用的接触器投入继电器（KRR）；
（2）牵引变流器故障检测用继电器（CIFR1）；
（3）牵引变流器接地检测用继电器（CIGRR1）。

为防止 VCB 合闸时对牵引变流器电流冲击，只有在牵引变流器 1 次侧电源接触器没有投入时，接触器投入继电器 KRR 处于失电的状态，对应的常闭解点闭合，其他条件满足时 VCB 可以合闸，参见图 5-52 和图 5-53。在 VCB 处在投入状态下，当牵引变流器发生故障时，牵引变流器的故障继电器 CIFR 失电，或者牵引变流器接地发生异常时，接地继电器 CIGRR 得电，VCB 的合闸继电器 VCB-M 失电，VCB 断开。

只有 VCB 投入后，牵引变压器 1 次侧接入牵引接触网，VCB 的投入状态信号送入牵引变流器，起动中间滤波电容器预备充电，牵引变流器 1 次侧电源接触器的投入。

3. 再生制动控制

牵引变流器向制动控制装置传输有：
（1）再生反馈；
（2）再生有效信号。

制动控制装置转向牵引变流器传输信号：再生制动模式。

制动模式实际上是制动指令，牵引变流器根据从来自制动控制装置的再生制动指令，控制逆变器执行再生制动。牵引变流器根据逆变器输出电流和牵引电机转速，计算制动转矩，并将其作为再生反馈信号传输给制动控制装置。制动控制装置操作必需有足够的制动力，当电气制动的制动力不足时，用空气制动加以补足。

牵引变流器同时对再生制动力的不足进行检测，如检测出电制动力达不到制动控制装置发来的指令值，则再生有效信号（UBCDR）的接点处在打开状态。制动控制器接收到再生制动有效信号断开状态时，根据列车的速度和制动压力的状态采取不同的制动方式。制动力满足安全制动力要求时，直接用空气制动力补足所需的制动力；制动力不能满足安全要求时，起动紧急制动。

五、制动控制

CRH2A 型动车组制动采用 ATP 与司控制动手柄控制两种方式，具有再生制动的电指令空气制动方式。根据指令类型的不同，制动控制有：常用制动，快速制动、紧急制动、辅助制动和耐雪制动五种模式。对应的控制线如下：

① 常用制动（61～67线、10线加压）；
② 快速制动（152线不加压、10线加压）；
③ 紧急制动（153线、154线不加压）；
④ 辅助制动（411、461线之间加压）；
⑤ 耐雪制动（157线加压）。

（一）电控制动系统的组成及功能

电控制动系统包再生制动和电气控制的空气制动系统两部分组成。再生制动是利用电机工作在发电状态产生电制动力，制动力直接作用于车轴上；空气制动气压—油压变换的盘式摩擦制动装置，制动力作用于轮对上。正常情况下，高速以电制动为主，制动力不足部分由空气制动完成；5 km/h 以下时再生制动退出。再生电制动故障时，空气制动能提供足够的制动力。

图 5-56 是制动控制系统的控制结构图，制动系统由制动控制器 BCU、主变流器（再生模式下）、电控阀 EP 中间继电器、制动阀等部分构成。系统的核心是制动控制器 BCU。图 5-56 中的左右两部分别是动车和拖车的制动控制系统的结构图，其差别在于动车中主变流器参加制动，制动力由两部分组成；拖车中只有空气制动，没有再生制动。

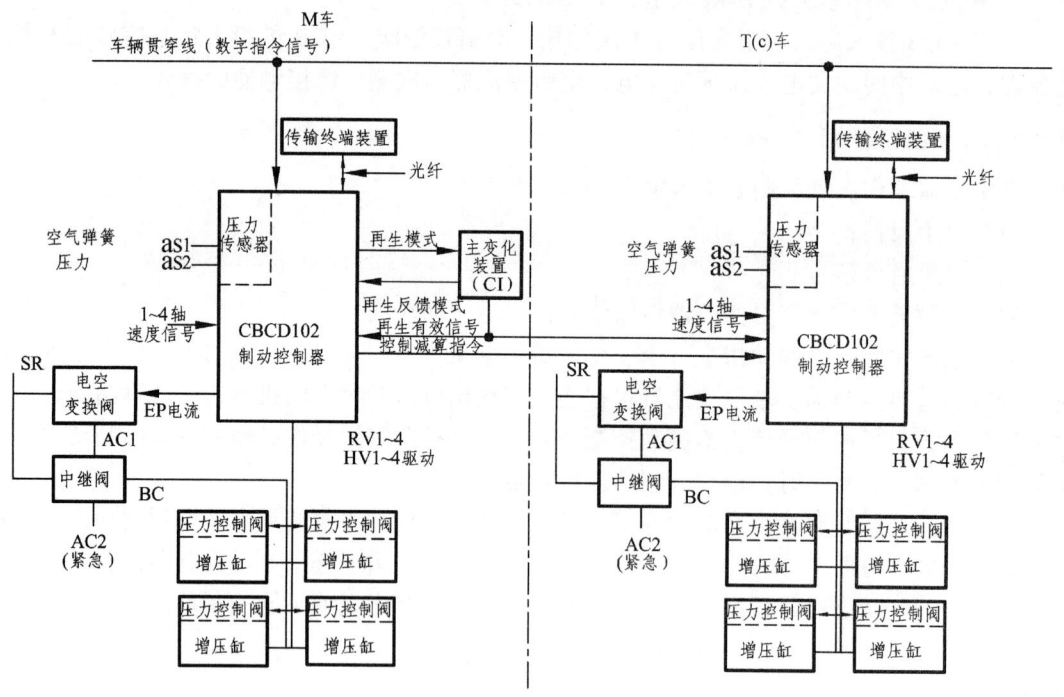

图 5-56　制动控制结构

制动控制器接受来自来制动手柄或 ATP 的制动指令（通过贯通线和光纤），如果是拖车，制动控制器根据指令和车重（同空气弹簧压力 As1 和 As2 计算出）决定制动力的大小，并将制动力传给主变流器作为再生电制动力指令，同时主变流器也将实际的制动力传给制动控制器。制动控制器计算出制动力不足部分通过电流指令传送给电空变换阀，电空变换阀将其转化为空气压力信号，中继阀进行流量放大后使制动缸产生相应的制动压力。紧急制动时，制动指令不通过制动控制器直接加给中继阀产生最大的制动力。

拖车的制动过程与动车组制动的差别在于不存在制动力分配的问题，制动力完全由空气制动产生。制动控制器要根据制动指令，全部制动力指令传电空转变换阀，变换阀输出量经中继阀放大后，经制动缸产生制动力。

（二）常用制动控制

常用制动分 7 级，制动命令大小由 61～67 线来传递，用 10 线加压来决定再生制动是否实施。制动制指令送入车辆信息控制中央装置通过光纤传给制动控制器。同时，为了保证制动的安全性，67 线也贯穿连接到各车辆的制动控制器，表示常用最大制动指令。常用制动指令的发送源为制动设定器、ATP、制动换读指令器。

根据制动设定器的操作位置，B1 非 R～B7 非 R 被励磁，通过其 a 接点来加压 61～67 线。在超过限制速度后，通过 ATP 起动常用制动，释放快速制动继电器 NBR，通过 NBR 的常闭接点来励磁 ATCBR，ATCBR 常开接点闭合，61、66、67 线被加压，向常用最大制动发出指令。若通过 ATP、判断制动力为 B1 或 B4、已经足够时，单独励磁 ATCKB1R 或励磁 ATCKB1R 和 ATCKB4R，加压 61 线或 64 线、使 B1 或 B4 得到指令。

若要其他机车的救援时，通过与机车的制动风压管（BP 管）连接，将 BP 压力传给供给制动换读指令器，制动换读指令器将根据 BP 压力，加压 X61～X67 线，励磁 B1 非 R～B7 非 R，产生制动指令。如接受相同型号动车组救援时，直接连接车辆间的连接线，直接加压贯通线（61～67 线）。

若有再生制动指令时，10 线被加压，电-空协调控制产生制动力，将不足部分的制动力作为空气制动输出。再生制动指令只在车速 5 km/h 以下时，制动手柄在常用制动位，或 ATP 发出快速制动指令或 B1 缓和制动时，司机中打开电制动开放开关时才能发出。在制动控制器故障时，启动辅助制动，再生制动指令无法发出。

（三）快速制动

快速制动指令由贯穿线 152 线向制动控制器传递，当地时间 152 线在得电状态时保持快速制动为关闭状态，在 152 线没有被加电压时，制动控制器启动快速制动。这种设置在断线故障发生时直接产生快速制动指令，导向安全。快速制动具有常用 7 级制动 1.5 倍的制动力，快速制动指令可以由制动手柄操作，ATP 的发出和释放 JTR 的产生，控制逻辑可参见图 5-33。

1. 制动设定器操作

制动设定器手柄在快速位时快速位置继电器控制，制动设定器快速位置继电器（B 非 R）变为非励磁时，其常开接点打开，断开 152 线的电压，发出快速制动指令。

2. 通过 ATP 的快速制动

在列车未能减速到在闭塞区间设定的速度时，ATP 释放的快速制动继电器 EBR，其常开触点断开，断开 152 线的电压，发出快速制动指令。若 ATP 故障时处在隔离位，隔离开关

ATPCOS 处在隔离的位置（ATPCOR 励磁）时，用于 ATP 快速制动的继电器 EBR 不能动作（EBR 不失电，不输出 ATP 紧急制动）。

3. 通过释放 JTR 的快速制动

JTR 释放时，其常开触点断开 152 线电压。JTR 的释放逻辑参见图 5-33。

154D 线在无电压时，JTRTD 非励磁，时间延迟后 JTR 的励磁停止。此时，根据 154D 线无电压的具体原因，可以分为两种情况：① 单纯由 154 线失电，此时仅形成快速制动；② 由 153 线失电而导致 154 线失电，即 153 线和 154 线均失电，153 线是一条紧急制动命令的贯通线，失压后产生紧急制动，同时释放 JTR 发出快速制动指令，制动控制器按快速制动力和紧急制动力二者的取大执行。

导致 154 线失压的条件有：

① MR 压力降低。

总风管用气压开关 MRHPS 对两端头车的总风管压力进行检测，低于设定值（590±10 kPa）时，断开常开触点。MRHPS 的触点断开后，断开 153K 继电器，153 线为不加压。154 线通过主控继电器 MCR 的触点向 154 线加压，因此 153 线不加压时，154 线被断开，JTR 失电非励磁。

② 列车分离。

列车分离处的前位一侧的车辆电气连接器断开，154 线没有被加压，JTR 被消磁，快速制动发挥作用。

③ 制动力不足的检测。

在检测到制动不足时，UBTR1 和 UBTR2 失电。UBTR1 常开触点断开 UV 和 UVR 的加压电路。UV 失电后，车辆紧急制动。与此同时，由于由 UVR 的断开 154D 的供电电路，因此 JTR 被消磁，发出快速制动指令。

④ 拔取制动设定器。

制动手柄在拔取位时，B 运非 R 失电，其常开触点点断开，主控继电器 MCR 失电，154D 至 JTRTD 的供电线路被断开，JTR 失电。

⑤ 乘务员开关处理。

紧急情况下，乘务员车断开车辆内的紧急制动开关 UBS1 或 UBS2，UBS1 和 UBS2 串在 154 线中，开关断开时，断开 154A 线，JTR 失电。

与再生制动的关联：

制动设定器置于快速位置时，10 线也处于被加电压的状态。由 ATP 引起的快速制动时，由于释放 ATP 快速制动器 EBR 的同时，也释放 APP 常用 NBR，所以 ATCBR 在 JTR 失电时仍被励磁，ATCBR 的常开接点变为关闭状态，10 线被加电压。所以在发出快速制动指令时，牵引变流器输入 10 线加压向制动装置发出快速制动指令，再生制动同时起作用。

（四）紧急制动控制

153 线失压时传送紧急制动指令，也是一种故障导向安全的设计。153 线的电压由 153K 继电器的常开触点控制，153K 得电励磁时，153 线加压。同时 154 线通过主控继电器 MCR

的触点向 154 线加压，因此，在 153 线失压时，154 线也必然失压，导致 JTR 失电，152 线失压，发出快速制动指令，制动控制二者中的大者执行。紧急制动指令由 153C 线传给制动控制器，153C 失压后，紧急制动阀 UV 和紧急制动阀继电器 UVR1-UVR3 失电，状态自锁。

紧急制动命令可由下列条件之一激发：

（1）列车分离。

列车分离处时前位一侧（司机操作位）的车辆只有 154 线系统没有被加压，JTR 被消磁，快速制动发挥作用。在列车分离的后位一侧的车辆，153 线和 154 线一起变为无压，在紧急制动电磁阀（UV）消磁，紧急制动作用的同时，JTR 失压消磁，发出快速制动指令。

② 总风管压力降低。

总风管用气压开关 MRHPS 对两端头车的总风管压力进行检测，低于设定值（590 ± 10 kPa）时，断开常开触点。MRHPS 的触点断开后，断开 153K 继电器，153 线为不加压，154 线被断开，JTR 失压发出快速制动指令。

③ 检测制动不足。

在检测到制动不足时，UBTR 进行失电，紧急制动阀 UV 和紧急制动阀继电器 UVR1-UVR3 供电线路断开。UV 失电后发出紧急制动指令。同时，由于由 UVR1 的常开触点动作断开了 154 线的 154A-154K 之间供电线路，JTR 被消磁，发出快速制动指令。

④ 制动设定器手柄在拔取位。

制动手柄在拔取位时，主控制继电器 MCR 失电非励磁，MCR 常开触点断开的 153K，153 线失压，发出紧急制动指令；同时 154 线失压，JTR 失电非励磁，152 线失压，发出快速制动指令，JTR 动作逻辑参见图 5-33。

紧急制动发生后不能自行恢复，只有在紧急制动激发条件消失后，制动手柄在快速制动位时，按下复按键 UBRS，紧急制动才能复位。

（五）耐雪制动

耐雪制动目的是在下雪时防止积雪进入制动盘和闸瓦之间。当耐雪制动时，轻轻地将闸瓦压紧，关闭在闸片和制动盘之间的缝隙。耐雪制动由 157 线来传递，司机通过操作操纵台的耐雪开关，157 线被加压，经由列车信息控制装置，将指令输送到各车辆的制动控制器 BCU，BCU 通过速度检测，在 110 km/h 以下时进行耐雪制动。

（六）辅助制动

在网络系统出现故障而无法传输制动指令或制动指令线切断以及急救等时使用辅助制动。使用辅助制动时，投入操纵台上平时被断开的辅助制动断路器 SBN1 和配电盘上 SBN2，辅助制动继电器 SBNR 被励磁。与制动设定器配合，根据手柄位置，从辅助制动模式产生器向贯穿的 411 线、461 线输出不同的交流电压。每节车辆辅助制动模式产生器将 411 线和 461 线的电压变压和整流后供给制动控制装置，直接控制电控转换阀 EP 阀，产生制动力。由此制动指令不经列车信息控制装置的制动控制路径，直接传到电控转换阀，提高了其可靠性。

辅助制动分 4 档，档位生成如图 5-57 至 5-62 所示。在辅助制动开关 SNB1 合上时后，其常开辅助触点闭合，辅助制动继电器 SBNR 得电闭合。图 5-57 中，制动手柄在 1-3 级时，继电器 B1-3K 得电。图 5-58 中 B1-3K 的常触点闭合，来自 APT 的交流电压经 SBT 降压，由辅助制动开关 SNB2 输出到 SBT1 的初级，隔离后经 411B 和 411C 输出，经 411C 和 411B 交流信号经整流滤波后直接传给制动控制器 BCU，生成 1 级辅助制动模拟指令。

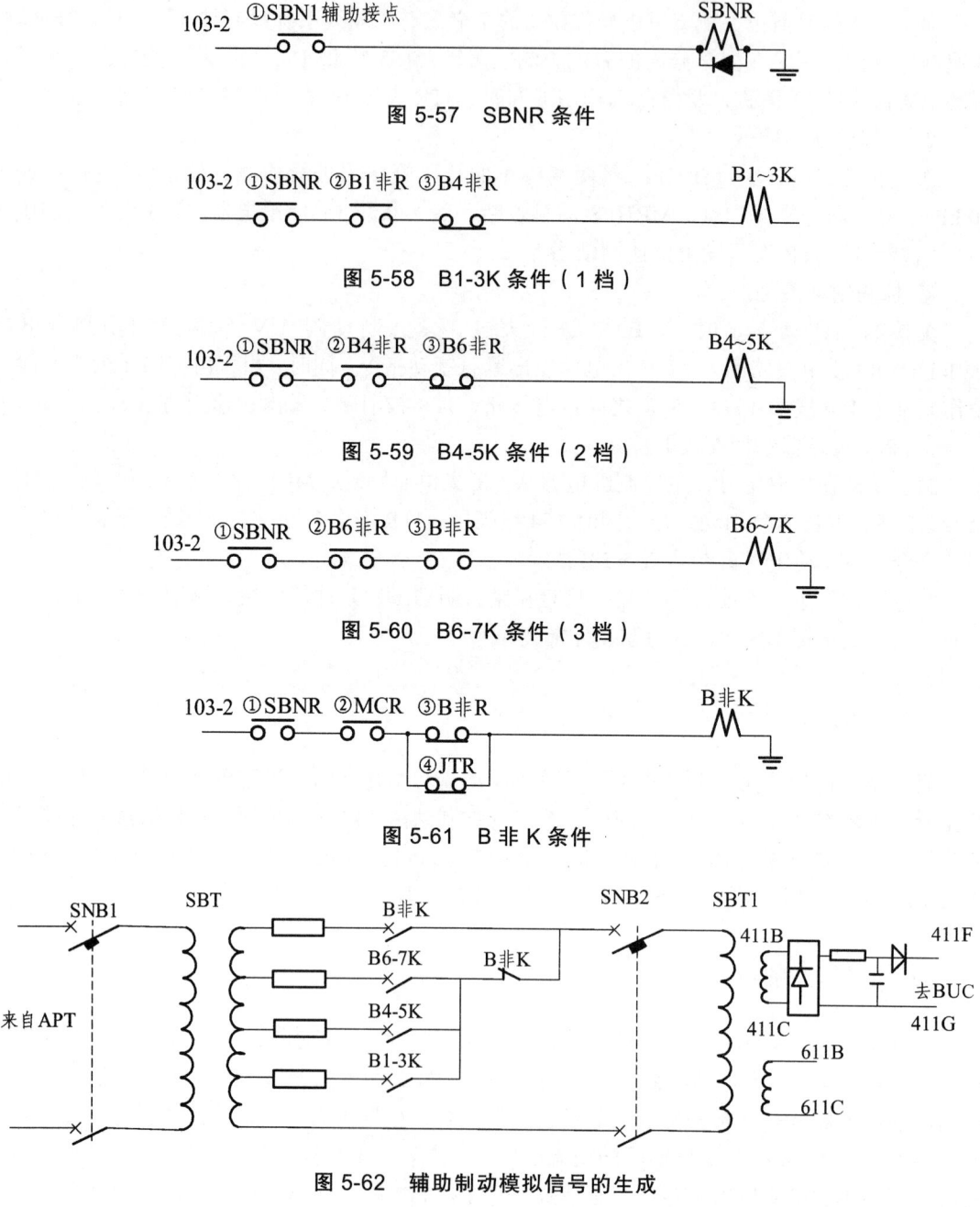

图 5-57　SBNR 条件

图 5-58　B1-3K 条件（1 档）

图 5-59　B4-5K 条件（2 档）

图 5-60　B6-7K 条件（3 档）

图 5-61　B 非 K 条件

图 5-62　辅助制动模拟信号的生成

同样的原理，制动手柄在 4 位和 5 位时，生成 2 级辅助制动指令；制动手柄在 6 位和 7 位时，生成 7 级辅助制动指令。图 5-60 是最大辅助制动指令条件，在制动手柄在快速制动位或拨取位，或其他条件激发了 JTR 条件时，生成最大辅助制动指令，输向制动控制器的模拟量也最大。

辅助制动时，辅助继电器 SBNR 的常闭触点为断开状态，再生指令线 10 线失压，再生制动不会发挥作用。

第五章习题

1. 根据图 5-1，说明主牵引系统的基本工作原理？
2. 说明 CRH2A 型动车组有几个相对独立的主牵引动力单元？主牵引基本动力单元由哪些部件组成？如何切除主牵引基本动力单元？
3. 根据附图 1，说明 CRH380A 型动车组有几个相对独立的主牵引动力单元？主牵引基本动力单元由哪些部件组成？如何切除主牵引基本动力单元？
4. 思考如何切除动车？切除动车与切除动力单元有什么区别？
5. 根据图 5-2，说明牵引工况时，主牵引系统中电能的流向？再生制动工况时，主牵引系统中电能的流向？
6. 列出 CRH2A 型动车组牵引/制动系统主电路设备在各车中的构成和分布情况？
7. 根据附图 1，列出 CRH380A 型动车组牵引/制动系统主电路设备在各车中的构成和分布情况？
8. 根据附图 1，写出原边电流回路（从接触网开始，到钢轨为止）？并简述各部件的作用？
9. 简述受电弓 Pan 与隔离开关 PanDCCS 间的逻辑关系？
10. 简述受电弓 Pan 与主断路器 VCB 间的逻辑关系？
11. 正常运行中，只升起单弓，另一个受电弓处于降下状态，为什么？
12. 简述牵引变压器 2 次电路的用途（负载情况）？
13. 简述 CRH2A 型动车组牵引变流器的组成？
14. 说明 CRH2A 型动车组牵引变流器输入端、输出端、中间直流回路各部分的电源基本参数？
15. 简述 CRH2A 型动车组牵引变流器的中间直流电路中 GCT、过电压抑制可控硅单元（OVTh 单元）、DCPT 的作用？
16. 简述紧急保护接地开关（EGS）的作用？
17. 简述接地装置的作用？
18. 根据附图 1，说明下列保护检测的基本工作原理：(1) CT1 及 ACOCR1、2；(2) GCT 及 CIGRR1、2；(3) GRT 及 GR3；(4) CT3 及 AOCN
19. 分析牵引变流器启动时必须进行预充电的原因？为什么不能通过脉冲整流器直接对支撑电容充电？简述牵引变流器预充电的过程？
20. 分析 K 与 VCB 的逻辑关系？
21. 根据附图 1，分析 CRH380A 型动车组从升起受电弓到牵引电机通电的启动过程？简述牵引工况时能量的流向及转化？简述再生制动工况时能量的流向及转化？

22. 分析并总结归纳 CRH380A 型动车组主电路的保护及保护执行？

23. 简述系统安全联锁有哪些措施？

24. 简述运行安全联锁有哪些？各有什么作用？

25. 打开高压箱的底板开关，需要满足哪些条件？

26. 简述主电路保护联锁有哪些类型？如何保护？

27. 根据附图 5、附图 9 画出 MCR、MCRR 的线圈电路，并分析操纵端和非操纵端 MCR、MCRR 的状态？总结归纳操纵端 MCR 得电的条件（司机室成为操纵端的条件）？思考为什么非操纵端无法控车？

28. 根据附图 5，总结 PCR 线圈得电的条件？分析 MCPR 的作用？

29. 动车组退出运营后，需取出制动设定器手柄，列车将处于紧急制动和快速制动状态，JTR 线圈处于失电状态，PCR 线圈也失电，无法发出牵引指令。动车组启动时，需要使 JTR 线圈得电，根据附图 5，分析司机应如何操作，JTR 线圈才能得电？

30. 根据附图 5，总结 9 线发出牵引指令的条件？并总结 9 线发出牵引指令的各电器的动作过程？根据 MCR 线圈、PCR 线圈、MCPR 线圈、9 线各电路中的联锁，分析并总结司机应如何操作，9 线才能发出牵引指令？

31. 动车组处于牵引状态时，出现紧急制动，根据附图 5，分析会出现什么结果？司机应如何操作，重新使动车组处于牵引状态？

32. 根据附图 5，分析 CSR 线圈电路，总结哪些情况会解除恒速状态？比较 CRH380A 型动车组与 CRH2A 型动车组 CSR 线圈电路有哪些不同？

33. 根据附图 5，分析并总结，制动设定器手柄在各位置时，10、61~67、152 线得失电情况？分析思考 153 线得失电情况？

34. 根据附图 5，分析并总结，ATP 装置处于下列状态时：未保护、卸载、弱制动、中制动、强制动、ATP 紧急制动时，9、10、61~67、152 线的得失电情况？分析思考 153 线得失电情况？

35. 根据附图 1、附图 4、附图 5，分析并总结 CRH380A 型动车组从升起受电弓到牵引电机通电的启动过程？（注意：传感器检测、网络系统信号传输、计算机运算输出结果，应添加到启动过程中）？分析并总结，司机应如何操作？

36. 受电弓的升/降操作方法有哪些？

37. 根据图 5-49 说明为什么只能升起一台受电弓？

38. 根据附图 6，说明操作升弓开关升起受电弓时，电路的动作过程？为什么只能在操纵端操作升弓开关升起受电弓，而非操纵端不能升弓？

39. 根据附图 6，说明操作降弓开关降下受电弓时，电路的动作过程？

40. 根据附图 6、附图 8，说明通过 MON 屏输入"受电弓降下/隔离开关断"指令时，电路的动作过程？切除后的受电弓，操作升弓开关能否升起该受电弓？为什么？若想升起该受电弓，应如何操作？

41. 根据附图 6、附图 8，说明通过 MON 屏输入"受电弓升起"指令时，电路的动作过程？

42. VCB 的合/分操作方法有哪些？

43. 根据附图 7，说明操作 VCBCS 合闸时，电路的动作过程？为什么只能在操纵端操作 VCBCS 合闸，而非操纵端操作 VCBCS 无法合闸？

44. 根据附图 7，说明操作 VCB0S 分闸时，电路的动作过程？为什么在操纵端和非操纵端操作 VCB0S 都可以分闸？

45. 根据附图 7，总结保护性分闸的原因有哪些？

46. 根据附图 7、附图 8，说明通过 MON 屏输入"VCB 切除"指令时，电路的动作过程？与操作 VCB0S 分闸相比较，有哪些不同？

47. 根据附图 7、附图 8，说明通过 MON 屏输入"VCB 接通"指令时，电路的动作过程？与操作 VCBCS 合闸相比较，有哪些不同？

48. 根据附图 1、附图 4、附图 7，分析出现一次侧过流故障（CT1）时，电路的保护动作过程？思考出现保护后，对动车组正常运行有哪些影响（哪些系统无法正常工作）？应如何应急故障处理（司机和随车机械师应如何操作）？

49. 结合习题 47 应急故障处理步骤，根据附图 1、附图 4、附图 7、附图 8，分析电路的动作过程？

50. 根据附图 1、附图 4、附图 7，分析出现三次侧接地故障（GR3）时，电路的保护动作过程？思考出现保护后，对动车组正常运行有哪些影响（哪些系统无法正常工作）？应如何应急故障处理（司机和随车机械师应如何操作）？

51. 根据附图 1、附图 4、附图 7，分析出现二次侧接地故障（GCT）时，电路的保护动作过程？思考出现保护后，对动车组正常运行有哪些影响（哪些系统无法正常工作）？应如何应急故障处理（司机和随车机械师应如何操作）？

52. 结合习题 50 应急故障处理步骤，根据附图 1、附图 4、附图 7、附图 8，分析电路的动作过程？

53. 根据附图 1、附图 4、附图 7，分析出现二次侧过流故障（ACCT）时，电路的保护动作过程？思考出现保护后，对动车组正常运行有哪些影响（哪些系统无法正常工作）？应如何应急故障处理（司机和随车机械师应如何操作）？

54. 根据附图 1、附图 4、附图 7，分析出现三次侧过流故障（CT3）时，电路的保护动作过程？思考出现保护后，对动车组正常运行有哪些影响（哪些系统无法正常工作）？应如何应急故障处理（司机和随车机械师应如何操作）？

55. CRH2A 型动车组制动控制模式有哪几种？分别是如何定义的？

56. 简述产生快速制动的原因有哪些（即 152 线失电的原因）？

57. 根据附图 9，写出 JTR、JTRTD 线圈的供电电路？分析由 JTR 线圈失电而产生快速制动的原因有哪些？为什么产生紧急制动时一定会产生快速制动，而产生快速制动时不一定会产生紧急制动？

58. 分析：（1）制动设定器手柄置"快速"，产生快速制动；（2）ATP 输出紧急制动，产生快速制动；（3）制动设定器手柄置"取出"，产生快速制动；（4）司机室中按下紧急制动开关 UBS1，产生快速制动。分析以上情况，应如何解除快速制动？

59. CRH380A 型动车组运行中，1 车是操纵端，3 车与 4 车间出现了断钩，列车分离。分析列车会产生哪种类型的制动？

60. 在什么情况下使用辅助制动？如何使用辅助制动？辅助制动共有几级？

61. 根据附图 9，使用辅助制动时，分析制动设定器手柄在不同级位时，各车辆的制动情况。

62. 简述制动信息转移指令器的作用?

63. 根据附图 9,分析制动力不足的检测及保护时,电路的动作过程?

64. 根据附图 9,分析发生制动力不足保护后,司机应如何操作,解除保护?相关电路的动作过程?

65. 根据附图 7、附图 10,分析自动过分相时,分闸的控制过程?

66. 根据附图 7、附图 10,分析自动过分相时,合闸的控制过程?

第六章 CRH$_1$型动车组的控制

第一节 CRH$_1$型动车组的特性

一、列车牵引特性

电压/频率	额定 25 kV/50 Hz
	最小 17.5 kV
	最大 30 kV（连续）
	最大 31 kV（瞬时 < 1 s）
短路电流	25 kA，100 ms
主断路器容量	20 kA，100 ms
滤波器，干扰电流	有
故障指示系统	有
牵引和驱动系统效率（额定工况下）	≥0.80
持续点的牵引电动机效率	≥0.94
牵引力曲线	见图 6-1

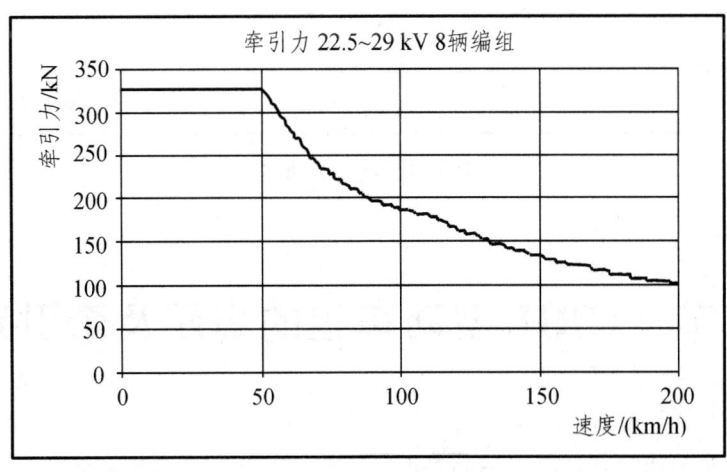

图 6-1 列车牵引力曲线

此处是针对定员质量为 474 t 的列车，R 为阻力，单位为 N；v 为速度，单位为 km/h。

设备故障时的功率损失（性能减小比例）：

一个动力转向架的 MCM 故障时，损失 10%功率；

一个动车转向架的 LCM 故障时，损失 20%功率；

一个主变压器故障时，损失 40%功率。

列车阻力公式：$R = 5\,200 + 25.2\,v + 0.677\,v^2$

二、列车制动特性

常用制动时的最大加速度为 $-0.8\ m/s^2$。

优先使用电气动力制动，摩擦制动对制动力的不足部分进行补偿，确保正确减速。制动力与速度的关系曲线如图 6-2 所示，制动力由动力制动力和摩擦制动力混合而成，速度高时逐步减小动力制动所占的比例，速度低时也减小动力制动所占的比例，当低到一定值时全部转为摩擦制动。

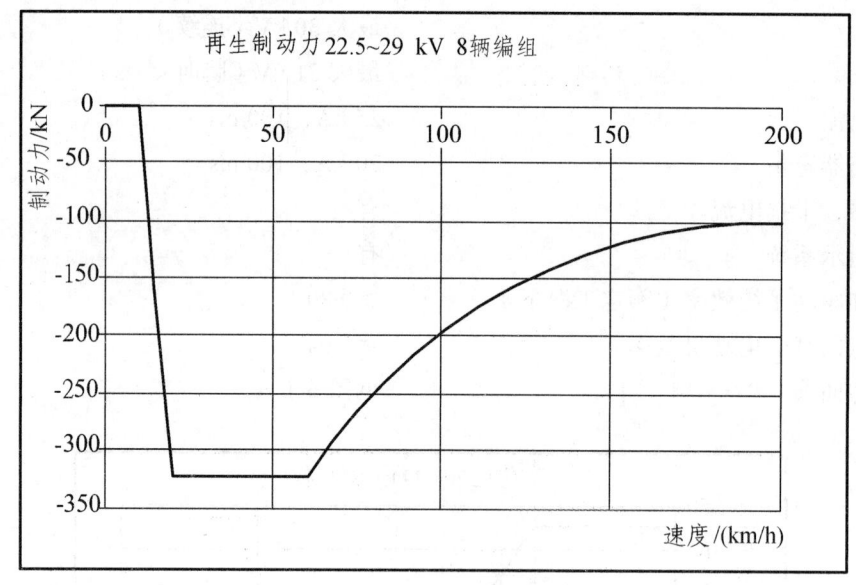

图 6-2 制动力曲线

第二节 CRH₁型动车组的高压及牵引系统

高压供电系统主要包括接受电能的受电弓，起开关作用的高压断路器，起传输、变换和分配电能的主变压器，起电流通路的回流装置，此外还有提高电能质量的滤波器，防雷击的避雷器，测量用的电压互感器和电流互感器，当然还有导线、绝缘子等装置。通过这些装置，供电系统可以将接触网电能转化并传输到车辆的电气系统，并滤掉网侧电流中的有害成分，其负荷有：电力牵引传动系统、电池系统和辅助用电系统。供电系统通过受电弓从接触网上接收电能并通过车轮上的回流装置确保回电流，出现紧急情况时断开高压断路器，所有负载将从高压供电系统上切断。

CRH_1的高压电路主要在拖车上，其中主要的高压电器有：受电弓，高压断路器和主变压器；其他高压电器还包括：电流互感器、电压互感器、RC 滤波器（一个熔断器、一个电阻和一个电容）、避雷器、电抗器、接地变压器和接地刷。安装在拖车顶部的瞬时电抗器（Transient inductor）的作用是防止网侧断路器闭合操作时因冲击电流产生的瞬时电压对主变压器、牵引系统和辅助系统的破坏。

CRH_1型动车组的牵引传动系统的能量传递与转换过程如图 6-3 所示进行。受电弓通过电网接入 25 kV 的高压交流电，输送给牵引变压器，降压成（900 V，50 Hz）1 860 V 的交流电。降压后的交流电经网侧牵引变流器转换成 DC 1 650 V 的直流电能，通过一系列的处理，变成电压和频率均可控制的三相交流电，输送给牵引电机牵引整个列车，将电能转换成牵引列车的机械能。所以 CRH_1 属于交-直-交传动的电力牵引列车。动车组有三个相对独立的主牵引系统，其中两个单元由两辆动车和一辆拖车组成，另一个单元由一辆动车和一辆拖车组成。正常情况下，三个牵引系统均工作，当一个牵引系统发生故障时，可以自动切断故障源，继续运行。

CRH_1型动车组的牵引主回路主要由受电弓、高压开关、牵引变压器、牵引变流器及牵引电机组成。

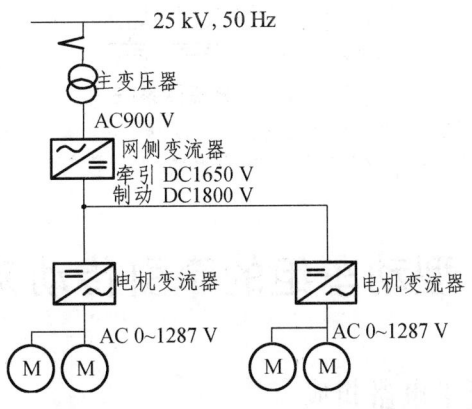

图 6-3 牵引系统工作原理示意图

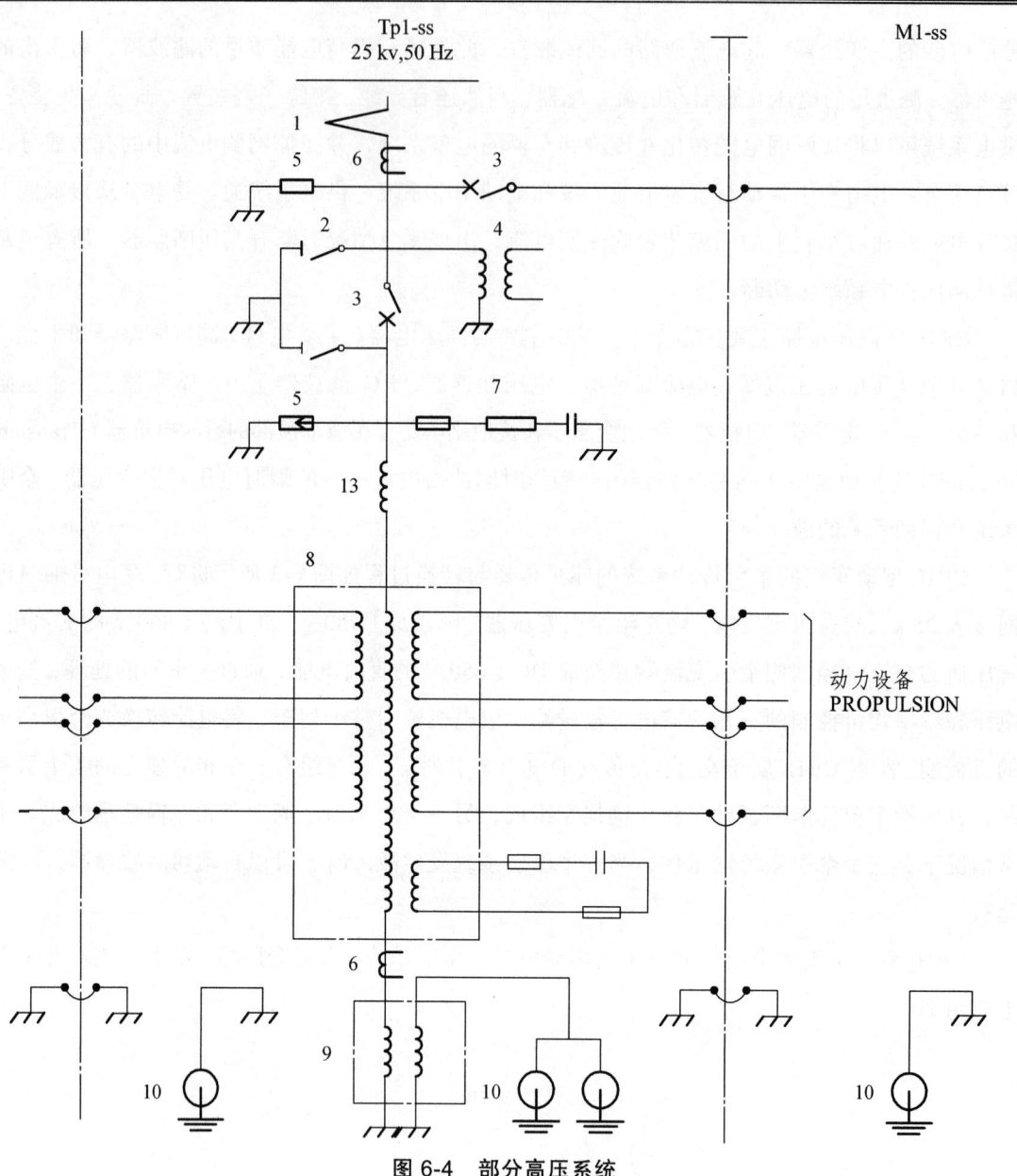

图 6-4 部分高压系统

1—受电弓；2—接地开关；3—主断路器；4—测量互感器；5—防浪涌装置；6—电流互感器；7—线路滤波器；8—主变压器；9—接地变压器；10—接地刷；12—谐波滤波器；13—电感

第三节　CRH$_1$型动车组的牵引传动系统主电路构成

一、牵引传动系统主电路构成

动车组的编组基于"单元"，即列车基本单元（TBU，Train Basic Unit），的概念，每一单元由两动一拖或一动一拖组成。一列 CRH1 的编组如图 6-5 所示，由三个 TBU 共 8 辆车组成，8 节车共有 20 个驱动轴，占车轴总数的 5/8。其中 TBU1 和 TBU2 完全对称，由两动一拖构成；TBU3 由一动一拖构成。根据客流需要，可将两列动车组编挂成一列，共 16 辆车，最大定员 1 340 人，单列整备重量 421 t。

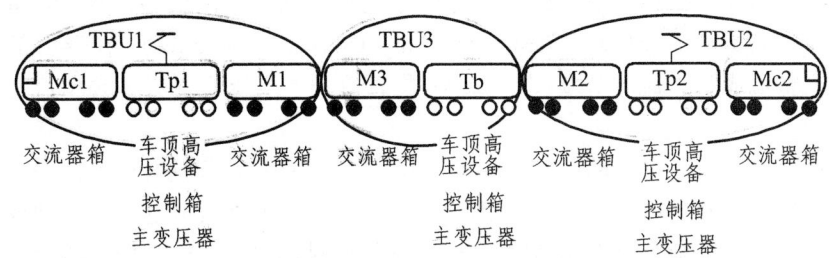

图 6-5 CRH$_1$ 列车基本单元及牵引系统部件的位置

图 6-6 给出 CRH$_1$ 型动车组的牵引传动系统主电路图，对应于上述的 3 个基本列车单元。动车组有 3 个相对独立的主电路，下面以 TBU1（Mc1，Tp1，M1）为例对其电路结构进行简要说明：受电弓位于 Tp1 车顶，通过高压设备将高压电引至高压母线，再从高压母线接到主变压器（位于 Tp1 车的底架）初级绕组，主变压器次级绕组同时将交流电压供给位于 Mc1 和 M1 车底架的变流器箱，Mc1（或 M1）的变流器箱输出频率可变、电压可变的三相交流电以架控方式对两个转向架上的 4 台牵引电动机进行控制。此外，变流器箱还通过辅助变流器提供辅助电力系统电源，供列车照明、空调、蓄电池充电等用途。

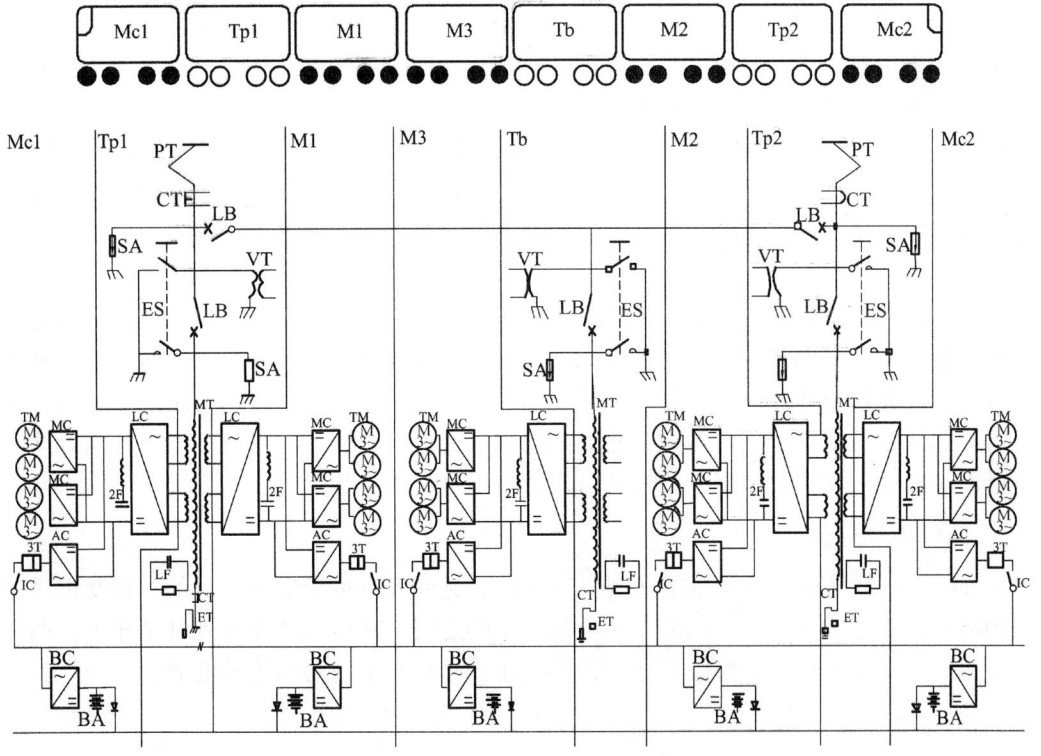

图 6-6 CRH$_1$ 的主电路框图

TBU2（Mc2，Tp2，M2）的牵引系统主电路与 TBU1 相同，此处不再赘述。TBU3 为一动一拖（M3，Tb），其主电路的区别主要有两点：一是无受电弓，直接从母线上引入高压电至主变压器；二是主变压器只给一个变流器箱供电。正常工作时只有一个受电弓升起，3 个主变压器均从高压母线上取电，供给 5 台动车的 5 个变流器箱。一个变流器箱有一个网侧变流器模块 LCM（Line Converter Module）、两个电动机变流器模块 MCM（Motor Converter Module）和一个辅助变流器模块 ACM（Auxiliary Converter Module）。在牵引工况下，LCM 将高压交流电整流成为直流环节电压，MCM 将直流环节电压逆变成为频率可变、电压可变的三相交流

电供给牵引电动机。每个动车转向架有两个轴，每轴一个牵引电动机，一个电动机变流器给一个转向架上的两台牵引电动机并联供电，每辆动车 4 个牵引电动机的轴编号与电动机逆变器以及在电动机控制器（DCU/M）对应的轴编号见图 6-5。5 个变流器箱同时并行工作牵引列车运行，当一个变流器箱发生故障时，可以自动切断，列车继续运行。

在制动工况下，能量回流，即牵引电动机变为发电机运行，MCM 将牵引电动机发出的电能进行整流并通过 LCM 逆变，将电能回馈给电网。

二、牵引传动系统主电路各主要电器的作用

1. 受电弓

受电弓从接触网将高压交流电导入列车，气动控制受电弓即升起或降下可使列车与供电网连接或断开。一列车有两个受电弓，升弓降弓命令按钮位于 Mc 车的司机室内。

受电弓及附属装置安装在 Tp 车的车顶，一列动车组正常运行时，采用单弓受流，另一台备用，处于折叠状态。当两列车组编挂在一起运行时，每一列车中各有一台受电弓处于工作状态，全列车有两台受电弓同时工作。

CRH_1 的单臂受电弓 DSA250 的设计来源于早期的高速受电弓 DSA350SEK，采用压缩空气气囊驱动升弓，自重降弓。普遍采用轻量化优质材料，具有良好的机械和动力学性能。受电弓滑板采用纯硬碳材料，对接触网线起到保护作用。

气动升弓装置 3 安装在底架 1 上，通过钢丝绳作用于下臂，下臂、上臂和弓头使用轻型铝合金焊接而成。为了保护滑板，使滑板在机车运行方向上移动灵活，缓冲各方向上的冲击，将滑板安装在 U 型弓头支架上，弓头支架垂悬在 4 个接簧下方，在弓头和上臂间安装两个扭簧。调节弓头翼片可调节向上的空气接触压力，以满足不同速度等级的要求。自动降弓装置可以监测到滑板的使用情况，如果滑板磨耗到限或受冲击断裂后，受电弓会迅速自动降下，防止弓网事故进一步扩大。更换滑板后，重新启用自动降弓装置。

2. 网侧高压电缆

25 kV 高压线路通过高压电缆实现实际连接，达到安全传导电能的目的。从受电弓下来的网侧高电压除进入本 Tp 车以外，还要通过车端之间的高压电缆连接到其他车上。高压电缆的作用一是在受电弓与主变压器之间传导电能，二是在车辆之间传导电能。

3. 高压断路器

高压断路器用于指令接通或断开电源电路，或者在过载或短路时断开电源电路，起保护

作用，都采用气动控制。高压断路器由真空断路器总成、接地开关、接地开关机构、接地开关接口几部分组成。

CRH$_1$有五个网侧断路器，两个为网侧高压母线断路器（LCBB，The Line Circuit Breaker High Voltage Bus），安装在Tp1和Tp2的顶部，用于接通或者断开没有弓或没有升弓的拖车上的网侧电源，当发生短路时起保护网侧电路的作用，LCBB由VCU控制。

三个为网侧变压器断路器（LCBT，The Line Circuit Breaker Transformer），安装在拖车顶部，用于接通或者断开主变压器电源，也起短路和过载保护作用。

网侧高压母线断路器在车顶连接高压电缆，主要起到隔离作用，通常不用作切断电流，仅当高压电缆和车顶之间出现短路时起断开电路作用。

为避免网侧电路发生短路，五个断路器按顺序激活，其断开或闭合顺序由TCMS自动控制，主控在Mc1车时的开关顺序是1，2，3，4，5；如果运行方向相反（Mc2车启动），则开关顺序为4，3，2，1，5；过分相区时，启动顺序稍有不同，根据不同的运行方向，顺序为1，4，5（2和3关闭）或4，1，5。

断路器的开闭由TCMS通过高压控制电路控制，该电路串联有主过流继电器触点、主变压器油位继电器触点以及电机变流器、网侧变流器内的网侧脱扣继电器，其中的任何一项都可以通过切断网侧断开电路的方式使高压断路器立即断开，一旦这些电路出现严重故障，就通过高压断路器切断其后的负载，达到保护的目的。

4. 手动过分相器

手动方式过分相区。

5. 自动过分相器

自动方式过分相区。

6. 电涌捕捉装置

保护网侧电压供电系统不受接触网或网侧断路器工作时产生的过电压的影响。

7. 接地开关

维修工作时用作安全接地开关。

8. 网端检测装置

网端检测装置包括：一个电压互感器、两个电流互感器和受电弓滑板漏气压力检测开关。

网侧电压互感器（变比为25 kV/25 V，隔离变压器变比为1 V/1 V）测量网侧电压及网侧电源频率，安装在拖车顶部。该电压测量值为网侧变流器的控制计算机（DCU/L）提供网侧电压信号以实现系统控制与保护。

过电流互感器（800 A/5 A 变比）安装在Tp1和Tp2顶部，监视受电弓电流。过电流继电器通过二次回路来控制网侧断路器，从而起到过载和短路保护作用。

网侧电流互感器（400 A/5 A 变比）安装在主变压器箱内，用以测量主变压器原边电流；中间电流互感器（5 A/1 A 变比）安装在高压控制箱中，连接在网侧电流互感器的二次侧，为网侧变流器的控制计算机（DCU/L）提供网侧电流信号。

受电弓滑板漏气时导致压缩空气压力变化，压力开关就会产生一个电信号并传输给机车计算机，机车计算机关闭主断路器，同时电控阀得到来自计算机系统"受电弓降下"的信号，这避免了受电弓降下时电弧对网线和受电弓的损坏。

9. 网侧滤波器

用于消除网侧电压系统在断路器操作中产生的瞬间谐波。

10. 网侧谐波过滤器

用于消除网侧电流中的谐波频率成分。

11. 电抗器

延迟电流的变化，能够在操作网侧断路器时滤除瞬时电流冲击，使网侧滤波器能剔除网侧电压系统中所有瞬间谐波。

12. 牵引变压器

牵引变压器也叫主变压器，位于拖车的底架上，其作用一是将列车供电系统与接触网相隔离，二是将电网电压转换成适当的电压供列车电气系统使用，三是提供滤波、保护等手段，为列车提供安全、可靠、高质量的电力。CRH1 有三个主变压器，分别位于 Tp1 车、Tb 车和 Tp2 车的底架上，它们向所有网侧变流器模块提供电流。Tp1 的主变压器向 Mc1 车和 M1 车中的网侧变流器提供电流，Tb 的主变压器向 M3 车中的网侧变流器提供电流，而 Tp2 的主变压器则向位于 Mc2 车和 M2 车中的网侧变流器提供电流。

主变压器包括：一个原边绕组、四个次级牵引绕组和一个次级滤波器绕组。主变压器把接触网高电压变为牵引系统和高压滤波器适用的电压。高压滤波器连接到滤波器绕组上，装有保险丝、滤波电阻和滤波电容，其作用是吸收瞬时高电压。在主变压器下面有一个接地变压器，为电力回流提供了一条电流通路，防止回流通过轮对轴承，使轴承发热。

接地变压器可看作是具有 1∶1 变比的电压互感器，主变压器的原边电流 I_1 必然产生与其相等的次级电流 I_2，从而使主变压器的电流强制通过回流装置；否则，电流将会通过轮轴的轴承。

13. 牵引变流器

牵引变流器的功能是进行电能转换，以满足牵引列车及牵引控制对电能形式的需要。CRH1 是交–直–交电力牵引列车，牵引变流器首先将来自受电弓的单相交流电转换成直流电，这一功能由网侧变流器模块（LCM，Line Converter Module）实现；该直流电又被电机变流器模块（MCM，Motor Converter Module）转换成三相交流电供给三相交流异步牵引电动机，通过对 LCM 和 MCM 的控制实现列车的牵引、调速及制动主功能。

牵引变流器（Traction converter）如图 6-7 所示，包含两个主要部分：网侧变流器 LCM 和电机变流器 MCM。变流器箱 CB 布置于每一个动车的底架上，箱内包括一个网侧变流器模块 LCM、两个电机变流器模块 MCM 和一个辅助逆变器模块 ACM（Auxiliary Converter Module），箱内有独立的外部水冷却装置，可对箱内的所有模块进行有效的冷却。几种不同功能的变流模块都带有相对独立的电脑控制部分，能独立完成对变流器的控制功能。从电气上看，变流器箱连接到主变压器、滤波器箱（FB，Filter Box）和牵引电机；变流器箱与 FB 相邻安装，其箱体是阳极氧化铝材料，不易腐蚀，可保护内部的高压设备。

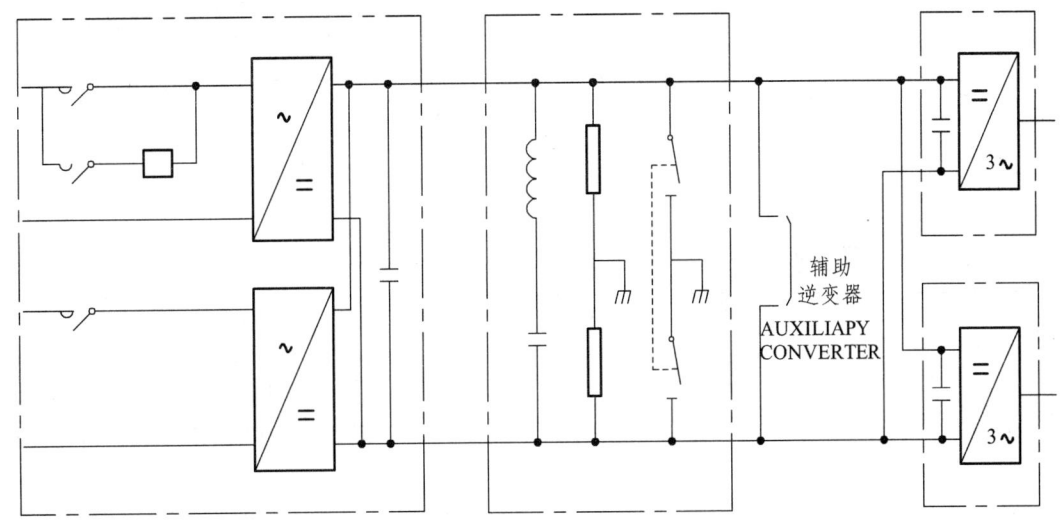

图 6-7 牵引变流器的组成

CRH1 的一个电机变流器模块 MCM 是同一转向架上的两台并联的三相异步牵引电动机的变频调速电源，列车牵引/制动的实现都是通过对牵引变流器的控制实现的。牵引变流器的功率器件为 IGBT（绝缘栅双极晶体管），控制装置以微处理器为核心，可方便灵活地实现功率转换与保护，也可实现再生电气制动。

变压器的两个次级绕组接入变流器箱，通过充电接触器（Charging Contactors）、充电电阻和牵引接触器（Traction Contactors）触点引至网侧变流器输入端，网侧变流器输出直流电压，充电电阻与充电接触器触点串联后与牵引接触器触点并联，LCM 启动时首先通过充电电阻接入电源，以减小对 DC 环节电容器的电流冲击；该直流环节并接三路负载，一路检测输入直流电压，如果出现过电压，则控制斩波器，通过过压电阻（Over Voltage Resistor）耗能来降低直流环节电压；一路各向两台牵引电机供电；一路将直流环节电压逆变成三相对称交流电能，为辅助系统供电；直流环节电压还直接连接到滤波器箱，以减小直流电压的纹波。

直流环节电路（图 6-8）的作用一方面作为四个变流器（LCM、ACM 和两个 MCM）的直流电源，另一方面起到能量缓冲作用，该电路能够提供稳定的 DC 电压和对地电压。

中点接地电路由四个电阻串联后与两个电容并联形成，取其中间电位点接地，这样做可以限制 DC 环节和电机上的电压值，当 DC 环节充满电时，其对地电压减小为一半，此外中点接地还提供了快速检测接地故障的途径。

接地保护电路由两个串联电阻和过电流检测装置组成，连接到中点接地电路的四个电阻中间，该电路可探测 DC 环节的任何接地故障，包括工作过程中主变压器的牵引绕组接地、牵引电机定子绕组接地、辅助变压器的原边绕组接地等。接地保护电路的两个电阻中点构成了一个电气中点，当该点与中点地之间的电压达到一定值时表明有接地故障发生，这一故障通过继电器触点输出给 LCM 控制计算机。接地故障会导致 LCM 失活，其负载电路断开。DC环节较大的瞬时纹波电压会造成接地保护电路误动作，因此要求 DC 环节的滤波电容足够大。

切断电源以后，DC 环节电容必须放电，放电过程通常由 MCM 的过压斩波器完成，如果该斩波器故障，可以通过 DC 环节放电电阻进行。

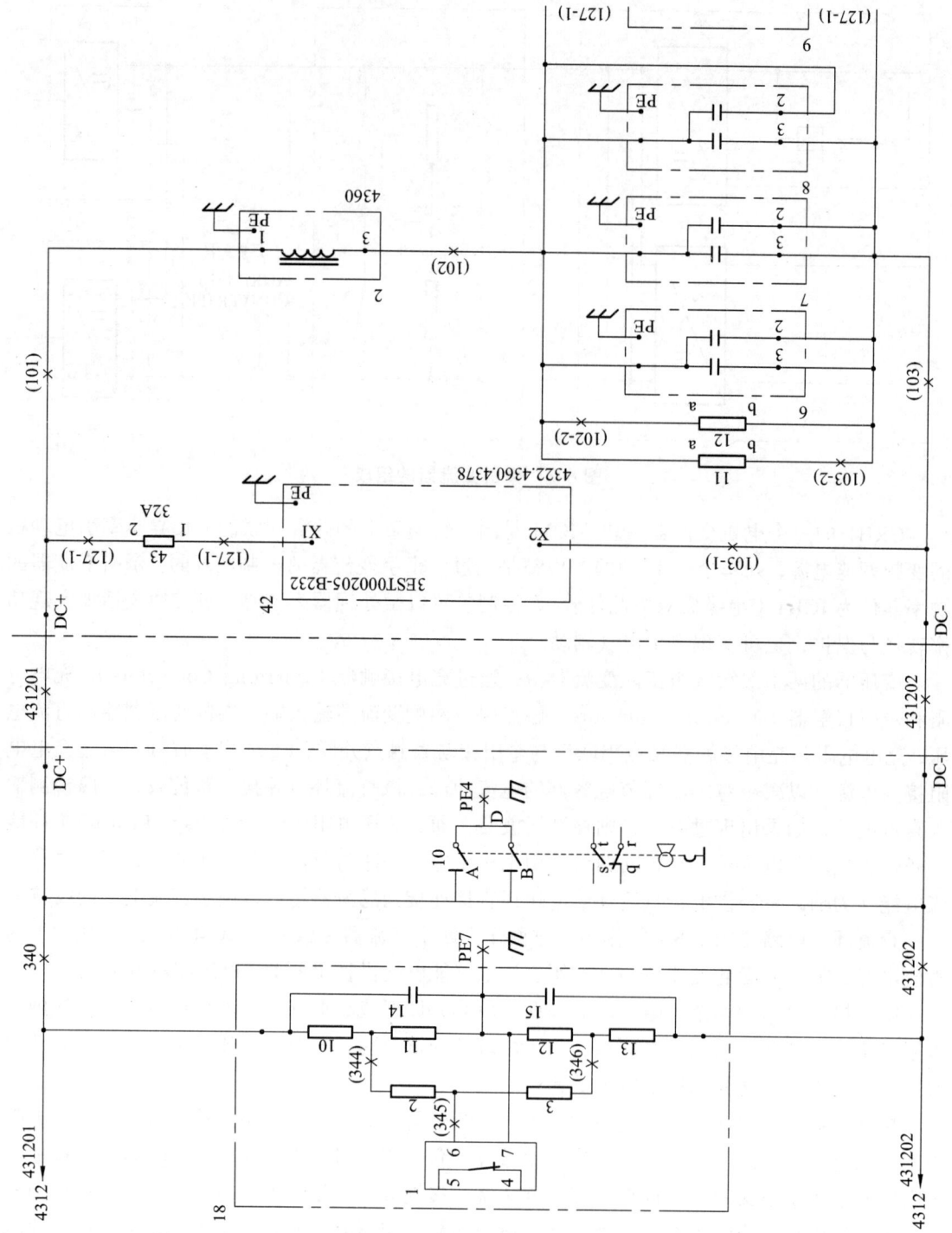

图 6-8 直流环节电路的组成

电机变流器电路，均为 IGBT 三相桥式全控电路；有输出两相电流检测传感器，用于电机状态检测。

MCM 有输入电压测量传感器，以防直流环节过电压，当电压超过一定值（1 900 V）时就启动 IGBT 直流斩波器，将电能消耗在过压电阻（OVR）上，DC 环节电压降低到一定值（1 840 V）时关断斩波器；MCM 同时监控过压保护电路的热负载，计算 OVR 上的温升，保证工作在正常温度。MCM 也有直流环节电阻和电容。

网侧变流器模块（LCM）是电力牵引系统的一部分，CRH_1 的 LCM 是基于 IGBT 的两重四象限变流器，其基本任务是整流，并能在再生制动时实现有源逆变，把电能反馈输送到电网。输入的 AC 电压由主变压器的二次绕组（牵引绕组）提供，其输出为电机变流器模块（MCM）和辅助变流器模块（ACM）提供 DC 电压；在动力制动过程中，通过 LCM 的能量传输反向，电能从 LCM 输出给主变压器的次级，进而反送到 AC 电网。以下叙述中提到的"两个网侧电路"指的就是两重变流器电路。

LCM 是具有独立功能的计算机控制系统，通过测量 LCM 的温度、电流和电压等参数实现其变流功能和自动保护功能。

LCM 中的 DC 环节对变流器的能量转换过程非常关键，DC 环节电容器是一个能量缓冲器，是变流器的无功功率源，起滤波及稳定 DC 环节电压的作用，要限制 DC 环节电压的波动在允许范围内，电容量必须足够大。该电容器包括两个并联的薄膜电容器，共同包在同一个壳体中。DC 环节电阻与电容相并联，在故障情况下，通过该电阻对电容放电，直到电容电压低于 50 V。

LCM 的 DC 环节电容器与其他变流器（两个 MCM、一个 ACM）的 DC 环节电容器一起对 DC 环节起到滤波作用，保证变流器的精确控制。

DC 环节还连接一个二次谐波滤波器，包括四个电容和串联的一个电感，电感电容的串联谐振频率与电源的二次谐波频率调成一致，可以减小来自网侧或 LCM 的脉冲功率对 DC 环节电压波动的影响，从而减小牵引电机的转矩脉动。

14. 转向器回流装置

接地刷确保车体和转向器与铁轨之间的良好接地；车体与转向架之间的接地装置确保车体不带电。

三、主电路保护

1. 过流保护

每个 Tp 车上有一个网侧电流互感器，它被用于过电流保护。如果网侧电流过高，信号将由该互感器发送到一个继电器上，继电器将打开网侧线路断路器。

2. 过压保护

每个 Tp 及 T 车上有一个网侧电压互感器，用于网侧电压的测量。

每个 Tp 有 2 个，每个 T 车有一个浪涌抑制器。受电弓后的浪涌抑制器用于减小电网产生的瞬时过电压。网侧线路断路器后的浪涌抑制器，RC-滤波器和电感器减小网侧线路断路器在打开或闭合时所产生的瞬时过电压。

每个 Tp 及 T 车有 1 套 RC 滤波器及 1 个电感器。RC 滤波器包括 1 个熔断器、1 个电容器、1个电阻器。RC-滤波器、电感器及位于网侧断路器后的浪涌抑制器减小网侧线路断路器在打开或闭合时所产生的瞬时过电压。

3. 直流环节过压保护

通常情况下，DCU/M 通过打开和关闭制动斩波器，将直流环节电压保持在有效范围内；但如果直流环节电压持续升高，并超过最大允许值时，DCU/L 发出保护性关闭指令；如果在 30 min 内发现了三次这种故障，就要求隔离变流器，隔离状态可在收到故障复位信号之后得到清除。

4. 直流环节欠压保护

直流环节充电之后该功能有效，如果在 LCM 运行期间直流环节电压低于规定值，就命令 LCM 保护性关闭。

5. 直流环节电压传感器监测

通过直流环节电容器两端的电压由电压传感器测量，该电压值被持续发送至 DCU/L，该值用于变流器控制算法，也用于触发保护性动作。

DCU/L 对电压传感器的数据连续不断地进行有效性检查，同一牵引控制系统内的变流器的 DC 环节电压测量数据通过比较可以排除故障传感器，直流环节电压的测量故障可导致保护性关闭。如果在 30 min 内发现了三次这种故障，就要求隔离变流器，隔离状态可在收到故障复位信号之后得到清除。

6. 网侧电压传感器监测

对网侧电压传感器的数据也连续不断地进行有效性检查，其测量故障也将导致保护性关闭。如果在 30 min 内发现了三次这种故障，就要求隔离变流器，隔离状态可在收到故障复位信号之后得到清除。

7. 网侧电流传感器监测

对网侧电流传感器的数据也连续不断地进行有效性检查，其测量故障也将导致保护性关闭。如果在 30 min 内发现了三次这种故障，就要求隔离变流器，隔离状态可在收到故障复位信号之后得到清除。

此外，当网侧变流器功率很大，而网侧功率却低于 20 kW 时，网侧电流测量值被视为故障，该故障将导致保护性关机。

8. 网侧电流监测

该功能保护网侧变流器的功率元件 IGBT，如果任一网侧电路（因为是二重四象限变流器，所以有两个整流桥路，即两个网侧电路）中的电流达到过电流限值，就命令 LCM 保护性关闭。如果在 30 min 内发现了三次这种故障，就要求隔离变流器，隔离状态可在收到故障复位信号之后得到清除。

如果两个网侧电路的电流差值很大，大于"最大电流差值"的时间超过"最大差值时间"（例如一个网侧电流传感器断线时的情况），就命令保护性关闭，并显示"网侧电路电流平衡故障"。

9. 网侧电路电流传感器监测

对网侧电路电流传感器数据进行连续的有效性检查，电流测量值的故障将导致保护性关闭。如果在 30 min 内发现了三次这种故障，就要求隔离变流器，隔离状态可在收到故障复位信号之后得到清除。

第四节　CRH1 型动车组控制系统

一、受电弓管理

使用司机面板 B2 上的按钮起升和降下受电弓。如果探测到异常情况，受电弓会自动降下。

在正常情况下升起相对于激活司机室较远的受电弓，当一个受电弓起升时，高压系统即被启动。当网侧电压处于电流限制之内时，断路器闭合。此系统由 VCU 实施关闭。关闭程序可以通过命令网侧变流器停止，断路器断开和降下受电弓实施。有一个安全联锁装置，用于切断对受电弓和主电路断路器的压缩空气供应，该联锁装置还可通过接地开关将网侧电压设备接地。

系统故障时，受电弓自动降落，同时，相应的信息也发送至列车控制和管理系统。在受电弓自动降落且找到故障源后，系统需要手动重新设置。

二、主断路器控制

变压器网侧断路器（LCBT）为交流单极断路器，安装在拖车（Tp1、Tb、Tp2）车厢的顶部，用于接通/分断主变压器的电源，也用于过载和短路时分断电路，当断路器的后续电路出现故障时，断路器自动分断以隔离电源，达到保护的目的。LCBT 的控制由 VCU 控制。

LCBT 通过网侧脱扣电路维持接通，该电路包括原边过电流继电器（Tb 车中没有该继电器）、主变压器油位继电器和 DCU/M、DCU/L 中的网侧脱扣继电器，这其中任何一个都可以切断网侧脱扣电路，从而使 LCB 立刻分断。

过电流继电器的电流来自过电流互感器；DCU 中的网侧脱扣继电器在变流器出现严重故障（保护性关断）或 DCU 死机时断开。

高压母线网侧断路器（LCBB）为交流单极断路器，安装在两端拖车（Tp1 和 Tp2）车厢的顶部，用于接通/分断受电弓没有升起的拖车的网侧电压，LCBB 由 VCU 控制。LCBB 也用于短路时跳闸分断，保护 LCBT 的网侧电路。

断路器通过一个联锁电路来维持接通状态，这个联锁电路串联了原边过电流继电器触点，过电流继电器的线圈电流来自过电流互感器，当发生过电流时，LCBB 立刻分断。

三、高压设备控制

1. 接地开关

每个变压器网侧断路器 LCBT 中都有一个接地开关，连接到 LCBT 上，用于将 LCBT 的两边接地，以保证维护高压电路时的安全性。接地开关的操作手柄与（向受电弓提供压缩空气的）压缩空气系统中的钥匙联锁装置互锁。当钥匙拨出来的时候，压缩空气系统中的阀门会被关闭；只有钥匙插入，并旋转触发接地机构，才能够松开接地栓，才能将 LCBT 两边接地。

2. 网侧电压互感器

网侧电压互感器测量网侧电压，安装在拖车顶部，其次级电压通过微型断路器和隔离变压器接入动车牵引系统的 DCU/L，以起到系统控制作用。微型电路断路器和隔离变压器安装在高压控制箱中。

3. 过电流互感器

过电流互感器安装在端部拖车 Tp1 和 Tp2 的顶部，用于测量流过受电弓的电流，其次级线圈连接了一个过电流继电器，过电流继电器的触点进一步通过一个辅助继电器触点转接到 LCBT 和 LCBB 的触点保持电路中，形成过电流保护。

4. 网侧电流互感器

网侧电流互感器安装在主变压器次级端子箱内，用于测量主变压器原绕组的网侧电流，其次组线圈又接一个中间电流互感器，并提供信号给牵引系统的 DCU/L 以进行系统监控。中间电流互感器安装在高压控制箱中。

5. RC 滤波器

RC 滤波器安装在拖车顶部，用于减小 LCB 的动作瞬时引起的电磁辐射，这些辐射可能会对 ATP 系统的工作带来干扰。RC 滤波器由装有熔断指示的熔断器保护。

6. 避雷器

避雷器安装在拖车顶部，安装在 LCBT 之前的避雷器用于保护车辆以避免外部电网有害的瞬时高电压的侵入，保护断路器 LCBT 和 LCBB。

7. 电抗器

电抗器安装在拖车的顶部，保护主变压器、牵引系统和辅助系统免受网侧断路器分断操作产生的瞬时高电压的损坏。

四、制动系统的组成及功能

1. 列车制动的任务

在司机的操纵下平稳舒适地制动列车；制动过程中防止车轮抱死；在危险情况下施加最大限度的紧急制动；在列车停车时防止溜车。

CRH$_1$ 制动系统采用模块化的设计及安装,动车制动模块与拖车制动模块的构成基本相同,只是动车制动模块多配了停车制动控制板(PBP)。

电子控制防滑器(WSP)对制动控制来说是一个有效的防护手段,因为黏着情况非常复杂,既要充分利用黏着又不能抱死车轮,只靠制动控制是不够的,因而每个车轴都有一个独立的防滑阀,在所有高速制动过程中激活保护。

2. 制动模式

动力制动和机械摩擦制动承担的制动力的大小由车辆控制单元控制,总是尽可能优先采用电气动力制动,VCU 持续监控实际达到的电气制动力,如果电气制动的制动力达不到要求,以摩擦制动进行补充。

3. 紧急制动控制

紧急制动由司机主控制器(操纵杆)拉到"EB"位时启动,当司机发现列车前方有障碍物或其他事件需要用尽可能短的距离停车时采用这种制动方式。紧急制动使用摩擦制动力并通过附加的动力制动实现 12%的最大黏着等级。紧急制动由位于后部的牵引和制动控制器实施。

4. 停放制动控制

停车制动系统是一种自动保险装置,独立于供风系统,由弹簧的机械力作用产生。停车制动系统的截断塞门带有电子开关,可以显示该辆车停车制动系统的工作状态。

机械停车制动功能包含在制动缸内。当系统压力降至 350 kPa 以下时,停车制动系统将自动启动。若系统压力消失,停车制动完全施加所能产生的效果可以保持具有"最大重量、异常载重"的列车能够在 3%的坡度上处于静止状态。

在停车制动出现故障时,可由停车制动板上的截断塞门单台关闭。停车制动弹簧也可用专用工具在转向架上手动释放。只要停车制动缸有压力,手动缓解后的停车制动弹簧立即重新回到受拉状态(重新复位)。

停车制动控制系统能够确保在列车启动时弹簧受拉,这样可以在弹簧制动实施完成后当列车启动的时候弹簧能回复受拉状态(即重新复位)。这一功能在使用正常制动并且有系统压力的时候启动,以防止列车溜走,只需发出释放弹簧、施加停车制动控制命令即可。

5. 超速防护制动控制(与 ATP 接口)

在 CRH$_1$ 中,超速防护是 ATP 制动系统的主要功能,车上安装了两套 ATP 车载设备:LKJ2000 和日立 ASJ(Hitachi ASJ)ATP 设备。

在同一时间段只有一套 ATP 设备主导工作,当 Hitachi ASJ 主导工作时 LKJ2000 负责记录列车运行状态;LKJ2000 主导工作时同时还负责记录列车运行状态。ATP 根据列车的运行的实际检测信号判断列车是否超速、是否空转、是否滑行,然后输出给 TCMS 命令信号,TCMS 根据以上三种命令,形成命令信号送给牵引控制单元 PCU 或制动控制单元 BCU,电机变流器 MCM 或空气制动系统实施实际的列车运行控制。

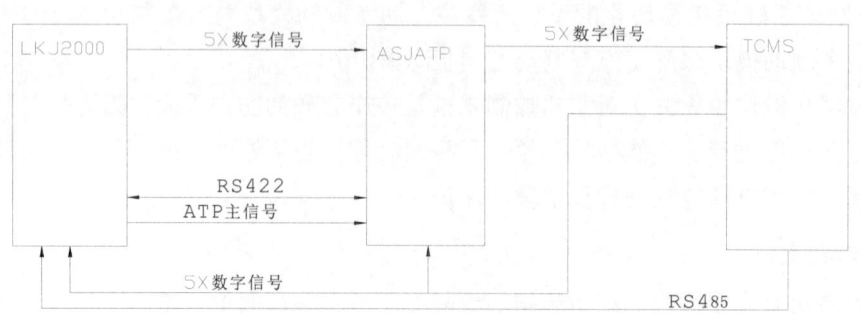

图 6-9 日立 ASJ – LKJ2000 – TCMS 的三方通信接口

五、司机控制器与动车组的行走控制

1. 动车组启动（包括上电过程和主控司机台确定）

对列车的操作必须从对列车的启动开始。

将司机钥匙插入，将开关逆时针方向转到"1"位，保持至少 3 s 的时间启动列车，显示出登录菜单；使用数字键在 IDU 上输入司机密码；输入车辆编号以验证配置；根据时间表输入列车编号（在车辆运行正确方向的车头司机室内的时间表上规定的出发站进行）；如果列车的操作不符合时间表，按 Enter 键[在将列车从车辆段运往发车站时适用]；司机室现在处于主控模式，钥匙在操作位置，登录完成，该动车组就以该车为头车。这就是要对列车进行操控的司机室的正常模式。

司机控制器是司机牵引/制动的主令发生器，列车启动后，正常运行期间司机主要通过操作司机控制器实现对列车的运行控制。司机控制器总共有 16 个挡位，前面七个挡位是牵引挡，后面八个挡位是制动挡。操作司机控制器时，在控制杆的上端有一个按钮开关，只有按下该开关，控制杆才能推向前面的牵引挡位，否则只能拉向后面的制动挡。

司机控制器有两种运行模式：一是自动模式，即速度调节器模式；二是手动模式，即功率导出模式。

在自动模式下，司机控制器其实就是速度指令发生器，是司机对列车进行运行控制的主要手段，其作用就是给列车牵引/制动系统一个给定的运行速度，在列车运行速度调节器的作用下，列车最终的运行速度达到预设值。

司机可以通过司机操作台上的按钮开关选择司机控制器的手动模式，这时列车的运行不受速度调节器的影响，司机通过增加或减小输入到牵引电机的功率来维持列车的运行速度，在"常速"挡位，加速度或减速度是常值。

2. 方向控制器

方向控制与换端操作不同，不用更换司机室。用"倒车"按钮可以选择列车行驶方向，当列车正常向前运行时，"倒车"按钮的指示灯熄灭；按下"向后"（倒车）按钮时，选择倒车，红灯闪烁。启动倒车，最大速度为 40 km/h。将主控制器手柄设定在驾驶方向上，进行倒车。再次按"向后"（倒车）按钮，取消倒车。

3. 加速、减速、恒速运行

在自动方式下运行时，列车的加速与减速完全取决于控制杆的速度输入的信号，如果速度输入值为确定值，在速度调节器作用下，列车就以恒定的速度运行，就是恒速运行；如果速度的输入值随时间线性增加的，即恒加速度的输入，在速度调节器的作用下，列车就跟踪这一输入值，其实际列车速度将跟随速度输入，也接近恒加速度运行；如果速度的输入值随时间线性减小的，即恒减速度的输入，在速度调节器的作用下，列车就跟踪这一输入值，其实际列车速度将跟随速度输入，也接近恒减速度运行。

司机控制器的 3 位为"恒速"位，向前有三步幅的速度增加挡位，向后有三步幅的速度减小挡位；位置 1 为空挡位，无制动，也无牵引；位置 1~6 之间为制动七步幅；位置 7 为紧急制动位。

当司机控制器在手动模式，即功率导出模式时，司机直接通过操纵杆增加或减小输入到牵引电机的功率，从而增加或减小列车的运行速度。

4. 制动控制

通常情况下制动由司机主控制器指令产生。司机主控制器的制动共分为 1~7 共七个级别，第七级制动挡为 100% 的常用制动；紧急制动挡位时安全环断开，实施紧急制动。

除此之外，还有其他几种方式产生制动指令：

（1）通过制动安全回路引发的保护性质的制动指令（如 ATP，停放自动弹簧制动等）；

（2）自动速度控制系统；

（3）救援回送车辆；

（4）司机按下紧急停车按钮引发的紧急制动；

（5）乘客拉动紧急制动手柄。

5. 换端操作

当须换端操作时，使"原操作端"司机室的司机操控台失效；启动另一司机操控台，登录进这一"新"司机室。

完成之后，列车计算机系统对其自身进行重新配置，列车由新司机室操控，其功能不会因方向的颠倒而混淆。

6. 动车组过分相

CRH_1 上使用的 GFX-3A 型电力机车自动过分相系统，其主要功能是当电力机车通过分相区时，系统根据当时机车速度和位置自动平滑降低牵引电流、分断主断路器，通过分相区后，自动闭合主断路器、控制牵引电流平滑上升，实现电力机车通过分相区时自动化的操作，减轻司机工作强度。系统采用了 PLC 控制、免维护地面定位方式。

1）过分相系统组成

过分相系统由感应接收器（简称车感器）和自动过分相信号处理器两部分组成。是基于免维护地面定位技术的车载自动过分相控制系统。动车组通过感应地面定位信号确定机车与分相点的相对位置，地面定位和机车感应信号分别采用斜对称埋设和备份接收，以保证自动过分相的安全和可靠。

自动过分相的关键技术是定位，定位是否准确是系统准确性和可靠性的关键。地面感应信号安装在动车组的转向架上，采用密封防水、防尘、防震设计处理，保证系统的可靠运行。

安装在动车组转向架上的车感器通过地面感应器时，在车感器上感应一个幅值和宽度与动车组运行速度相对应的信号。地面感应接收器安装于动车组下部转向架的两侧。

车感器基于电磁感应原理，感应接收线圈与地面感应器的磁场相结合，完成系统的定位识别。具有识别准确高、相应时间短、抗干扰能力强、无故障运行时间长等优点。地面感应器是嵌入到轨枕里的永久磁铁，具有耐高温、耐腐蚀、不会损坏等特点，适合安装在室外。

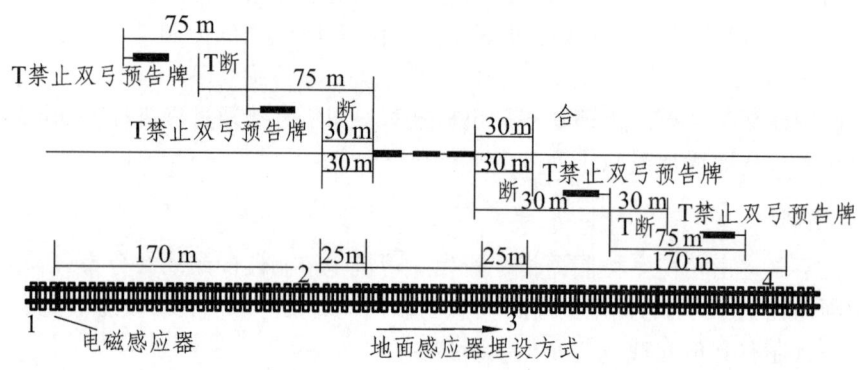

图 6-10　地面感应器的埋设方式

控制系统是由系统信号处理单元以及控制单元组成。系统信号处理器采集感应接收器接收的定位信号、动车组运行方向、处理相应的信息、发出相关的信息指令、自诊断故障信息、输出显示信息等功能。系统控制单元则由动车组的控制系统。在正常接收到 G1（G4）信号时 G2（G3）信号不起作用来实现，主要功能是采集由系统信号处理器输出的定位信息、动车组速度、司机指令、牵引电流、供电网压等相关机车信息，并根据接收到信号处理器输出的定位信息、动车组运行速度，确定控制牵引电流下降的速率和确定断开主断路器的位置。通过分相区后，根据接收到信号处理器输出的定位信息，控制闭合主断路器和控制牵引电流平稳上升。

动车组过分相信号的感应、处理，由地面磁感应器、车感器和车感信号处理装置共同完成。动车组过分相的控制，由动车组控制系统完成。动车组运行至 G1（G4）点，自动过分相信号处理器接收到车感器感应的预告断地面定位信号，信号处理器向动车组控制系统发出过分相预告断信号，动车组控制系统根据此时动车组运行速度，控制电机电流平稳下降到 0，发出断'主断'信号给控制电路，断'主断'（预告断模式）；当 G1（G4）信号失效时，动车组运行至 G2（G3）点，自动过分相信号处理器接收到车感器感应的强道断地面定位信号，信号处理器向动车组控制系统发出过分相强道断信号，动车组控制系统立即封电机电流，发出断'主断'信号，断'主断'（强道断模式）。动车组通过无电区后，根据接收 G3（G1）点，自动过分相信号处理器接收到车感器感应的合闸地面定位信号，则通过预告信号通道向动车组控制系统给出'主断'信号，动车组控制微机柜系统控制'主断'合。预备好后，动车组控制系统制电机电流缓慢恢复到过分相前工况。在正常接收 G3（G1）信号时 G4（G2）信号不起作用。

2）过分相控制

过分相区时，网侧断路器必须断开，这既可以由司机手动完成，也可以由 TCMS 系统自动完成。

手动断开 LCB：

在即将到达没有轨道显示器的分相区时，手动操作步骤：将主控制器设为"0"；按动司机面板 B2 上的"分相区"按钮。

自动断开 LCB：

在即将到达分相区前，TCMS 系统从轨道显示器收到信息。有两个单独的装置显示即将到达的分相区：第一个显示在分相区前 115 m 处，第二个显示在分相区前 25 m 处。TCMS 对两个显示装置进行探测，然后停止变流器模块，断开网侧断路器。

无论是自动还是手动，过分相区的动作顺序如下：启动过分相区；网侧变流器逐步关闭；连到主变压器的三个网侧断路器打开，另外两个连接受电弓之间高压电缆的网侧断路器不用打开；通过分相区；连到主变压器的三个网侧断路器重新闭合。

第六章习题

1. CRH_1 型动车组高压电器有哪些？
2. 简述 CRH_1 型动车组牵引系统的工作原理？
3. CRH_1 型动车组牵引传动系统主电路的构成？各主要电器的作用？
4. CRH_1 型动车组牵引变流器的组成及各部分的作用？
5. CRH_1 型动车组牵引主电路的保护有哪些？
6. 简述 CRH_1 型动车组制动系统的组成及功能？
7. CRH_1 型动车组自动过分相系统的功能、构成及动作原理？
8. CRH_1 型动车组有多少制动挡位？制动指令如何产生？

第七章 CRH3 型动车组牵引系统

第一节 概 要

CRH3 动车组为 8 辆编组，其中 1、3、6、8 号车为动车，2、4、5、7 号车拖车，牵引传动系统采用交-直-交的传动方式，每列动车组的牵引系统由两个牵引单元组成，1、2、3、4 为一个动力单元，5、6、7、8 为一个动力单元。如图 7-1 所示。

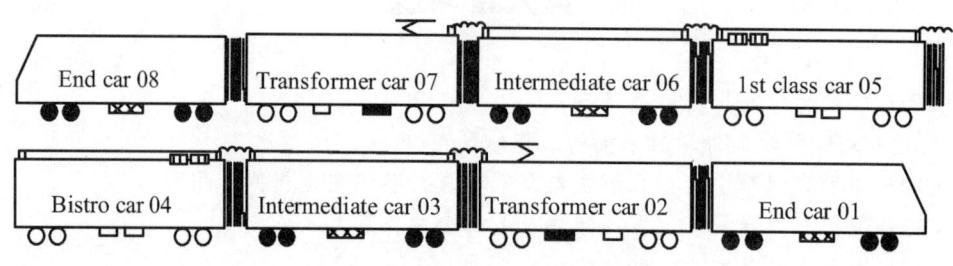

图 7-1-1 牵引传动系统的布置

（1）一个牵引单元的牵引主电路设备主要由 1 个受电弓、1 个牵引变压器、2 个牵引变流器和 8 个牵引电机和 2 个牵引控制单元（TCU）组成。每个牵引电机带有一套机械传动装置包括齿轮箱、联轴节。

每辆动车组都由两个对称的牵引单元组成，它们用一根车顶线（高压线）相连。动车组牵引系统的组件分布在以下车上，它们对称地位于两个牵引单元中。见图 7-2。

（2）EC01：牵引电动机、变流器箱和冷却装置、电气柜（PIS 149.20、车辆开关装置 149.10、Trainguard 159.40、电气柜车载电源）、制动控制单元（BCU 1.1（B02B01）、BCU 1.2（B02B10））。

（3）TC02：车顶高压组件、辅助变流器箱、变压器和冷却装置、电气柜（电气柜 PIS 242.20、车辆开关装置 248.10、电气柜车载电源）、制动控制单元（BCU 2.1（B02B01）、BCU 2.2/BCU4.2（B02B10））。

（4）IC03：牵引电动机、变流器箱和冷却装置、电气柜（电气柜 PIS 342.20、车辆开关装置 348.10、电气柜车载电源）、空气压缩机组、制动控制单元 BCU 3.1（B02B01）。

（5）BC04：双辅助变流器装置、电池和电池充电器、电气柜（电气柜 PIS 442.10、车辆开关装置 449.10、电气柜车载电源）、制动控制单元（BCU 4.1（B02B01）、BCU 2.2/BCU4.2（B02B10））。

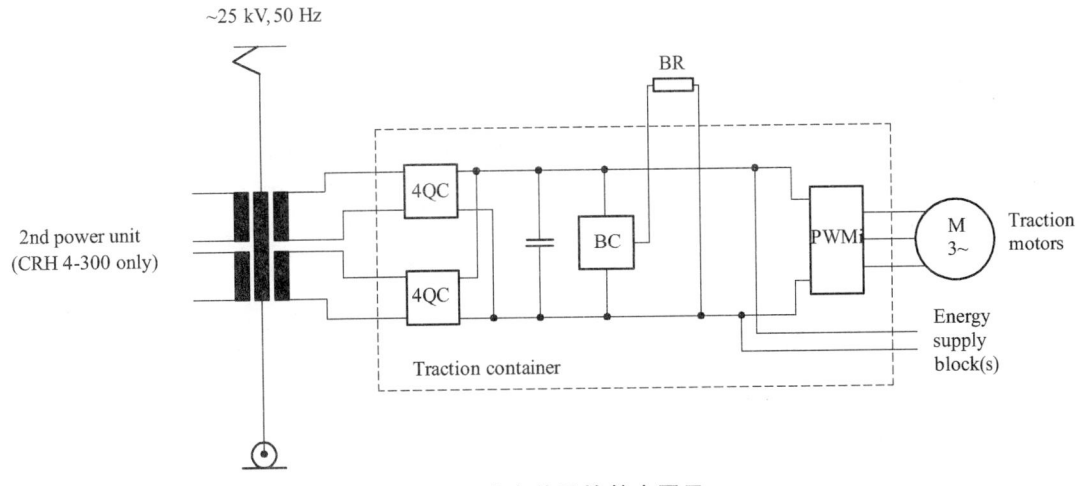

图 7-2　动力单元的基本图示

（6）FC05：紧急车钩，带 UIC 电缆、双辅助变流器装置、电池和电池充电器、电气柜（PIS 559.20、车辆开关装置 549.10、电气柜车载电源）、制动控制单元（BCU 4.1（B02B01）、BCU 2.2/BCU4.2（B02B10））。

（7）IC06：牵引电动机、牵引变流器和冷却装置、电气柜（电气柜 PIS 342.20、车辆开关装置 348.10、电气柜车载电源）、空气压缩机组、制动控制单元 BCU 3.1（B02B01）。

（8）TC07：车顶高压组件、辅助变流器箱、变压器和冷却装置、电气柜（电气柜 PIS 242.20、车辆开关装置 248.10、电气柜车载电源）、制动控制单元（BCU 2.1（B02B01）、BCU 2.2/BCU4.2（B02B10））。

（9）EC08：牵引电动机、牵引变流器和冷却装置、电气柜（PIS 149.20、车辆开关装置 149.10、Trainguard 159.40、电气柜车载电源）、制动控制单元（BCU 1.1（B02B01）、BCU 1.2（B02B10））。

（10）其中，位于 TC02 和 TC07 变压器车的车顶的高压组件包括：受电弓（P）、避雷器（通过接触网的过压）（SA1）、线电压互感器（LVT）、主断路器带接地开关（MCB）、避雷器（变压器保护防止开关过压）（SA2）、线路电流互感器（LCT）、车顶隔离线路开关（RLDS）、变压器电流互感器（TCT）。

第二节　牵引传动系统主电路

一、概　述

牵引传动装置采用交-直-交传动，采用 AC25 kV 接触网供电。每列动车组都由两组互相对称的牵引单元组成，它们之间用车顶电缆连接起来。一列车的牵引功率为 8800 kW。

二、主电路构成及工作原理

1. 主电路的构成

主电路主要由网侧高压电器、牵引变压器、牵引变流器和牵引电动机等组成。如7-3所示,参见表7-1。

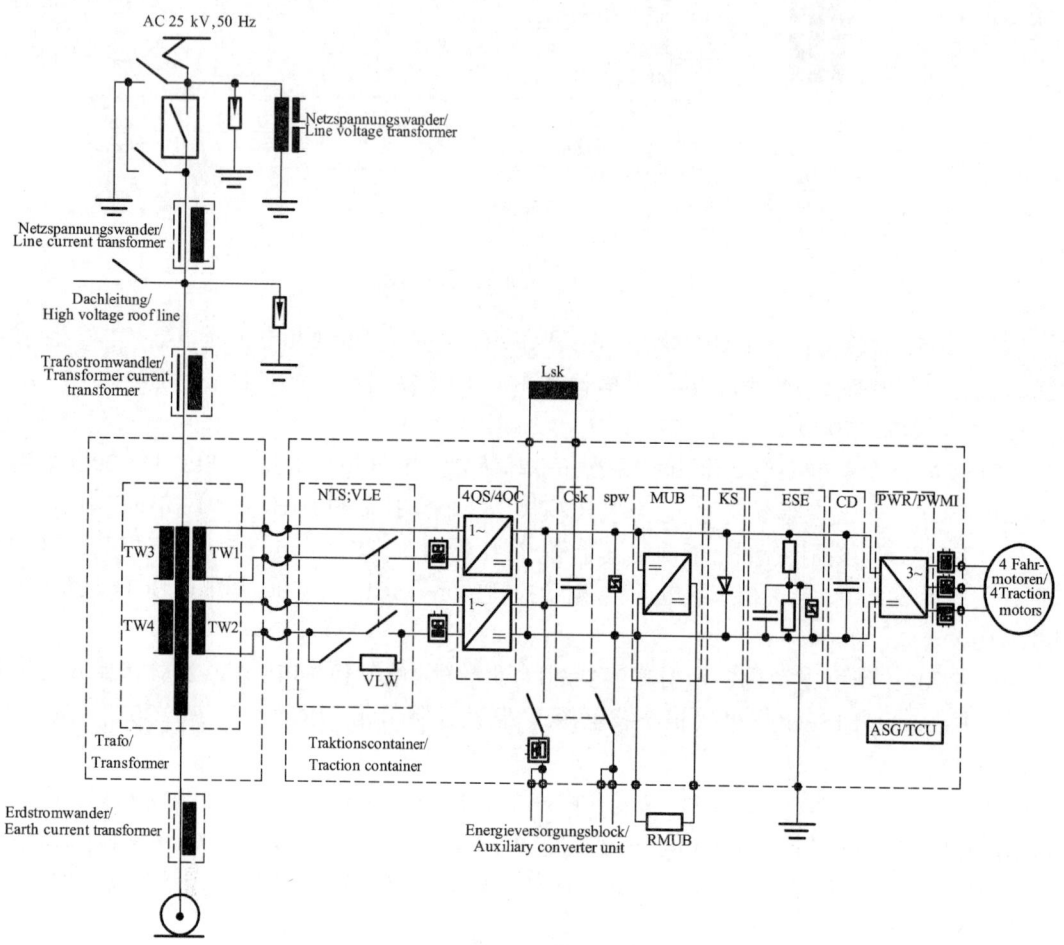

图7-3 主电路系统构成示意图

表7-1 牵引系统构成

C_D	直流侧电容器	PTC	牵引箱泵
CLF	冷却装置变压器	PTF	变压器泵
CLT	冷却装置牵引转换器	PWMI	脉宽调制逆变器
C_{SK}	电容器(串联谐振电路)	R_{MUB}	限压电阻器
CT	接触线	TC	牵引变流器
FTC	牵引箱风扇	TCT	变压器电流互感器
FTF	变压器风扇	TF	变压器

续表

FTM	牵引电动机风扇	TM	牵引电动机
HVL	高压线	TW1-TW4	牵引绕组
LCT	线路电流互感器	VLW	预充电电阻器
L_{SK}	电感器（串联谐振电路）	4QC	4象限斩波器
LVT	线电压互感器	MUB	过压限制器

2. 主电路的工作原理

架设在 TC02 车车顶的受电弓从接触网接收 AC 25 kV 的交流电，然后通过布设在车顶和车端的高压电缆将电能输送到装在 TC02 车下的牵引变压器，变压器的副边感应出 4×1 550 V 的电压并通过车辆间的连接馈线到设在动车车下的变流器单元。变流器单元内部的四象限斩波器将 1 550 V 的交流电整流为 2 700～3 600 V 的中间直流电压。中间直流电压通过 PWM 变频单元向牵引电机提供变压变频（VVVF）的三相交流电源。其中限压电阻接在中间直流电路的两极，防止出现过高电压，辅助变流器的输入也取自中间直流环节。

主电路设备主要包括：牵引变压器及其冷却系统、牵引变流器及其冷却系统、牵引电动机及传动装置、限压电阻、高压电器等。

三、高压电器

高压电器主要由受电弓、高压断路器、接地开关、防雷击装置（避雷器）、网端检测装置、高压电缆组成。每辆动车组都由两个对称的牵引单元（EC 01 至 BC04 车和 FC05 至 EC08 车）组成，它们通过一根车顶线相连。

高压系统位于车顶，高压系统的构成参见图 7-4。除车顶线和 TC02 和 TC07 车之间的高压转换装置外，高压系统的下列所有组件都位于 TC02 和 TC07 变压器车的车顶：

- 受电弓（P）；
- 避雷器（通过接触网的过压）（SA1）；
- 线电压互感器（LVT）；
- 主断路器，带接地开关（MCB）。

高压电缆，将动车组两个牵引单元连接起来，这样通过电缆一个受电弓和一个主断路器可以同时给两个牵引单元供电。

两个隔离开关在列车发生故障时可以将车顶电缆断开，这样一个牵引单元主系统发生故障，另一个牵引单元可以继续工作。受电弓得到 AC 25 kV 的电源后通过真空主断路器与车顶电缆连接。在受电弓的右后方有一个避雷器防止空气过压，避雷器的下方是变压器，作为从接触网获得的 AC 25 kV 变压的传感器，主断路器中集成了接地绝缘和电流互感器用于测量动车组的电流，从电流互感器出来的信号送达中央控制单元进行处理，而从变压器出来的信号则由中央控制单元和牵引控制单元处理。带有接地绝缘的真空断路器将受电弓和其牵引单元主变压器原边绕组连接起来，同时通过车顶电缆与另一个牵引单元主变压器原边绕组连接起来。

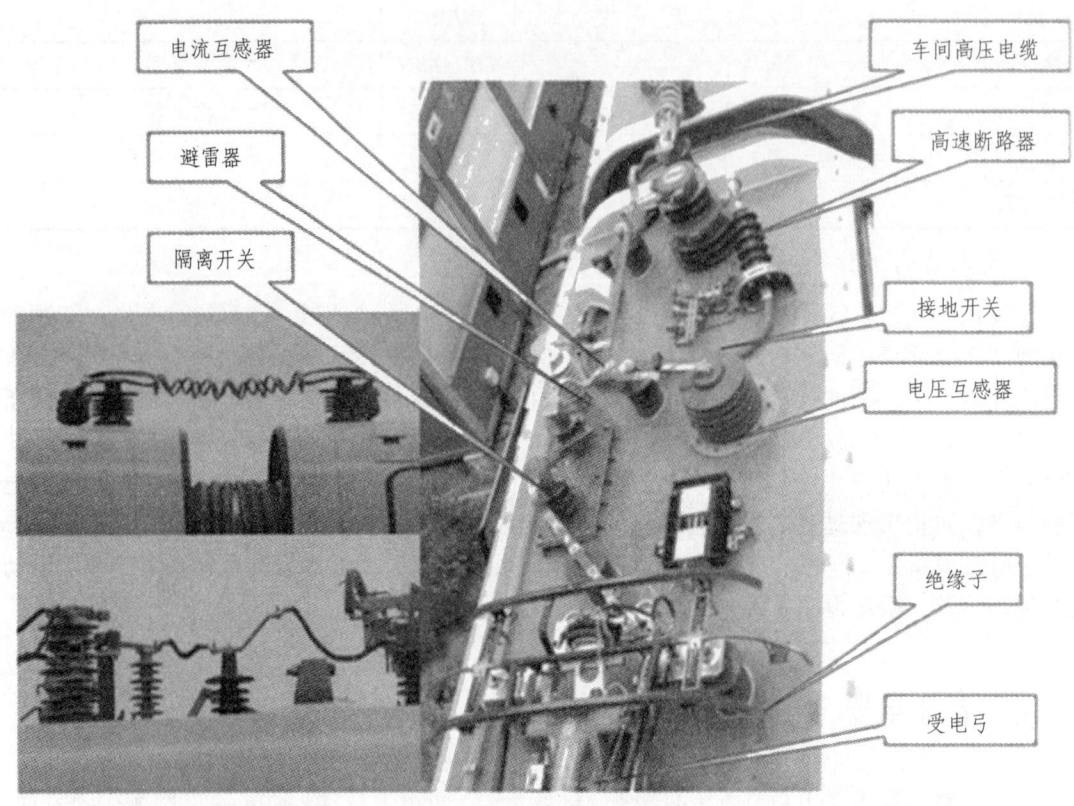

图 7-4 车顶设备布置

图 7-5 车顶设备分解图

电流互感器以及避雷器通过电缆与变压器原边绕组连接。电流互感器相当于一个变压器原边绕组的输入电流的传感器。变压器的输出端通过接地电流互感器与运用地面连接，电流互感器采集变压器的输出电流。每个牵引单元的中央控制控制单元通过比较两个电流互感器测得的电流差来判断两个电流互感器间原边电路是否有接地故障。

第七章 CRH3型动车组牵引系统

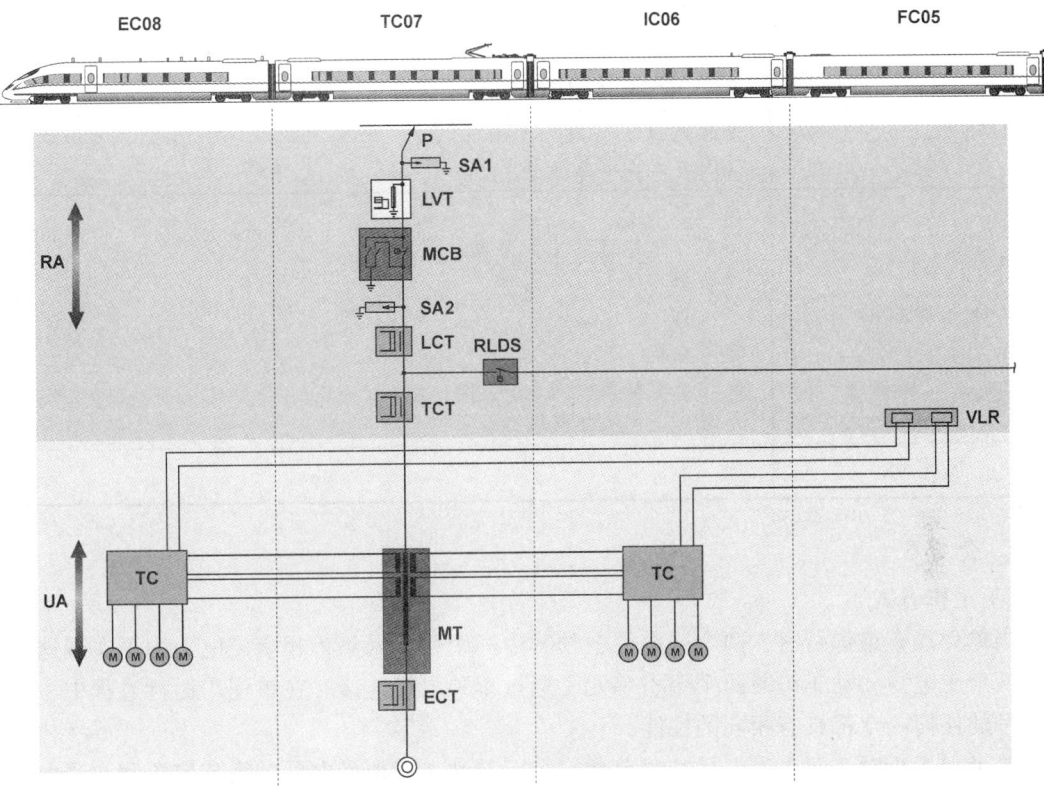

图7-6 高压系统框图（所示为第二个牵引单元）

ECT—接地电流互感器；M—牵引电动机；LCT—线路电流互感器；LVT—线电压互感器；
MCB—主断路器/接地开关；MCB—主断路器/接地开关；MT—主变压器；P—受电弓；
RA—车顶区域；RLDS—车顶线路隔离开关；SA1，SA2—避雷器；TC—牵引变流器箱；
TCT—变压器电流互感器；UA—地板下区域；VLR—限压电阻器

高压电器的主要组成部分位于每个完整动力配置的变压器车车顶上。（具体每个部件的分布见表7-2）

表7-2 高压系统部件布置

头车 01	无
变压器车 02	受电弓 带有接地绝缘的主断路器 避雷器 变压器 车顶电缆 车顶电缆隔离开关 车与车之间高压连接
中间车 03	车顶电缆 车与车之间高压连接
餐车 04	车顶电缆 车与车之间高压连接

一等车 05	车顶电缆 车与车之间高压连接
中间车 03	车顶电缆 车与车之间高压连接
变压器车 07	受电弓 带有接地绝缘的主断路器 避雷器 变压器 车顶电缆 车顶电缆隔离开关 车与车之间高压连接
头车 08	无

1. 受电弓

1）工作方式

当单列动车组运行时，两个受电弓中的其中一个用于采集单相交流电。为了实现这个目的，两个受电弓（动车组的两个牵引单元）通过车顶电缆连接。在单列车运行过程中，两个受电弓的任何一个都具有相同的性能。

双牵引运行时，两个受电弓，每单元一个，升起。车顶受电弓的安装位置和两受电弓之间的距离应以此来决定：确保双牵引中有一个好的集电弓，基于 200 m 或更长距离的受电弓的配置。在动车组重联时，两个受电弓被升起（每列车各一个）。即使重联运行，受电弓在车顶的安装位置以及两个受电弓间的距离需要被考虑。当受电弓距离 200 m 或更大时会发挥最佳集电效果。

在正常模式，单相交流电由动车组中优先使用的受电弓收集，受电弓的优先配置取决于列车的配置。在发生故障的情况下，就会要求另外一种配置工作，这样就要限制列车的最高运行速度。在故障情况下的最高运行速度

根据列车配置，列车控制系统通常会确定首选受电弓。正常操作期间的首选受电弓的配置如图 7-7。

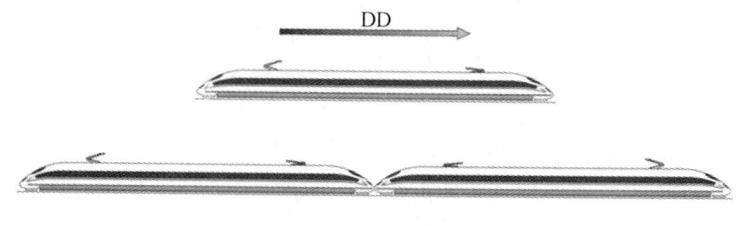

DD 行驶方向

图 7-7 首选受电弓的配置

如果首选受电弓被禁用或出现故障（例如，切断线路安全开关或空气压力损失），则可使用如图 7-8 的受电弓配置。

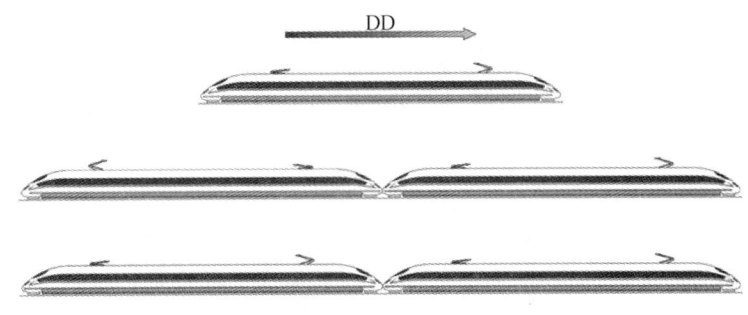

DD 行驶方向

图 7-8 非首选受电弓的配置

由于分相段中存在隔离电源短路，如图 7-9 受电弓配置不能被容许。

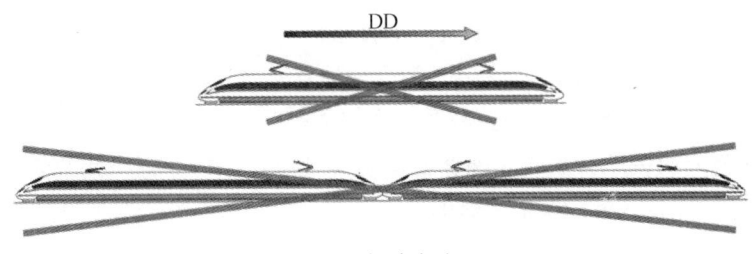

DD 行驶方向

图 7-9 不容许的受电弓的配置

2）受电弓的操作控制

（1）通过司机操纵台上的拨动开关"受电弓"（-21-S02），司机可手动升弓或降弓（三种开关设置："升弓"、"降弓"和"降弓和撒砂"）。只有在有源司机室，才可进行升弓操作，而降弓操作可在动车组任一司机室中进行。

（2）此外，通过打开 EMERGENCY OFF（紧急停车）回路或使用列车控制系统的安全功能也可以进行降弓操作。使用左司机 MMI "开关；牵引"显示屏，可检查受电弓的状态（升弓、降弓和故障）。

（3）升弓：将司机控制台上的受电弓拨动开关切换到"升弓"位置后，电磁阀通过 SIBAS KLIP 模块激活。

（4）采用以下方式可降弓：

① 起动司机控制台上的受电弓拨动开关，将开关设置到"降弓"位置；

② 起动司机控制台上的受电弓拨动开关，将开关设置到"降弓并撒砂"位置；

③ 断开 EMERGENCY OFF（紧急停车）回路；

④ 执行 CCU 的保护功能；

⑤ 执行 TCU 的保护功能。

3）自动高速降落装置操作受电弓的控制

（1）如果触发了自动高速降落装置，所有断路器都被断开，同时所有受电弓都降落（EMERGENCY OFF（紧急停车）回路被断开）。该装置可防止故障受电弓再次升起。司机可通过司机操纵台上的拨动开关"受电弓"(-21-S02),升起其他正常的受电弓。

(2)受电弓控制如果出现硬件故障(如线路安全开关被切断或气压损失),受电弓也会降落。此时,列车控制系统将断开主断路器,以防因电弧导致受电弓损坏。故障受电弓将在左司机 MMI"开关;牵引"显示屏上进行指示。

4)禁用/启用受电弓操作控制

通过左司机 MMI"开关;牵引"显示屏,司机可手动禁用或启用各受电弓。禁用受电弓时会导致受电弓降落,然而在司机 MMI 上执行启用程序时不会使受电弓自动升起。更换当前受电弓配置(如启用首选受电弓、联挂列车或更换司机室后)前,必须首先使用司机操纵台上的拨动开关"受电弓"(-21-S02)使受电弓降落,随后再实施升弓操作。

2. 高压断路器

主断路器(MCB)用于开关连接的牵引单元的工作电流,以及在发生严重干扰时安全断开 CRH 3 列车的两个互感器(LCT / TCT)与接触网。严重干扰如过流、互感器故障或线路短路。主断路器由压缩空气驱动。

1)主断路器激活的条件

将司机控制台上的拨动开关"主断路器"切换到位置"合"即可闭合主断路器。执行该步骤只会使牵引单元中的主断路器和提升的受电弓闭合。出现下列情况下通过 KLIP 信号激活:

(1)自身牵引单元中的主断路器已释放。

(2)另一个牵引单元中的主断路器已释放或车顶线路隔离开关已断开。

(3)自身牵引单元的牵引箱的线路断开器/预充电接触器断开(这种情况对分相段中的电压保持状态无效)。

(4)牵引箱的线路断开器/预充电接触器断开或另一个牵引单元的车顶线路隔离器断开(这种情况对分相段中的电压保持状态无效),及没有触发 EMERGENCY OFF(紧急停车)。

2)主断路器的操作控制

(1)使用司机操纵台上的拨动开关"主开关"(-21-S03),司机可手动闭合("On")或断开("Off")主断路器(两种开关设置:"On"和"Off")。

(2)断开主断路器的操作可在列车所有司机室中进行,然而,闭合操作只能在有源司机室中进行(当"牵引力控制器"(-22-S01)处于"0"位置)。将拨动开关切换至"On"(闭合)位置,牵引单元的主断路器将闭合,受电弓升起。

(3)注意:除司机控制操作之外,列车控制系统可自动断开和闭合主断路器(如受电弓控制系统的保护功能)。

(4)通过左司机 MMI"开关;牵引"显示屏上可检查主断路器的状态(断开、闭合和故障)。

(5)通过左司机 MMI"开关;牵引"显示屏,司机可手动禁用或启用各主断路器。

3. 接地开关

结构形式见图 7-10。

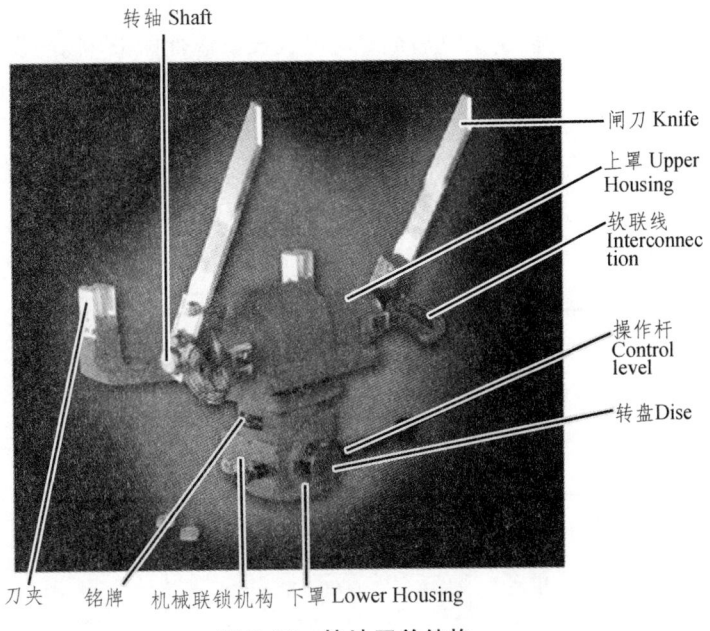

图 7-10　接地开关结构

闸刀通过支架安装在轴上，而轴、曲柄组装、连接杆组装以及操纵杆组装则组成一个传动机构，转动操纵杆，使整个传动机构进行传动，进而使得轴带动闸刀旋转一定的角度。根据设计，在操纵杆从一端旋转 180°到另一端时，闸刀也相应从"工作位"旋转 102°到"接地位"或者从"接地位"旋转 102°到"工作位"，而控制其是否能够转动的则是锁组装。锁组装共有 3 个锁，其中一个供蓝色钥匙使用，两个供黄色钥匙使用。仅在蓝色锁被蓝色钥匙打开后，操纵杆才能从"操作"位置旋转到"接地"位置。一旦旋转到"接地"位置，联锁机构就被带有黄色钥匙的锁锁在此位置，然后可把钥匙从锁中拔下来。

接地点接通后支架嵌入主断路器两端的接地触点，停用时该支架处于水平位置。接地隔离开关从车辆内部手动起动。闭锁装置确保接地隔离开关仅可在车辆的高压系统与接触线断开后才能接合。

4. 隔离开关

1）隔离开关的作用

在车顶高压设备中，均安装有隔离开关。在列车发生故障时，隔离开关可以将车顶电缆断开，这样一个牵引单元主系统发生故障，另一个牵引单元可以继续工作。

2）隔离开关的操作控制

（1）通过左司机 MMI "开关；牵引"显示屏，司机可手动禁用或启用隔离开关。

（2）实施禁用操作时，将导致 8 车编组的车组所有隔离开关被起动（在所有 8 车编组的车组主断路器被断开之前）。

（3）开关处于断开状态时，只有在动车组激活的牵引单元中才可实施列车操作。

注意：除司机控制操作之外，列车控制系统可自动断开和闭合隔离开关（如车顶线路出现接地故障）。

5. 防雷击装置

避雷器（SA1）安装在受电弓（P）后面，对电气设备进行保护，以防设备受到接触网（例如，闪电）过压损坏。避雷器的下游装有线电压互感器（LVT），互感器用作列车控制系统接触网电压的记录器。避雷器（SA2）安装在互感器（LCT／TCT）上游的高压系统的第二个避雷器（SA2）保护互感器，防止在主变压器断开期间出现不容许的高的开关电压。主要技术参数参加表 7-3。

表 7-3　避雷器主要技术参数

车顶避雷器规范		备注
额定电压	37 kV	
持续运行电压	30 kV	31 kV 持续 5 min
标称放电电流峰值	10 kA	
在 8/20 μs 下的最大剩余电压	100 kV	
压力放电	40 kA	

6. 网端检测装置

网端检测装置由电流互感器、电压互感器和回流互感器构成。

一个电压互感器有次边绕组每个绕组分别与一个受电弓连接，用于测量和监视电网接触线的电压，互感器位于受电弓与主断路器之间。

一个电流互感器同时被接到每一个主断路器中，用于测量动车组的电流。电流互感器为直通式互感器。另外两个互感器（电流互感器和回流互感器）用于监测主变压器。这两个互感器用来测量牵引单元的线电流以及回流电流。电流互感器位于主变压器的上段车顶，回流电流互感器位于主变压器下段安装在主变压器中。

与线电压互感器（LVT）相反，线路电流互感器（LCT）用作列车控制系统的线路电流的记录器。还有两个电流互感器监测每个互感器的输入和输出电流。根据两个电流之间的差值，列车控制系统可以检测主变压器出现的接地故障。

7. 能量消耗计

为了测定能量消耗，每节车都具备电子能量消耗测量功能。这一功能在列车控制系统中作为软件模块执行。能量消耗测量功能不能校准，因此它不适用于计算能量消耗费用。使用工作电流和电源电压互感器时，牵引操作和回复操作（电动制动）过程中消耗的能量都由列车控制系统测定。为此，电流信号通过隔离变压器读入指定的中央控制单元。电源电压信号通过隔离变压器读入相关的牵引控制单元（TCU）。测定的电压值通过 MVB 传送到 CCU。如果测得的电压值合理，则 CCU 会接受这些值。否则 CCU 会自己通过隔离变压器读入电压值。这种情况下采用的原理是首先测量收集的或直接反馈到供应点处的能量，然后测定消耗量。相关的 CCU 通常会测定与升弓有关的能量消耗，即车顶线闭合时整车的消耗量。列车的全部能量消耗量通过将单独的能量消耗值相加测得，然后显示在司机 MMI 上，分为牵引和能量反馈（电动制动期间）过程中的能量消耗量。

8. 高压电缆

1）车顶线路隔离开关

车顶线路可由车顶线路隔离开关（RLDS）断开。如果一个牵引单元的主电路系统出现故障，列车控制系统可隔离车顶线路，从而使另一个牵引单元可操作。隔离开关通过压缩空气操作。

使用 CCU 或由司机禁用司机 MMI 上的车顶线路隔离开关可自动断开车顶线路隔离开关。通常列车组中的所有车顶线路隔离开关都将断开（在此之前，列车组中的所有主断路器都将断开）。

2）车顶高压电缆

中间车上的车顶高压电缆为无卤柔性单芯电缆，它从车顶铝型材内穿过。车顶管道到车顶下部设备区的转接部分已密封。车转换部分的车顶线的封端也用作支持绝缘子。在变压器车上，同型号的电缆作为供电电缆敷设至变压器。车顶设备的连接电缆端部为热缩套密封。电缆在车顶区敷设为曲线形状，在接近车端部分向下敷设到车侧，然后连接到地板下区域的主变压器。高压弯插头是电缆的终端，同时它也形成了与变压器之间的连接。

3）车顶高压连接装置

车顶（高压）线必须越过车之间的转换部分。这由车端的支持绝缘子及支持绝缘子之间的双螺旋丝（双螺旋丝的托架固定在支持绝缘子上）。双螺旋丝的这种布置确保了维持隔离距离。双螺旋丝设计适用于车体之间的最大相对运动。每根单螺旋丝的尺寸都有规定，以便可以承载最大工作电流。如果一根螺旋丝脱落，另一根螺旋丝还可使其保持在原位。可目视检查这种状况。

9. 牵引变压器

变压器（TF）位于动车组 TC02/TC07 拖车的地板下，变压器冷却装置（CLF）在每个变压器的旁边。

变压器为单系变压器，设计在 AC 25 kV，50 Hz 电源电压下使用。该电源电压用于生成牵引电压。变压器为单相操作，它将一次绕组上的接触线（CL）电压转换为四个二次绕组（牵引绕组（TW1 - TW4））的电压，并给牵引变流装置供电。

变压器上采取了多种适当的保护措施，以防变压器过载。包括冷却回路中以防热过载执行的温度监测、为检查冷却剂流量执行的流量监测及为检测一次电路接地故障执行的一次隔离监测（通过比较外向电流和返回电流进行差动保护）。

变压器系统配有膨胀箱，它位于 TC02/TC07 车的车顶，从而补偿因温度变化而产生的冷却剂量的变化。

变压器结构系统符合 EN 60310 标准，为铁路用固定变压比单相变压器。变压器拥有下列次级绕组：4 x TW（牵引绕组），用于牵引变流器的馈电（4 象限斩波器输入电路）；一个原边绕组。

表 7-4 变压器辅助设备的电气接口

设备名称	连接/接口类型
泵	插头（Harting 公司 4 极的）
温度传感器	每台 PT 100 双向温度传感器的插头（Harting 公司 8 极的）
双浮子继电器	插头（Harting 公司 8 极的）
流量监控器	插头（Harting 公司 4 极的）
接地电流互感器	接地电流互感器接线盒

9. 牵引变流器

CRH3 动车组有 4 台牵引变流器，每套牵引变流装置中有两组四象限整流器（4QC）、一组逆变器、一组牵引控制装置、冷却系统构成及中间直流环节构成，每一组逆变器控制 4 台牵引电机。变流器的主要功能是将 25 kV，50 HZ 的单相交流电压通过牵引变压器降压后，输出单相 AC 1 770 V，50 HZ 的电压，经四象限整流得到 2 700～3 600 V 的中间直流电压，再经逆变器输出电压频率可调的的三相交流电压来控制每台电机。

牵引变流器（TC）位于 EC01/EC08 和 IC03/IC06 车底架下的牵引箱中，牵引变流器冷却装置（CLT）在每个牵引箱的旁边。集成在牵引变流器（TC）中的牵引控制单元用于监控。

1）牵引变流器构成特点

本装置吊挂在车辆底板上，牵引变流器的功能是进行电制转换，以满足牵引列车及牵引控制对电能形式的需要。CRH3 是交 – 直 – 交电力牵引列车，牵引变流器首先将来自受电弓的单相交流电转换成直流电，这一功能由网侧变流器模块（4QC）实现；该直流电又被电机变流器模块（PWMI）转换成三相交流电供给三相交流异步牵引电动机，通过对 4QC 和 PWMI 的控制实现列车的牵引、调速及制动。

如图 7-11，给出了 CRH3 的一个牵引变流器模块构成框图，牵引变流器的功率器件为 IGBT（绝缘栅双极晶体管），控制装置以微处理器为核心，可方便灵活地实现功率转换与保护，也可实现再生电气制动。每个牵引变流器基本上包括两个 4 象限斩波器（4QC）、一个带串联谐振电路的中间电压电路、一个过压限制器（MUB）和一个脉宽调制逆变器（PWMI）。

变流器内部主要组成如下：

（1）2 个四象限整流器（4QC）并联，给 1 个牵引逆变器供电。

（2）1 个三相电压型两电平逆变器，给 4 台异步牵引电动机供电。

（3）1 个牵引控制单元（TCU），控制四象限整流器、牵引逆变器的 IGBT 开关，以获得满足车辆牵引/制动性能要求的控制。

（4）装置分通气部分和密封部分，把需要散热的冷却系统安装在通气部；把有必要进行绝缘防止污损的部分安装在密封部。

（5）冷却系统布置在变流箱的旁边。

（6）具有完善的故障保护功能。

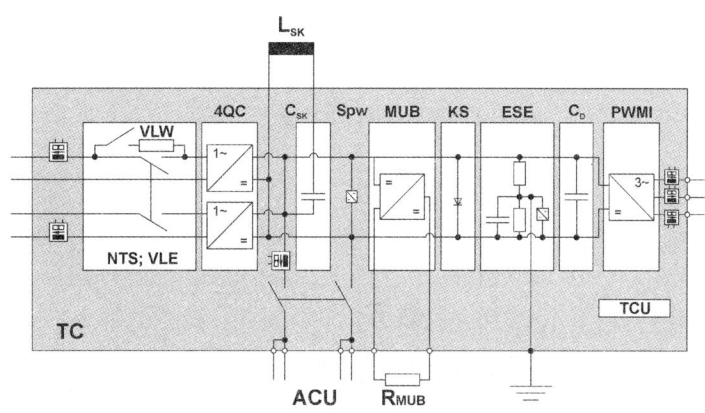

图 7-11　牵引变流器框图

C_D—直流侧电容器；C_{SK}—电容器（串联谐振电路）；ESE—接地故障检测模块；KS—短路断路器；L_{SK}—电感器（串联谐振电路）；MUB—过压限压器；NTS—线路接触器；PWMI—脉宽调制逆变器；R_{MUB}—限压电阻器；S_{pw}—电压转换器；TC—牵引变流器；TCU—牵引控制单元；VLE—预充电装置；VLW—预充电电阻器；4QC—4 象限斩波器

牵引变流器（TC）的主要功能在于为牵引电动机（TM）提供 3 相异步交流电。牵引变流器（TC）位于 EC01/EC08 和 IC03/IC06 驱动车地板下的牵引箱中，牵引变流器冷却装置（CLT）在变压器的旁边，集成在牵引变流器（TC）中的牵引控制单元（TCU）用于系统的监测与控制。冷却回路进行温度和冷却剂流量的监测，从而保护牵引变流器，以防出现热过载情况，同时牵引变流器内进行电流和电压的检测，以防止过流和过压对系统的不良影响。

2）四象限整流器工作原理和技术参数

4QC 从电气上可分为两个子系统，由两个完全相同 AC-DC 变流器构成。这两个子系统均由内部计算机监督控制，因此需要测量 4QC 内部的温度、电流和电压等参数。该整流器在牵引工况可以将交流转化为直流，在实施再生制动时将直流转换为交流反馈回电网。

4QS 输入频率　　　　　　　　50 Hz
4QC 输入功率：
牵引操作　　　　　　　　　　约 $2 \times 1\,430$ kVA
制动操作　　　　　　　　　　约 2×900 kVA

3）逆变器工作原理和技术参数

三相桥式逆变器的结构如图 7-12，将 DC 电能变成可控的三相对称交流电源，在电制动时又能反过来把牵引电机发出来的三相交流电变成直流电压，对牵引电机进行牵引与制动控制，其功率模块为 IGBT。三个相同的桥臂构成一个三个变流器，图中画出了 U 相主电路。IGBT 的开关由门电路驱动单元驱动，门电路驱动单元根据 TCU 的指令接通和断开 IGBT。

为实现电机变流器的控制和监视，需要测量以下工作参数：

（1）变流器输出的相电流，用于控制和保护。

（2）直流环节电容器上的电压，用于保护。

（3）电机变流器温度，用于保护。

（4）电机温度，用于保护。

（5）电机的转速，用于控制和保护。

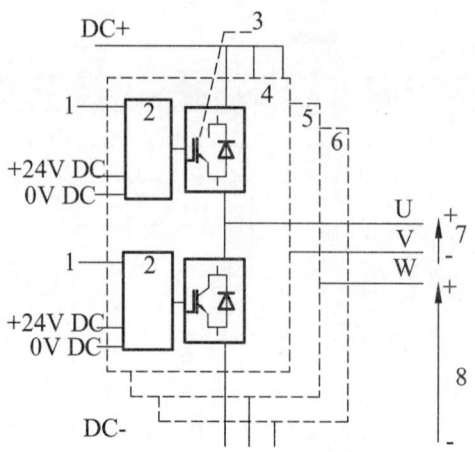

图 7-12　三相逆变器构成

1—光纤信号　来自/去往 MCM 计算机；2—门电路驱动装置；3—IGBT 模块；
4—U 相；5—V 相；6—W 相；7—相间电压

牵引安全功能能够减小在不需要的情况下产生牵引力的危险，PWMI 的输出功率

牵引操作　　　　　　　　　　　约 2 383 kW
制动操作　　　　　　　　　　　约 1 843 kW

4）中间电路的特点和技术参数

中间电路包括：一个带串联谐振电路的中间电压电路、一个过压限制器（MUB）、接地故障检测模块（ESE）、限压电阻器等，参见图 7-。过压限制器（MUB）用于减少牵引中间电路的过压情况，防止对牵引电路的功率半导体造成损坏。

每个牵引变流器（TC）输入端的线路接触器（NTS）由 TCU 控制，用于连接牵引变流器和变压器（TF）的二次侧。牵引变流器的中间电路必须在线路接触器接通之前预先充电。预充电由预充电装置（VLE）执行，该装置包括预充电接触器和相应的电阻器。如果牵引变流器出现故障，可以先断开主断路器然后使用线路接触器（NTS）将它与主变压器隔离。

接地故障检测模块（ESE）对系统进行监测，检测系统的接地故障。若出现故障则断开牵引变流器。在这种情况下，如果主断路器断开并被阻止使用，动车组司机必须首先将受影响的动力装置从地面移开，然后再次闭合主断路器。这样可以确保与该变压器连接的其他组件（例如，其他牵引变流器）及另一个牵引单元变压器上的组件可以继续操作。

电感器（L_{SK}）装在牵引变流器的冷却系统中。电感器使用牵引变流器冷却系统的冷却风扇进行强制风冷式。

DC 环节电容器是变流器的无功功率源，起到稳定 DC 电压的作用，这对变流器的能量转换过程来讲是非常关键的。

动车组配有四个限压电阻器。每个限压电阻器分配给一个动力装置。限压电阻器位于 BC04 和 FC05 车车端 2 的车顶。限压电阻器专用于保护牵引功率转换器，以防过压。功率转换器出现故障时，电阻器可以保证使中间电路以规定方式安全放电。一旦电源线不能再保证电气制动能的吸收，转换器即将电气制动能转换为热。

中间电路电压参数如下：

牵引　　　　　　　　　　　约 2 700～3 600 V

制动　　　　　　　　　　　约 2 800～3 600 V

5）牵引控制单元（TCU）

（1）在 CRH3 动车组中共有 4 个牵引变流器，分别位于两个端车以及 3 车和 6 车车下，在每个牵引变流器中都有一个牵引控制单元。主控 CCU 通过车辆总线（MVB）针对牵引系统向牵引控制单元 TCU 发出设定值，并通过 TCU 从牵引系统接收状态信息。牵引装置控制的重要信号由 TCU 直接通过输入/输出通道读入和发出。

（2）牵引控制单元的主要功能如下：

① 调节给定的牵引力或电制动力，调节牵引变流器的中间直流环节电压，产生牵引控制信号。

② 控制象开关元件，例如：预充电接触器和线路隔离开关。

③ 检测和保护变流器、牵引电机和其他牵引部件。

④ 车轮滑动/空转保护。

⑤ 配有诊断存储器为维修提供支持以及增加可用性。

⑥ 通过 MVB 与 CCU、BCU、司机的 MMI 和辅助变流器等设备交换信息。

（3）牵引控制单元的功能信号流程结构见图 7-13。在中央处理器单元的主存储器中的操作系统负责系统的启动、事件等级的管理、处理器运转异常和硬件中断的处理。同时中央处理器单元还存有应用软件用来执行更高级的牵引控制功能。

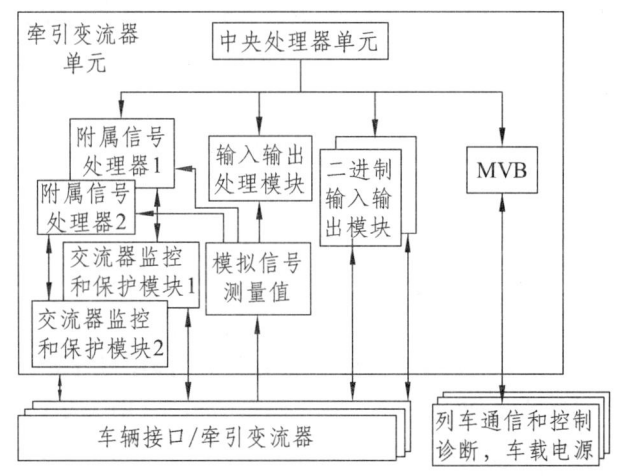

图 7-13　牵引控制单元结构框图

（4）两个附属信号处理器同样存在着操作系统和应用软件，执行实时牵引控制和变流控制功能，大大减轻了中央处理器的工作量，它们从中央处理器接收变流器的控制预置指令，通过一定的算法确定必须的设置和产生控制脉冲。

（5）MVB 模块用来和其他 MVB 设备进行通信，以交换相关信息。在模块内部也需要相应的软件支持其工作。

（6）上述模块均可通过安装在电脑上的专门的软件和其进行通信，包括上传和下载软件、数据以及访问内部的诊断系统等。

6）限压电阻器

动车组配有四个限压电阻器。每个限压电阻器都分配给一个牵引变流器。限压电阻器位于 BC04 和 FC05 车二位端的车顶。

限压电阻器专用于保护牵引变流器，以防过压。电源变流器出现故障时，电阻器可以保证使中间电路以规定方式安全放电。

10. 牵引电机

CRH3 动车组配有 16 台牵引电动机，为四极三相异步牵引电机。电动机位于 EC01/EC08 和 IC03/IC06 车上，动力转向架的每个轮对都由牵引电动机驱动，牵引电动机安装在转向架上。电动机为强制风冷式，使用温度传感器进行电动机的温度监测，以防电机过热情况的出现。

该电机为三相四极异步牵引电机，牵引工况作为电动机运行，再生制动时作为发电机运行，电机安装有温度传感器和速度传感器，用于测量电子定子的温度和电机的转速，该电机采用风冷的方式进行冷却，额定电压值较高，约为 2 700 V，以适应电机宽调速范围，动车组高速运行的需要。

第三节　列车通信控制系统

一、CRH3 型动车组信息传输系统概要

（1）CRH3 动车组的信息传输系统是实现整个动车组功能的关键，同时也是其监控和诊断的核心。该系统构建基于 IEC61375-1，列车通信网络（TCN）。是一个分为两级的通信网络，由列车总线 WTB 和车辆总线 MVB 组成，均为两路冗余。

（2）网络控制上每 4 辆为一个单元，每个单元内用 MVB 贯穿整个单元的 4 辆车，两个单元之间通过 TCN 网关再经过 WTB 连接，完成信息的传递。即 MVB 构成车辆级总线，WTB 为列车级总线。每个 MVB 单元均有两个互为备份的 CCU，承担网络管理器功能。司机室占用端车上的主 CCU 不仅和其他端车主 CCU 一样实现管理本 MVB 单元的功能，同时还要管理全列网络系统。CRH3 的网络拓扑如图 7-4 和 7-5 所示。

（3）维修信息主要通过动车组的诊断系统提供给列车工作人员和维修人员，整个网络控制的诊断系统集成在司机和乘务员 MMI 中，称为"动车组中心诊断系统"。维修信息可通过 MMI 显示出来，并可通过服务接口下载供相关人员参考和利用。维修信息的传输同样借助与列车的信息传输系统。其中每个司机室的两个 MMI 之间可通过专用的以太网在必要时进行通信。

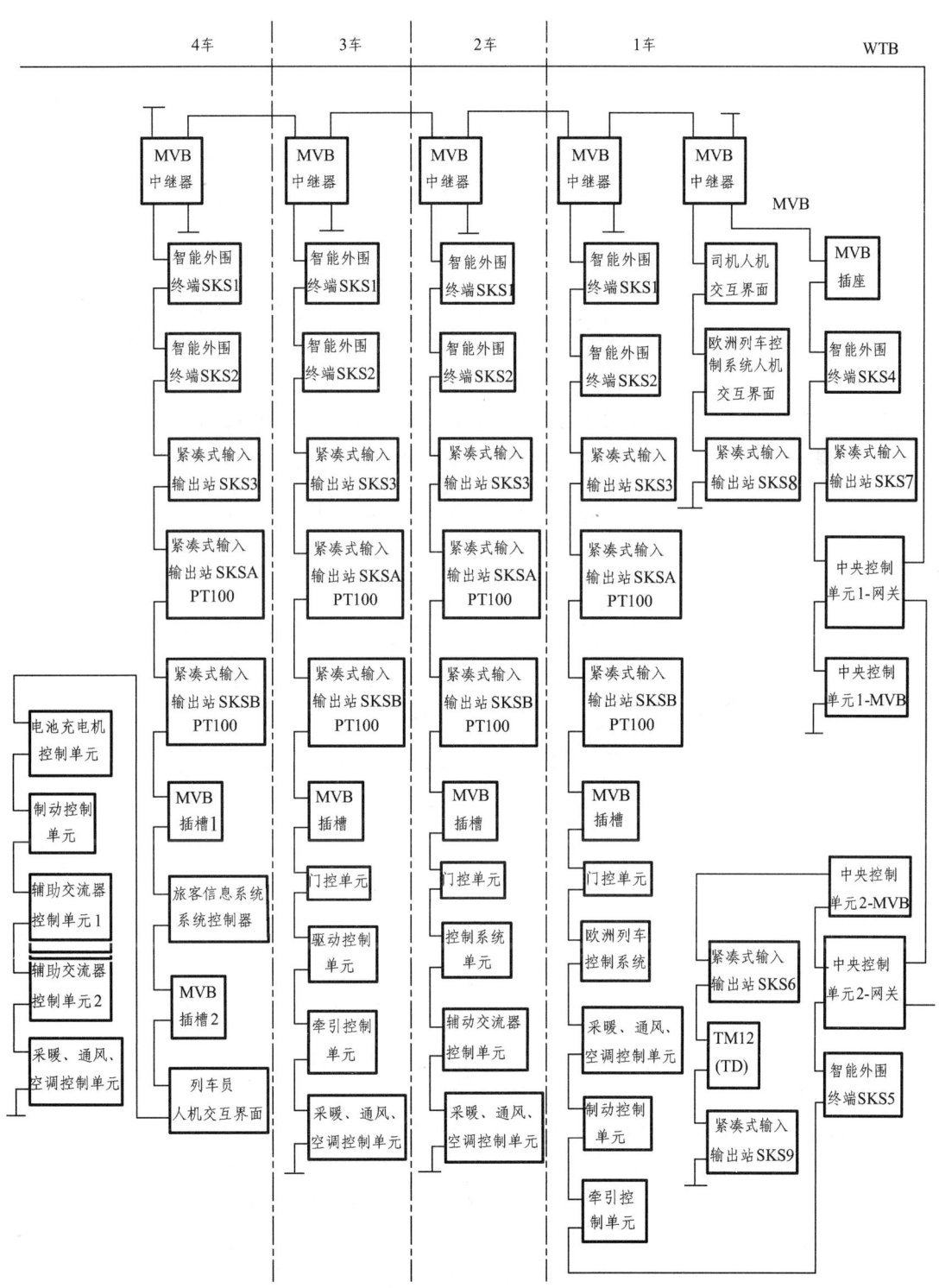

图 7-14 CRH3 动车组 1-4 车网络拓扑图

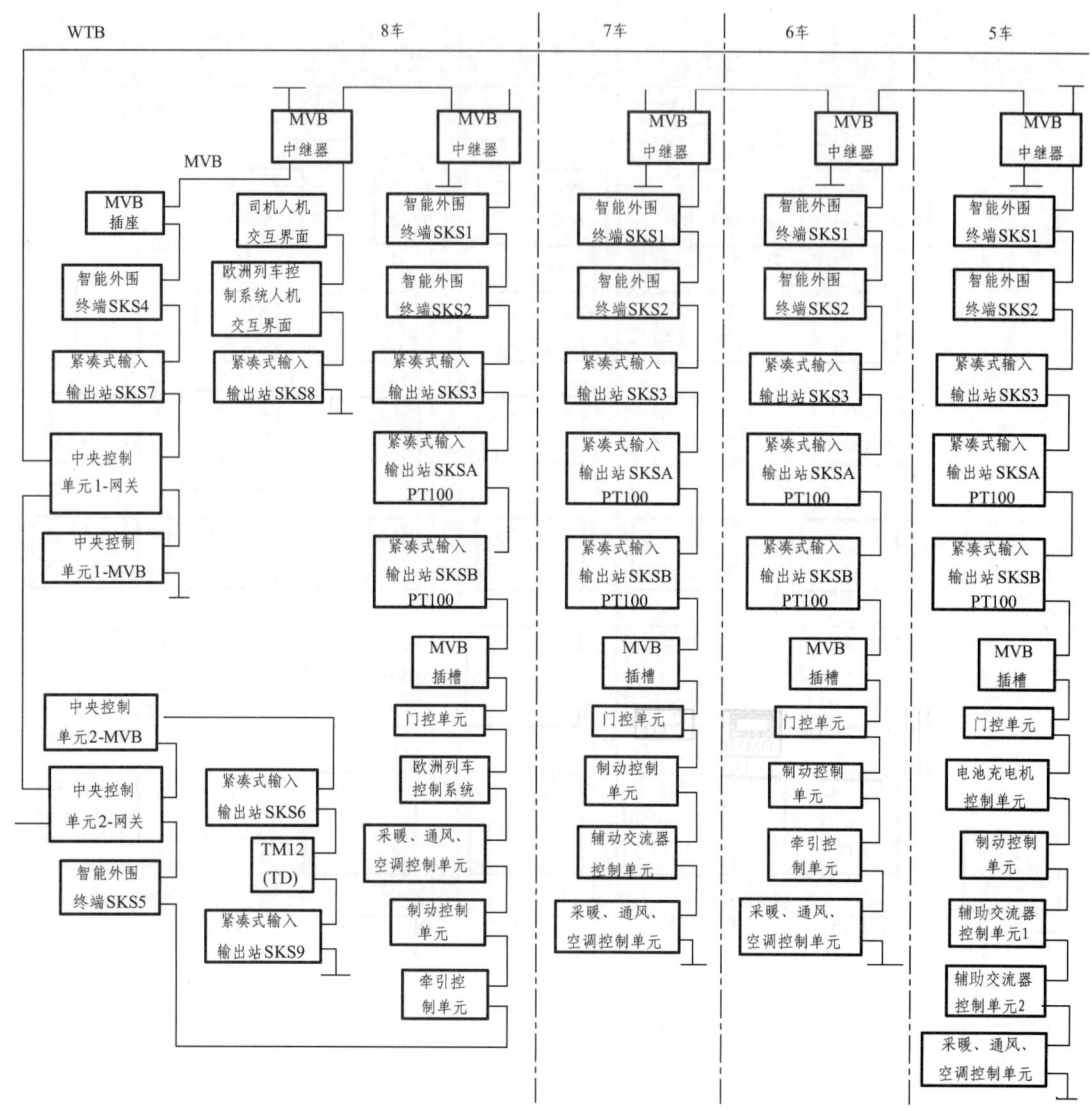

图 7-15 CRH3 动车组 5-8 车网络拓扑图

二、CRH3 型动车组列车通信控制系统作用原理

（1）列车通信和控制级以及子系统和传统电路技术（安全回路、列车控制线路）形成了列车总体控制系统。

（2）列车各控制装置间的通信通过由列车总线 WTB（绞线式列车总线）和车辆总线 MVB（多功能车辆总线）组成的双级通信网络予以实现。

（3）一个 8 节车厢的列车被称为一个动车组。根据列车通信和控制可将一个动车组分为两个牵引单元，各牵引单元包括 4 节车。各牵引单元配有各自的车辆总线 MVB。列车组中的牵引单元通过列车总线 WTB 互相连接。

（4）为了提高可用性，将使用一个主链结构实现车辆总线 MVB 的拓扑结构。MVB 分支段通过中继器连接至主线（主链）上。该结构的优点在于如果车内一个 MVB 分支段出现故障，通常不会对牵引单元其他车的通信产生影响。

（5）对动车组以及输入输出设备（CCU、司机 MMI、SIBAS KLIP 和 MVB 袖珍型 I/O 模块）的可用性很重要的冗余控制和操作设备均位于 EC01/EC08 车内。

（6）因此，EC01/EC08 车内安装有两个独立的 MVB 分支段，冗余设备分给了各分支段，如有必要，冗余设备可用于列车行驶和制动的操作中。

（7）WTB 和 MVB 使用冗余双绞线路进行数据传输。相应的冗余传输通道、网关和 WTB 与 MVB 的耦合也冗余存在于 EC01/EC08 车内。

三、CRH3 型动车组各车辆通信控制系统结构

1. EC08/TC07 车辆通信控制系统结构（图 7-16）

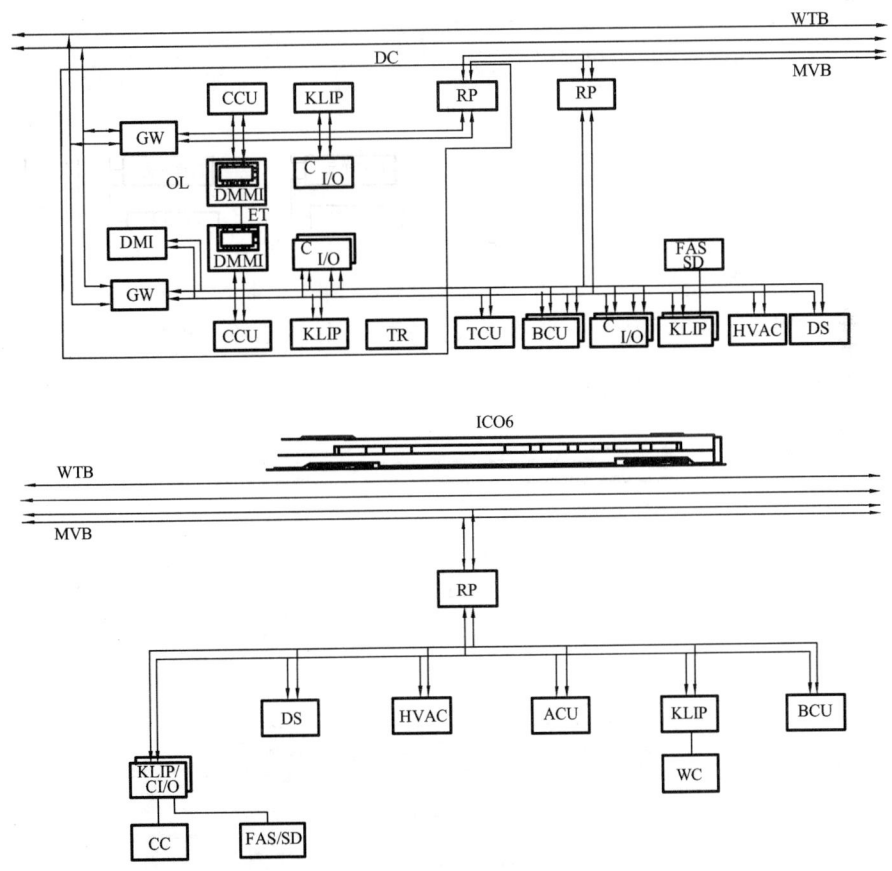

图 7-16　EC08/TC07 车辆通信控制系统结构

ACU 辅助变流器单元、GW 网关、BCU 制动控制单元、RP 中继器、CC 车辆控制、HVAC 暖通空调、CCU 中央控制单元、SIBAS KLIP 设备、CI/O 输入/输出设备、MVB 多功能车辆

总线、DC 司机室、OL 操作杆、DS 门、TCU 牵引控制单元、DMI ATP 显示器、TR 列车无线电、DMMI 司机显示器、WC 厕所、ET E 以太网、WTB 绞线式列车总线、FAS/SD 火警系统/烟雾探测器。

2. IC06/FC05 车辆通信控制系统结构（图 7-17）

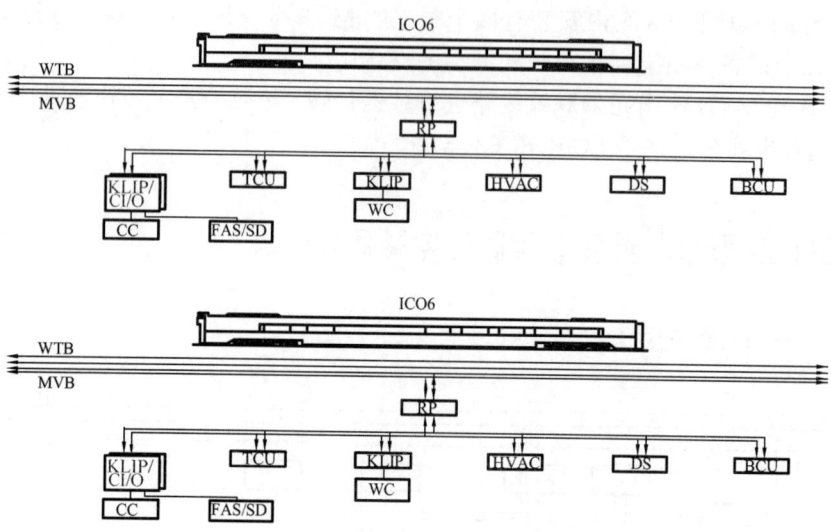

图 7-17　IC06/FC05 车辆通信控制系统结构

ACU 辅助变流器单元、HVAC 暖通空调、BCU 制动控制单元、KLIP SIBAS 设备、BC 电池充电机、MVB 多功能车辆总线、CC 车辆控制、RP 中继器、CI/O 输入/输出设备、TCU 牵引控制单元、DS 门、WC 厕所、FAS/SD 火警系统/烟雾探测器。WTB 绞线式列车总线。

3. BC04/IC03 车辆通信控制系统结构（图 7-18）

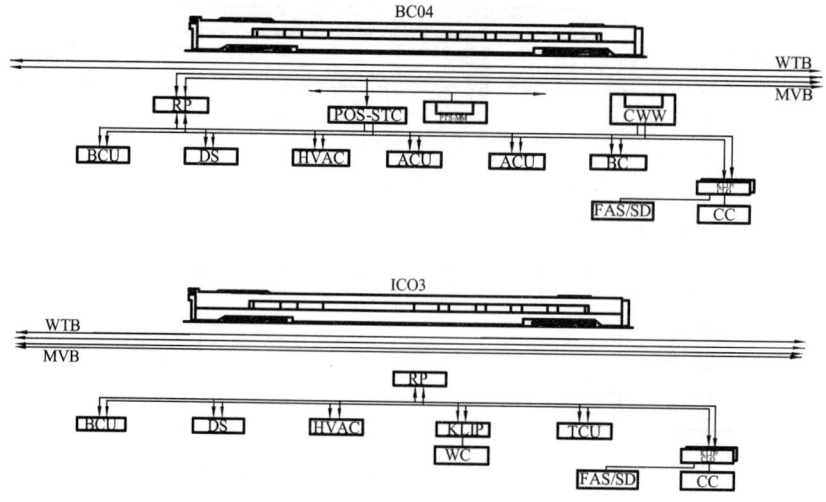

图 7-18　BC04/IC03 车辆通信控制系统结构

ACU辅助变流器单元、SIBAS KLIP设备、BC电池充电机、MVB多功能车辆总线、BCU制动控制单元、PIS显示器、CC车辆控制、PIS-STC旅客信息系统-系统控制器、CMMI乘务员显示器、RP中继器、CI/O输入/输出设备、TCU牵引控制单元、DS门、WC厕所、FAS/SD火警系统/烟雾探测器、WTB绞线式列车总线。

4. EC01/TC02车辆通信控制系统结构（图7-19）

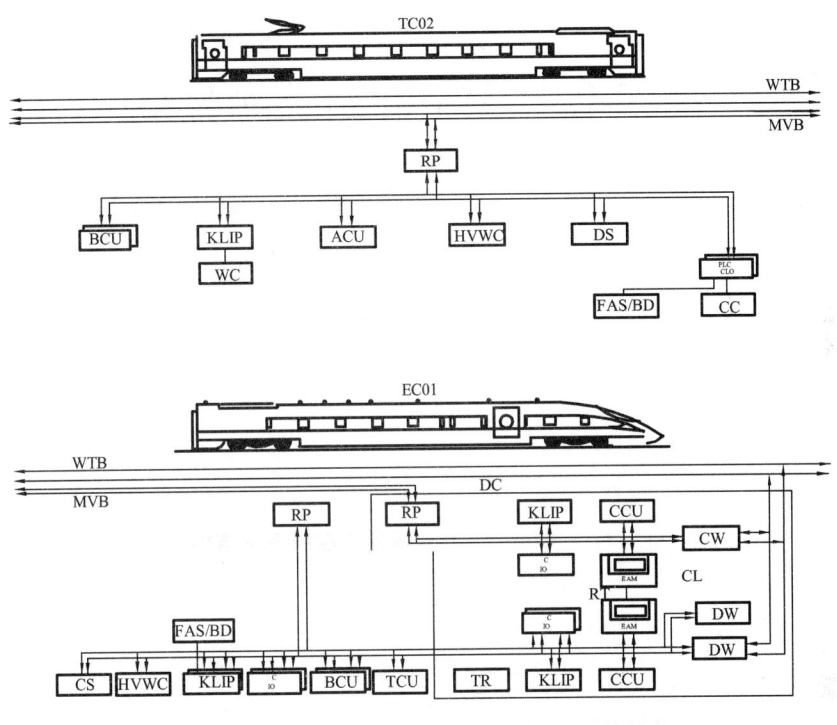

图7-19　EC01/TC02车辆通信控制系统结构

ACU辅助变流器单元、GW网关、BCU制动控制单元、RP中继器、CC车辆控制、HVAC暖通空调、CCU中央控制单元、SIBAS KLIP设备、CI/O输入/输出设备、MVB多功能车辆总线、DC司机室、OL操作杆、DS门、TCU牵引控制单元、DMI ATP显示器、TR列车无线电、DMMI司机显示器、WC厕所、ET以太网、WTB绞线式列车总线、FAS/SD火警系统/烟雾探测器。

四、车辆总线（MVB）与牵引单元的列车通信和控制相连部件

（1）中央控制单元（主从CCU）和有关网关。
（2）司机显示器（司机MMI）即进行列车控制和诊断的人机界面。
（3）牵引变流器的牵引控制单元（TCU）。
（4）制动装置箱的制动控制单元（BCU）。
（5）电池充电机（BC）控制系统。
（6）辅助变流器装置（ACU）控制系统。

（7）门控单元（门）。
（8）暖通空调控制单元（HVAC）。
（9）旅客信息系统（PIS）中央系统控制器。
（10）乘务员显示器（乘务员 MMI）。
（11）输入/输出设备（SIBAS-KLIP 和 MVB 袖珍型 I/O 模块）。

第四节 安全回路保护控制

一、安全回路控制动作保护的基本概述

（1）所有安全回路的故障开关和线路安全开关的位置都由列车控制系统监测。切换故障开关（同时适用于无源司机室）或触发线路安全开关后，诊断消息将被发出，同时司机 MMI 上将出现当前列车状态消息。

（2）无源司机室中激活的故障开关，如果激活无源司机室中的故障开关，通常将导致相应安全回路被中断。因此，更换司机室或进行联挂和解编操作时，应将故障开关切换至"闭合"的位置。

（3）激活"新"司机室后，将故障回路的故障开关再次切换至"断开"的位置。如果故障回路被恢复，则司机无需使用禁用的司机室。

（4）例外情况：在存在故障的同时进行司机室更换、联挂和解编的操作，故障开关"紧急制动阀"（-43-S30）必须保持在"关"的位置，以防 EB 阀被错误起动。

（5）回路控制系统的线路安全开关，位于司机室 LSS 面板 112.11 处的线路安全开关"回路控制系统"（-43-F01）用于确保回路控制系统所有（本地）功能（如"回路开启""回路隔离""回路结束""有人驾驶司机室模拟""静止状态监测""发送至智能制动面板的紧急制动回路/停车制动监测回路消息"和"应紧急制动请求而发送的转向架监测回路消息"）和紧急制动请求功能的供电正常。

二、自动安全装置控制动作保护的原理

（1）在行驶期间，必须在 30 s 的时间间隔内或最迟在发出声音警告后起动 ASD 控制元件之一，以便确保司机可正常行车。若未正确操作 ASD，强制制动将作为紧急制动起动，同时动车组将停车。

（2）在 ASD 回路中打开 CCU 输出可起动强制制动。打开 ASD 回路将导致紧急制动回路被打开。紧急制动回路打开后，EC01/EC08 车内的紧急制动阀被打开，各车直接制动器被激活，生成最大制动力。

（3）自动安全装置由每个牵引单元实现，因此，每个司机室分配有一个自动安全装置。

三、自动安全装置 ASD 控制动作保护的原理

（1）自动安全装置由每个牵引单元实现，因此，每个司机室分配有一个自动安全装置。ASD 由以下元件组成：

① ASD 控制元件集成在"牵引力控制器"（-22-S01）上的一个手控按钮位于司机台下方脚踏处的脚控"ASD 踏板"（-43-S27）。

② 司机操纵台上的一个指示灯一个声音信号装置。

③ 二级操作区下司机室右侧挡板后，故障开关操纵台上的 ASD 故障开关"ASD"（-43-S28）。

④ 每个 CCU 上的双通道 ASD 控制器，包括 ASD 回路中断 ASD 回路每个 CCU 都具有双通道 ASD 功能。

⑤ 如果一个 CCU 出现故障，将自动切换至另一个工作 CCU，车辆仍具有完善的 ASD 功能。由 ASD 功能控制的两个控制装置的输出并行存在于 ASD 回路上。

（2）强制制动，如在 ASD 回路中打开 CCU 输出，可通过以下装置或功能予以起动：

① 切断线路安全开关 "ASD"（-43-F11），中断 ASD 回路电源，激活司机台上的 ASD 指示灯。

② CCU 1/CCU 2 的 ASD 功能出现 ASD 功能干预时，可通过打开两个 ASD 输出来中断 ASD 回路。

③ 如果司机室无人（如执行跟踪牵引单元），则执行 ASD 功能的软件也无效。

（3）其他中断根据闭路原则，如果断线或车辆控制系统彻底失效，强制制动将被触发。

四、自动安全装置 ASD 操作

（1）在行驶期间，必须在 30 s 的时间间隔内或最迟在发出声音警告后起动 ASD 控制元件之一并暂时释放。

（2）操作 ASD 时，脚控"ASD 踏板"（-43-S27）评估优先于集成在"牵引力控制器"上的手控按钮（-22-S01）的评估。这就意味着如果手控按钮处于永久按下状态，起动脚控 ASD 踏板时，需要重设 ASD 计时器。

（3）固定作业时，无需操作任何 ASD 控制元件。

（4）操作期间，如果未正确操作控制元件，可能出现以下情况：

① 无控制元件被起动，如果没有控制元件被起动，则按以下顺序出现下列情况：

a. 约 2.5 s 后，发出声音信号，警告司机强制制动即将发生。

b. 约 5 s 后，强制制动作为最大行车制动触发。通常，强制制动将导致行驶停止。

c. 约 10 s 后，强制制动作为紧急制动触发。

② 一个或多个控制元件被连续起动如果一个或多个控制元件被连续起动，则按以下顺序出现下列情况：

a. 约 30 s 后，司机操纵台上的指示灯亮起。

b. 约 32.5 s 后，发出声音信号，警告司机强制制动即将发生。

c. 约 35 s 后，强制制动作为最大行车制动触发。通常，强制制动将导致行驶停止。

d. 约 40 s 后，强制制动作为紧急制动触发。

（5）强制制动触发后，只有正确起动了控制元件才可解除 ASD 的干预，即：

① 如果强制制动已触发，必须再次起动控制元件之一。

② 如果强制制动已触发，必须解除所有控制元件，随后再次起动某一控制元件或解除脚控 ASD 踏板，随后再次起动脚控 ASD 踏板。

③ 只有使用"牵引力控制器"（-22-S01）确认了"0"位置后，车辆才可再次行驶。

五、CRH3 安全回路的结构

（1）动车组安全回路是基于动车组的总体控制，图 7-20 说明了 CRH3 安全回路的基本结构。

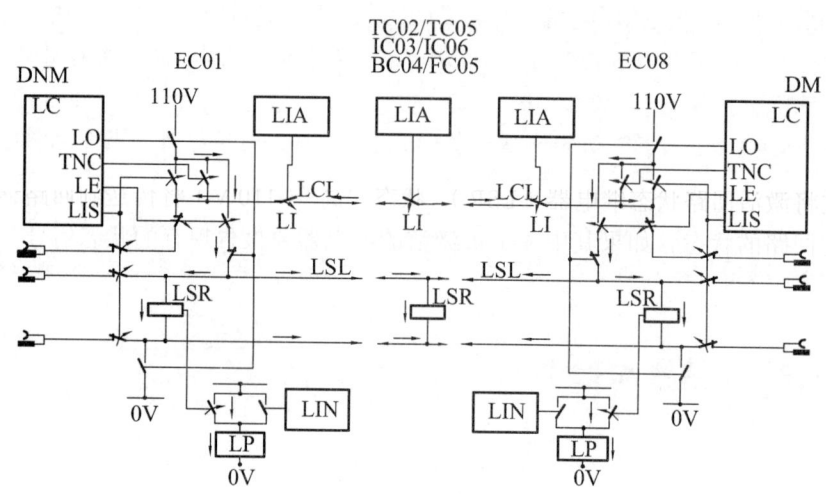

图 7-20 安全回路原理结构

DM—有人司机室；DNM—无人司机室；LC—回路控制；LCL—回路控制线路；LE—回路端；LI—回路断路器；
LIA—回路断路器（施动者）；LIN—回路禁用（仅限 EBL）；LIS—回路隔离；LP—回路参与者；
LO—回路接通；LSL—回路状态线路；LSR—回路状态继电器；TNC—列车未联挂

（2）通电的线路和连接 0 V 的线路在图中用粗线标出。靠近线路的箭头显示通过安全回路的"路径"。所示电路部分分别用于六个回路，回路控制（LC）除外。接头控制电路适用于所有回路。它处理回路供电/配置的协调，防止回路因司机室更换、联挂和解编等特殊情况长期断开。

（3）回路根据闭路原则用作电压回路。正常操作中回路断路器（LIA）的触点处于闭合状态，回路状态线路（LSL）为有源状态。这样会激活回路状态继电器（LSR），并将"高"（110 V）状态报告给回路参与者（LP），直接评估回路状态。如果一个活动的参与者确定需要报告一个状态值，它会断开回路断路器（LIA），从而激活回路。回路状态线路采用"低"状态，回路状态继电器断开。

六、回路控制的功能

（1）"回路闭合（Loops on）"确保有人司机室中安全回路的供电。该功能块还包括"有人司机室模拟"系统，在无人驾驶司机室时为特定模式提供电源，例如，更换司机室时。

（2）"回路端（Loop end）"连接列车组端部的回路控制线路（LCL）与回路状态线路（LSL）。

（3）"回路隔离（Loop isolation）"在列车联挂和解编时维持自动车钩处的两个隔离的安全回路，以防出现不明确状态。

（4）"静止状态标准时速小于 5 km/h（Stationary state criterion v < 5 km/h）"用于紧急制动回路和火警回路：列车时速大于 5 km/h 时这些回路不能被超控。此外，该信号还用于多个功能，列车运行时这些功能不会更改状态（如，联挂状态）。

（5）"列车未联挂（Trains not coupled）"（联挂状态）定义动车组的两端。

七、安全回路的功能模块控制

（1）回路继电器和状态：根据闭路原则，回路作为电压回路。回路中的继电器在正常工作中是闭合的，回路状态线路（LSL）是起作用的。

（2）这将激活回路状态继电器（LSR），状态"高"（110 V）将传送到回路继电器，后者将直接决定回路的状态，如果其中一个被激活的继电器要报告现有的状态信号，它将打开它的回路继电器以激活该回路。回路状态线路为状态"低"时，回路状态继电器（LSR）打开回路的控制。

八、回路控制功能模块功用

（1）回路闭合，包括有人司机室模拟回路电源供应的激活是在处于列车端部的有人操纵司机室。

（2）回路打开和终止安全回路一旦被供电就会工作。"回路闭合"功能块的主要作用就是保证电源供应，其先决条件是蓄电池主接触器闭合或牵引模式开关被激活。

（3）因为存在操纵室无人的工作模式（例如，司机室的变化），此时的回路要保证是激活状态，对此种工作模式回路的功能给予延伸。一个辅助电路（FR 模拟）模拟特殊情况下的有人操纵司机室，并以此保持电源的供应和回路的功能。

九、回路隔离控制原理

回路隔离的作用在于保持处于失电端车钩的安全回路之间的联系，并维持单独的各安全回路，只要没有定义的"联挂"状态存在。在解钩时该功能也将被激活，并保证在列车分离之前形成两个独立的定义好的安全回路。

第五节 常见故障处理

一、常用故障处理操作说明

（1）故障管理的原理适用于动车组的 5 个显示界面（4 个司机 MMI，1 个乘务员 MMI）。故障排除后，不再显示该故障信息。（见图 7-21：当前故障指示灯界面）故障显示在每个界面状态行右侧黄色字段。

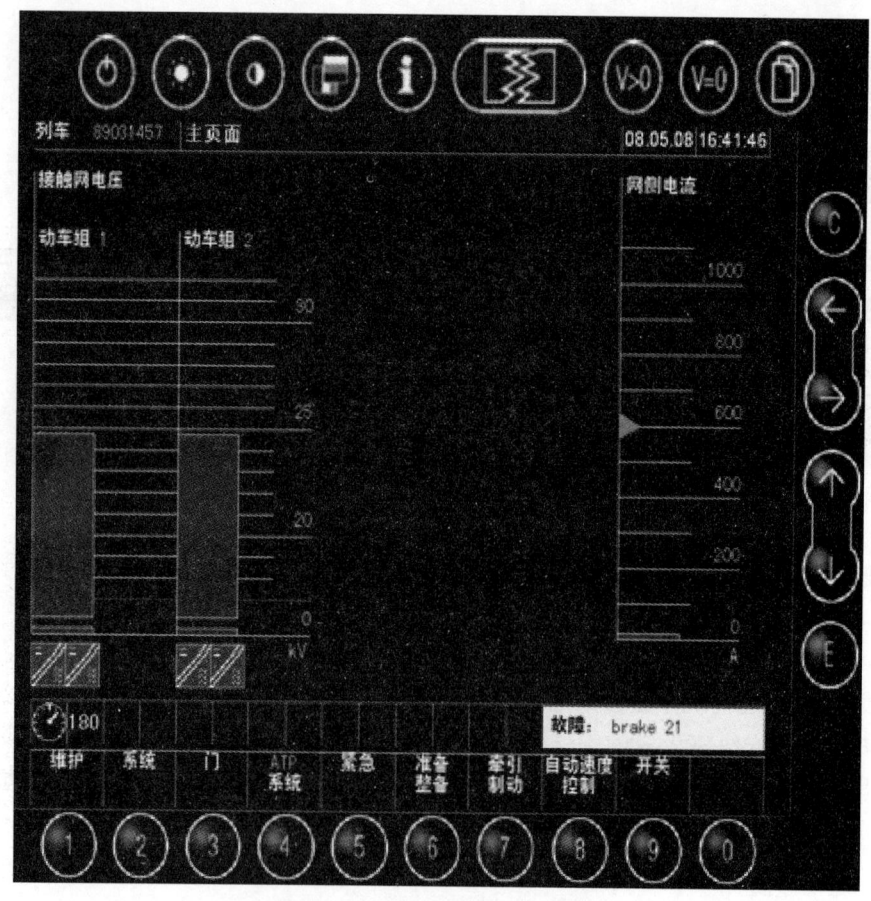

图 7-21 当前故障指示灯界面

（2）故障字段闪烁，显示故障车号以及最近未确认的故障代码。

（3）如几种未确认的故障同时存在，则只显示最近故障。此字段点亮并连续显示故障，表示仍有故障未处理，但已全部确认。用故障硬键 ![icon] 显示未处理故障。

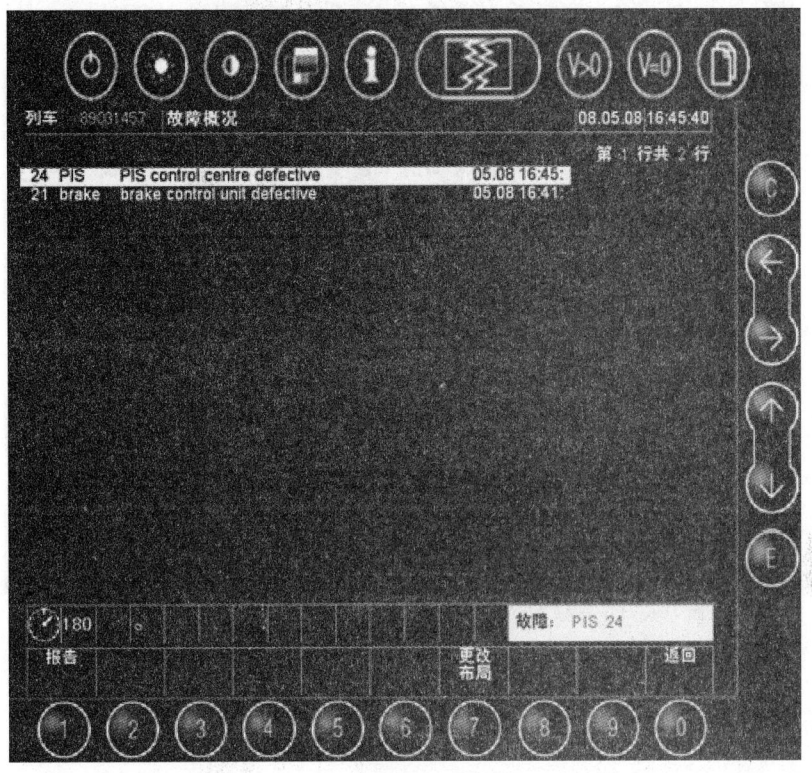

图 7-22

（4）故障主界面按故障发生的顺序显示故障信息，最近发生的故障信息将列在首位。每种故障，除显示车号和代码外，还显示发生的日期、时间和故障描述。已确认的故障均在信息行的开始标有"*"标记。单个故障则可使用光标选择。当前选择的故障均带白色边框。

（5）当选定故障主界面后，光标将自动置于第一个未确认的信息前。使用删除标记功能键可将所有故障信息的确认标记删除。

（6）使用报告软键可调出每种未处理故障的故障描述。使用返回软键，用户可以选择最后选定的 MMI 界面。

（7）对于当前未确认的故障信息，根据列车状态，即在行驶（$v>0$）和静止（$v=0$）时，分别选择硬键 [V>0] 或 [V=0] 进行确认。或使用故障硬键 [图标] 进入故障概况界面，选择任意未确认的故障。故障的详尽信息，可操作软键报告来显示。

（8）必须根据列车状态（$v=0$，$v>0$）选择正确的界面，才能显示正确的处理方法。

二、高压电气设备切除复位方法

在司机 MMI 牵引基本界面上按下开关后再按下牵引软键进入图示的界面，通过显示屏右侧的"←""→""↑"和"↓"键移动光标到相应设备开关处，按下显示屏下方的 3（切除）键切除或按下 1（恢复）键恢复。

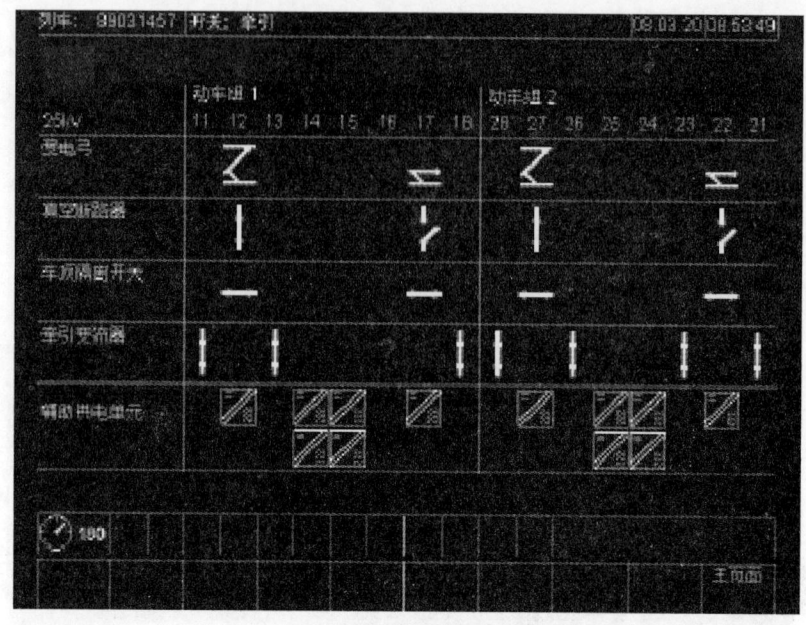

图 7-23

三、切除空气制动操作

将故障车内乘务员操作面板上制动开关置"关"位（图），切除本车空气制动。

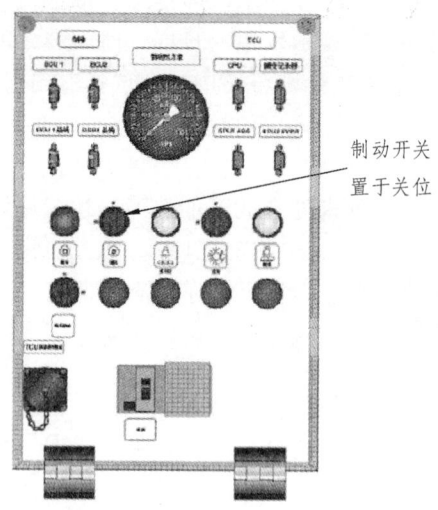

制动开关
置于关位

四、ATP-DMI 显示屏故障的转换屏操作

在司机 MMI 牵引基本界面上按下 ATP 键后再选择相应界面替换后，司机 MMI 转为 ATP-DMI 界面。

五、自动过分相发生故障时如何处理

故障现象：运行中如果发现"分相区"按钮一直在闪烁时，说明自动过分相发生故障。

处理：动车组运行至分相区前时，将主控控制器移至"0"位，按压操纵台面板上的"分相区"按钮即可，过分相后，系统检测到网压后，司机手动闭合主断路器。

六、限速表

在下列情况下，机械师通知动车组司机限速运行（表 7-5）。

表 7-5　限速运行情况

序号	故障现象	限速情况	备注
1	轴箱定位装置缺损	10 km/h	
2	抗侧滚扭杆损坏	10 km/h	
3	抗蛇形减震器故障或连接螺栓丢失	10 km/h	
4	轮对弹簧折损	30 km/h	
5	横向止挡缺损	30 km/h	
6	制动力损失 12.5%	300 km/h	
7	制动力损失 25%	200 km/h	
8	制动力损失 50%	120 km/h	
9	制动力损失 100%	救援	
10	空气弹簧故障	160 km/h	
11	车窗破损导致气密性失效	160 km/h	

微机设备复位方法：

1. 车载计算机 CCU 死机的复位

在停车状态，司机将换向开关置于 0 位，关闭司机室占用钥匙和故障 CCU 的电源开关，机械师断开司机室后部开关柜内相应的空气开关 MCB30 s 再次闭合，司机开放 CCU 电源开关，等待 CCU 启动后按提示占用司机室。

车载微机系统总复位（大复位）：断开主断路器，降下受电弓，换向开关 0 位，关闭司机室占用钥匙，断开蓄电池开关，等待 1 min 后再次上电。

2. 雨刷器死机（雨刷停在中间位置）的复位操作

在停车状态，将雨刷器开关置于 1（停止）位，机械师断开雨刷器空气开关（=71-F15）10 s 后再次闭合，按需求选择雨刷器开关挡位使用。

七、应急故障处理流程

(一)受电弓故障(表 7-6)

表 7-6　受电弓故障处理流程

受电弓故障	处理人	司机随车机械师
现象	受电弓故障,主断路器不能闭合,运行中丧失牵引	
行车	运行中停车处理	
步骤	处理过程	
 1	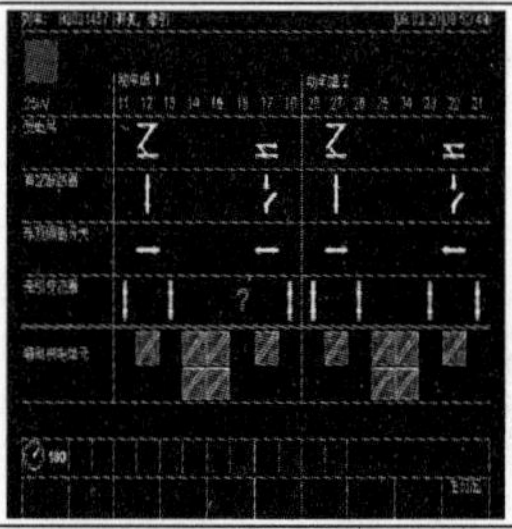 在司机 MMI 牵引基本界面上按下开关后再按下牵引软键进入图示的界面,通过显示屏右侧的"←""→""↑"和"↓"键移动光标到相应故障受电弓处,按下显示屏下方的 3(切除)键切除	
 2	重新升弓并闭合主断路器,使用另一受电弓供电继续运行	

(二)隔离开关故障(隔离开关断开表 7-7)

表 7-7　隔离开关故障处理流程

隔离开关故障(隔离开关断开)	处理人	司机随车机械师
现象	隔离开关断开或故障,运行中相应断路器断开	
行车	维持运行	
步骤	处理过程	
 1	断开主断路器并降弓	
 2	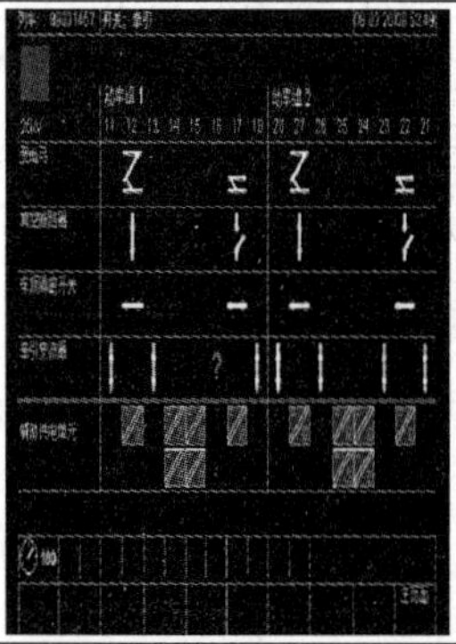 在司机 MMI 牵引基本界面上按下开关后再按下牵引软键进入图示的界面,通过显示屏右侧的"←""→""↑"和"↓"键移动光标到相应故障隔离开关处,按下显示屏下方的 3(切除)键切除	
 3	重新升弓并闭合主断路器,使用另一受电弓供电按 50%牵引继续运行	
 4	处理完毕,电话通知机械师和调度员	

（三）主断路器故障（表 7-8）

表 7-8　主断路器故障处理流程

主断路器故障		处理人	司机随车机械师
现象		运行中丧失牵引、辅助供电系统停止工作	
行车		维持运行	
步骤		处理过程	
 1		断开主断路器并降弓	
 2	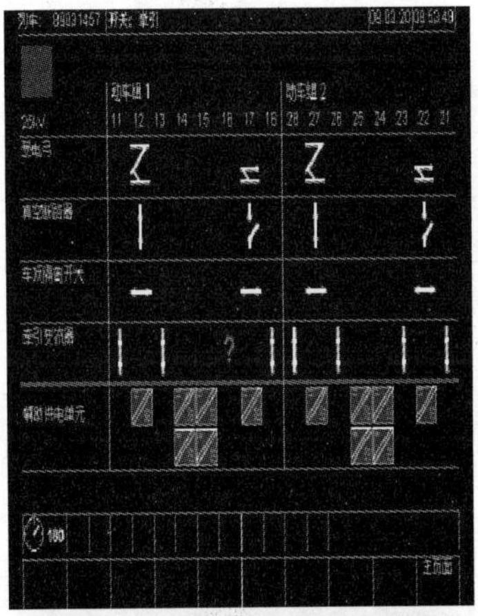	在司机 MMI 牵引基本界面上按下开关后再按下牵引软键进入图示的界面，通过显示屏右侧的"←""→""↑"和"↓"键移动光标到相应故障真空断路器开关处，按下显示屏下方的 3（切除）键切除。	
 3	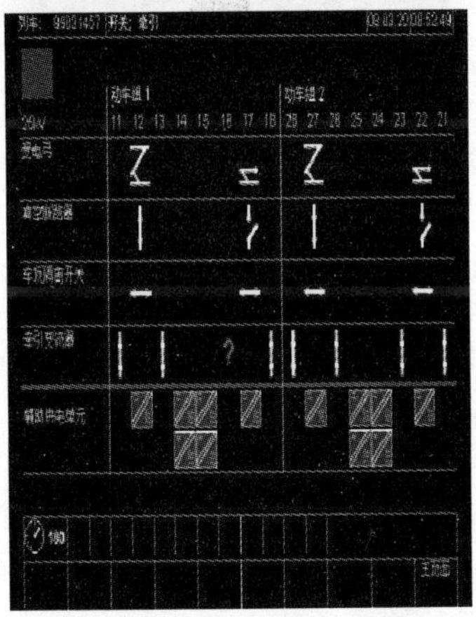	在司机 MMI 牵引基本界面上按下开关后再按下牵引软键进入图示的界面，通过显示屏右侧的"←""→""↑"和"↓"键移动光标到相应故障真空断路器对应车厢受电弓处，按下显示屏下方的 3（切除）键切除。	
 4		重新升弓并闭合主断路器，使用另一个主断路器供电继续运行	
 5		处理完毕，电话通知机械师和调度员	

(四)车内 AC 440 V 供电失效(表 7-9)

表 7-9 车内 AC 440 V 供电失效处理流程

车内 AC440 V 供电失效	处理人	司机随车机械师
现象	故障车厢空调停止工作	
行车	维持运行	
步骤	处理过程	
	车内 AC 440 V 供电失效,只有 DC 110 V 供电情况下,自动启动电池供电紧急通风模式。(注:蓄电池能维持紧急通风时间为 30 min)	

(五)牵引变压器故障(表 7-10)

表 7-10 牵引变压器故障处理流程

牵引变压器故障	处理人	司机随车机械师
现象	对应牵引变流器断路器跳开,丧失部分牵引	
行车	维持运行	
步骤	处理过程	
 1	断开真空断路器(VCB)	
 2	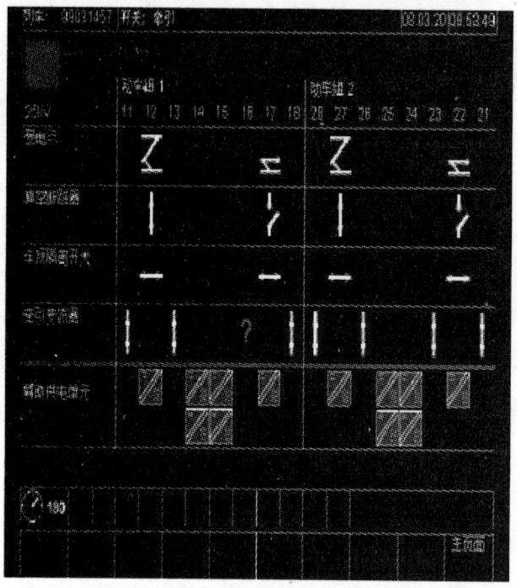 在司机 MMI 牵引基本界面上按下开关后再按下牵引软键进入图示的界面,通过显示屏右侧的"←""→""↑"和"↓"键,首先移动光标到相应故障单元的受电弓处,按下显示屏下方的 3(切除)键切除;然后再移动光标到隔离开关处,按下显示屏下方的 3(切除)键切除。	
 3	重新升弓并闭合主断路器,使用另一受电弓供电按 50%牵引继续运行。	
 4	处理完毕,电话通知机械师和调度员	

（六）牵引电机故障/牵引电机冷却风机风扇故障（表 7-11）

表 7-11　牵引电机故障/牵引电机冷却风机风扇故障处理流程

牵引电机故障/牵引电机冷却风机风扇故障		处理人	司机随车机械师
现象	相应牵引变流器断路器跳开，丧失部分牵引		
行车	维持运行		
步骤	处理过程		
 1		断开主断路器（VCB）	
 2	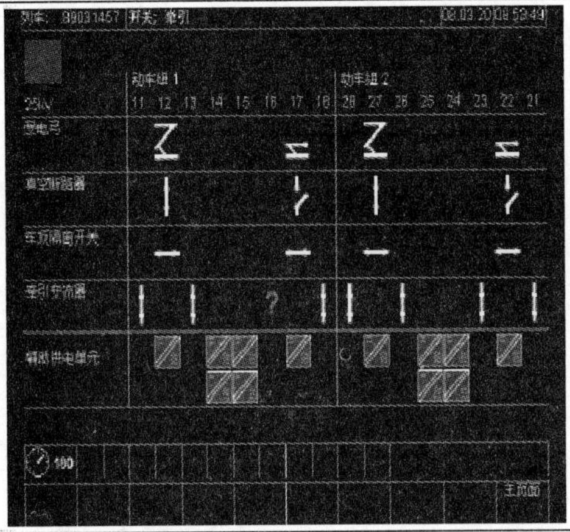	在司机 MMI 牵引基本界面上按下开关后再按下牵引软键进入图示的界面，通过显示屏右侧的"←""→""↑"和"↓"键移动光标到相应牵引变流器断路器处，按下显示屏下方的3（切除）键切除。	
 3		重新闭合主断路器，按75%牵引继续运行。	
 4		处理完毕，电话通知机械师和调度员	

（七）牵引变流器故障/变流器冷却风扇故障/变流器冷却泵故障（表 7-12）

表 7-12　牵引变流器故障/变流器冷却风扇故障/变流器冷却泵故障处理流程

牵引变流器故障/变流器冷却风扇故障/变流器冷却泵故障		处理人	司机 随车机械师
现象	相应牵引变流器断路器跳开，丧失部分牵引力		
行车	维持运行		
步骤	处理过程		
 1		断开主断路器（VCB）	

续表

牵引变流器故障/变流器冷却风扇故障/变流器冷却泵故障	处理人	司机 随车机械师
 2	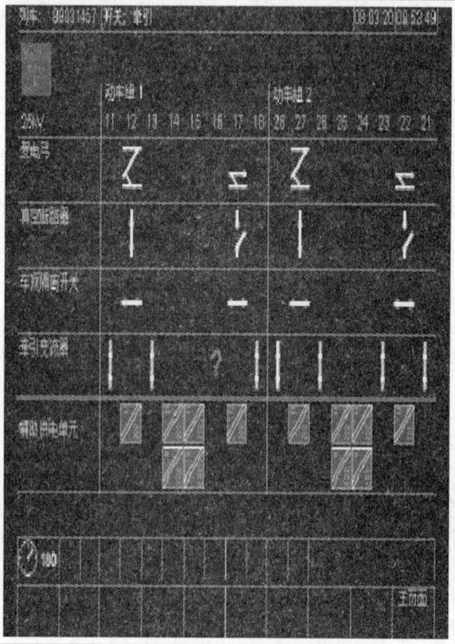	在司机 MMI 牵引基本界面上按下开关后再按下牵引软键进入图示的界面,通过显示屏右侧的"←""→""↑"和"↓"键移动到相应牵引变流器断路器处,按下显示屏下方的3(切除)键切除。
 3		重新闭合主断路器,按75%牵引继续运行。
 4		处理完毕,电话通知机械师和调度员

(八) 主CCU(中央处理器)故障(表7-13)

表7-13 主CCU(中央处理器)故障处理流程

主CCU(中央处理器)故障	处理人	司机 随车机械师
现象	运行中动车触发制动停车,主断路器(VCB)断开	
行车	停车处理后维持运行	
步骤	处理过程	
 1	停车后施加停放制动	
 2	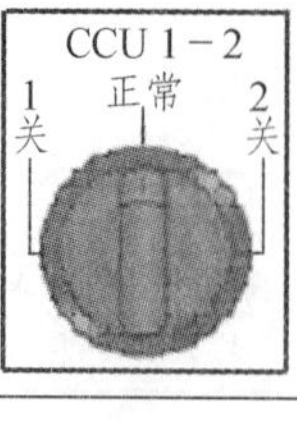	换向开关0位,关闭司机室占用钥匙,关闭故障CCU开关

续表

主CCU（中央处理器）故障	处理人	司机 随车机械师
现象		运行中动车触发制动停车，主断路器（VCB）断开
行车		停车处理后维持运行
步骤		处理过程
3		待CCU启动正常后，重新开放占用司机室
4		闭合主断路器，继续运行。
5		处理完毕，电话通知机械师

第七章习题

1. CRH3型动车组高压电器有哪些？
2. 简述CRH3型动车组牵引系统的工作原理？
3. CRH3型动车组牵引传动系统主电路的构成？各主要电器的作用？
4. CRH3型动车组牵引变流器的组成及各部分的作用？
5. CRH3型动车组牵引主电路的保护有哪些？
6. 简述CRH3型动车组制动系统的组成及功能？
7. CRH3型动车组有多少制动挡位？制动指令如何产生？

第八章　CRH5 型动车组牵引/制动系统

第一节　系统概述

一、牵引设备

CRH5 动车组牵引系统由两个独立的牵引动力单元组成，一个单元由 3 辆动车加 1 辆拖车构成（M-M-T-M），另一个单元由 2 辆动车加 2 辆拖车构成（T-T-M-M）。动车组编组及动力设备的配置见图 8-1。

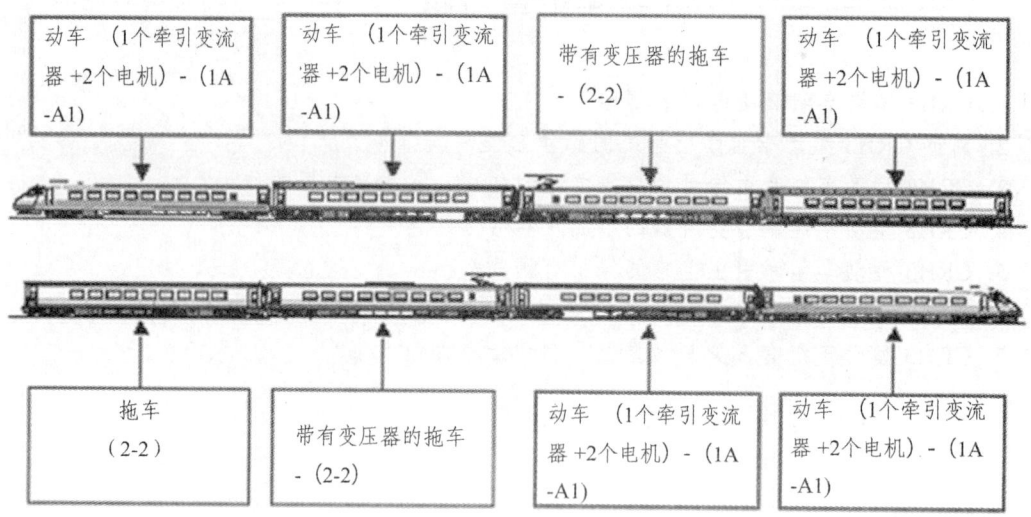

图 8-1　牵引设备布局

每个动力单元带有一个主变压器和受电弓。在正常运行中，每列车只启用 1 个受电弓。每个牵引动力单元的牵引设备都由下列设备组成：

① 一个高压单元，带受电弓和保护装置；
② 一个主变压器；
③ 两套或三套 IGBT 水冷技术的主牵引套件；

④四台或六台异步牵引电机，底架悬挂，最大设计负载 550 kW（轮缘处功率）。由于每台电机是由一个独立的牵引逆变器驱动的，在同一车辆内轮对间轮径差最大为 15 mm 的情况下，无需减小负载。每节动车装有两台牵引电机。

二、TCMS 介绍

TCMS 是动车组的控制、监测与诊断系统的简称。CRH5 动车组的牵引控制是通过列车网络控制系统 TCMS 执行的。TCMS 通过传输信息和控制命令，对车上的主要设备进行管理。TCMS 的信息传输结构主要基于 TCN 标准（IEC 61375-1），具有 WTB（列车总线）和 MVB（车辆总线）串行接口，使用冗余的 MPU 模块，每个动力单元两对。两个动力单元通过网关进行动力单元间和连挂列车间的通讯。系统具有完善的冗余和控制、诊断、监视以及故障存储功能。每四节车辆为一个 MVB 网段称作一个动力单元，两个网段之间通过网关上的 WTB 总线进行信息交互。每个动力单元根据设备功能设有三条 MVB 总线，分别承担牵引、信号、旅客服务信息的传输。此外还有一个 CAN 总线标准的车辆总线，用于充电机、自动车钩、厕所单元的互联。网络体系结构如下图 8-2 和图 8-3 所示。

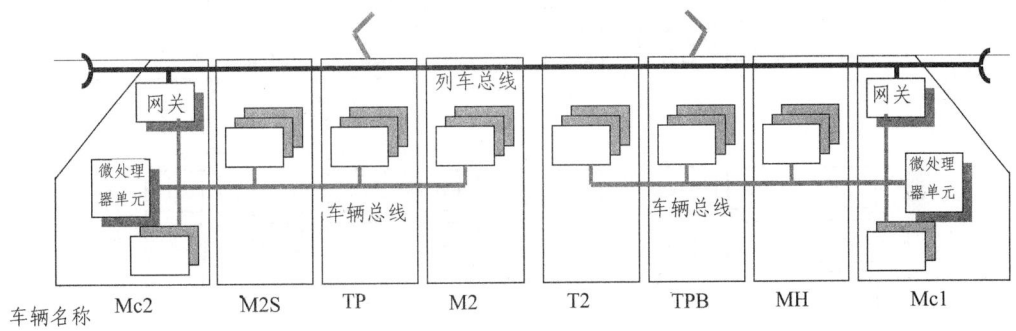

图 8-2 网络结构示意图

一个动力单元包含 4 节车辆，由三条 MVB 总线连接，分别是 MVB-A（信号线）、MVB-B（牵引线）和 MVB-C（旅客服务线）。牵引线、旅客服务线通过信号线连接，各 MVB 总线均由 MPU 管理。通过两个 MPU（冗余设计）对每条总线进行控制。根据设备的数量或线路的长度，可利用"中继器"来增加 MVB 总线的长度。MPU 有两个 MVB 接口，第二个接口将两条总线的 MPU、MVB/WTB 网关（冗余设计）、司机台显示器及司机室远程输入输出模块连接在一起。网关被用于动力单元之间的信息传输。图中显示的主要设备如 TCU、ACU 被连接在 MVB 总线上。非智能设备通过远程输入/输出模块（RIOMS）与 TCMS 系统接口。RIOM 被分布在每辆车中，从而减少配线和相应的重量。

在 CRH5 的 TCMS 系统中，采用了冗余设计。WTB 和 MVB 总线都是采用双通道冗余设计，网关、MPU、中继器也均采用完全冗余设计，冗余设备采用热备方式，无需手动切换。对于重要设备的 RIOM 也采用了冗余设计。

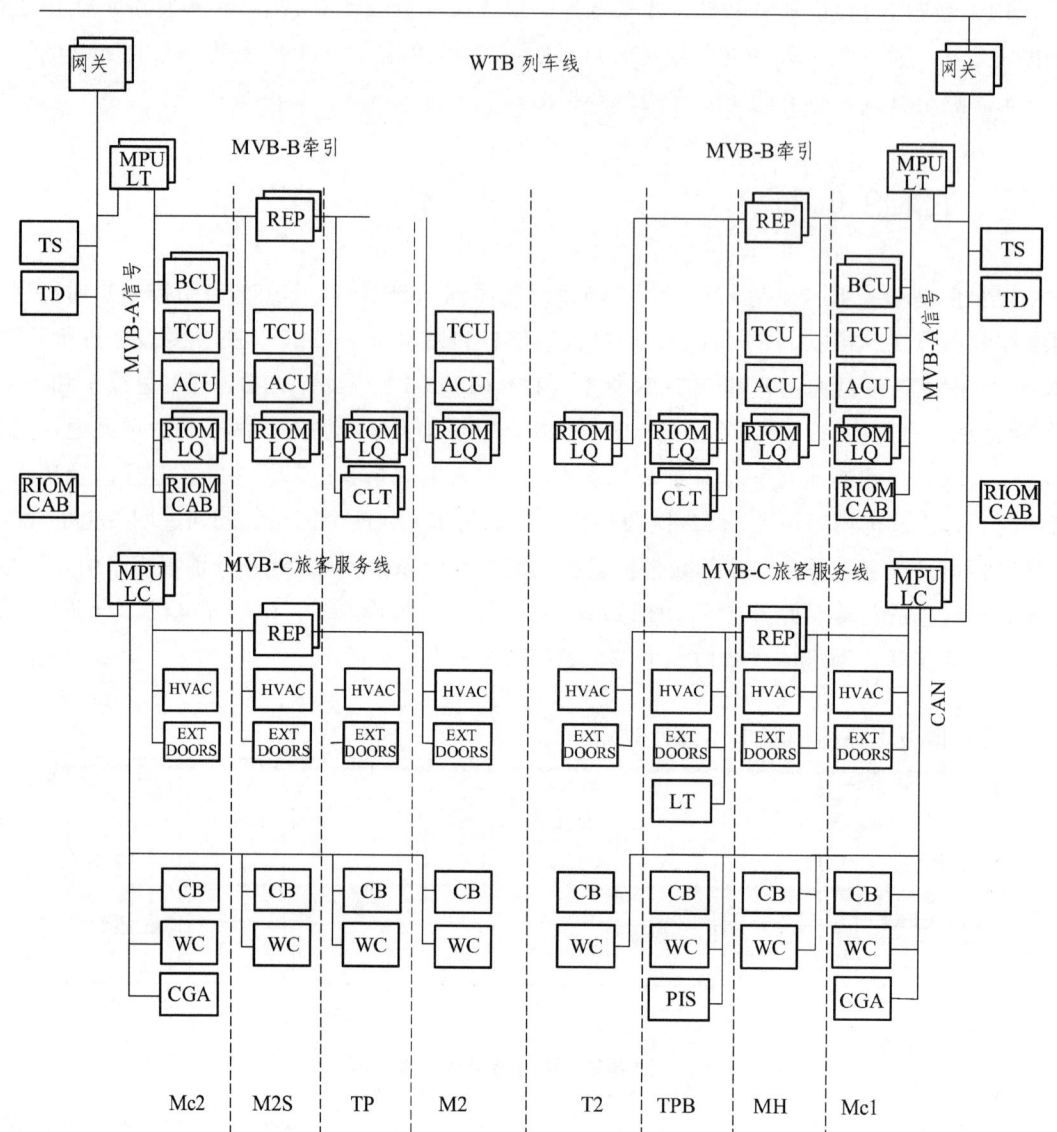

图 8-3 网络拓扑结构图

ACU—Auxiliary Control Unit 辅助控制单元；BCU—Brake Control Unit 制动控制单元；CGA—Automatic Coupler central unit 自动车钩中心单元；CLT—Local Traction Control 本地牵引控制；EXT. DOORS—External Doors 外部门；GW—Gateway WTB/MVB 网关 WTB/MVB；HVAC—Air Conditioning 空调；LT—Train Logic display 列车逻辑显示；MPU LC—icroprocessor Unit Comfort Line 微处理器单元旅客服务线路；MPU LT—Microprocessor Unit Traction Line 微处理器单元牵引线；PIS—Passenger Information System 旅客信息系统；REP—Repeater 中继器；RIOM CAB—Remote I/O Modules（driver's cab）远程输入输出模块（司机室）；RIOM LQ—Remote I/O Modules（BT panel）远程输入输出模块（BT 面板）；TCU—Traction Control Unit 牵引控制单元；TD—Driver's Diagnostic display 司机诊断显示器；TS—Driver's Instruments display 司机主显示器；WC—Toilet 厕所；CB—Battery Charger 充电机

注：图中有重影的设备表示冗余。

三、牵引控制

对牵引控制来说，TCMS 的主要功能是诊断和控制管理功能。

对牵引的诊断功能：

（1）断路器和接触器故障。

（2）牵引变流器高压部件故障。

（3）预充电电路故障。

（4）热保护干涉。

（5）过电压/过电流保护干涉。

（6）TCU 电子卡故障。

（7）Integra meter 设备故障。

（8）Integra meter 信号采集不一致。

（9）受电弓"自动落下装置"干涉。

（10）三通阀激活。

（11）差动继电器干涉。

（12）谐波电流检测器干预或者故障。

（13）主变压器过压阀干涉。

（14）DJ 故障。

（15）DJ 状态采集不一致。

（16）冗余损失。

（17）不希望的"静止模式"停用状态。

对牵引的主要管理功能：

（1）转距要求。

（2）仪器的转距信号。

（3）司机台启动。

（4）司机台的信号与仪器。

（5）卸载试验。

（6）自动速度调节。

（7）方向管理。

（8）受电弓命令。

（9）DJ 管理。

（10）高压电路保护设备。

（11）变流器命令管理（启动开始/停止）。

（12）4 象限脉冲整流器（PMCF）管理（启动开始/停止）。

(13)牵引–制动–滑行管理。

(14)通风、变压器及牵引管理。

(15)使用 TCU 串行数据管理。

(16)报警。

(17)状态。

(18)诊断信息。

第二节　超高压电路

CRH5 动车组牵引系统由两个独立的牵引动力单元组成，图 8-4 为第一牵引单元原理示意图，图 8-5 为第二牵引单元原理示意图，第二牵引单元与第一牵引单元及其相似，唯一的区别是仅配备一个辅助变流器（在正常运行条件下，对于整列车来说仅需要两个辅助变流器，第三个仅作备用，随时替换出现故障的辅助变流器）。

每个动力单元的牵引设备中高压电器由受电设备、保护装置和主变压器。其中主变压器安装在 TP 和 TPB 车上。该主变压器，采用强制油冷却。

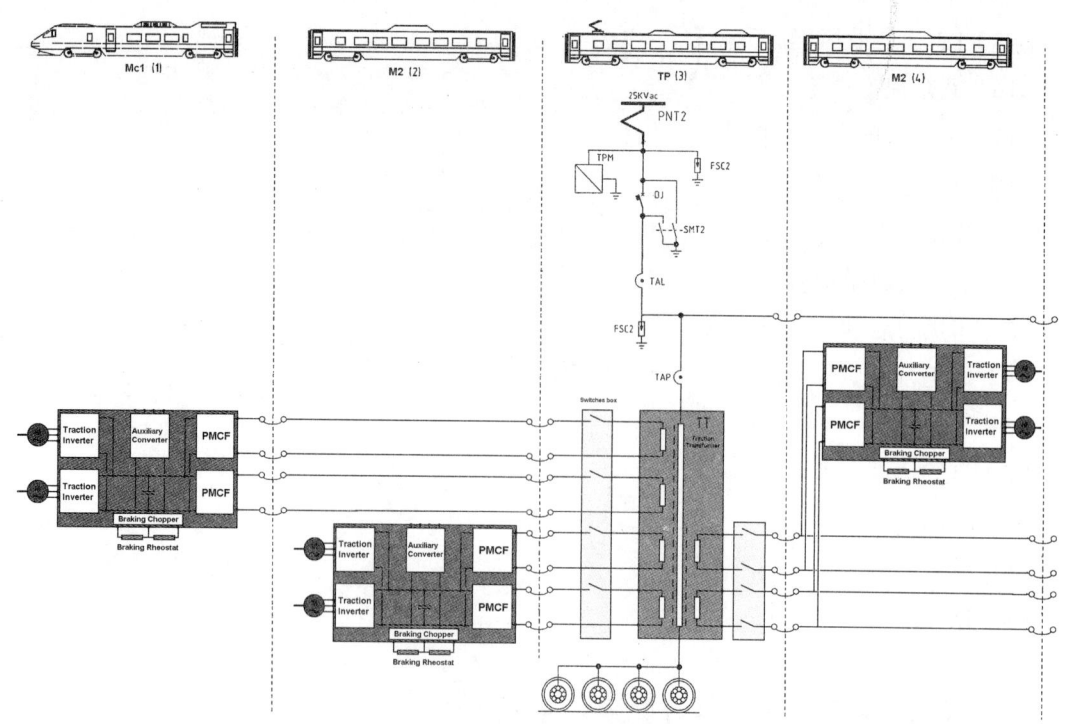

图 8-4　第一动力牵引系统电路示意图

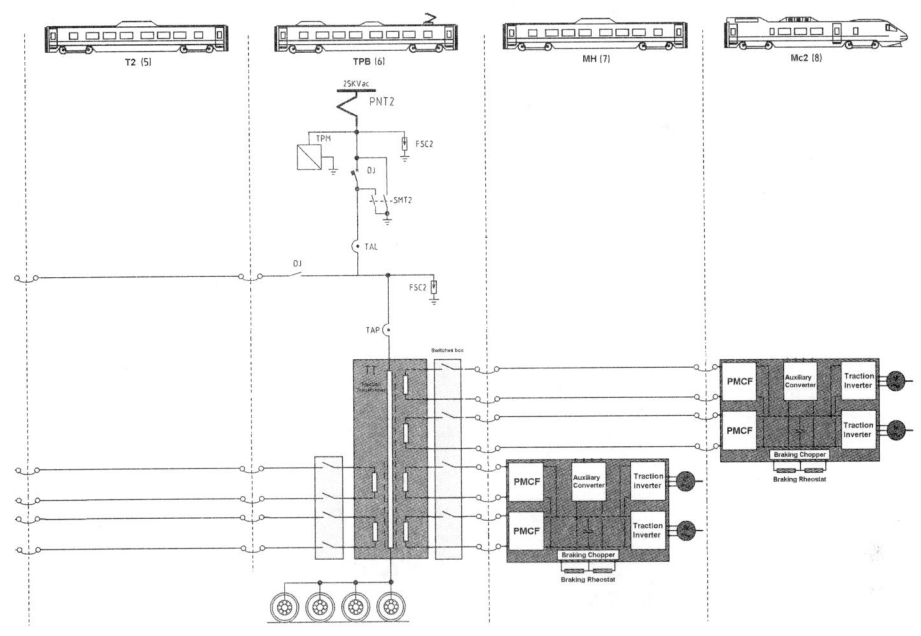

图 8-5　第二动力牵引系统电路示意图

一、受电弓（PNT2）

受电弓将接触网传送过来的能量引入主变压器提供网侧电压（25 kV）。每列车组需要 2 个 DSA250 受电弓，安装位置在 TP 车和 TPB 车的车顶上。主变压器又向网侧变流器模块提供电流。网侧变流器模块再向电机变流器模块和辅助变流器提供电流。

在正常操作中，仅使用一个受电弓，却不执行互锁，既不在硬件状况下也不在软件状况下，阻止两个受电弓的升起。受电弓管理包括下列功能：受电弓选择、升起/降低命令、受电弓在紧急状况下降下、受电弓隔离、气动受电弓禁用、当列车接地时，受电弓锁定在低位处（三通阀）。

升弓/降弓请求可以通过司机台上两个控制杆进行设定；TCMS 通过 RIOM 读出它们的位置并且处理正确的逻辑功能。借助于冗余 RIOM 驱动被选择的受电弓的阀在本地执行受电弓命令。处于非紧急状态下的进行降弓释放相关 RIOM。在紧急状态下，一个硬件指令进行操作。受电弓指令经过 TCN 网络在整列编组上扩展。

同样，TCMS 依据特殊条件驱动受电弓（例如静止模式）。受电弓指令还与一些硬件条件本地进行互锁，条件为：条件"列车可用"（B100）存在、自动落下设备继电器、三通阀。这些设备中的一个或者多个干涉会引起相关的受电弓降下。

每个受电弓可以通过司机台上主监视器（TS）的指令禁用，还可以由阀门进行气动抑制。受电弓第一次升起在主风缸是空的情况下，有两个辅助压缩机给受电弓提供压缩空气以防受电弓降下。自动落下设备每个受电弓都有一个自动落下设备（ADD）；由一个给列车电线通电的硬件电路执行这个功能；它依次引起主断路器的断开并降下列车编组中所有受电弓。ADD 干涉在受电弓升起命令之后适当的时间内被屏蔽，且通过受电弓辅助风缸中的压力避免瞬时的干涉。ADD 可以借助于阀门在本地隔离，因而可以禁止设备的干涉。TCMS 通过 RIOM

检测列车电线的通电和任何单个 ADD 的干涉，用来定位什么设备引起了干涉并用于诊断，它还可以读出隔离阀门的位置。

二、高压断路器（DJ）

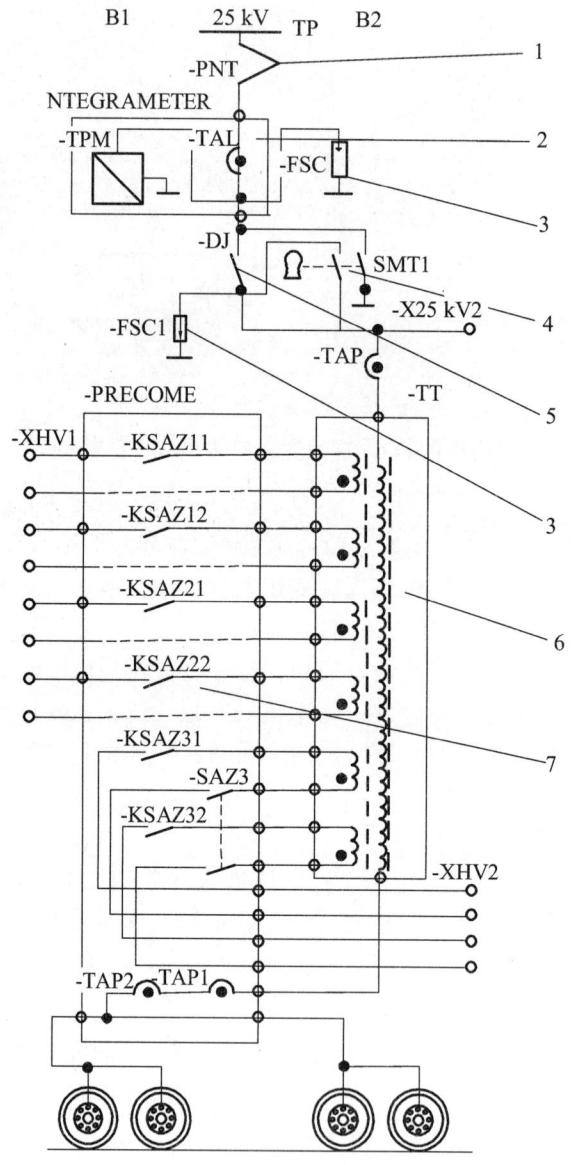

图 8-6　高压系统

1—受电弓；2—集成计；3—避雷器；4—接地开关；5—真空断路器；6—主变压器；7—HV 箱

1. 主断路器 DJ 闭合起动

DJ 闭合是通过一个三级硬件回路启动的，由穿过自动车构的 3 根列车电线和一个本地列车电线执行。

（1）第一级回路：不使用司机台钥匙由端部车辆供电。供给线路由列车编组中每个司机台的 DJ 打开按钮打开。

（2）第二级回路：由变压器和 TCU 保护切断；每个旁路保护在零部件触发的时候被隔离，以便于回路重新通电并且 DJ 被重新允许闭合。这个级别上的干涉仅打开受影响车上的 DJ。

（3）第三级回路（本地 DJ）：这被本地标准切断（B100，受电弓指令）并且仅在受到影响的 DJ 指令上直接作用。

只有当三条回路都被通电时，主断路器才可能由 TCMS MPU 通过作用在冗余 RIOM 上的软件指令闭合。

2. DJ 闭合指令

通过启用司机台上的一个按钮发布主断路器关闭的请求，或者当离开断电区时由列车逻辑发布。

TCMS 通过冗余的 RIOM 检测按钮的压力，而后处理所有必要的功能来检查总体情况。如果这样，命令通过 TCN 被传送给列车编组中的所有列车，并且在发布关闭命令之前检查本地情况。

万一有联挂列车，DJ 关闭可以用一个在以后设计阶段将被定义的延迟进行排序。

DJ 关闭的总体和本地情况将在设计过程中细化。

3. DJ 断开

DJ 断开可以由下列进行请求：

（1）司机台上的按钮。

（2）CLT 设备作为一个下文中提到的保护之一的触发结果。

（3）TCMS MPU，例如当 TCU 请求隔离或者当横跨过一个断电区时。

使用打开第一级回路，按下司机台上的按钮引起列车编组中所有主断路器以硬件方式打开。CLT 设备可以执行保护功能（包括过电流保护）在第二级打开，也是硬件方式。最后，列车逻辑通过释放命令 CJ 的 RIOM 输出，能自动处理主断路器的打开。当上述的一个事件发生时，在一个合适的时间 TCMS 逻辑禁止主断路器的重新关闭以防止超过最大的打开/关闭的允许频率。

三、高压配置

TCMS 借助于高压断路器管理 CRH5 的高压配置。TCMS 通过冗余 RIOM 输出驱动所涉及的断路器，并用 RIOM 输入检测它们的状态用于诊断。可以考虑配置断路器的两种：**补充的断路器、高压隔离断路器**。

1. 补充的断路器

补充的断路器（安装在车辆 TPB 上并且通常是关闭的）的目的是为了在发生故障时**保持分离牵引单元**。

TCMS 负责通过驱动补充的断路器由 RIOM 以一种冗余的方式配置车顶高压线，TCMS 还使用冗余 RIOM 检测补充的断路器状态并执行有关的诊断。

2. 高压隔离断路器

每个牵引变流器可以借助于一个电动断路器（SAZ）从高压电路隔离。车辆 M2 上的牵引变流器可以通过两个截然不同的 SAZ 交替地连接到两个变压器的次级线圈上。SAZ 由 TCMS 在 CLT 设备的辅助下进行操作，用于指令启动和诊断;在正常操作下，SAZ 是关闭的（仅有一个用于车辆 M2 上的牵引变流器）。

当发生高压隔离时，相关的断路器受到驱动打开并永久地停留在这个状态，直到执行一个卸载试验为止。辅助变流器可以从 AT 电路隔离也可以借助于 KAUX 电动断路器。此设备位于牵引变流器内部，并通过 TCU 本身驱动。在正常操作中，KAUX 也是关闭的。

四、主变压器控制

主变压器的控制，是由高压箱完成的。高压箱安装在 3 号车和 6 号车车底下，其包括机电设备和传感器来管理高压电路的，高压箱也可以进行牵引变压器的保护。

高压箱的功能包括：将牵引/辅助变流器绝缘、管理变压器辅助设备、管理变压器的保护系统、保证快速保护功能、保证向列车网络控制系统的远程输入/输出。

高压箱内的设备主要包括：2 个具有微处理器的电子模块，称为牵引局部控制器 CLT，可以执行相关牵引变压器的防护功能；两极的隔离开关，在 4 号车上的动力关闭或被连接到其他变压器的情况下，隔离开关打开；6 个单极的隔离接触器 KSAZ11、KSAZ12、KSAZ21、KSAZ22、KSAZ31、KSAZ32，如换流器关断，相关的接触器打开。

局部控制器 CLT 具有如下的功能：

（1）从变压器获得以下信息：原电流（电流转换器）、油温（4 PT100）、油流量（两个油流量检测仪）、油位（低位有两个触点 + 用于预警的一个触点）、过压装置（一个触点）。

（2）管理变压器的下列辅助装置：两个电机风扇（双速）、两个泵、保证对变压器的保护、作为列车网络控制系统的远程输入/输出工作。

五、牵引/辅助变流器控制

CRH5 的每个牵引/辅助变流器能够在 40 ℃ 环境温度下以及大于等于 22.5 kV 的一个电网电压下为每个电机轴提供 550 kW 电能，结果保证电气牵引和制动、再生制动（当线路可以接收时）或电阻器（在中性区）以及辅助供电。

1. 电路组成

牵引/辅助变流器是具有 IGBT 的一个变流器，从电路角度来看，包括：

（1）四象限整流器（4QC1 和 4QC2）：是 PMCF 形式，它是由带有 IGBT 的 2 个模块组成，具有 600 A，6 500 V IGBT 的 PMCF 输入变流器为 2 个牵引逆变器供电和 1 个辅助逆变器供电。由 2 个主变压器次级绕组供电，它稳定输出电压到牵引和辅助逆变器要求的值。由两个相互在 180°之间转换的 PMCF 组成，能够从电网吸收电流（或者在电制动阶段给电网供电）功率因数接近 1 和按照噪声计和谐波畸变电流的限定噪音值。并且能够在电制动阶段通过提供电网的电流来无需机电切换地反向操作。

（2）牵引逆变器：是三相逆变器，具有 600 A，6 500 V IGBT 在两级具有外部电压的 2 个三相逆变器（INV‑TRAZ1 和 INV‑TRAZ2），其中每个为一个异步牵引电机供电。通过从中间滤波器获取电源，用一个交变电压（其值和频率取决于电机转速）为相关牵引异步电机供电；该逆变器是带有两极的外部电压的形式并且可以无需机械开关，从电力牵引转换到电制动。

（3）制动斩波器：（具有 600 A，6 500 V IGBT 的 2 个制动斩波器（CHF1 和 CHF2），当列车在中性区时能够在相关电阻器上消耗动能（在电机制动模式过程中产生）。具有 IGBT 的模块以这样一种方式配置目的是在输出端组成 2 个单相并联桥，它能够从 2 个相应牵引变压器次级绕组整流单相交变电压（AC 1 770 V）结果获得一个稳定的输出直接电压。

（4）辅助变流器：具有 600 V，1 200 A IGBT 的一个辅助变流器（CH‑INV AUX），通过从中间滤波器获取电源，通过 2 个斩波器和一个高频退耦变压器产生给辅助逆变器供电的电压水平，它为辅助服务的 AC 380 V 线路供电。

2. 牵引控制单元 TCU

牵引变流器主要由牵引控制单元 TCU 来控制实现驱动扭矩和电源控制。一个 TCU（牵引控制单元）能够控制输入变流器，制动斩波器以及牵引逆变器的 IGBT。通过 TCU 的电压和电流传感器能够监视牵引变流器正确操作，以及正确调整在牵引和电制动阶段中由牵引电机输出的扭矩。此外一个额外控制器（ACU）正确控制辅助变流器的 IGBT 来产生 AC 400 V，50 Hz 三相电压为辅助服务供电。

一个 TCU（牵引控制单元）能够控制输入变流器 PMCF，制动断路器以及牵引逆变器的 IGBT，达到驱动转矩和功率控制，如图 8-7 所示。

TCU 主要功能：

（1）功率图控制。

（2）牵引/制动需求管理。

（3）冷却系统管理和监测。

（4）MVB 总线处理。

（5）速度管理和车轮滑动/空转控制。

（6）从传感器上获取采集信号和电力电路的快速保护。

（7）两个独立的牵引逆变器控制。

（8）PMCF（四象限整流逆变器）控制。

（9）变阻斩波器控制。

（10）维修功能（自检，逆变器折算功率测试，数据记录，事件和故障记录），与 WINSCOPE 工具的 RS485 通信。

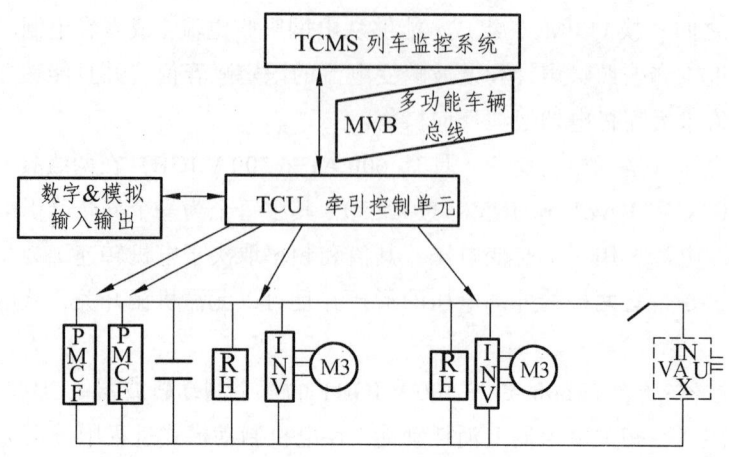

图 8-7　TCU 控制简图

PMCF—四象限脉冲整流器；RH—斩波器；INV—电机逆变器；INVAUX—辅助逆变器

牵引单元的 I/O 如图 8-8 所示。

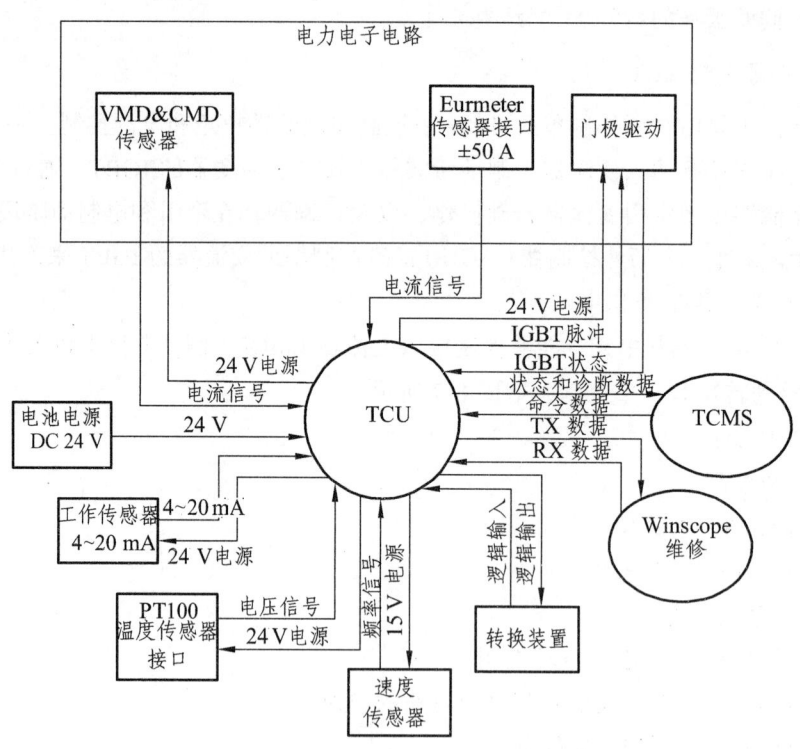

图 8-8　牵引控制单元的 I/O

3. TCU 系统功能控制

电机逆变器的控制功能分配如图 8-9 所示。

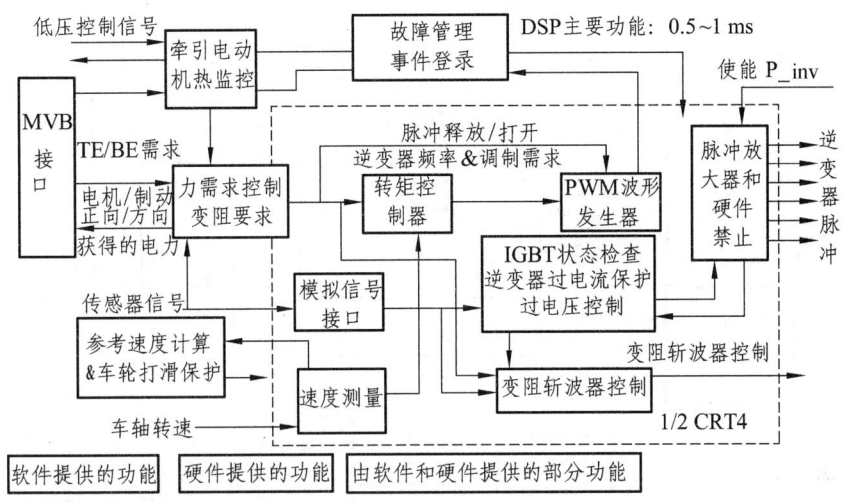

图 8-9 电机逆变器控制功能分配图

逆变器控制所需传感器如图 8-10 所示。

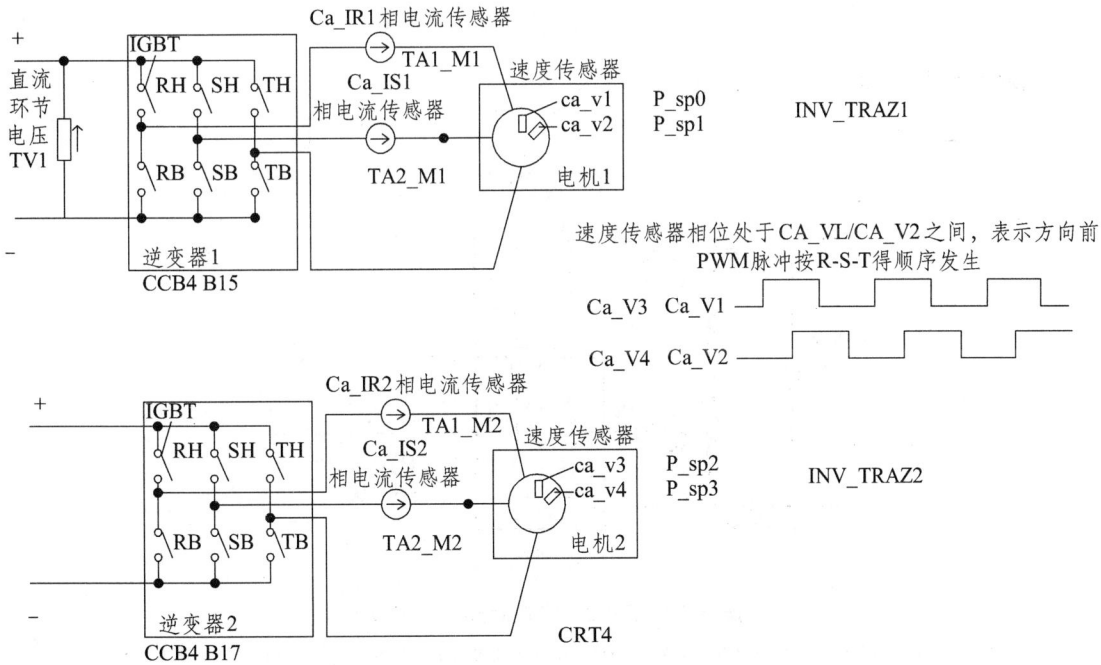

图 8-10 电机逆变器控制需要的传感器

PMCF 的控制功能分配如图 8-11 所示。

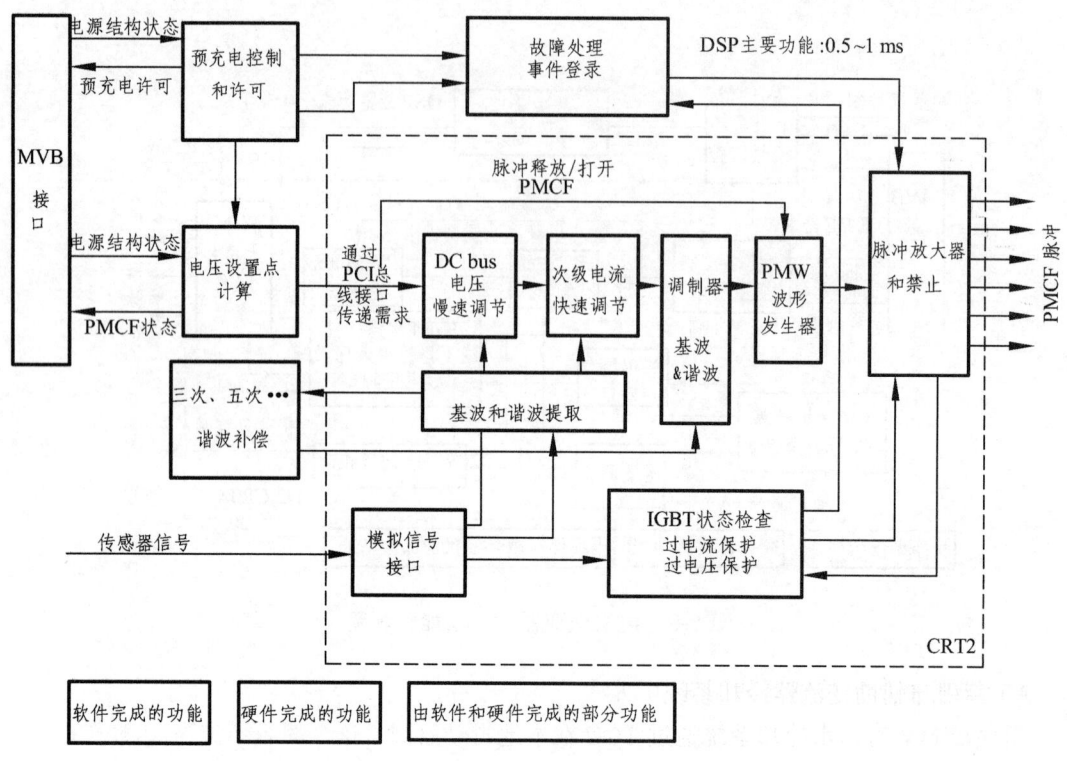

图 8-11 PMCF 控制功能分配图

PMCF 控制需要的传感器如图 8-12 所示。

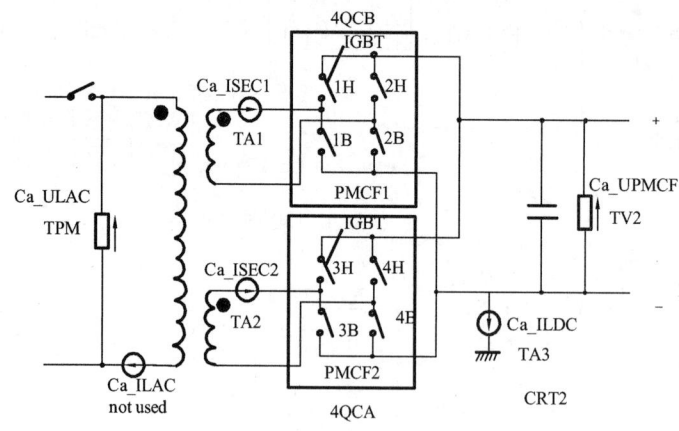

图 8-12 PMCF 控制需要的传感器

Ca_UPMCF—直流环节电压；CA_ULAC—原边线圈电压；CA_ILAC—初始电流（未用）
CA_ISEC1，CA_ISEC2—变压器两个次级线圈；
CA_ILDC—差动继电器监控（不用于 PMCF 控制）

CCA4/CCAP 板：FPGA 编码是标准代码，是由 EXCEL 参数产生的二进制文件配置的，由以下部分组成：

（1）快速保护电流和电压阈值。

（2）快速故障管理（禁止，撬杠电路，VCB 断开）。

（3）SE 线配置（VCB 断开，内部 CRT 禁止，同步）。

CCA4/CCAP 板传感器采集链条如图 8-13 所示。

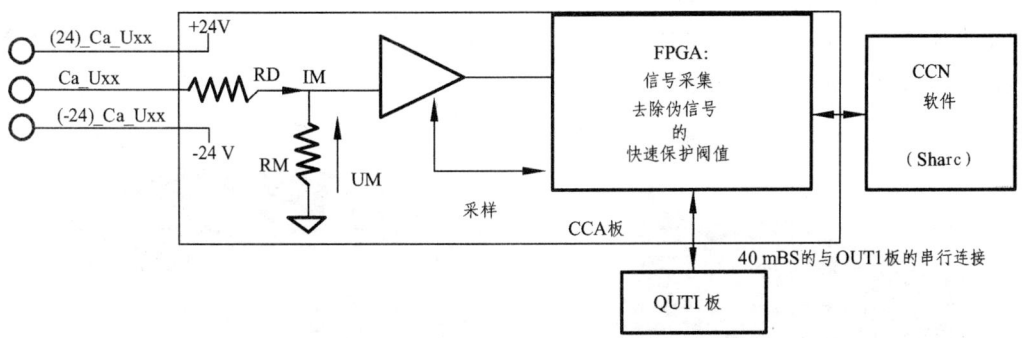

图 8-13　CCA4/CCAP 板传感器链条

4. 牵引变流器的冷却系统管理

1）牵引与辅助变流器冷却系统

当存在 MV 时，水冷却系统通过 TCU 在本地自动启用；这个加载不排序。

变流器冷却风扇和感应器风扇有两种速度；TCU 对插入和速度进行要求，但是启用命令被提交给 TCMS MPU 装载排序逻辑。在开动时，牵引变流器冷却系统关闭，直到辅助变流器启动并给它供电。

冷却系统：收集 4 个牵引功率模块和 1 个辅助功率模块耗散的热量。通过冷却混合剂从这 5 个功率模块中采集热量并散耗到强制水/空气冷却器上来实现，如图 8-14 所示。

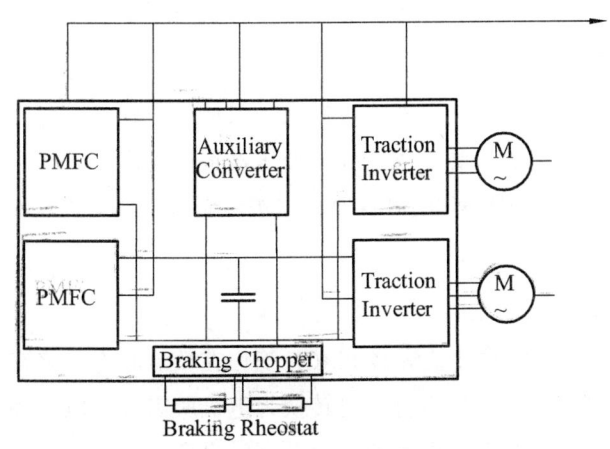

图 8-14　牵引/辅助变流器的冷却循环

系统由包括以下零件的部件组成：1 个热交换器、1 个电机泵、2 个电机风扇、1 个膨胀缸、连接到功率模块的水管。和以下辅助装置：2 个快速联轴节、1 个安全阀、1 个脱气器、

1个水补充系统、还提供1个压力传感器和1个温度传感器来控制和调整冷却系统。冷却回路温度由相关 TCU 控制。系统冷却组件的每个零件可以轻易从变流器下侧接触到,目的是便于维修操作。冷却剂的补充和冷却剂液位显示可以从车辆侧完成。

功率电子元件的冷却是通过来循环水和乙二醇混合物来保证的。然后把这个混合物泵入空气交换器中目的是向周围环境散发热量。

交换器冷空气由两个风扇保证,从车厢相关侧吸入空气然后通过位于变压器底侧的排放通道排出。冷却过程如图 8-15 所示。

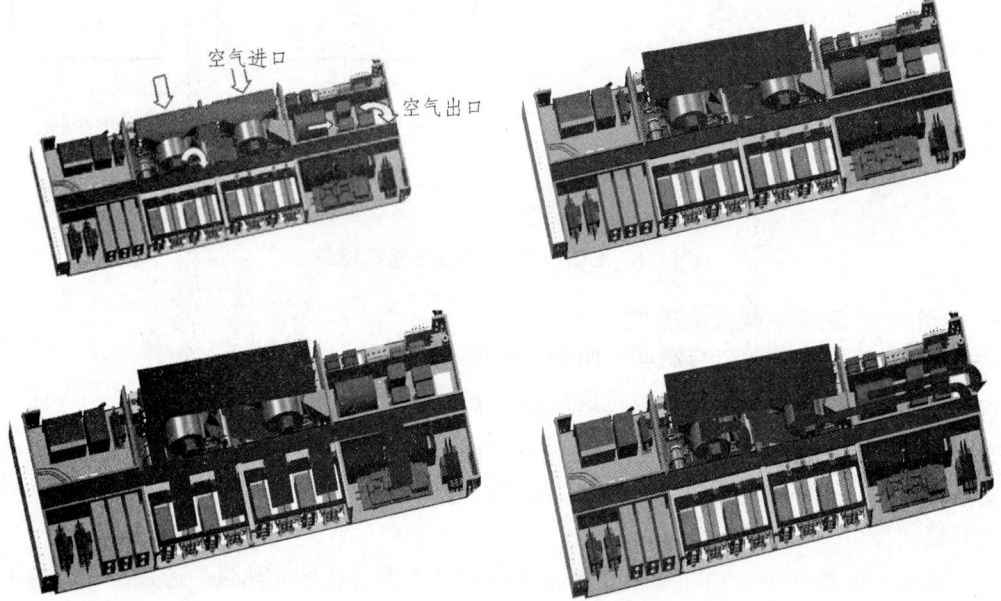

图 8-15 冷却系统的冷却过程

2)变压器冷却系统

当提供中压(MV)的时候,油泵启动,它们是通过 TCMS 加载序列逻辑进行管理的。如果两个泵中有一个出现故障,变压器将过温保护保持有效状态。可以预见在第一个温度阈值处,功率将会下降,在第二个温度阈值处,变压器将被隔离。

依据加载排序逻辑,TCMS MPU 对双速风扇进行管理,作为温度检测功能(通过 PT100 传感器)。

5. 再生制动控制

(1)牵引工况时:4 象限脉冲整流器 PMCF 工作在整流状态,将交流电网的交流电能转换为稳定的直流电,电机逆变器再将直流电转换为电机所需要的电压和频率的交流电,完成恒压恒频至变频变压电源的变换,即所谓的交 – 直 – 交变换。

(2)再生制动工况时:电机的三相绕组的漏感与电机逆变器构成电压型 PWM 整流器,此时电机工作在发电机状态,如果电机的运行速度较高,即所发出的电压较高,此时仅靠电机逆变器的反并联续流二极管即可实现再生运行,产生的直流电能经工作在逆变工况的

PMCF 反馈到电网，实现整个系统的再生运行。

在电机低速时，电机所发出的电压的峰值低于直流侧电压值，这时仅靠续流二极管不能实现系统的再生运行。电机在较低速度运行时。其电机逆变器也能将变频的交流电能变换成电压较高的直流电能，这是因为在 PWM 逆变器的工作模式中存在升压斩波器的等效模式，因此电压型整流器有时也被称为升压型 PWM 逆变器。在这种情况下，为使系统工作在逆变工况，可根据 PWM 逆变器的控制策略对由电机逆变器与电机漏感组成的 PWM 逆变器进行相应的控制，以实现系统的再生运行。与常规的 PWM 逆变器不同之处是该 PWM 逆变器的运行频率是随负载的变化而变化。

在分相区从牵引电机中恢复能量以及向中间级馈电过程中向辅助变流器馈电（稳压）。在分相区对列车实施制动并将能量散耗到制动电阻器中。

为了限制/切断中间级的过电压，起到保护电路安全功能的作用。每个牵引变流器有两个制动斩波器，每个的工作频率是 250 Hz，两个斩波器是交错的。所以等效频率将是 500 Hz，占空比也可以不断调节变化。标称电阻器电流电压范围（制动）DC 3 000 V ~ DC 4 000 V，重复短期电阻器电压（软电撬）4 500 V，最大绝对电阻器电压（硬电撬）4 800 V。

每个断路器的电阻在 6.5 ~ 9 Ω内变化的（包括构成的公差和热漂移）。当直流环节电压超过一定的阈值时，通过调节与制动电阻相连接的 IGBT 导通的占空比，直流环节的电容存储的过高的电压将通过制动电阻将被迅速放掉。电阻器由热像保护，牵引控制单元保证，电阻器上不放任何装置。

在牵引和制动模式下，牵引变流器的直流环节的调压是通过受牵引控制单元控制（TCU）的两个并行的 PMCF 进行调整的，为了提高电机在低速时的性能，当列车以低速运行时直流环节电压维持在一个低值（3.2 kV），标定值（3.6 kV）。PMCF 能够把牵引变压器二次绕组的单相交流电压 AC 1 770 V，变成一个稳定的输出直流电压 DC 3 600 V。

第三节　制动控制

一、系统概述

CRH5 动车组的制动系统由电制动系统（动车）、空气制动系统（包括供风）、防滑装置和制动控制装置等组成。动车组制动系统具有与车载列车运行速度控制系统的接口，采用电空联合制动模式，电制动优先。正常情况下的制动系统控制是通过每个司机台上的 2 个手柄进行。

CRH5 动车组的直通式制动系统能够基于预先设定（假如需要的接口进行了定义的话，由制动手柄位置或者由信号系统进行定义）的制动模式曲线控制列车的减速或者停车。制动系统有着带有车载列车运行速度控制系统的接口。

1. 电制动

8 辆编组的 CRH5 动车组每根动轴都具有电制动作用，CRH5 动车组的电制动系统可实施再生制动和电阻制动。

实施电制动时，控制系统将三相异步电动机转换为发电机工作，将列车运动的动能转变为电能，反馈回电网或变成热能消耗掉。在动车组使用电制动时，电空制动仅供拖车轴使用，而对于动轴来说，电空制动仅可用于无法使用电制动力的速度范围内。如果电制动失效，可在有关动车轴上使用空气制动系统。电制动可单独使用或与空气制动一起使用。与空气制动一起使用时，将优先运用电制动，可以减轻拖车的空气制动负荷，从而减少其机械制动部件磨耗。

CRH5 动车组的再生制动在 29 kV 网压以下使用，并可在 10~200 km/h 的速度范围内工作。在电分相区段，CRH5 动车组进行电阻制动（只有在速度高于 35 km/h 且需要电制动时可用，一旦激活可以在 10 km/h 时应用），靠制动电阻器 REO 消耗牵引电机产生的能量；制动电阻器安装在 1、2、4、7 和 8 车的车顶上（每列列车 5 个）。

常用制动时，CRH5 动车组再生制动力与列车速度的关系如图 8-16 所示。

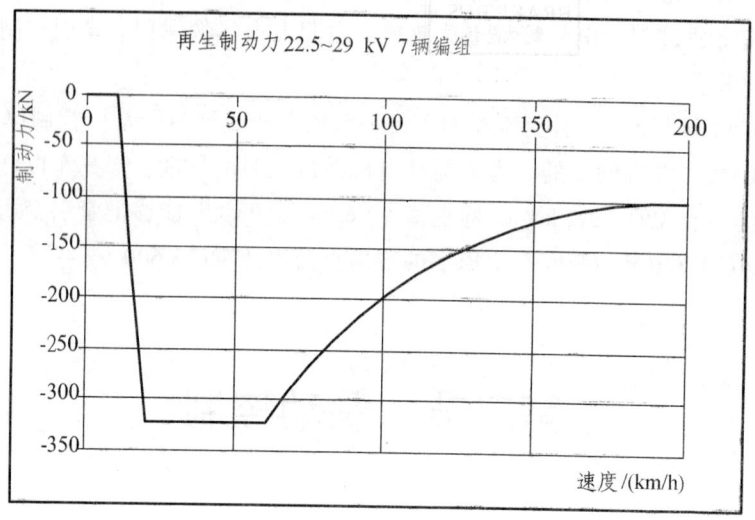

图 8-16　再生制动特性曲线

CRH5 动车组的制动性能如下（达到最大电制动的情况下）：

轮周处的最大制动力　　　　　　　205 kN

轮周处的最大制动功率　　　　　　5 785 kW

最大常用制动和紧急制动性能相同：

初速度 200 km/h：

平均减速度　　　　　　　　　　　0.79 m/s^2

制动距离　　　　　　　　　　　　≤ 2 000 m

初速度 160 km/h：
平均减速度   0.79 m/s^2
制动距离   ≤1 400 m

2. 空气制动

CRH5 动车组使用的空气制动系统包括直通式空气制动系统和自动式空气制动系统：

CRH5 动车组使用的直通式空气制动系统采用电子控制，动车组直通式制动系统可按制动模式曲线（根据手柄位置或信号系统设定）控制列车减速或停车。安装在每个车上的微机控制的制动电子控制装置负责执行本车的制动控制功能，包括接收和解码制动命令信号（从司机台上的制动手柄发生），以及其他用于列车制动控制的重要信息。

二、电控制动

1. 电控制动系统的组成及功能

1）制动接口构建

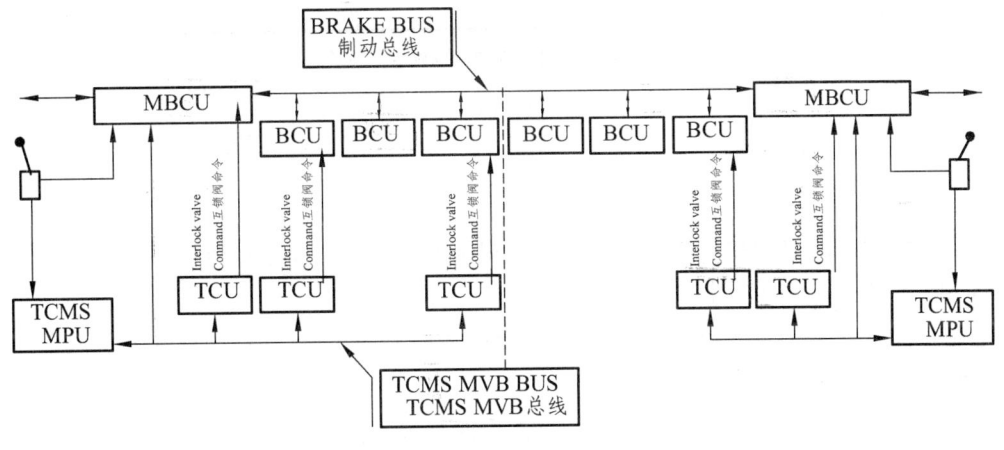

图 8-17　制动控制接口

制动系统有一个专门的总线（制动总线）并且列车上每个制动控制单元（BCU）都与其接口，如图 8-17 所示。制动总线可在整列编组上扩展（例如两列车-16 辆车-如果联挂的话）。

带司机室的车辆上的 BCU 能够起到制动主控制的作用（MBCU）且也与 TCMS 的 MVB 总线有接口；它们还获得来自司机台上把手和信号设备的制动请求（电动和气动制动请求）。在编组中的主 BCU 通过司机台钥匙的插入进行定义。

每个 BCU 控制本车气动管路。在每个动车上，都有一个牵引控制单元（TCU），与 TCMS 的 MVB 总线接口；每个 TCU 执行本车电动制动功能并且通过硬线连接驱动互锁阀。

TCMS 系统获得牵引手柄位置和相关的制动手柄位置来执行控制逻辑，并管理对编组列车的 TCU 的电动制动力要求。

直通式制动手柄有两部分：第一部分发出对电力制动力的请求，第二部分发出对拖轴的电力制动力和气动制动力的请求。

2）数据流

主 BCU 直接读取制动手柄位置和由信号系统通过专门的接口设定的制动请求并处理这些信息，设定执行制动所需要的电动制动力和电空制动力，如图 8-18 所示。

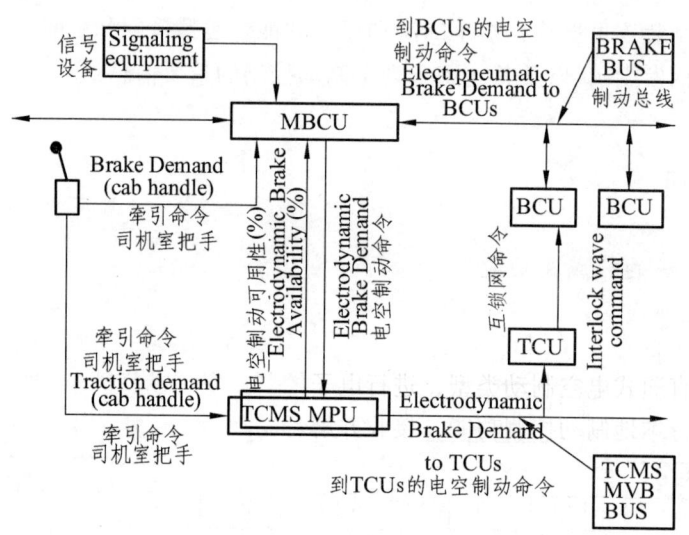

图 8-18　制动命令传输

电空制动命令通过制动总线发送给列车编组的所有 BCU，相应地执行本地气动电路的控制；TCMS 不包括在此功能中。

电制动命令通过 TCMS MVB 总线传送给牵引主控制的 MPU 进行处理并通过列车控制网络（MVB 和 WTB）传送给所有的 TCU。

在每个动车上，制动板有一个互锁阀。这个阀当被驱动时，抑制动轴上的空气制动。在正常操作中，每个 TCU 执行电动制动力并在给动轴施加 ED 制动时给本地互锁阀通电。

如果一个或者更多的 TCU 不能够执行电力制动，它们将通过列车控制网络（MVB 和 WTB）通知 TCMS MPU 并释放本地互锁阀。TCMS MPU 通过列车控制网络传送不可用的电力制动端口的信息，以便于 MBCU 可以执行需要的动作。另外，每个 BCU 通过直接读出本地互锁阀的状态来得知本地 ED 制动故障。

在紧急制动过程中，TCMS MPU 切断任何对 TCU 的电力制动或者牵引请求，且所有的互锁阀都被释放，而且每个互锁阀被忽略。

每个带有司机室的车辆上的 BCU 收集关于所在车辆和相邻车辆的诊断数据并通过 MVB 总线传送给 TCMS，如图 8-19 所示。

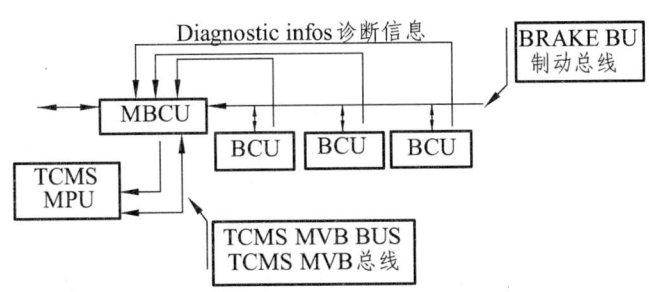

图 8-19 制动诊断信息传输

3）电制动控制

电力制动在速度高于 35 km/h 时启动（参数由软件可调）；当在低速开始制动时，只有空气制动气动。

当在速度高于 35 km/h 开始制动时，电力制动保持有效状态直到 10 km/h（参数由软件可调）。

在司机室中，将会提供一个电制动隔离命令。

4）直通式电空制动系统

空气制动将会直通式电空制动类型，进行电子控制。安装在每辆车上的基于制动控制电子学的微处理器执行本地制动控制功能，接收并解释制动命令信号（来自司机台上的制动手柄），还有对制动控制很重要的其他列车信息。万一发生直接制动故障，系统应该执行故障-安全功能，必要时实现紧急制动。万一直接制动系统不能正常地操作，备用制动系统应该在手动转化后启动。基于制动控制单元的微处理器执行对于制动控制来说很重要的其他列车信息（电力动力制动效率等）。

2. 紧急制动控制

在紧急制动时，牵引和电制动被切断，空气制动施加最大的制动力。

紧急制动的控制由以下方面构成：

（1）TBC 牵引制动手柄：由司机进行控制，将制动手柄至于紧急制动位，制动系统执行紧急制动指令。在该位置下，安全环线断开，所有车辆均实施最大的空气制动力。

（2）紧急制动按钮：由司机进行控制，按下司机台上的按钮，制动系统执行紧急制动指令。

（3）备用制动手柄：由司机进行控制，将手柄至于紧急制动位，制动系统执行紧急制动指令。

（4）制动管压力：制动管压力低于 2.7×10^5 Pa，制动控制系统执行紧急制动指令。

（5）乘客紧急制动拉杆：位于各车的乘客区域，乘客拉下紧急制动拉杆，司机室接收到紧急制动请求，由司机判断是否发出紧急制动指令。在规定时间内，司机未做出判断，则制动控制系统执行紧急制动指令。

（6）DEADMAN 装置：在列车运行期间，DEADMAN 装置的踏板在 33 s 内没有被再次触发，警告蜂鸣器被启动。如果蜂鸣器启动 3 s 后依然没有触动踏板，紧急制动的安全回路被断开，制动控制系统执行紧急制动指令。

（7）ATP装置：列车自动保护装置紧急制动安全回路，制动控制系统执行紧急制动指令。

3. 停放制动

EMU 配备有弹簧操作停放制动设备。动车组配备有弹簧作用的停放制动装置，由总风缸供气，该设备满足在一个 30‰ 的坡道上安全停放无溜放的要求。停放制动配有：防混设备、手缓解设施（可由对弹簧作用的停放制动进行充风使其自动复位）、集中制动/缓解电空控制（由司机室的按钮操作并在稳定方式下控制）。

实施和不实施命令通过穿过自动车钩的列车电线从启动了的司机台传送出来。停放制动状态由压力传感器通过每辆车上的 BCU 进行检测，并由主 BCU 通过 MVB 接口传送给 TCMS。司机台由 TCMS RIOM 驱动。停放制动上的诊断由 BCU 在本地进行，并发送给主 BCU 而后发送给 TCMS。

在停放制动作用时，抑制牵引作用；在列车运行过程中，抑制停放制动的应用。在靠近对应制动缸和在同侧的转向架上提供机械缓解手柄。制动作用和停放制动的缓解状态依靠压力开关检测，并通过以下方式来显示：

（1）司机台上的报警灯。

（2）转向架两侧的气动显示器。

红色表明司机室施加的停放制动或通过转动塞门气动隔离；绿色表明从司机室气动缓解的停放制动。

4. 超速防护制动控制

制动系统提供与车载自动列车保护系统（ATP）和现有信号系统（LKJ2000）的接口。

列车制动控制与 ATP 装置的接口如表 8-2、8-3 所示。

表 8-2　列车向 ATP 装置的输入

功能	信息	接口要求	要求	信息来源
紧急制动（对安全至关重要）	EB 反馈	当触发紧急制动，一个干式触点闭合（2条线）	+24 V 时，能通过电流 60 mA	EMU 制动单元
常用制动	SB 级电制动反馈	当触发常用制动，一个干式触点闭合（2条线）	+24 V 时，能通过电流 60 mA	EMU 制动单元
	SB 级空气制动反馈	当触发常用制动，一个干式触点闭合（2条线）	+24 V 时，能通过电流 60 mA	EMU 制动单元
手柄处于制动位	制动	当置制动位，两个干式触点闭合（4条线）	+24 V 时，能通过电流 24 mA	EMU 操作台
LKJ 紧急制动	LKJ 紧急制动	当紧急制动触发时，两个干式触点（4条线）中：第一个闭合，第二个闭合。	+24 V 时，每个触点能通过电流 60 mA	LKJ
LKJ 常用制动	LKJ 高级位的常用制动	当紧急制动触发时，两个干式触点（4条线）中：第一个闭合，第二个闭合。	+24 V 时，每个触点能通过电流 60 mA	LKJ

表 8-3 ATP 装置向列车的输出

功 能	信 息	接 口	指令模式	备 注
紧急制动（对安全至关重要）	EB1 指令	1 路 110 V 直流	被动	也用于 LKJ 的紧急制动
	EB2 指令	1 路 110 V 直流	被动	
常用制动	ATP 低挡位常用制动	当触发低挡位常用制动时，1个干式触点（2 条线）闭合	主动	LKJ 和 ATP 机柜使用相同的输出，所以两个干式触点使用的电源也是相同的。
	LKJ 低挡位常用制动	当触发低挡位常用制动时，1个干式触点（2 条线）闭合	主动	
	ATP 中挡位的常用制动	当触发中挡位常用制动时，1个干式触点（2 条线）闭合	主动	LKJ 和 ATP 机柜使用相同的输出，所以两个干式触点使用的电源也是相同的。
	LKJ 中挡位的常用制动	当触发中挡位常用制动时，1个干式触点（2 条线）闭合	主动	
	高挡位的常用制动	1 路 110 V 直流输出	被动	LKJ 高挡位常用制动也用。

第四节 安全回路

一、牵引安全回路

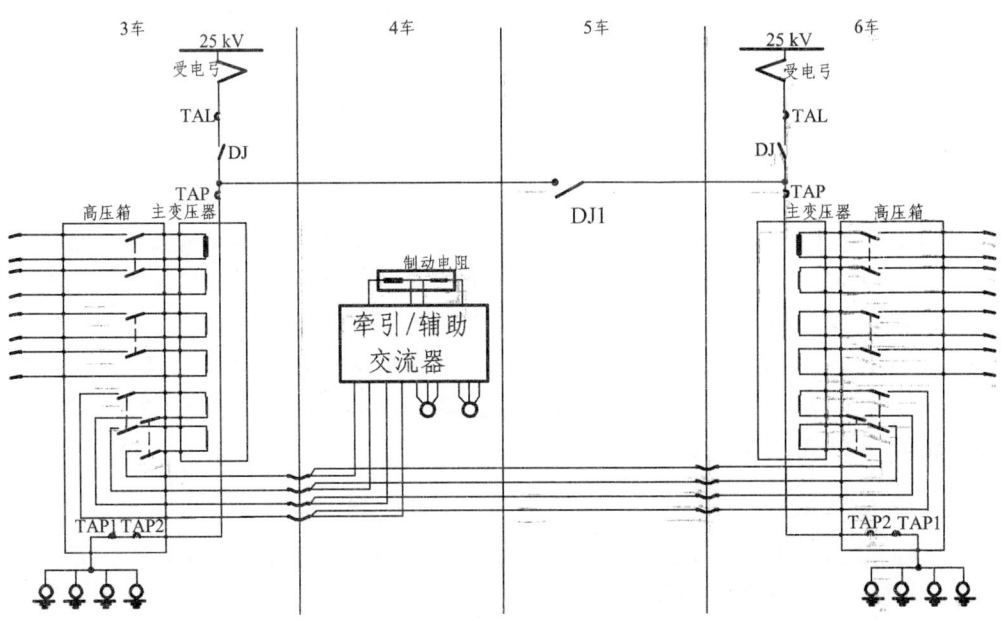

图 8-20 牵引电路

1. 动车组适应合同规定的网压的保护措施

在网压波动时,动车组可保证:

(1)网压在 22.5~29 kV 间发挥额定功率;

(2)网压在 22.5~19 kV 间牵引功率可线性下降至额定功率的 84%;

(3)网压在 19~17.5 kV 间牵引功率线性下降至零,辅助设备可正常工作;

(4)网压在 29~31 kV 间牵引功率线性下降至零,最大允许持续电压为 27.5 kV,辅助设备可正常工作。

2. 冗余切换描述

牵引结构设计为:第一个牵引单元的第三个牵引变流器既能够由第一个牵引单元供电,也可由第二个牵引单元进行供电,并能够从第一个牵引单元切换到第二个牵引单元。这一特征使:

(1)当一个牵引变流器故障时使两个主变压器负载平衡;

(2)当一个主变压器故障时至少有三个牵引变流器可工作。

在每个牵引动力单元中的电气设备发生故障时,可全部或部分(切除一个或两个牵引变流器)切除该单元的动车,但不影响其他动力单元的运用。

3. 重联时双弓运行限制条件

当两列动车组重联连挂运行时,为了使每个短编组都能正常工作,需要升双弓运行,且不能升两个相邻的弓,每个短编组只能升一个对应的弓,即均升前弓或均升后弓,如果前弓和后弓中均有一个故障,则只能升整个长编组的第一个弓和第四个弓。双弓重联运行示意图如图 8-21 所示。

图 8-21 双弓重联运行

两列重连升双弓情况下,只允许升 1、3 号或 1、4 号或 2、4 号。

4. 换弓描述

当运行中升弓车的高压电路故障或牵引变压器故障,需要切掉本车的高压电路或牵引变压器时,需执行换弓操作。此时需先断开 T2 车的主断路器(DJ1),然后断开本车的主断路器(DJ),再执行降弓操作。确认降弓后,再升另一个车的受电弓,然后合另一个车的主断路器(DJ)。如果是本车的主变压器故障,则此时 T2 车的主断路器(DJ1),要保持断开状态;而如果是本车主断路器(DJ)之前的高压电路故障,则不影响本车主变压器正常工作,T2 车的主断路器(DJ1)则是在闭合状态。

5. 牵引安全主断断开条件

(1)过分相区时,位于车下的传感器接收到线路传感器"即将过分相区"信号上报 TCMS,TCMS 发出封锁牵引、断开主断请求;

(2)网侧谐波检测不正常;

（3）运行中如果出现由于机械或电气故障而引起降弓，主断断开；

（4）网侧过压；

（5）牵引变流器自动隔离；

（6）牵引本地设备间串行通信损失。

二、制动安全回路

CRH5 动车组的制动采用电空制动，且优先采用电制动。

在速度降到 10 km/h 后延时 400 ms，电制动开始撤销，补充空气制动，继而完全由空气制动接替电制动，当速度在 1~3 km/h 范围时，如果继续施加制动，制动系统将自动施加保持制动（最大常用制动力的 70%），最终将列车平稳地停靠。

另外，ATP 及 LKJ2000 信号设备也可以在列车行驶超速时，给制动控制单元发出相应的制动指令。

CRH5 旅客报警电路图由图 8-22 的（a）旅客报警—1、8 车和（b）旅客报警—2、3、4、5、6、7 车组成。

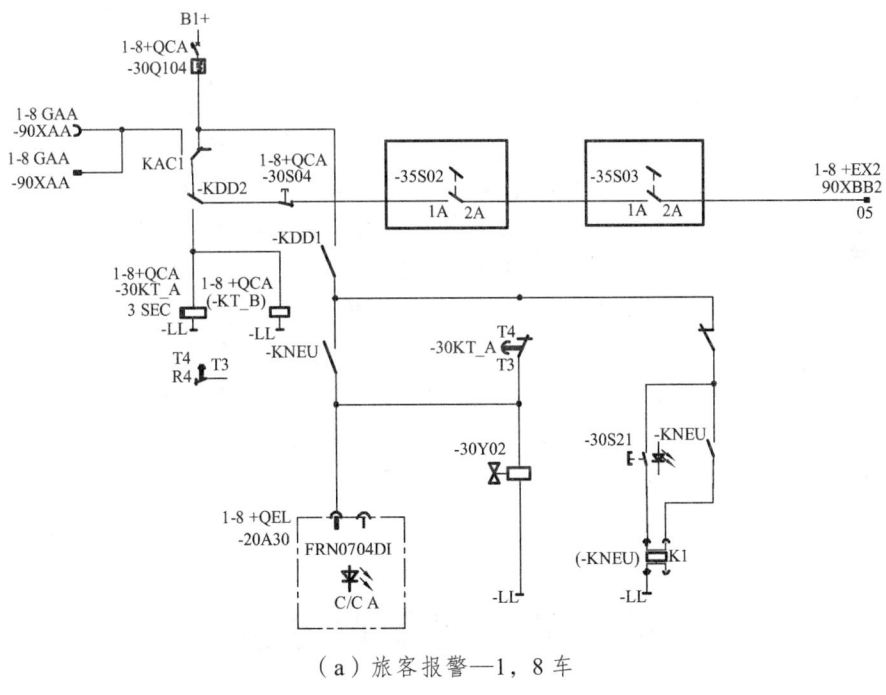

(a) 旅客报警—1，8 车

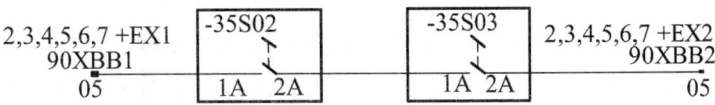

(b) 旅客报警—2，3，4，5，6，7 车

图 8-22 旅客报警电路图

30S02-旅客报警拉手 30S03-旅客报警拉手 30S04-旅客报警测试按钮
30Y02-旅客报警电磁阀 30KT_A-3 秒延时继电器 30S21-旅客报警屏蔽按钮
旅客报警介绍：

当列车正常运行时，整个乘客报警电路处于工作状态。由非主控车（司机台未启动车）通过 5 号线给整个电路提供 DC24 V 电源，经中间车（2.3.4.5.6.7 车）至主控车（司机台已启动车），主控车 KDD2 动作，30KT_A 与 KT_B 被激活，相应触点闭合，旅客报警电磁阀处于激活状态，列车正常运行。当有一节车厢出现报警情况，电路断路，但由于 30KT_A 延时 3 秒中断，所以在此期间司机可以通过按下 30S21 激活继电器 KNEU 重新给旅客报警电磁阀供如果司机不采取措施，旅客报警电磁阀 3 秒后失电。

在每节车厢的两端各有一个乘客报警拉手，在车厢内出现紧急情况时（火灾等）旅客可以拉下报警手柄，司机在得到旅客报警信息后可以根据列车运行的实际情况采取相应措施，如列车运行在桥梁，隧道等特殊区段，司机按下旅客报警屏蔽按钮，列车继续运行，不会制动，但列车会持续蜂鸣报警；如司机不进行旅客报警屏蔽，旅客报警电磁阀动作，列车制动。

当 1 车（8 车）司机台启动，1 车（8 车）的 KDD2 动作，将警惕装置串入安全环路。这样就由已经启动司机台的车的警惕装置，停放制动意外施加继电器，牵引制动手柄，备用制动手柄，紧急制动按钮，ATP 继电器构成了 CRH5 动车组的完整的制动安全环路。

当列车正常运行时，整个安全环路处于工作状态。由非主控车（司机台未启动车）通过 33 号线给整个环路提供 DC24 V 电源，经中间车（2.3.4.5.6.7 车）至主控车（司机台已启动车），再经主控车警惕装置激活 30K12，最后由 03 号线激活各车的 30K12，使列车保持牵引状态。当整个安全环路某一点出现断路，由于串联关系，将使 30K12 失电，列车断开牵引，实施制动。30K12 包括两个线圈：30K12-K1，30K12-K2。30K12-K1 在失电情况下将牵引旁路，使列车失去牵引；30K12-K2 在失电情况下将使紧急制动电磁阀失电实施制动并通过 TCMS 通信至 BCU。这样就避免了牵引和制动的叠加。

警惕装置是对司机状态的一种监视，当司机没有按着警惕装置的操作规程进行操作时，列车在报警后自动实施制动，从而避免由于司机的原因造成的对行车安全的影响；在列车运行时如果停放制动意外实施，安全环路也要断开，列车制动，避免车轮的擦伤；司机在意外紧急情况出现时可以通过牵引制动手柄、备用制动手柄或紧急制动按钮来断开安全环路，实施制动；当主控车的 ATP 系统（自动列车保护装置）故障时，安全环路也将断开，列车制动。

第五节　自动过分相

系统可以通过所谓的 GFX3 设备，此设备负责检测一个分相区的开始和结束，自动管理在 AC 悬链线下面越过分相区（也叫作"中立区"）。执行以下操作：在牵引主控制上的 TCMS 从一个数字输入读出 GFX3 信号"进入分相区"。TCMS 向每个牵引变流器发出请求，经由 WTB/MVB 线，管理横越一个分相区。每个 TCU 自动控制一个轻微的电力制动，然而足以给有关的辅助变流器供电。

1) DJ 自动打开。

以这种方式,辅助变流器保持有效,且当越过分相区时没有必要减少 MV 负载。在分相区的最后,GFX3 设备通知 TCMS 并执行有关的操作:在牵引主控制上的 TCMS 通过 RIOMS 检测来自 GFX3 设备的信息。

2) DJ 自动重新关闭。

TCMS 重新安排对 TCUs 的请求来管理分相区。每个 TCU 管理瞬变状态来恢复正常列车操作要求的力。在序列的最后,辅助变流器将由有关变压器再次供电。中立区管理的整个序列不用司机的干预就可进行。

一、过分相系统组成

动车组自动过分相装置的设备构成如表 8-4 所示。

表 8-4 自动过分相装置的设备构成

序号	设备单元组成	性能	数量	备注
1	GFX-3A 自动过分相控制装置（含对外插头）	自动过分相逻辑控制	2	
2	感应接收器（含对外插头）	接收地面定位信号	8	
3	转换插座	感应信号转接	8	

二、过分相系统功能

车上利用地面感应器标志出分相区的位置。分相区前方放置 2 个地面感应器,一个在轨道右边（G1）,一个在轨道左边（G2）,分相区后面也放置 2 个地面感应器（G3、G4）。地面传感器安装如图 8-23 所示。

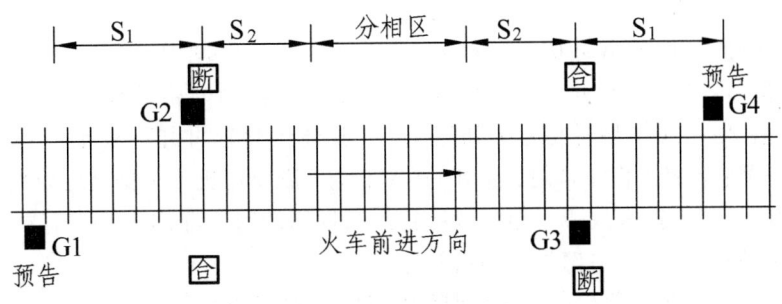

图 8-23 地面传感器安装示意图

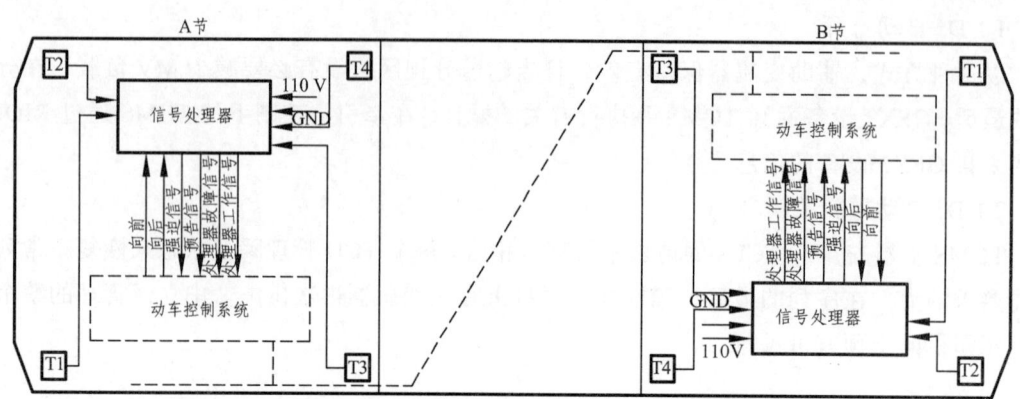

图 8-24 车上传感器在动车组上的安装示意图

传感器在动车组上的安装如图 24 所示。对于动力分散或两端动力的动车组，在动车组安装受电弓的车上装四个感应接收器（T1、T2、T3 和 T4）来接受线路上的定位地面感应器，两个（图 8-24 中 B 节车上的 T2、T4）装在右边来感应 G1 和 G3，另两个（图 8-24 中 B 节车上的 T1、T3）装在左边来感应 G2 和 G4。感应接收器前后相互备份。同时车上还装有一个信号处理器来处理 T1、T2、T3 和 T4 接收到的信号，并向机车控制系统送出四路信号。

当列车沿图 8-23 所示方向从左向右运行时（主要以动力分散或两端动力的动车组为主），B 节车上的信号处理器工作，根据动车组的向前信号，B 节车上的感应接收器 T2 首先感应到 G1 并送出信号给信号处理器，信号处理器送出一个预告信号给动车控制系统。动车随即卸载并分主断。具体卸载和分主断过程由动车组生产厂家决定。

当动车组运行到 G2 点时，B 节车的感应接收器 T1 感应到 G2 并送出信号给信号处理器。将送出一个强迫信号给动车控制系统，此时要求动车组立即分断主断。当动车组运行到 G3 点时，B 节车的感应接收器 T2 感应到 G3 并送出信号给信号处理器。信号处理器通过预告通道送出恢复信号给动车控制系统，此时动车组要合上主断并恢复到过 G1 点前的工况。在此方向上运行时，若 G3 信号接收正常，则信号处理器忽略 G4 的信号，如果通过 G3 时没有收到信号，通过 G4 则发出恢复信号，通过分相区后根据接收信号的情况，信号处理器延时一段时间，自动复位准备下一次过分相过程。

过分相装置故障（包括 T1、T2、T3 和 T4 故障）时，信号处理器将送出一个故障信号给动车控制系统，微机显示屏将给出提示信息。此时要求司机人工操纵通过分相区。

信号处理器发送给机车控制系统的信号：

（1）预告信号：110 V 脉冲信号（初定 1 s），具体延续时间由动车组生产厂家确定。

（2）强迫信号：110 V 脉冲信号（初定 1 s），具体延续时间由动车组生产厂家确定。

（3）恢复信号：110 V 脉冲信号（初定 1 s），具体延续时间由动车组生产厂家确定。

（4）工作信号：装置工作正常时，输出 110 V 信号，需要司机人工操纵过分相时，输出 0 V。

（5）故障信号：装置有故障，但可以维持运行回基地时，输出 110 V 信号。

（6）动车控制系统发送给信号器的信号：

向前：110 V，当本节动车向前运行时给出 110 V 高电平信号。

向后：110 V，当本节动车向后运行时给出 110 V 高电平信号。

第六节 运行控制

动车组运行控制包括：启动过程、加速运行、减速运行、恒速运行、换端运行、联挂与解挂等方面。

一、司机控制器

CRH5 动车组司控器手柄分成 3 个部分：主手柄 LC、方向手柄 LINV 和速度设定手柄 LV。

1. 主手柄 LC

主手柄 LC 的角位移范围为 90°，分为以下几个区域：

（1）主手柄 LC 制动区域。手柄在制动区域操作没有特殊限制。最大电制动和最大电空制动位置各应用一个敏感的凹槽，可以容易地被司机识别。手柄在制动区的角位移范围如下：22.5° 电制动；22.5° 电空制动；10° 紧急制动。

（2）在中立位置手柄往牵引区域动作被机械锁定，只能通过推动进行缓解。手柄向制动区的运动没有机械锁定。当手柄被缓解时，可以直接通过中立位置，动作没有阻碍。

（3）最小牵引力区域（机械规定位置）：手柄从中立位到最小牵引力位置的位移为 10°。

（4）牵引区域。手柄在牵引区的角位移为 30°。

2. 方向手柄 LINV

方向手柄 LINV 有 3 个稳态位置：前向，0，后向。手柄带动 7 个微动开关，手柄的转动角度范围为 60°，以 0 位为中间位置，前后转动角度各 30°。微动开关用于反映方向手柄的位置状态信息，其中部分微动开关采取冗余配置。

TCMS 在司机台下的远程输入输出模块 RIOM CAB 检测微动开关触点的状态信息，然后列车监控网络将检测的状态信息发送给主变流器内的牵引控制单元 TCU，TCU 控制牵引电机的转向，进而控制列车的行驶方向。

3. 速度设定手柄 LV

速度设定手柄 LV 有四个位置：

（+）增加　　　　非稳态位
（N）中立位　　　稳态位
（-）减少　　　　非稳态位
（0）速度快降到 0　非稳态位

LV 手柄的移动连接 6 个微动开关，同时还有两个微动开关 A 和 B，用于目标速度设定确认。TCMS 通过 RIOM 模块检测所有微动开关的触点状态，传送给 TCMS 的微处理单元 MPU，MPU 计算出设定的目标速度后，对比当前的速度，控制 TCU 施加牵引或者电制，最终保证列车达到设定的目标速度。

二、牵引与电力制动命令

司机台上安装有一个单独的牵引/制动控制杆。TCMS 读出位置冗余微型开关和一个 8 位编码器（非冗余的）。牵引力可以由以下设备启动：司机台控制杆、运行速度调节器。电制动可以由以下设备发出请求：主 BCU、运行速度调节器。

在头车上的 TCMS MPU 处理上述所列出的请求并计算要求的力（牵引为正，电力制动为负）且将其通过 TCN（单车与列车总线）发布给 TCU。为了执行这个功能，头车中的 TCMS MPU 管理下列各种操作：手动驱动（力由司机通过司机台上的控制杆进行设定）、自动驱动（司机通过司机台上的控制杆设定目标速度和力的极限，并且随后运行速度调节器请求牵引和电力制动），以及下列操作状态：牵引、滑行（没有力）、制动。

1. 速度调节功能

司机通过司机台上的"速度设定指令控制杆"设定目标速度。头车上的 TCMS MPU 检测控制杆的动作并按照以下步骤增加目标速度：1~30 km/h、5~200 km/h。当增加目标速度的时候，必须通过按下一个集成在控制杆上的"确认"按钮进行确认，当目标速度降低时不需要确认。目标值显示在主监视器上（TS）。当列车停止的时候，目标速度保留。

在设定了目标速度之后，可以通过按下牵引部分的牵引/制动控制杆移动列车。TCMS 牵引逻辑随后以一定的公差执行到达和维持目标速度，速度调节在牵引、滑行和电力制动的交替状态中以正确的方式完成。在低速，当电力制动不可用时，速度调节功能仍然可用，但是仅仅工作在牵引和滑行状态。结果，目标速度中的舒适和公差不能得到保证。

2. 牵引切断与"变流器启动"列车电线

在常用制动过程中，由集成在同一个控制杆上的牵引和制动指令进行机械式切断牵引。在备用制动过程中，由头车的 TCMS MPU 通过主 BCU 检测制动管压力下降，进行牵引切断。在紧急制动中，借助于冗余列车线"变流器启动"进行硬件牵引切断。

列车电线由可用的司机台钥匙供电并穿过自动车钩；电线由每个 TCU 直接检测；当处于 24 V 时，牵引和电力制动启动，否则它们都被禁止。当实施紧急制动时，一个 2.7×10^5 Pa 的压力开关使列车电线接地"变流器启动"以一种安全方式停止整个列车编组上的每个牵引和电力制动活动。另外，头车的 TCMS MPU 检测制动控制杆上的微型开关和制动紧急回路并且切断对 TCUs 的力的请求。

三、启　动

列车启动包括以下方面：

1. 插入电池

每辆车配备有自己的电池和一个既能电动又能手动的断路器。闭合命令可以通过以下发布：司机座位后面柜子中的按钮、每辆车的 LV 电柜中的开关。当其中一个启动时，一个冗余列车线通过由优先线路直接引出的电源进行供电（也就是说，上溯到电池断路器）。列车电线通过自动车钩，因而也在联挂列车中操作。电路安排的方式是如果同时发布了打开和关闭命令，关闭命令优先。当电池断路器闭合的列车与另外一个打开的列车联挂时，第二列车上的关闭命令通过一个硬件电路自动发布。

2. 电池取出

电池断开命令可以手动通过司机座位后面配电盘上的按钮或每辆车的 LV 配电盘上的开关发布。或者在一个自动停用"静止"模式之后通过 RIOM 输出由 TCMS 自动发布。在所有的情况下，冗余的列车总线是带电的，每辆车本地请求通过硬件电路调节到不出现"列车启动"状态（B100）或列车速度低于 5 km/h 的情况。

在发布命令之前断路器打开。TCMS 为进行诊断，检测司机室中电池打开按钮的状态和每辆车上电池断路器的状态。

3. 列车启动

列车通过插入并旋转司机台钥匙进行启动，这种操作直接给一些继电器通电并且它们的接触用于在硬件电路调节一些功能。司机台状态由 TCMS 经由 RIOMs 进行检测，并且直接通过 WTB/MVB 网关由它的数字输入之一来进行下列功能：当司机台钥匙开动时，将网关从等待状态唤醒；管理 TCN 初始化序列和头车的选取；以惯例执行将相关功能的调节到"启动司机台"标准，按照在子系统"功能性要求规范"中的要求。

向主要指令电路（例如受电弓、压缩机、高压主断路器等）的供电是通过司机台上的主要命令开关以硬件电路获取的。主要指令开关与司机台钥匙功能性串联；如果处于"接通"位置，司机台钥匙启动的头车向列车电线供电（"列车启动"准则，也叫作"B100"）。在司机台钥匙主要命令开关串联之后，由于功能性和诊断的目的，位置由 TCMS 读取。在整个链是冗余的，包括列车电线。在每辆车上，"B100"列车电线通过继电器供电，被叫作"本地 B100 准则"，通过 TCMS 读取用于功能性和诊断的目的。

4. 头 车

正常操作中（同样当两组列车联挂时），TCMS 选出一个"头车"来正确地管理牵引指令并在发布这样的指令中避免冲突。这列车也定义为"牵引主控制"。

每一次，识别结果不能超过一辆的头车，并且，如果存在，应该是插入司机台钥匙并启动的头车。牵引控制选择的过程（叫做"TCN 初始化"）依据 IEC-61375 标准的要求在列车总线级处进行管理；在程序结束时，选中不超过一辆的头车，并且相关的 WTB/MVB 网关将成为列车的牵引控制节点。

在这个阶段中，控制分配中的可能的冲突（例如编组中万一有两个司机台钥匙被启动）被进行管理，以避免出现超过一个牵引主控制。在列车总线级（WTB）通过具有"头车"性能的节点（TCN 网关）发布牵引指令。万一出现两个 EMU 联挂，中间的头车不能被选为最主要的头车。

5. "静止"模式

"静止"模式是 CRH5 的一个特殊操作状态,即使没有启动司机台,列车 HV 启动(受电弓升起、高压电路供电、辅助变流器接通且控制板在正常操作中运行等)。这种操作模式还可以用于在不切断列车而改变司机台。

在"静止"模式中,牵引指令被禁止,所有的 HV、MV 和 LV 保护保持运行。这种操作模式的启用仅可能通过一个发光按钮从启动的司机台实现,"静止"状态也通过适当的发光指示进行显示。"静止"模式由 TCMS 的 MPUs 通过检查要求的条件并通过 MVB 发布恰当的命令进行本地管理,单列车和编组状态要通过 WTB 线管理。

1)"静止"模式应用

"静止"模式可以仅应用在当下列所有情况都满足的时候:

① 列车停止。
② 出现高压。
③ 出现中压(不是来自外部插座而是来自辅助变流器)。
④ 出现低压。
⑤ 启动司机台上的运行方向控制杆处于中性位置。
⑥ 供风直接指令没有启动。
⑦ 列车制动。
⑧ 主风管在正确的压力下。
⑨ WTB 运行。

在多组联挂运行中,所列的条件必须在所有编组列车上实现。

为了启动"静止"模式,司机应该在启动的司机台上执行下列操作:

① 对列车实施制动,这点必须启动(受电弓升起、主断路器闭合)。
② 推动"静止"按钮:如果所有实现列出的条件都实现了,按钮开始闪烁。
③ 当保持按钮压下时,放下司机台上的受电弓控制杆。
④ 旋转并拔出司机台钥匙。
⑤ 当按钮停止闪烁并点亮时,释放按钮。

列车在这时候处于"静止"模式。

如果按钮在使用钥匙终止司机台之前释放了按钮,列车这时候会依据受电弓控制杆的位置自己设置。

2)"静止"模式停用

"静止"的停用总是可能从编组中的每个司机台上通过执行下列操作实现:

① 按下"静止"按钮。
② 保持按住按钮,使用钥匙启动司机台,按钮开始闪烁。
③ 抬起司机想要使用的受电弓的控制杆。
④ 释放按钮。

在退出"静止"模式之前,每个列车执行受电弓升起的要求依据在司机台上进行的选择,并将之与主断路器的状态进行对比。如果必要的话,TCMS 通过关闭与选择的受电弓相关的断路器自动重新配置高压电路,并打开其他的断路器。

当按钮停止闪烁时，列车进入"启动"状态，选择的受电弓升起，有关的主断路器关闭。在"静止"模式中，司机台和监视器保持有效，并显示半列车的本地信息。

3)"静止"自动停用

当列车处于"静止"模式中时，如果下文一个或者更多的列出条件不再满足，这种模式自动停用：

① 列车停止。
② 出现高压。
③ 出现中压（不是来自外部插座而是来自辅助变流器）。
④ 出现低压。
⑤ 供风直接指令不启动。
⑥ 列车制动。
⑦ 主风管处于正确的压力下。

列车在主断路器打开、受电弓放下且辅助服务断开状态下运行。"静止"灯开始闪烁。

为了防止电池放电，从"静止"模式自动停用 20 分钟后，所有的电池断路器自动打开。这种超时设定重新设置，启动其中一个司机台，且这种动作还会切断所有闪烁的"静止"灯。

无论何时想要，推动任何一个司机台的"DJ 断开"按钮都有可能断开整个编组的所有主断路器；这就引起"静止"模式停用，并开始前面提到的超时设定。在编组中的一个车上"静止"模式停用也会引起其他车上的停用。

四、速度调节

CRH5 速度调节包括加速运行、减速运行、恒速运行、坡道起步等操作。

通过司机台"速度设定控制杆"按下列方式对列车速度进行调解：0~30 km/h 范围内，每向前推一次列车增加 1 km/h；30~200 km/h 范围内，每向前推一次列车增加 5 km/h。当车速达到目标值时，按下控制杆上的确认按钮，列车将以恒速运行。TCMS MPU 检测"速度设定控制杆"状态信号，并速度调节相应控制命令传递给牵引控制单元及制动控制单元。速度调节是依据线路及坡道，在牵引、惰行、制动交替状态下完成的。

1. 传　动

传动比 = 2.50

传动效率 = 0.975

2. 牵引性能

最大扭矩是在所有牵引工作和车轮直径半磨损的情况下定义的。最大扭矩是在 0 和 66 km/h 之间，为 302 kN。在 66 和 250 km/h 之间功率总是 5.5 MW，所以扭矩和速度之间的关系是双曲线关系。

1) 可用 100% 牵引的性能

（1）在平直和 0‰ 坡度轨道性能。

从 0 到 40 km/h 的平均加速度：0.570 m/s^2

从 0 到 120 km/h 的平均加速度：0.473 m/s²

从 0 到 160 km/h 的平均加速度：0.376 m/s²

在 200 km/h 时剩余加速度：0.114 m/s²

在 250 km/h 时剩余加速度：0.041 m/s²

（2）30‰坡道性能。

列车能够在 30‰坡道上以起动加速度等于 0.290 m/s² 来起动。

2）可用 80%牵引的性能（一个牵引变流器故障）

（1）在平直和 0%坡度轨道性能。

在 200 km/h 时剩余加速度：0.076 m/s²。

（2）在 30‰坡度的轨道性能。

列车能够在 30‰坡道上以起动加速度等于 0.174 m/s² 来起动。

3）可用 60%牵引的性能（一个牵引变压器故障）

（1）在平直和 0%坡度轨道性能。

在 200 km/h 时剩余加速度：0.038 m/s²。

（2）30‰坡道性能。

列车能够在 30‰坡道上以起动加速度等于 0.058 m/s² 来起动。

3. 牵引性能/线路电压

（1）额定线路电压和频率是：AC 25 kV，50 Hz。

（2）电源的有效变化：

永久电压：19～29 kV（rms）；

非永久电压：17.5～19 kV（rms），29～31 kV（rms）。

（3）频率范围：49～51 Hz。

设备能够按照标准 EN 50163，EN 50124-1 和 EN 50124-2 承受"中等和简短"过电压。牵引设备能够在电机轴处在电源变化的功能下（车轮中等磨损）执行以下牵引功率参数：564.1 kW 恒定功率下，电压在范围为 22.5～29 kV 时，为 1 023～3 121 r/min；476 kW 恒定功率下，当电压等于 19 kV 时，为 3 121 r/min。

当电压降到 17.5 kV 时功率线性降到零。

（4）电制动。

当 100%的电制动性能可用时（中等车轮磨损），

最大制动扭矩：205 kN（20.5 kN/电机轴，等于每个电机为 3 398 Nm）。

在轮缘处的最大功率：5 786 kW（等于电机轴的 564.1 kW）。

最大制动功率可用于再生制动和电阻制动。电阻制动能够消耗每个动车 20 MJ（只有 19 s）并且用于通过分相区。

只有在速度高于 35 km/h 时需要电制动并且一旦激活可以直到 10 km/h 时可用。

（5）电制动/线路电压。

制动功率与额定条件下定义的相同，因为超过中间滤波器的电压在电网电压范围 19～29 kV 之间由 4 象限变流器来调整。当线电压高于 29 kV 时，电制动将被关闭，目的是不会进一步增加电压等级。

五、换端操作

在正常操作的过程中，TCMS 选出一个"头车"来正确地管理牵引指令并在发布这样的指令中避免冲突。这列车也定义为"牵引主控"。插入司机钥匙并启动的车即为头车，每一次，识别结果不能超过一辆。两列车联挂时，中间车不能被选为头车。头车选择的过程是 TCN 依据初始化的过程，并在列车总线级处进行管理，在初始化完成后选中不超过一辆的头车。

在列车处于停放的状态下，可以在不切断列车的情况下实施换端操作。所谓的停放状态也可以称为静止模式，是 EMU 一种特殊的操作模式，列车即使没有启动司机台，列车 HV（一个受电弓升起、高压电路供电、辅助变流器接通且板在正常操作中运行等）启动。牵引控制被禁止，但所有的中、高、低压保护都在工作。

这种"静止"模式（图 8-27）的实现，可通过操作位于司机台主控制面板上的黄色停放按钮来实现。

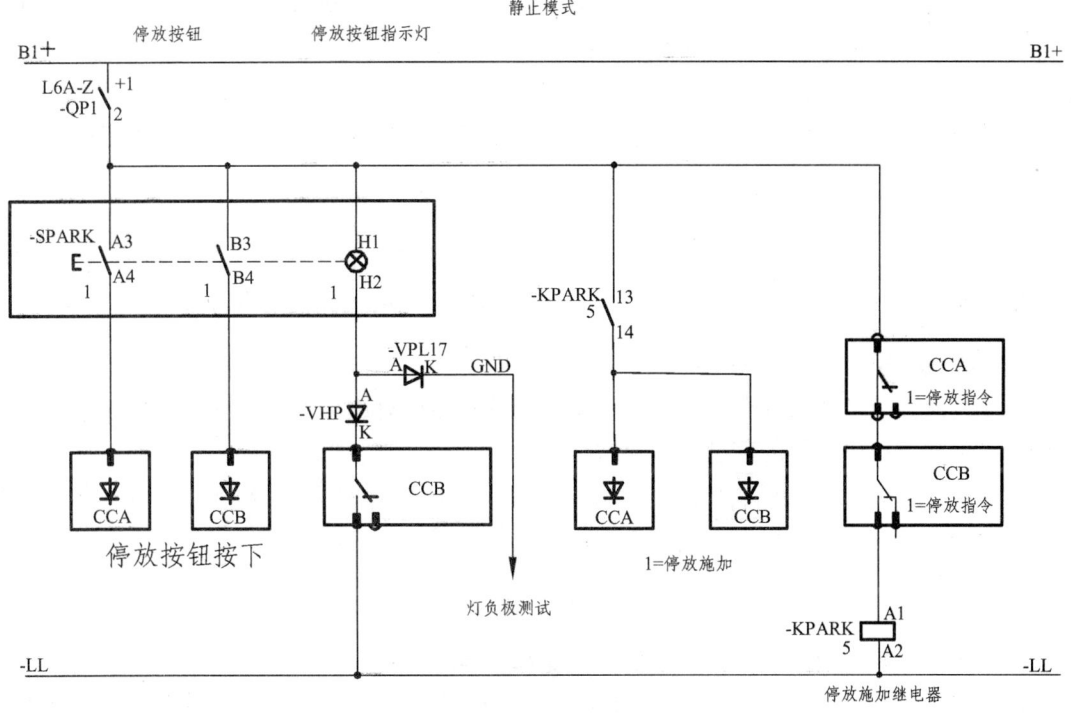

图 8-27　静止模式

在换端过程中，首先要停用"静止"模式，并在另一端用司机钥匙启动司机台。此过程是通过在另一端司机台上执行下列操作实现的：

（1）按下 SPARK 按钮；
（2）在保持 SPARK 按钮按下的同时，用钥匙启动司机台，此时按钮显示灯开始闪烁；
（3）扳起已经升起的受电弓的杆；
（4）释放 SPARK 按钮。

当按钮 SPARK 停止闪烁时，司机台进入"启动"状态，完成换端。

六、联挂和解挂

当发生联挂（或者解挂）的时候，TCN 网络被延长（或者缩短）。这些操作产生一个新的初始化和重新编号。

1. 系统诊断

此系统与不同车辆系统接口，并从每个车辆接受一套信息。信息的数量与系统的复杂性和获取与处理诊断信息的容量相关。不用说，对于由微处理器控制主要单元的系统，有可能对系统的每个零件的正确操作进行更加精确的分析。还可能沿着一条串行线将这套总是处理过的信息发送到命令与控制&诊断系统。而且，每个微处理器控制的功率单元具有启动和运行自动测试特征可以提供与各自电子板有关的诊断信息。

在这方面，用于管理由诊断系统从一个主要单元接收的信息的策略如下：首先，对主要单元的故障状态有关的信息进行分析；如果主单元工作，则对与所管理的系统有关的主要单元接收的信息进行分析；如果主单元有故障，一切系统故障将被传送，因为它们被看作是不可靠的，直到主单元中的故障被消除为止。

不受微处理器管理的系统，或者任何情况下，不能与串行线接口的系统，沿着电线发送它们的信息。这种情况下，接收的信息需要由主单元进行处理和相关，目的是为了检测一切故障或者识别需要与司机或者列车员进行通信的状态。

主要的诊断系统为：

防滑（WSP）、牵引、电池充电器、不间断供电、空调、制动系统、压缩机、门、厕所、乘客信息系统、TCMS、列车系统（丧失冗余，与特定系统中不包括的各种零部件）、司机台。

2. 用户接口

由于所属系统的复杂性以及在各种设备的设计阶段中对诊断功能的辨认与建立进行的详细研究，诊断系统中可用的信息数量非常地高。

为了工作人员更容易获得并使用信息，引入了一个区分信息管理系统。在这方面，依据所针对的用户类型，能够识别可以在各种监视器上显示的 3 个信息目录。

（1）司机（诊断监视器与主监视器）。

（2）列车员（本地监视器）。

（3）维修人员（诊断监视器，主要监视器和本地监视器）。

EMU 在两端配备有一个非伸缩的自动车钩。万一出现自动开闭机构动作的故障，开闭机构打开与关闭可以从列车两侧手动操作。解挂命令要以下列要求为条件：

（1）司机台钥匙插入司机台上的一个单稳态开关中。

（2）实施制动。

（3）列车停止。

用于连接器盒联挂与解挂的气动阀通过自动车钩进行气动或者自动管理。"列车联挂"状态由 TCMS MPUs 通过 RIOMs 检测，读出 KAC 继电器的状态。它们通过自动车钩闭合一个本地回路进行通电。开闭命令还受到一个最大速度阈值的限制。这个启动功能由 TCMS 通过 RIOMs 执行。如果在正常的列车操作过程中，在未联挂端的开闭机构被忘记处于打开位置，当超过阈值速度时，开闭机构将会自动关闭。自动车钩和开闭机构的监视和诊断通过由 CAN 接口连接到 TCMS 的专用控制单元来执行。

3. 列车援救

万一牵引子系统出现严重故障，有可能通过同种类型的另一列车进行援救，如果有必要，需要车钩上适配器的辅助。预先知道在列车高压线之间没有连接。

使用同样类型的 EMU 援救：这种情况被列车逻辑认为是在同样类型的两辆车之间的联挂。被援救车的两个司机台必须都不可用。

使用另外的铁道车辆援救：司机必须启动被援救 EMU 的司机台，并将运行方向控制杆设定在中立位置以硬件实现方式来抑制牵引。

如果故障条件允许，有可能升起受电弓并闭合主断路器来给非故障辅助变流器供电，并至少给部分辅助装置供电。

第七节　故障保护

一、牵引设备保护

1. 高压线路

车顶高压电路上主断路器由一个放电器（FSC）在受电弓之后执行，由一个测量电流的传感器（TAL）诊断。另外一个放电器（FSC1）在主断路器之后被置于适当的位置来保护变压器：对这个放电器的干涉通过电流传感器 TAP 读取。在传感器初级线圈之后，第三个放电器（FSC2）被置于适当的位置。

在 DJ 之后，TAL 检测车顶电线的短路，TAP 一个与相关变压器有联系的短路。万一发生 TAL 干涉，CLT 单元通过硬件切断第二级回路，引起 DJ 的打开。

所有这些保护都是没有 TCMS 的支持硬件执行的；万一发生 CLT 干涉，借助于 CLT 设备的 MVB 接口通知 TCMS。

高压线路万一发生故障，一个补充断路器被用于高压车顶电线部分，因而，还有一个变压器和一个 FSC1 放电器。补充断路器由 TCMS 以冗余模式进行管理。

这种补充断路器的指令可以下列方式发布：

（1）在列车高压启用阶段（闭合指令）自动通过列车逻辑发布。

（2）手动发布，在从启用的司机室发布请求之后。这种可能性允许服务执行，即使在降级模式下，以防有短路上溯到变压器初级线圈。在任何情况下，移动断路器的情况在发布指令之前被有关 TCMS MPU 的在本地确认。

1）电压传感器

每个变压器车辆上都安装一个电压传感器。每个设备都产生可用的线电压模拟输出到 TCUs 和 CLT 设备。还提供数字输出用于诊断目的：这些由 TCMS 经由 RIOMs 进行检测。

2）电流不平衡继电器（NCBR）保护

保护部分由 CLT 执行，部分由 TCU 执行：

（1）CLT 设备监视变压器初级一侧的电路。

（2）每个 TCU 监视变压器二级一侧的电路。

万一检测到泄漏电流高于定义的阈值时（TBD），CLT 设备或者 TCU 打开第二级 DJ 回路，引起单车状态下 DJ 的硬件方式打开。在两种情况下，TCMS 被告知这种保护的干涉，并从高压电路将故障设备隔离。

3）主断路器

对主断路器的保护控制是由 TCMS 来自动诊断和控制的，当 TCMS 监测到主断路器故障或主断路器状态采集不一致，进行驱动隔离切换。

当发生以下故障时，需要断开附加的电路断路器 DJ1（位于 6 车车顶）进行隔离：

（1）车顶线路短路。

（2）牵引变压器短路，通过电流传感器检测的电流很大，会断开主断路器。

（3）驱动隔离切换发生故障，它是一个双重故障。

DJ1 断开操作允许该动车组保持在带有工作的 3 个牵引和 3 个辅助变流器的降级条件下。这个断路器的断开是在获知"DJ1 打开要求"时，由 TCMS 来控制的。

4）高压电路接地

有可能以下列方式对高压电路接地：

（1）车顶线路：通过手动开关。

（2）牵引变流器：通过一个位于变流器内部的手动开关（也给辅助变流器接地）。

顺序开始是通过从司机台拔出台钥匙并将其插入两个三通阀的第一个中。阀可以被置于"排放"位置强迫执行受电弓的排放气动命令。TCMS 通过 RIOM 检测三通阀的运动是为了检测接地操作开始了。

2. 牵引变压器

每个变压器都配有：

（1）1 个过压开关。

（2）4 个温度传感器 PT100。

（3）两个冷却泵的每一个有 1 个通量开关。

（4）3 个油位开关。

过压开关通过切断第二级 DJ 回路并直接打开 DJ 以硬件方式保护变压器。上述所列的其他传感器还有用于过电流保护的电流传感器由 CLT 设备打开第二级 DJ 回路进行检测，TCMS 诊断保护干涉。

牵引变压器的保护管理由电子设备激活，具有"牵引局部控制"的任务，称作 CLT，通过读取特殊传感器"监控"牵引变压器正确操作检测到的保护干涉来获知。所有先前的故障都由 CLT 检测，重新插入一个先前被隔离的变压器不是自动的，只有当不再出现隔离情况时，可以使用一个专用命令完成。变压器的状态将被显示在诊断监视器上（TD）；帮助司机重新插入设备的信息将被显示在同样的监视器上。

牵引变压器的故障诊断主要分为以下几个方面，以下列出了CLT设备决定保护来要求变压器与电网电路进行隔离切换所依据的事件；这种要求通过MVB传输给TCMS，它激活变压器进行隔离切换。由TCMS通过DJ打开后打开DJ1来激活"变压器断开"要求；激活这种要求防止安装有"断开"变压器的车辆的DJ关闭。

这些事件是：（1）原边绕组绝缘故障；（2）液压回路过压；（3）冷却油循环不足或者缺少；（4）冷却油过热；（5）冷却油油位不足；（6）对隔离开关和接触器的诊断。

1）原边绕组绝缘故障

列车监控系统检测电流互感器TAP（安装于变压器上）、电流互感器TAP1（安装于高压箱内）、电流互感器TAP2（安装于高压箱内）三者的电流值，当其中任意两个差值大于50A，视为原边绝缘故障，将切断牵引变压器。

（1）初级绕组过载或者短路。

通过读取初级绕组电流传感器（TAP）的信号，CLT探测这些状况。

初级绕组电流传感器（TAP）是一种被动类型传感器。仪器安装在车辆3和6上的底架中在牵引变压器的板上。使用名称为CLT的安装在"高压箱"中的"牵引本地控制"电子模块，冗余地处理二级绕组传感器（TAP），目的是：

① 探测被牵引单元吸收的电流以便于实现在有关控制桌面监控器上显示线路电流。

② 当由本车或者遥控断路器供电的时候,实现保护以防止在有关牵引变压器的初级绕组中有最大电流的循环。

结果牵引变压器将会断开打开断路器并重新配置车顶线路打开DJ1。当TAP中的电流在一定的时间超出了阈值的时候，这种保护就会运行。

传感器的电气参数如表8-7所示。

表8-7 传感器的电气参数

初级绕组标定电流	400 A rms.
短路电流	40 kA/s
变压比 初级绕组的输出电压/输入电压	10.1 mV/A
精度等级	2
连接电信号	螺纹端子

对受故障影响的TAP传感器进行诊断，是否当变压器从牵引回路上断开（DJ1打开）或者装配体隔离开关打开的条件下，两个CLT设备读取由传感器产生的一个有效值，在设定时间中高于设定的阈值。

（2）初级绕组电流传感器（TAP）故障。

通过读取上述的初级绕组电流传感器（TAP）的信号，CLT探测这些状况。

（3）在初级绕组中的隔离损失（差动保护）。

通过比较来自TAP的rms信号,在初级绕组输入之前的连接的传感器电流，与来自TAP1的rms信号，在初级绕组输出之后连接的传感器电流，进行保护操作。

一旦在TAP和TAP1之间的差值在超过2秒钟的时间超过了设定的阈值（50A）的话，CLT将会通过MVB要求TCMS断开断路器DJ和DJ1。

2）液压线路过压

通过一个保护液压线路过压的专用阀对情况进行探测，当变压器绕组放电时候或者出现任何情况下由电子保护都无法探测到的轻微短路而发生突然气体放射会引起过压。

阀的起动引起：

（1）一定量油的流出。

（2）连接到 DJ 上的触点立刻打开，引起 DJ 开关的硬件打开。由 DLT 获取另一个阀的触点来探测这个情况。

3）冷却油循环不足或者缺少

油流保护是通过两个油流继电器，列车监控系统检测变压器油的流量，如果两者中任意一个出现 30 s 的油流量不足，列车监控系统对变压器实施保护。

具体是由 CLT 冗余地通过获取油的流量探测器状态对此情况进行探测。在变压器液压回路中安装了 2 个探测器。探测在 30 s 延迟之后确认，这时变压器接通且两个探测器转换它们的输出触点。

4）冷却油过热

液体温度保护是在每个变压器上安装了 4 个冗余热探针 PT100 来测量冷却油温度。列车监控系统检测牵引变压器内的温度值，当温度过高时，列车监控系统对变压器实施保护。

每个 CLT，冗余地获取 2 个这种温度信号并一起来探测故障"冷却油过温"的情况，是否如果这种温度之一的测量值到达了第一个阈值，相关的探针不破损。

注：一旦油温达到了第一个阈值，CLT 设备将会通过 TCMS 要求相关的牵引设备，减少牵引功率，以避免油温到达第二个及更高的阈值，因为这个情况将会导致变压器从高压回路上断开。

5）冷却油位不足

液位保护是通过 3 个油位检测器，列车监控系统检测变压器油的液位，在预警液位，列车监控系统不做处理，当液位低于最低保护值时，列车监控系统对变压器实施保护。

具体是由 CLT 冗余地通过采集油位探测器的状态对情况进行探测。在变压器的液压回路中安装了 3 个探测器。

第一个油位探测器显示"油位预警告"。

其他的显示油位的显著不足和从高压回路上断开的需要。

探测将在 30 s 延迟之后进行确认，这时变压器接通且最后 2 个探测器转换它们的输出触点。

6）隔离开关和接触器的诊断

由冗余 CLT 通过采集有关开关或者接触器的辅助触点状态而探测这些情况。

3. 牵引和辅助变流器保护

牵引辅助变流器的故障诊断由牵引控制单元（TCU）与辅助控制单元（ACU）负责。两个控制单元分别检测牵引辅助变流器内部开关设备的工作状态、输入/输出端的电流互感器、冷却系统的工作状态，一旦发生故障，控制单元向列车监控系统发出隔离请求，由列车监控系统切断故障的变流器。

1）牵引变流器隔离

TCMS 通过打开有关的 SAZ 断路器执行牵引变流器的隔离。只有在主断路器打开并且滤波器高压电容被放电时才发布打开指令。牵引变流器隔离的请求可以设置为自动或手动。

（1）当检测到一个保护干涉时（由传感器）或者当一个变流器通过 MVB 串行线请求隔离，或者如果串行口有故障，自动隔离请求由 TCMS 逻辑设定。如果发生这种情况，RCMS 打开有关的 DJ 并且在高压电容放电之后，打开有关的 SAZ。

（2）手动隔离申请通过司机室中的监视器设定，并只有在主断路器打开和高压电容放电时由 TCMS 进行处理。

只有在引起隔离的故障或者手动请求消除时，重新列入才有可能，且在任何情况下，只有在一个"卸载测试"之后，重新列入才能生效。这就保证了所有的主断路器在重新列入之前被打开。一个牵引变流器的隔离还意味着有关辅助变流器的排除。

2）辅助变流器隔离

TCMS 向 TCU 请求打开有关 KAUX 断路器进行辅助变流器的隔离。只有在主断路器打开并且滤波器高压电容放电时，才发布打开指令。牵引变流器隔离请求可以自动或手动设定。

（1）自动隔离请求，当检测到有一个保护干涉时（通过传感器）或者如果串行口有故障时由 TCMS 逻辑设定。如果这种情况发生了，TCMS 打开有关的 DJ，随后有关的 KAUX 被打开。

（2）手动隔离请求，通过司机室中的监视器设定，并只有在主断路器打开并且高压电容放电时由 TCMS 进行处理。

只有在引起隔离或者手动请求被消除时，才有可能重新列入，且任何情况下只有在一个"卸载试验"之后才能生效。这就确保了在重新列入之前所有的主断路器被打开。

（1）在以下情况下临时停止：

① 供电电压浪涌超过允许值。

② 过载或短路。

③ 过热（温度）。

（2）在以下情况下永久停止：

① 在三相输出中缺少一相。

② 在 AC 380 V 线路上变流器外部重复短路。

③ 内部短路。

④ 辅助控制器和车辆逻辑之间的通信是依靠一个冗余的 MVB 串口线路。

4．牵引电机

牵引电机的故障诊断是由 TCU 分别对牵引电机的定子和转子绕组的温度进行检测，如果温度过高，切断电机。

每个牵引电机配备以下热保护：

1）防火

由相关牵引调整器和 TCMS 通过从安装在牵引电机定子上的 2 个 PT100 形热探针（一个收集来自 TCU，另一个来自 TCMS）的收集来冗余地激活它；这种保护的管理由具有以下模式的两个设备（以 OR）来激活：

（1）在达到"注意"阈值时，激活受影响驱动的两个牵引逆变器的永久停止。

（2）在达到"报警"阈值时，这是两个相关牵引逆变器已经达到永久停止的情况，TCU

通过串口线路诊断通道 MVB 把"牵引电机定子过热（温度）"信息传递给 TCMS；TCMS 将启动到达激活的司机室司机台的"传输系统故障"信号。

如果由热探针显示的定子温度返回到预先设定的限度内时，只有在系统无载荷试验以后才能恢复以上描述的条件。

2）检查电机正确通风

在以上点描述的最低保护等级下，是定子绕组热保护，适合于保护定子绕组避免由于电机通风不足造成的任何损坏。

由牵引控制器来执行，对牵引电机定子温度（热成象）进行一个评估计算；针对最佳电机通风条件下期望值，通过评估由热探针显示的最高值增量达到保护目的。

保护启动暗示了受影响驱动的两个牵引逆变器的永久停止。

3）转子热负荷

由牵引控制器来实现，对牵引电机转子温度（热负荷）进行一个评估计算。

保护启动暗示了受影响驱动的两个牵引逆变器的永久停止。

4）牵引电机的故障

牵引电机的故障及处理如表 8-8 所示。

表 8-8 牵引电机故障列表

症状	原因分析	检查位置	纠正措施
短路接地	机械振动 过电压 过热	电源电缆是否损伤	更换电源电缆
		接线盒是否损伤	更换损坏的部件
电源故障	连接故障	连接电缆不当或缺相	检查连接
	内部连接故障	接线盒损坏	拆除并更换损坏部件
轴承过热 轴承噪音	润滑不足	轴承装配中加润滑脂	润滑轴承装配
	轴承故障	轴承故障	拆卸牵引电动机更换轴承
电动机过热	风道阻塞	风口网罩上有积尘	清洗网罩
		通风口堵塞	拆卸牵引电动机并清除堵塞
速度传感器信号	速度传感器	传感器损坏	更换损坏的速度传感器
温度传感器信号	温度传感器	传感器损坏	更换损坏的温度传感器

二、制动设备保护

CRH5 动车组的防滑系统由电控装置、车轴速度传感器以及防滑阀组成。气动防滑装置（符合 Fiche UIC541-05 标准）采用高性能防滑装置，以确保达到最高的轮轨黏着力，并在电子控制装置、供风、车轮速度传感器等层面上配有采用冗余配置的微处理器。防滑系统执行以下两个功能：

（1）防滑。

（2）车轮滑行控制，由两套冗余的防滑系统之一进行监视。

参考文献

[1] 张曙光. CRH1 型动车组[M]. 北京：中国铁道出版社，2008.

[2] 张曙光. CRH2 型动车组[M]. 北京：中国铁道出版社，2008.

[3] 张曙光. CRH5 型动车组[M]. 北京：中国铁道出版社，2008.

[4] 郭世明. 机车动车牵引交流传动技术[M]. 北京：机械工业出版社，2012.

[5] 刘文正. 城市轨道交通牵引电气化概论[M]. 北京：北京交通大学出版社，2011.

[6] 宋雷鸣. 动车组传动与控制[M]. 北京：中国铁道出版社，2012.

[7] 铁路职工岗位培训教材编审委员会. CRH2 型动车组司机[M]. 北京：中国铁道出版社，2009.

[8] 张欣欣. 动车组运行控制系统[M]. 北京：北京交通大学出版社，2012.

[9] 胡汉春. 机车电传动与控制[M]. 北京：中国铁道出版社，2012.

[10] 杜彦良. 现代轨道交通技术与装备[M]. 北京：科学出版社，2012.

[11] 连级三. 电力牵引控制系统[M]. 北京：中国铁道出版社，1994.

[12] 余卫斌. 韶山 9 型电力机车[M]. 北京：中国铁道出版社，2005.

[13] 黄济荣. 电力牵引交流传动与控制[M]. 北京：机械工业出版社，1998.

CRH5 动车组每个动轴的车轮上均装有撒沙器。撒沙器由司机手动操作，每个砂箱有 2 个空气入口：第一个用于维持持续气流，使沙子保持干燥；第二个用于撒沙。

第八章习题

1. CRH5 型动车组高压电器有哪些？
2. 简述 CRH5 型动车组牵引系统的工作原理？
3. CRH5 型动车组牵引传动系统主电路的构成？各主要电器的作用？
4. CRH5 型动车组牵引变流器的组成及各部分的作用？
5. CRH5 型动车组牵引主电路的保护有哪些？
6. 简述 CRH5 型动车组制动系统的组成及功能？
7. CRH5 型动车组有多少制动挡位？制动指令如何产生？

高等职业教育"十三五"规划教材
CRH动车组系列教材

动车组牵引与控制系统（第2版）

主编 蒋春川 王峰
主审 何成才

ISBN 978-7-5643-6381-9

西南交通大学出版社
·成都·

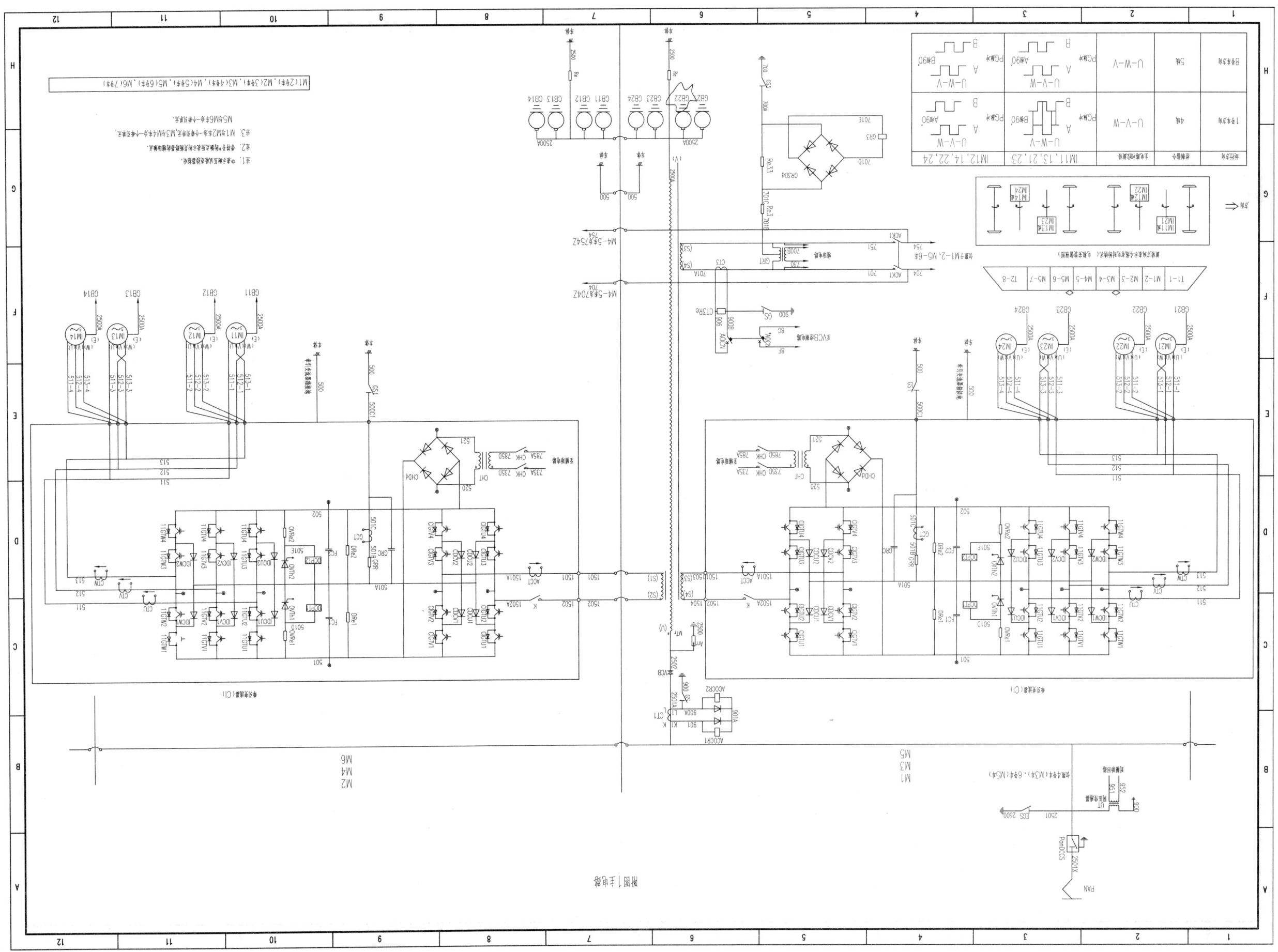

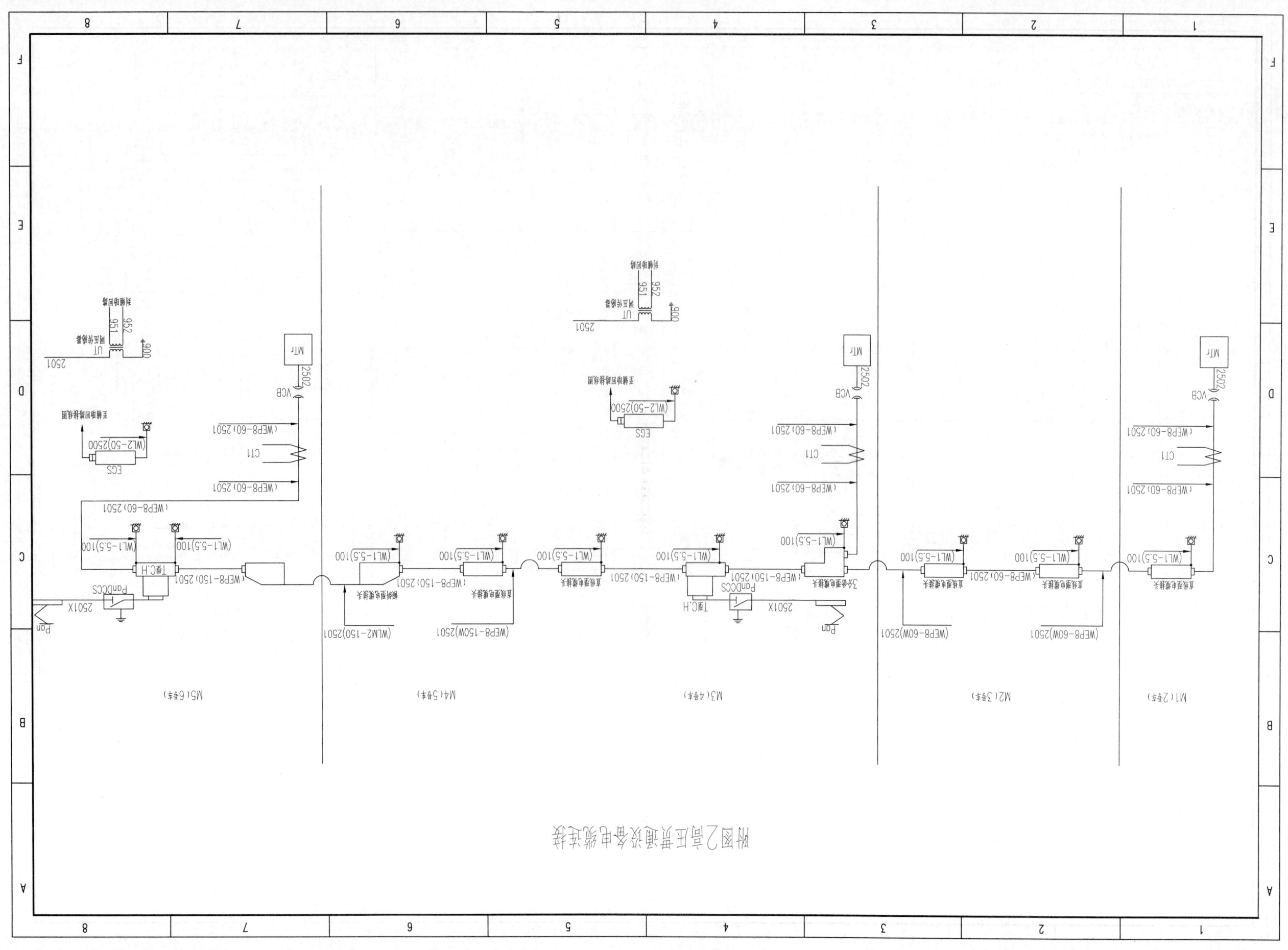

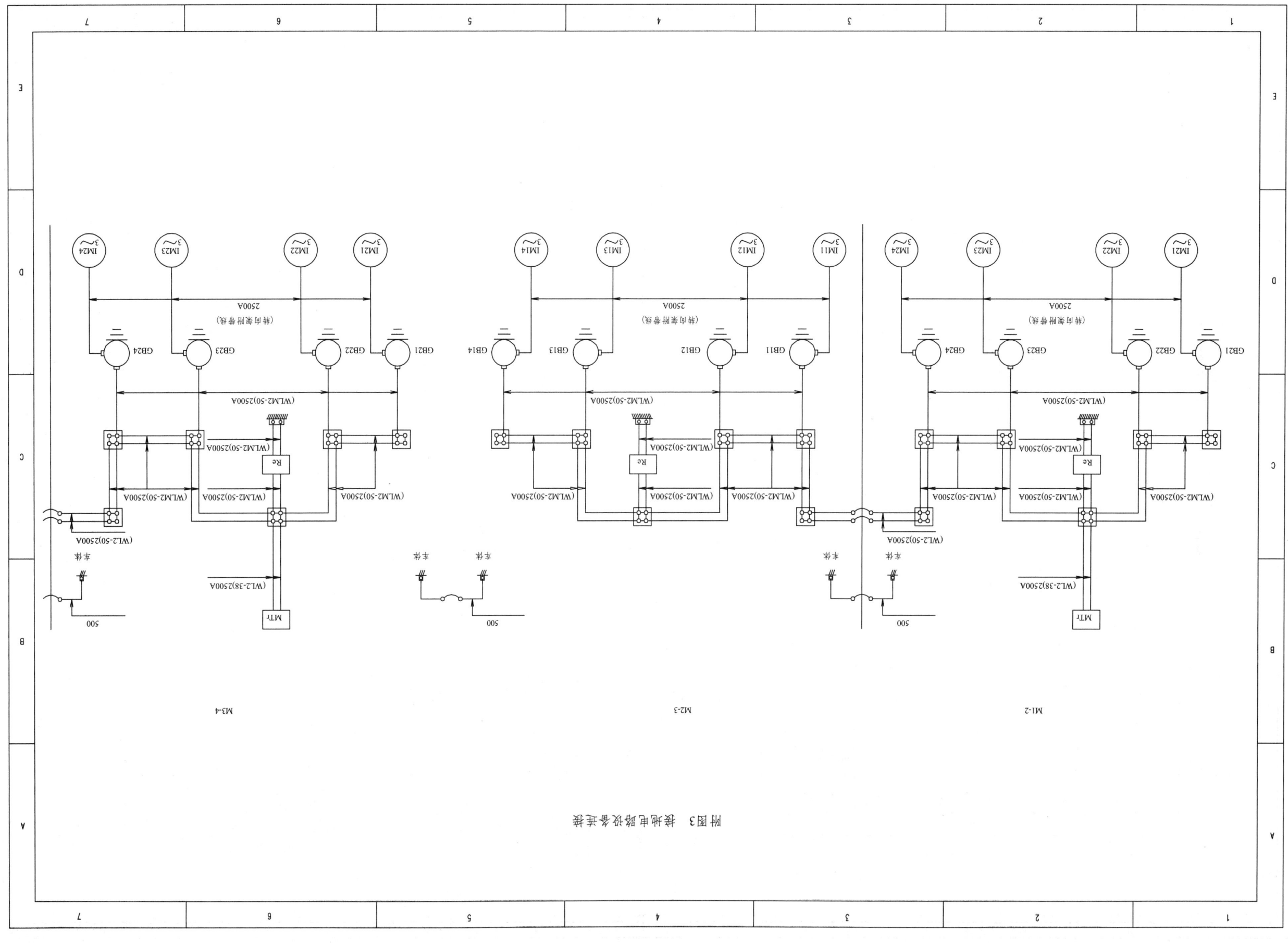

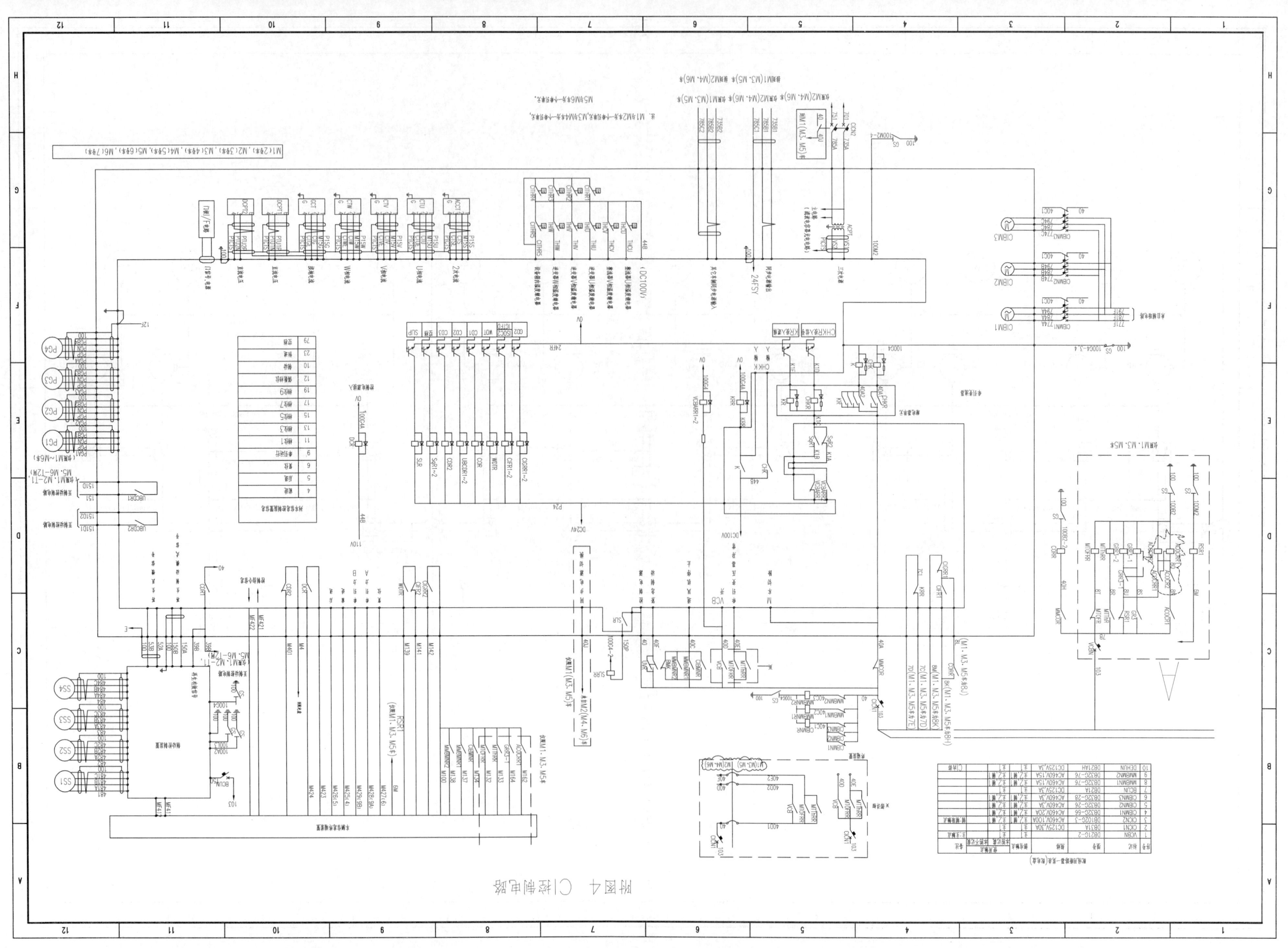

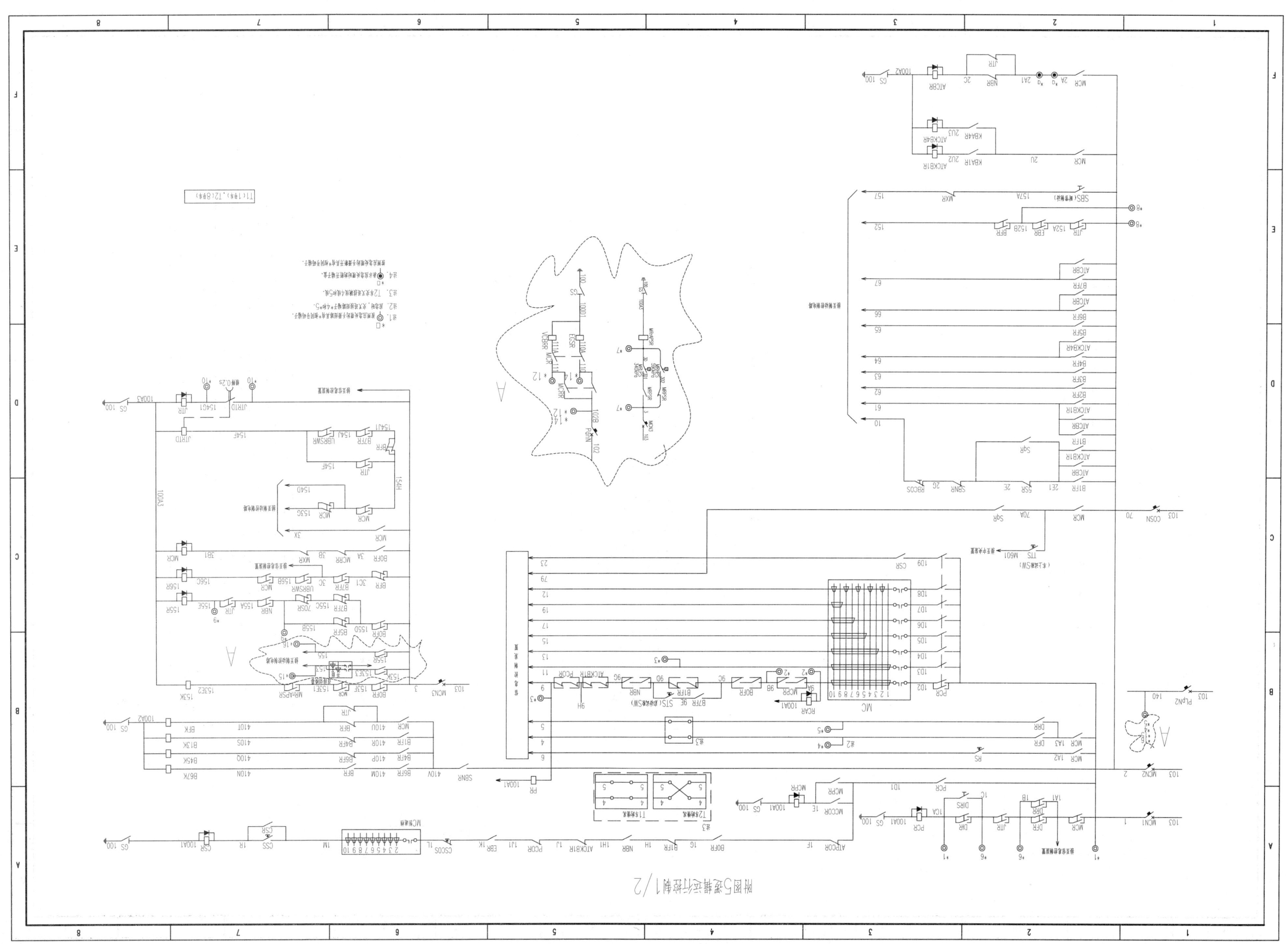

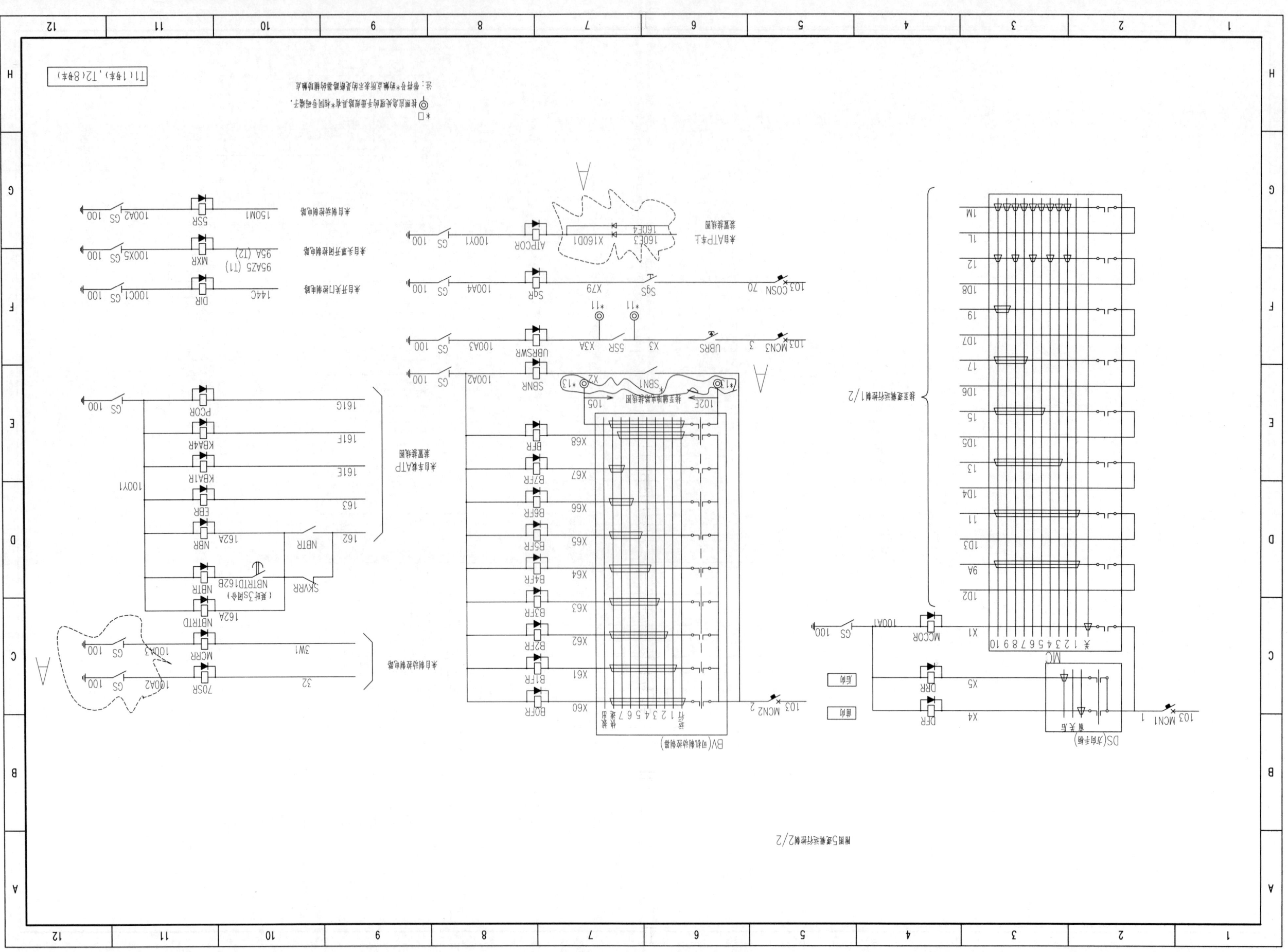

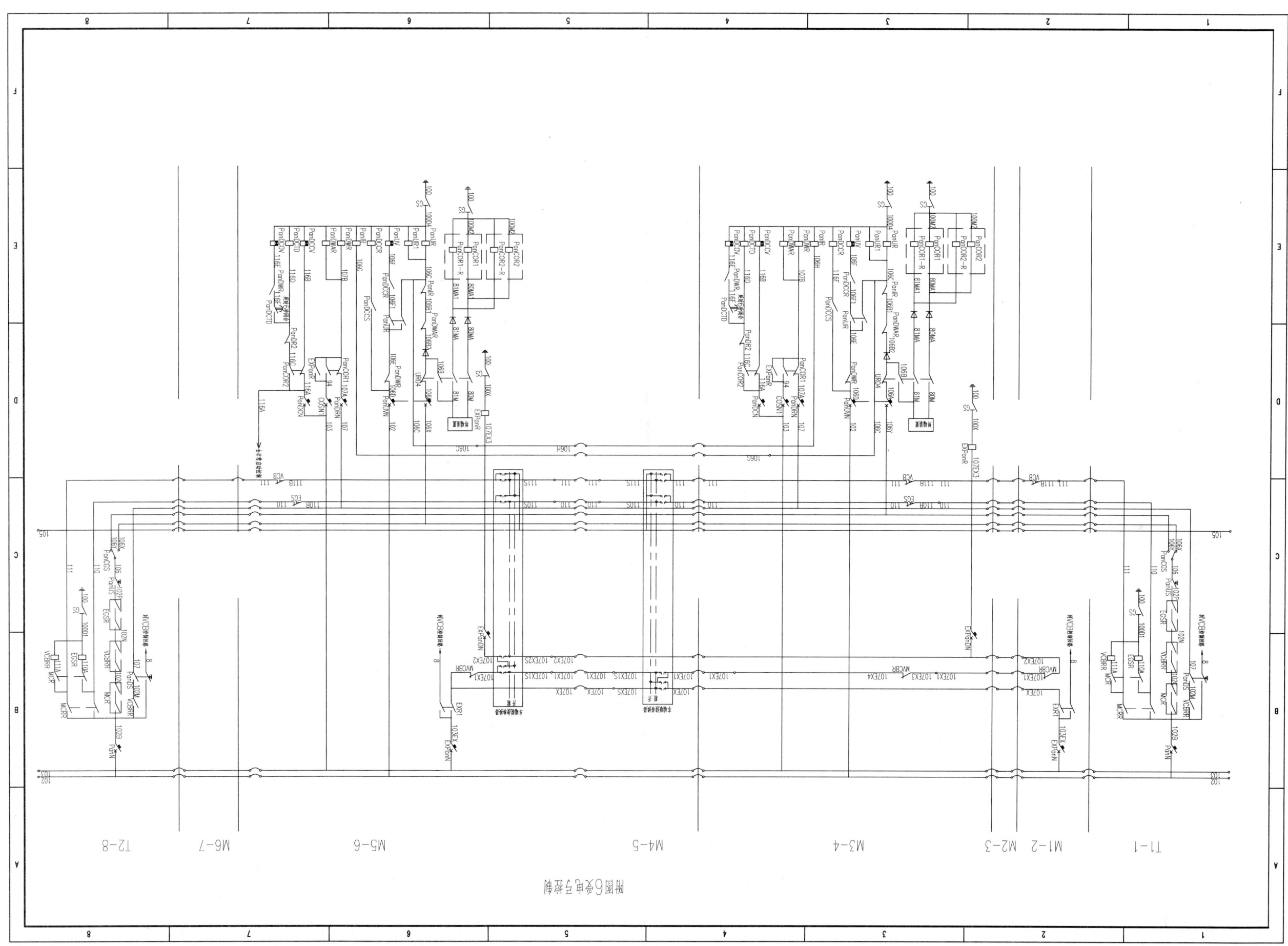

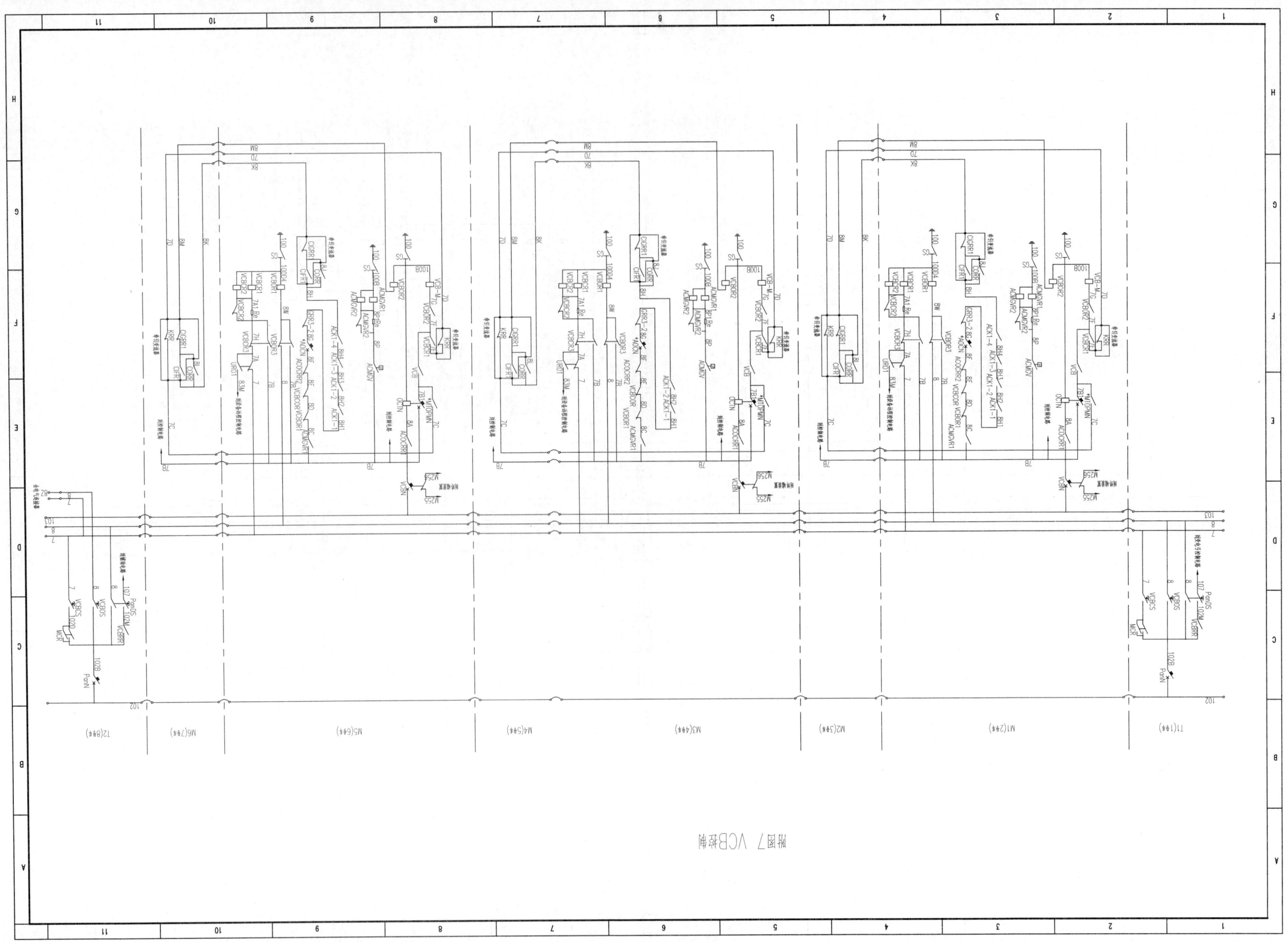

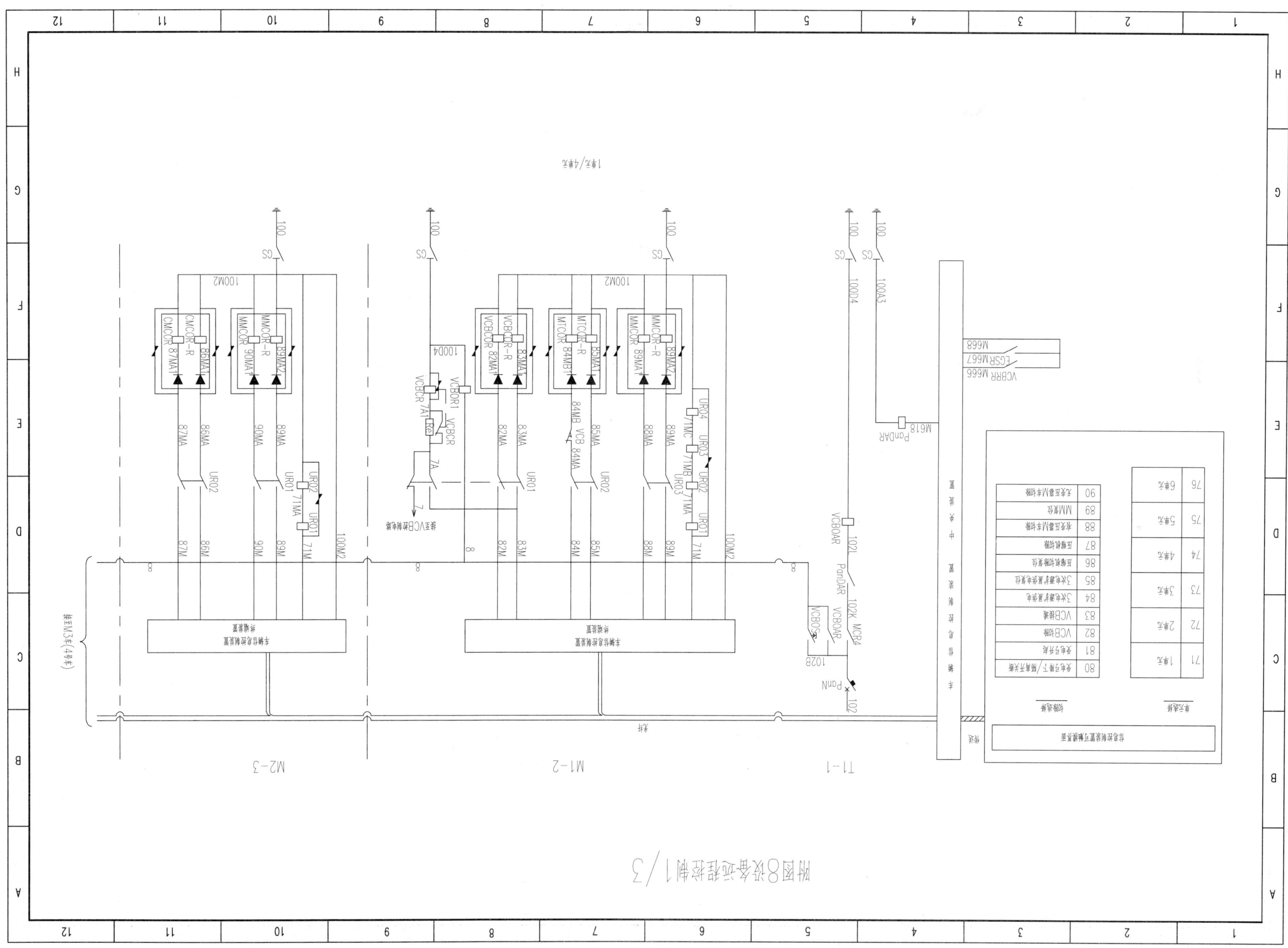

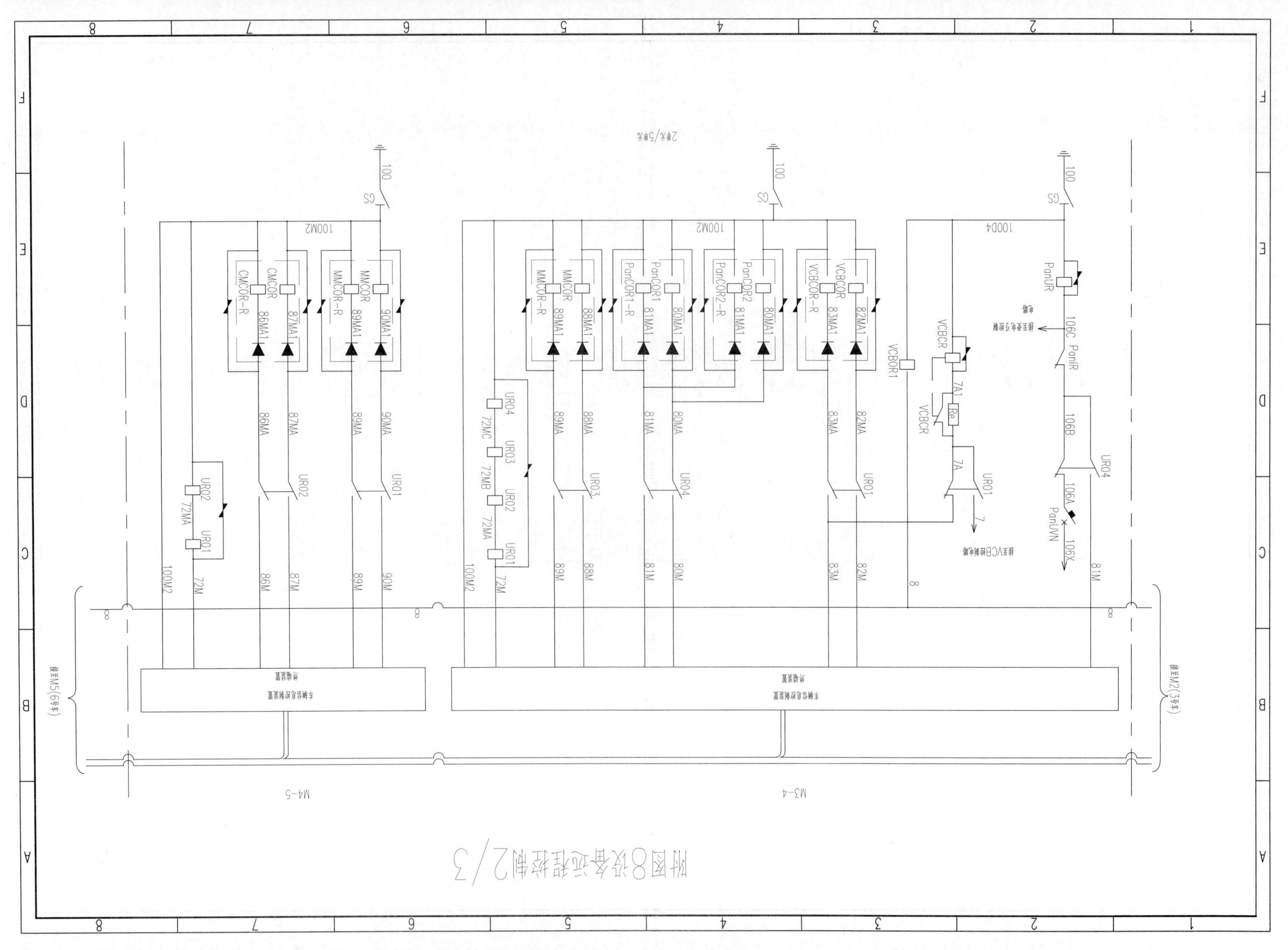

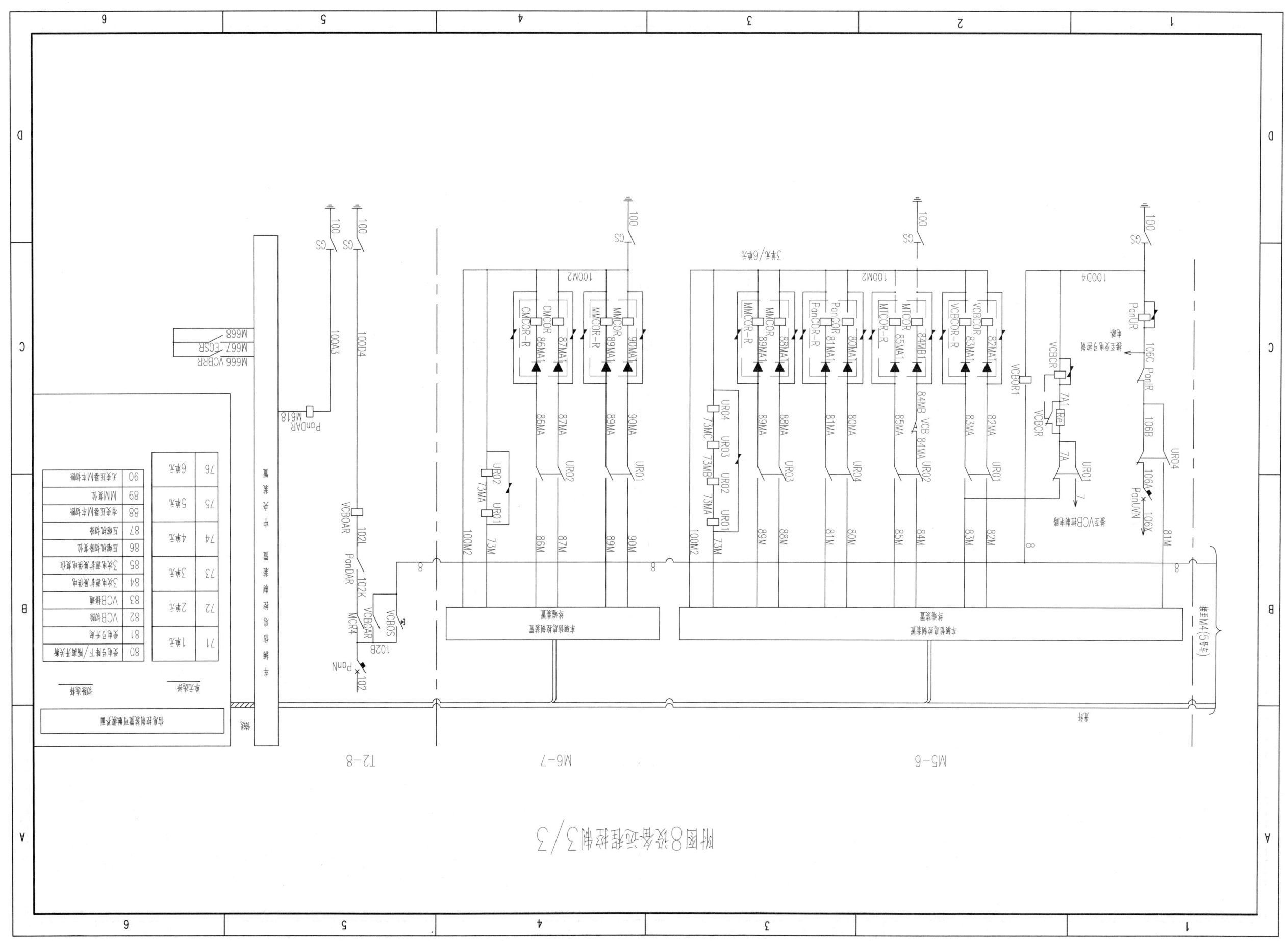

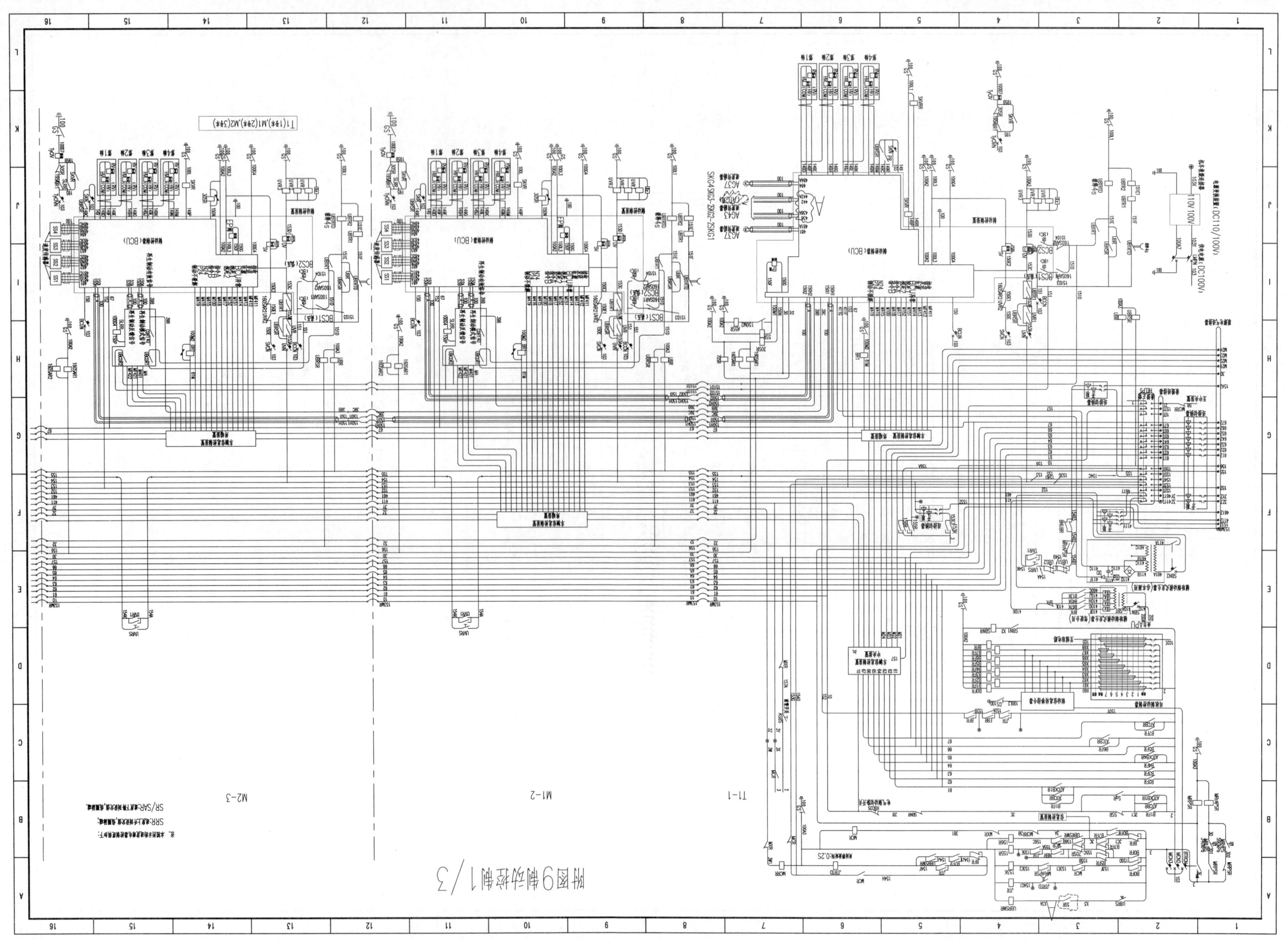

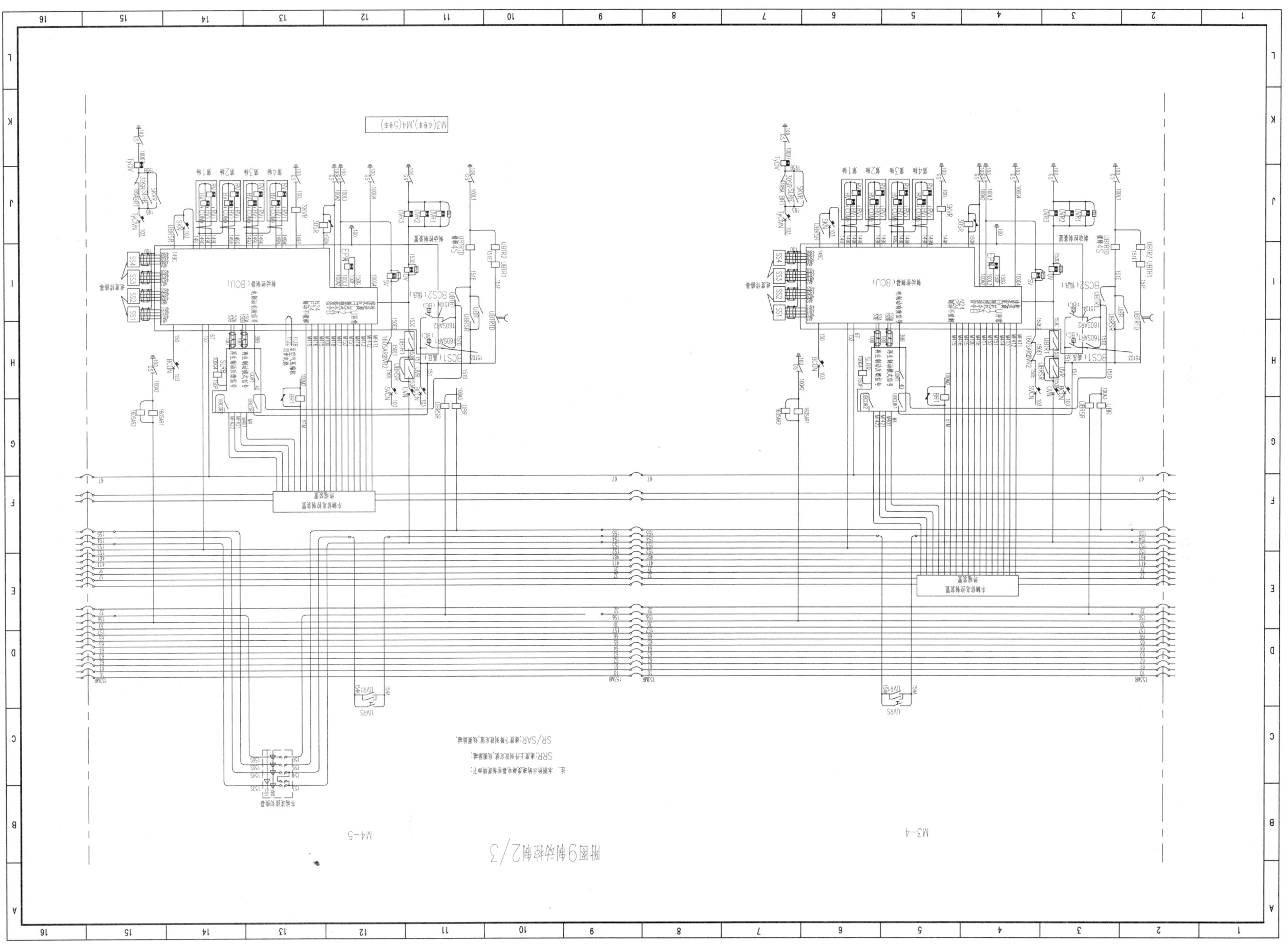

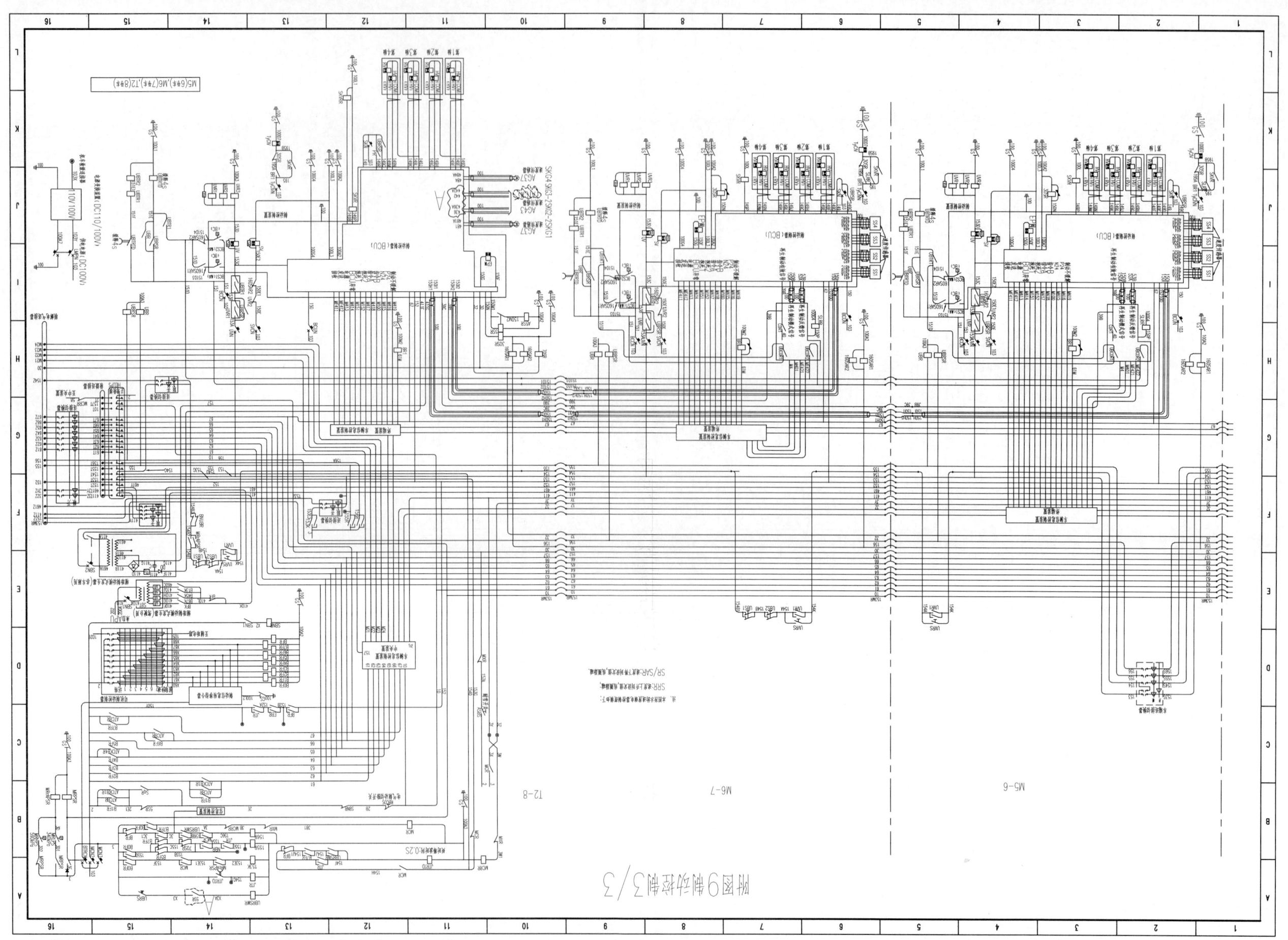

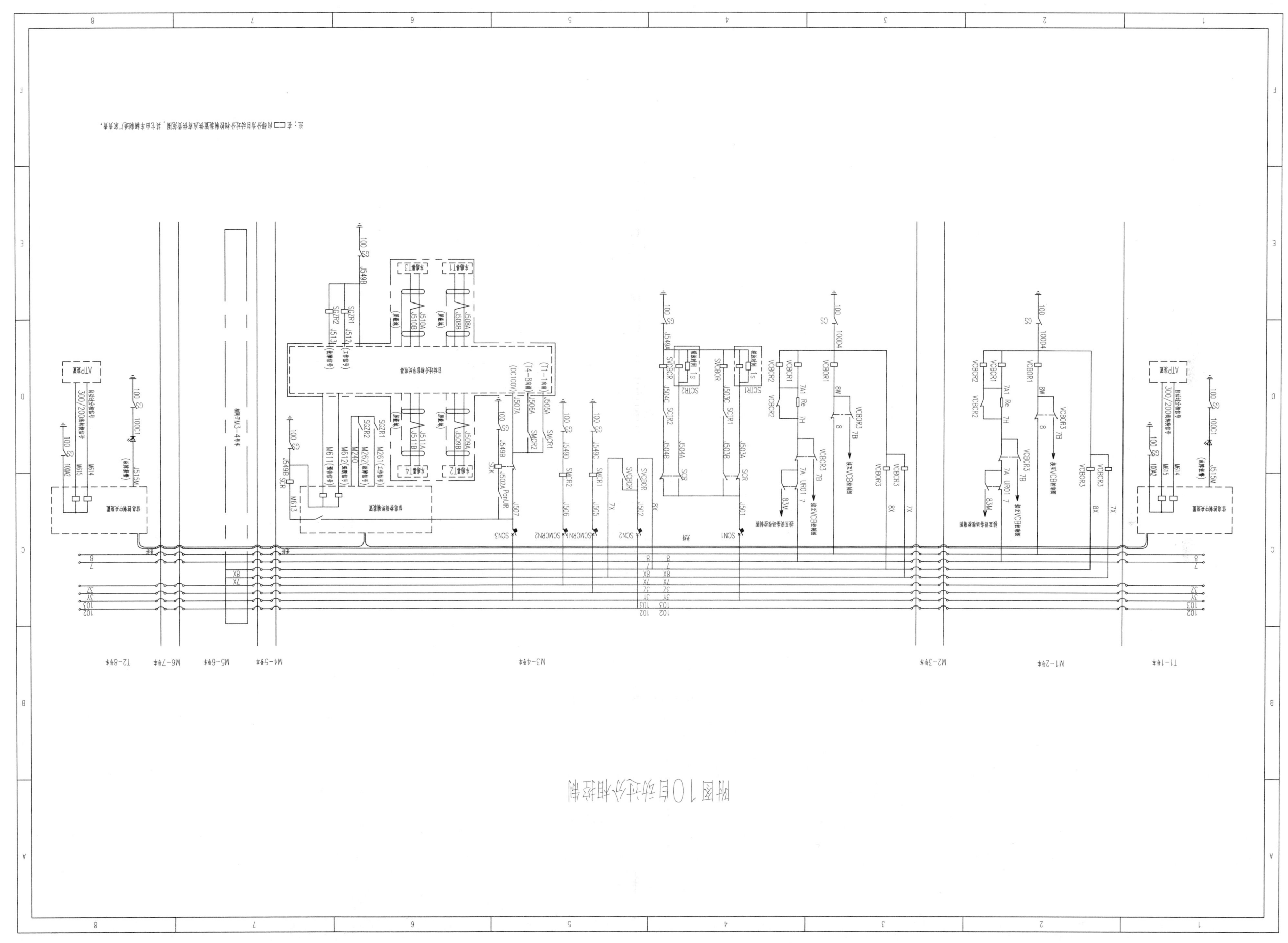

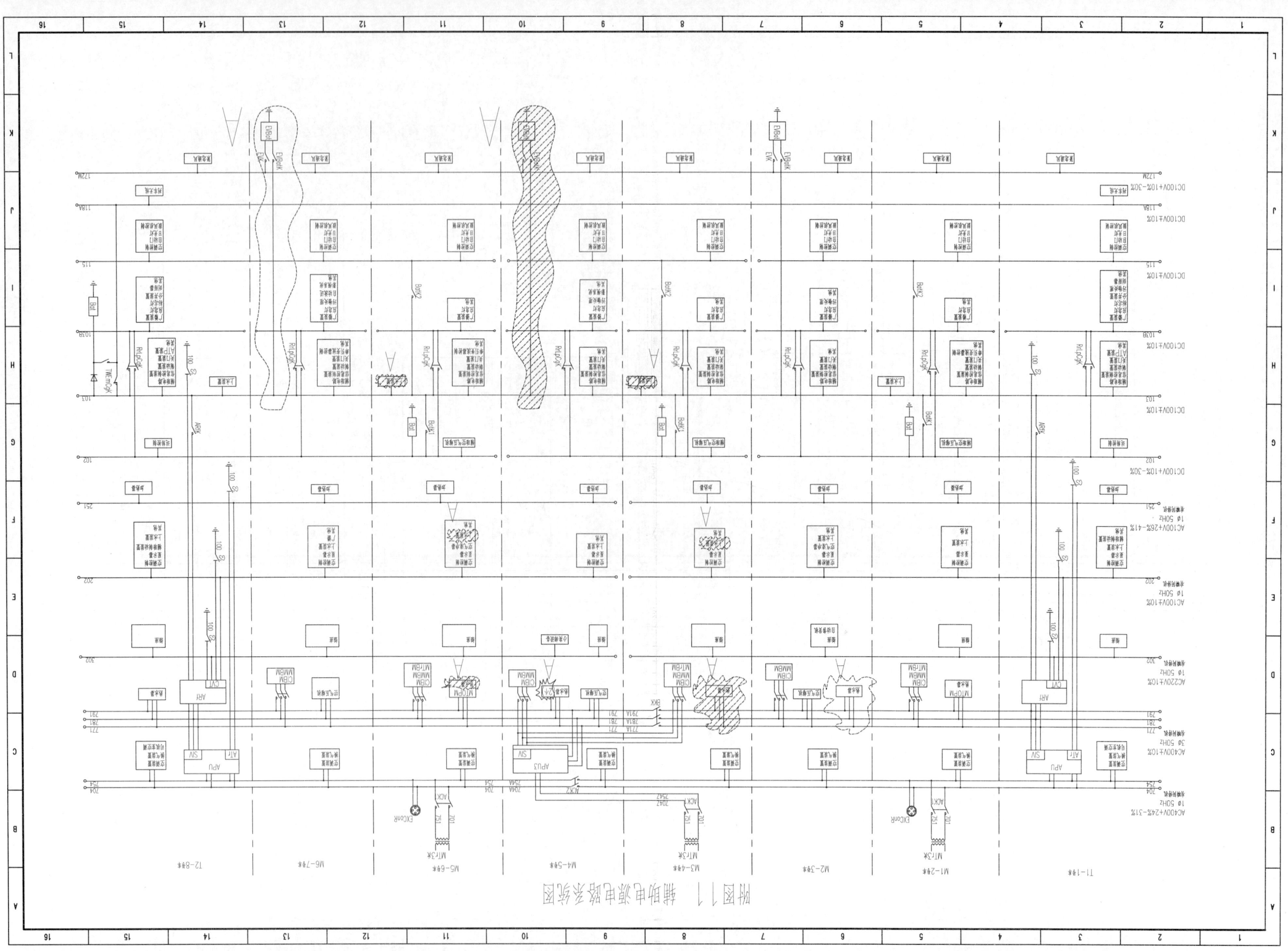

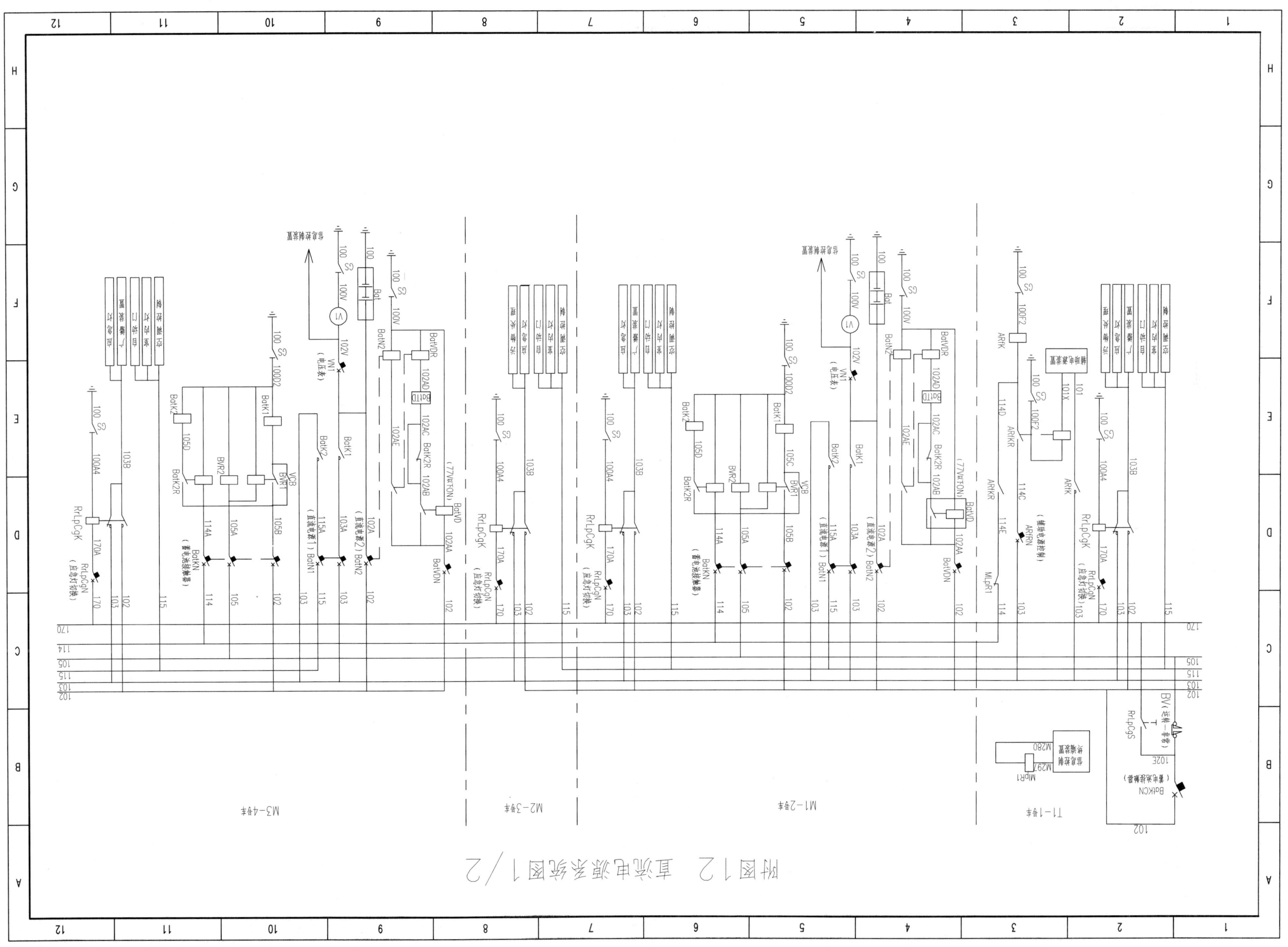

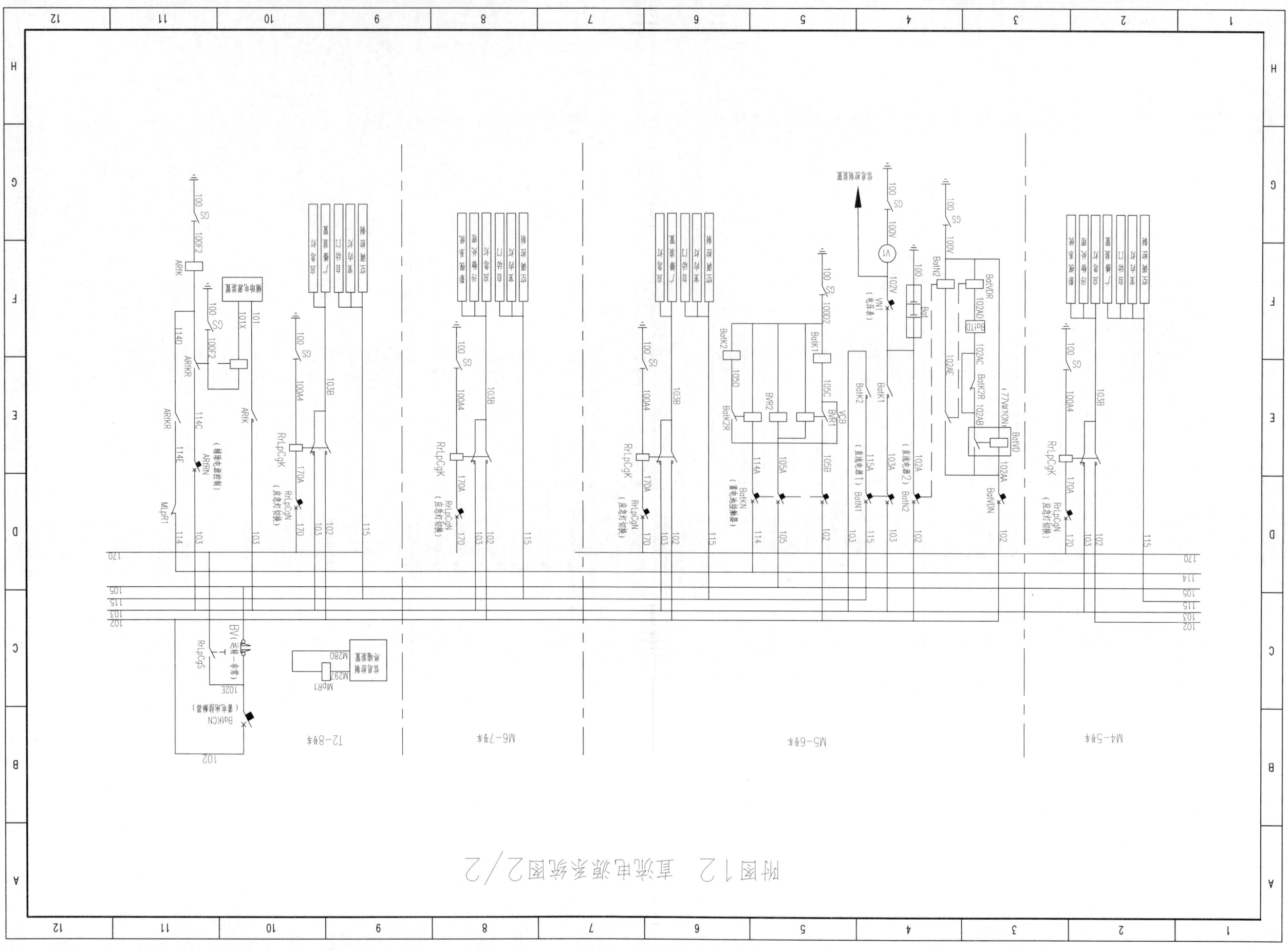

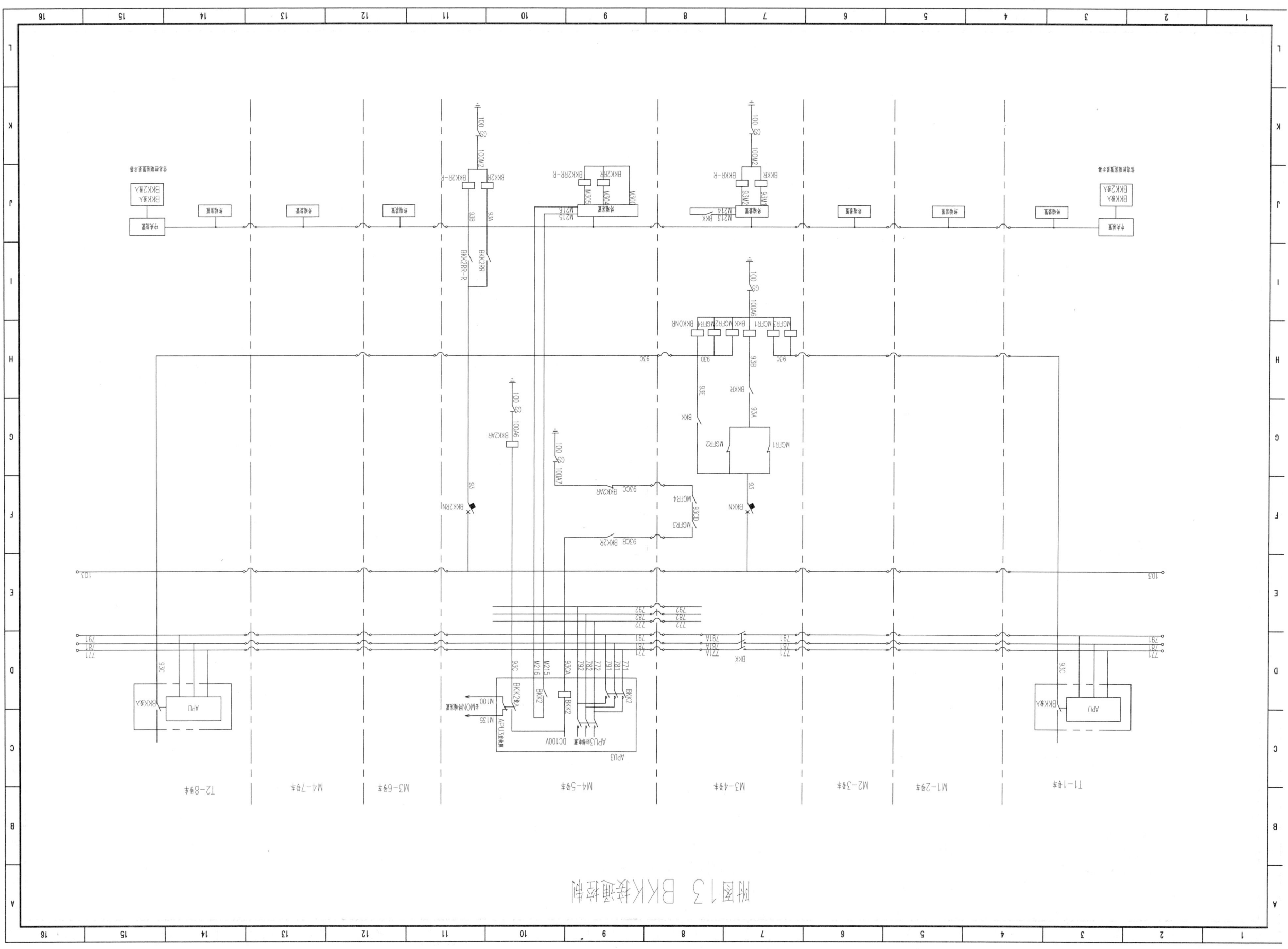

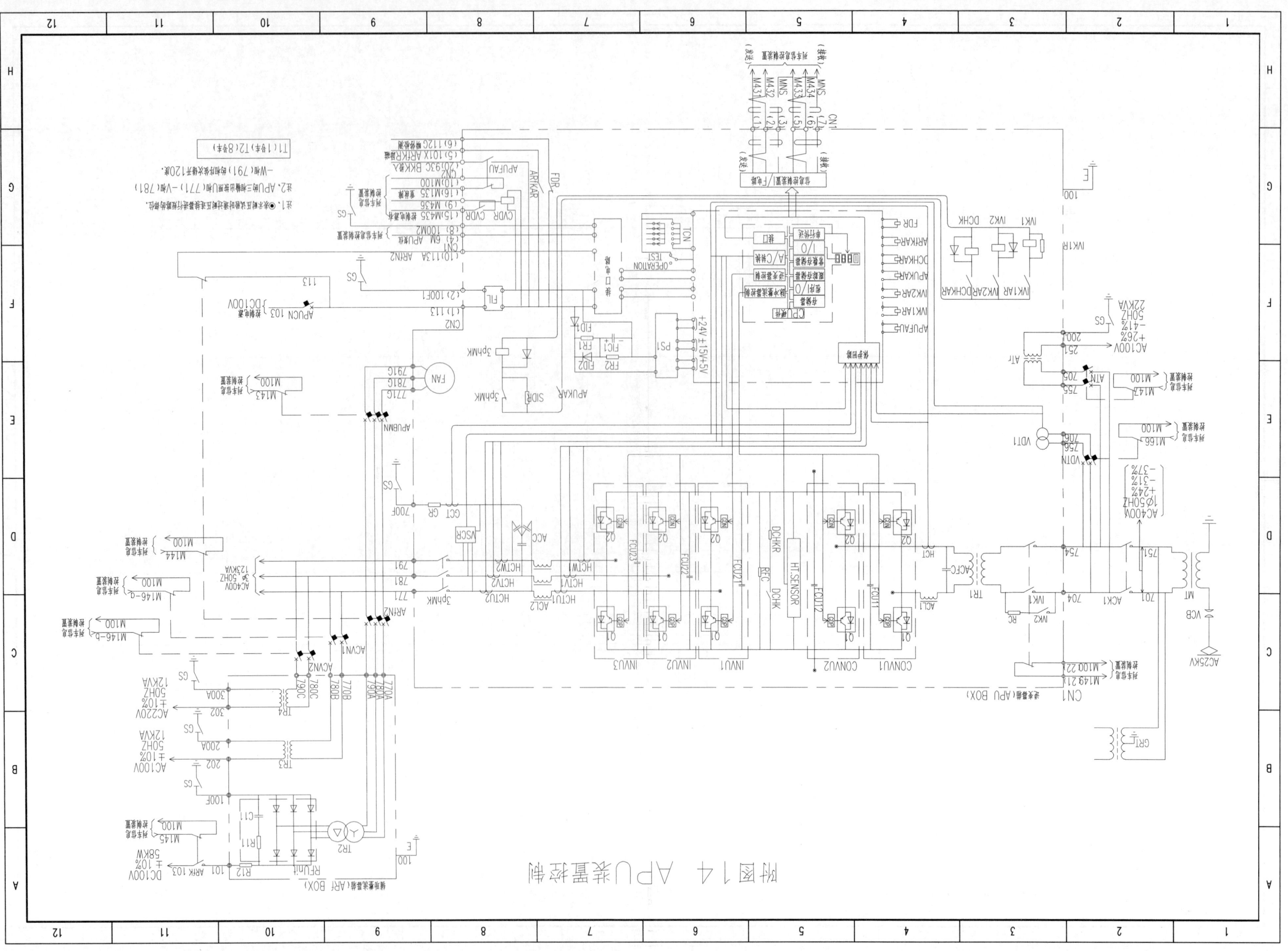

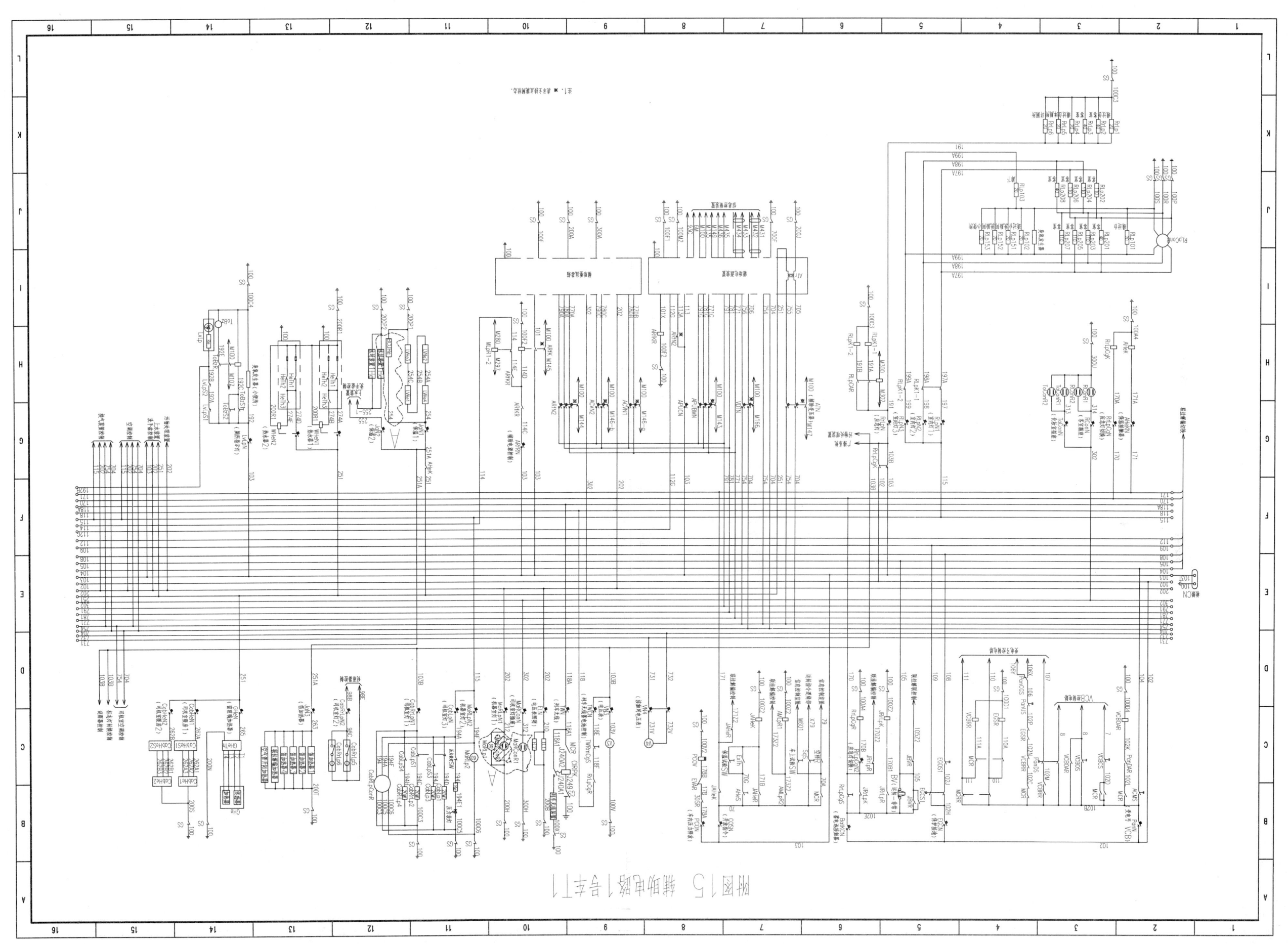

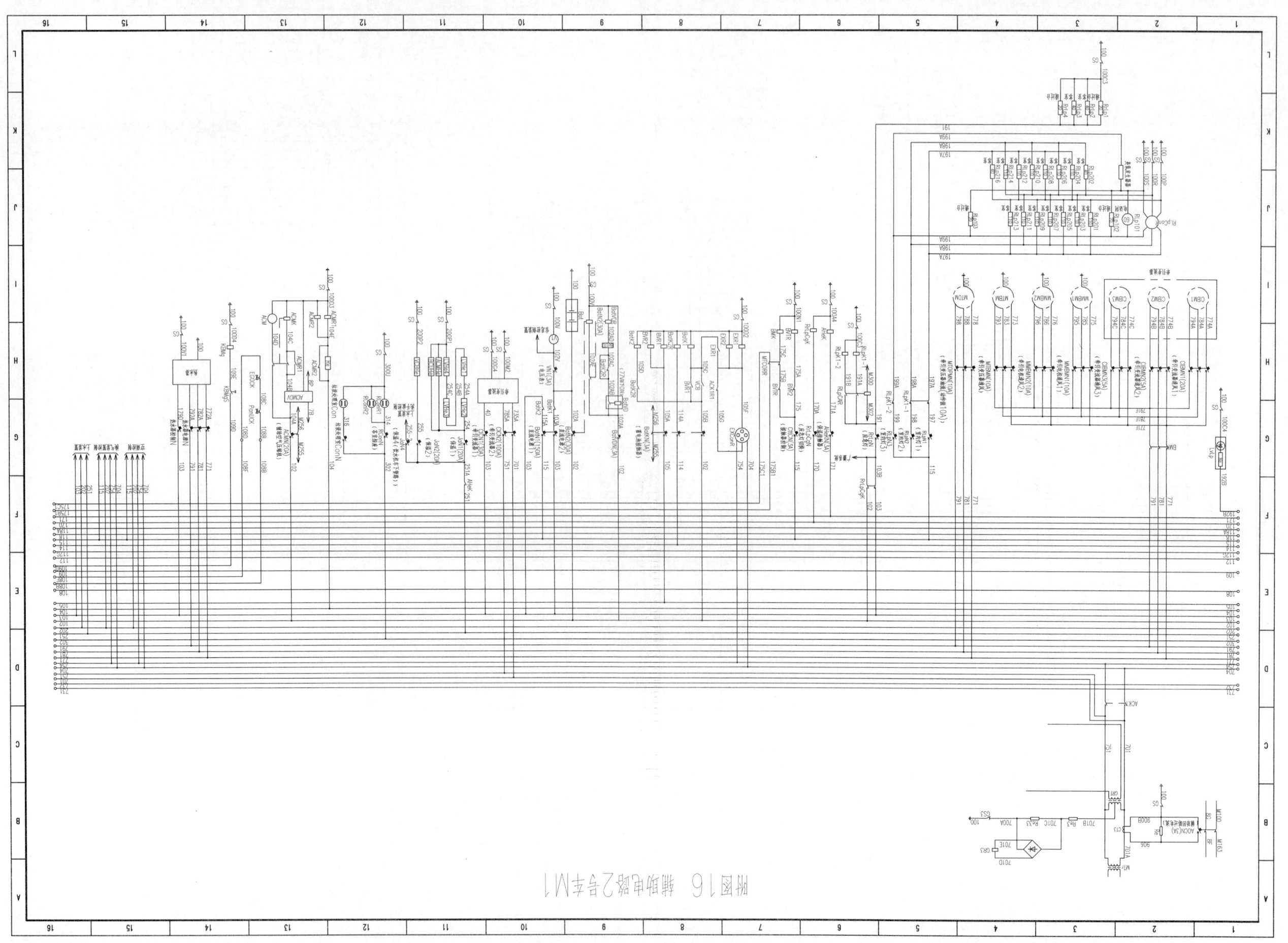

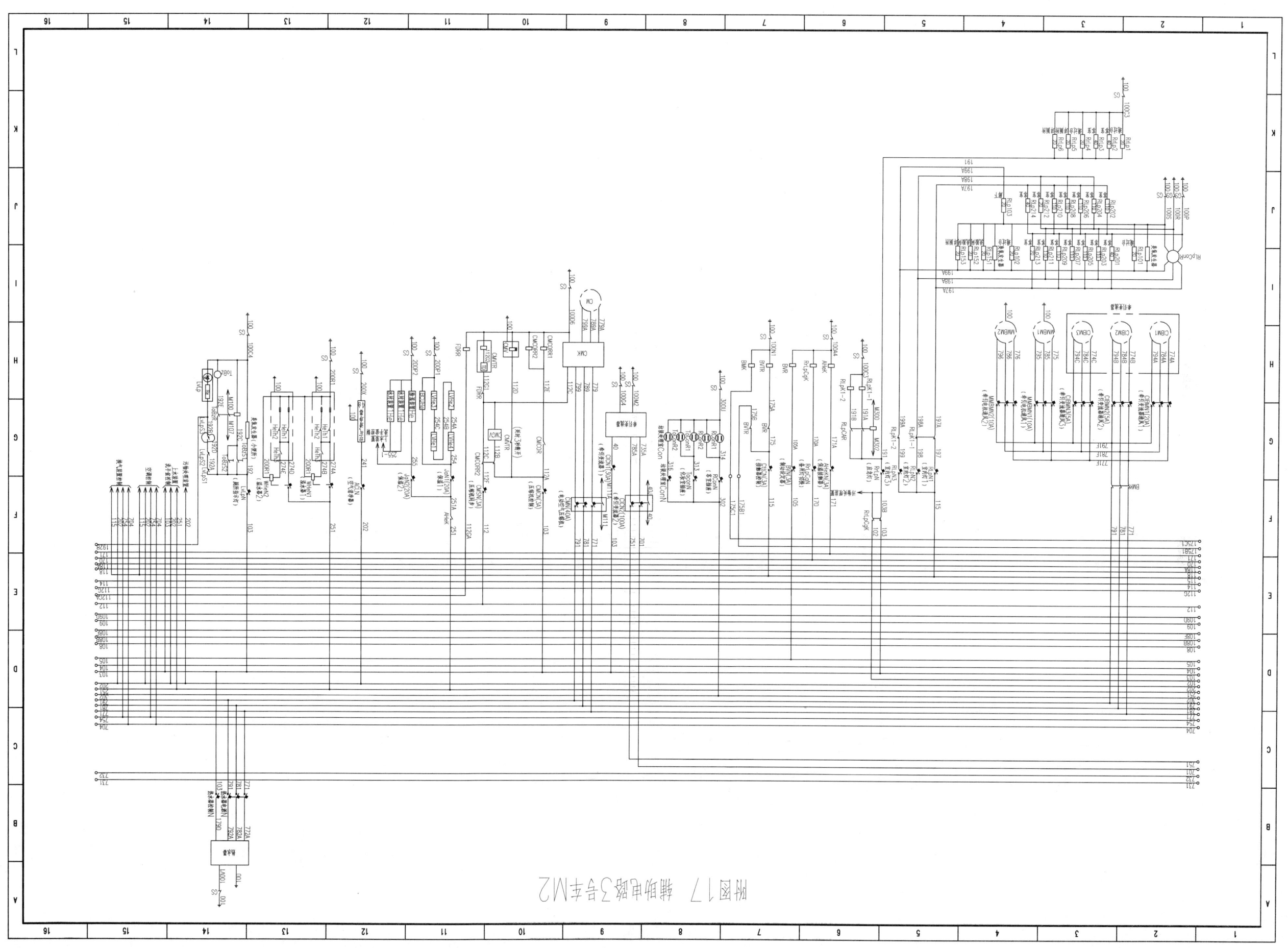

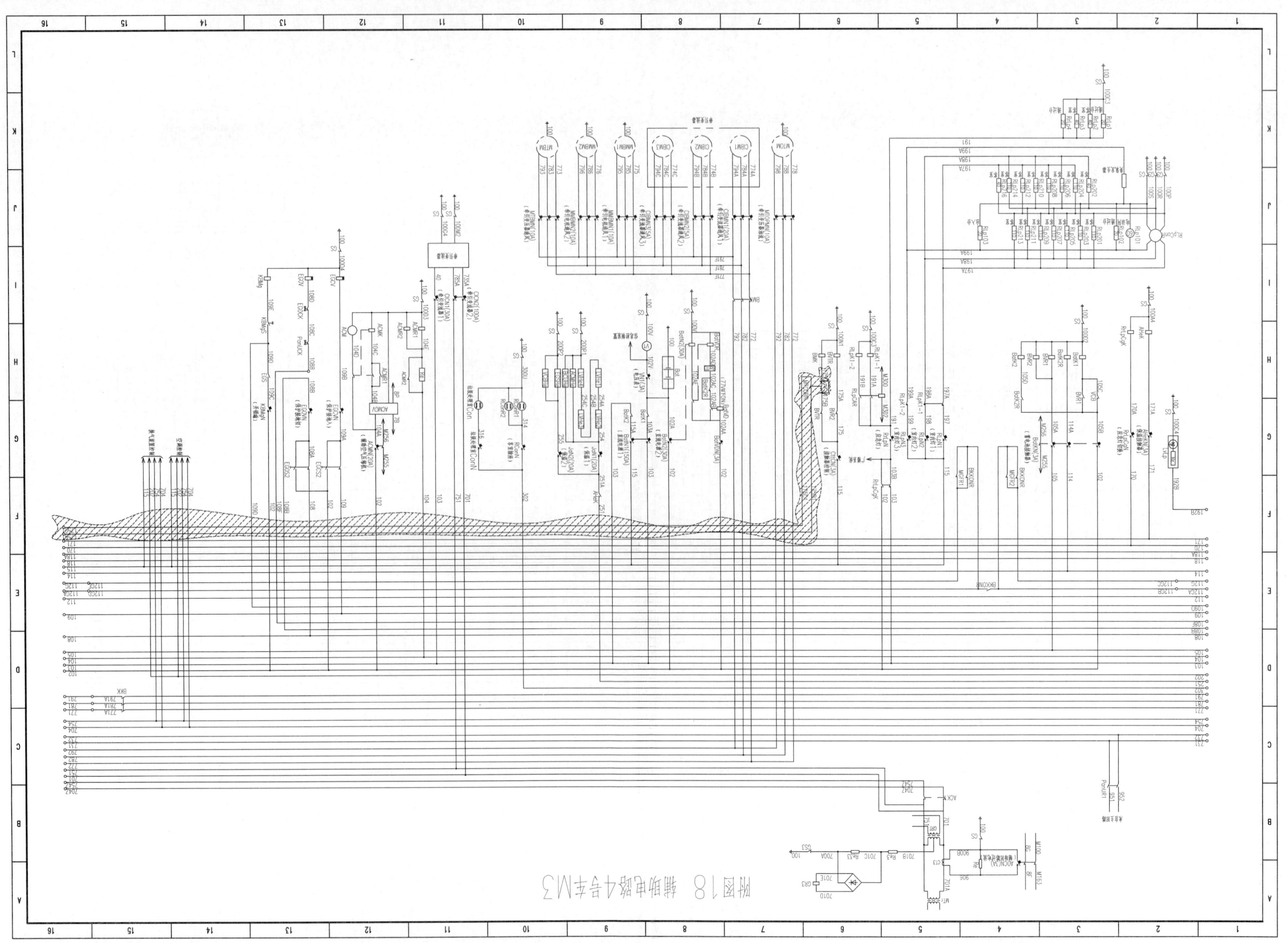

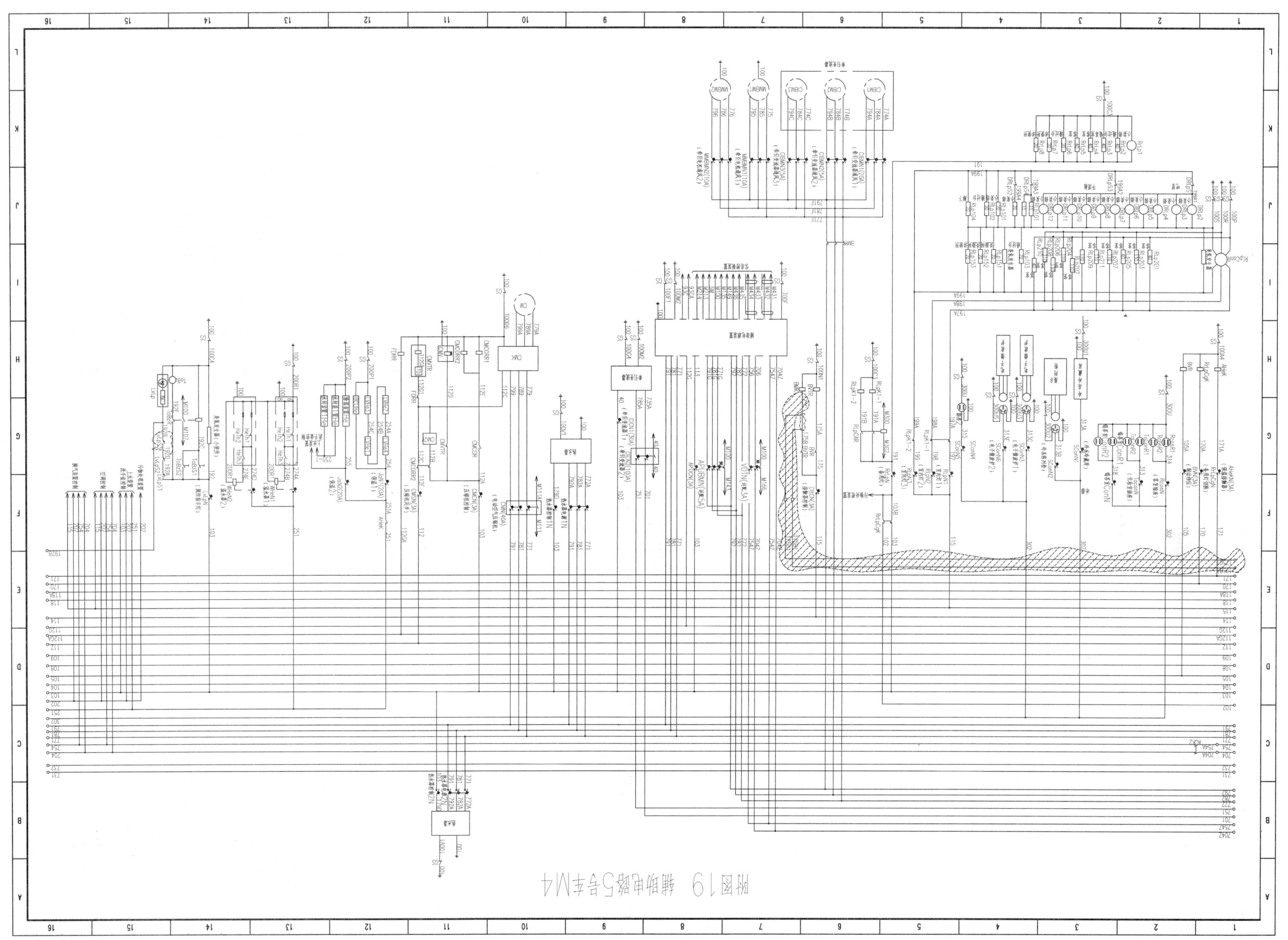

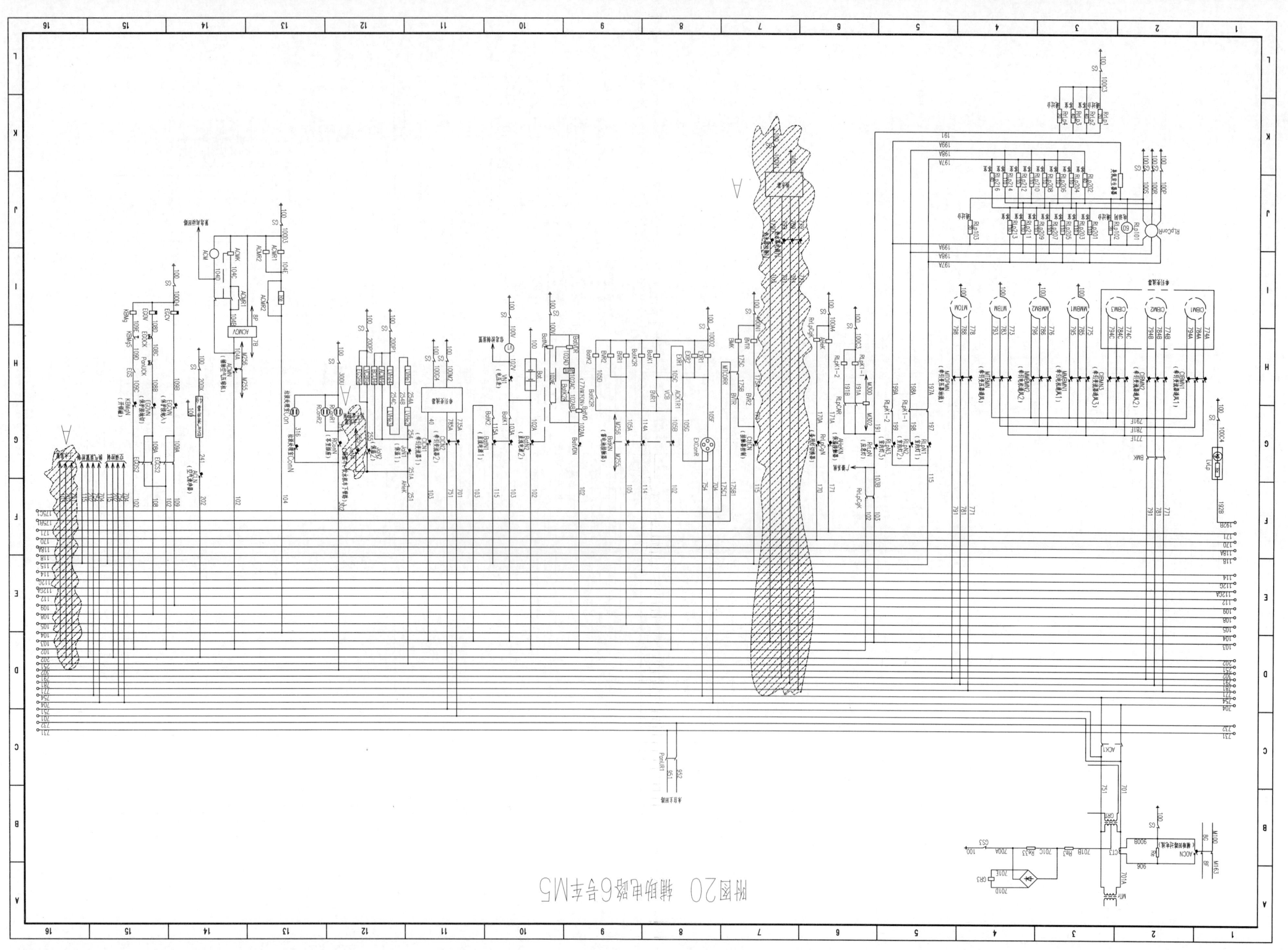

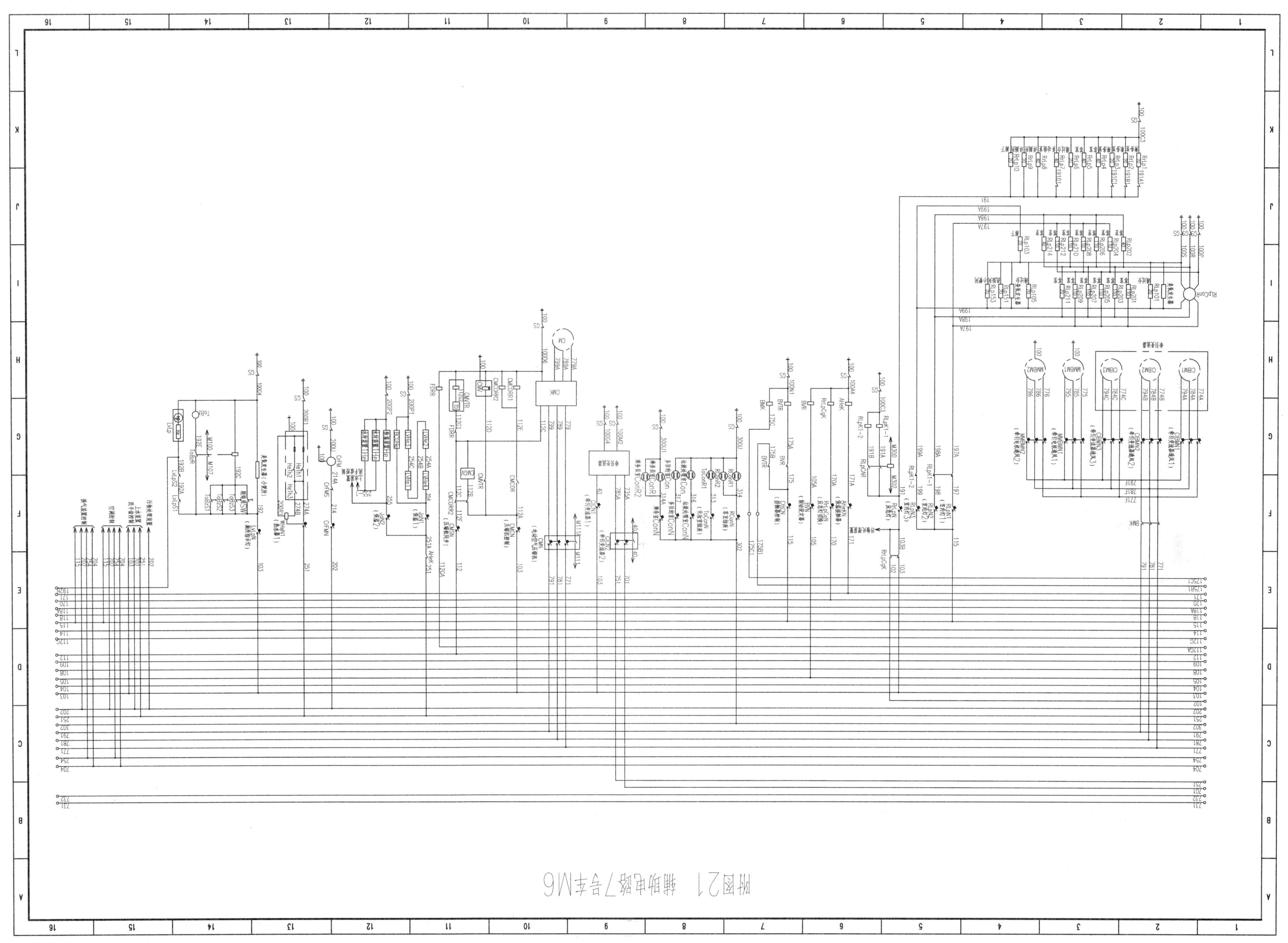

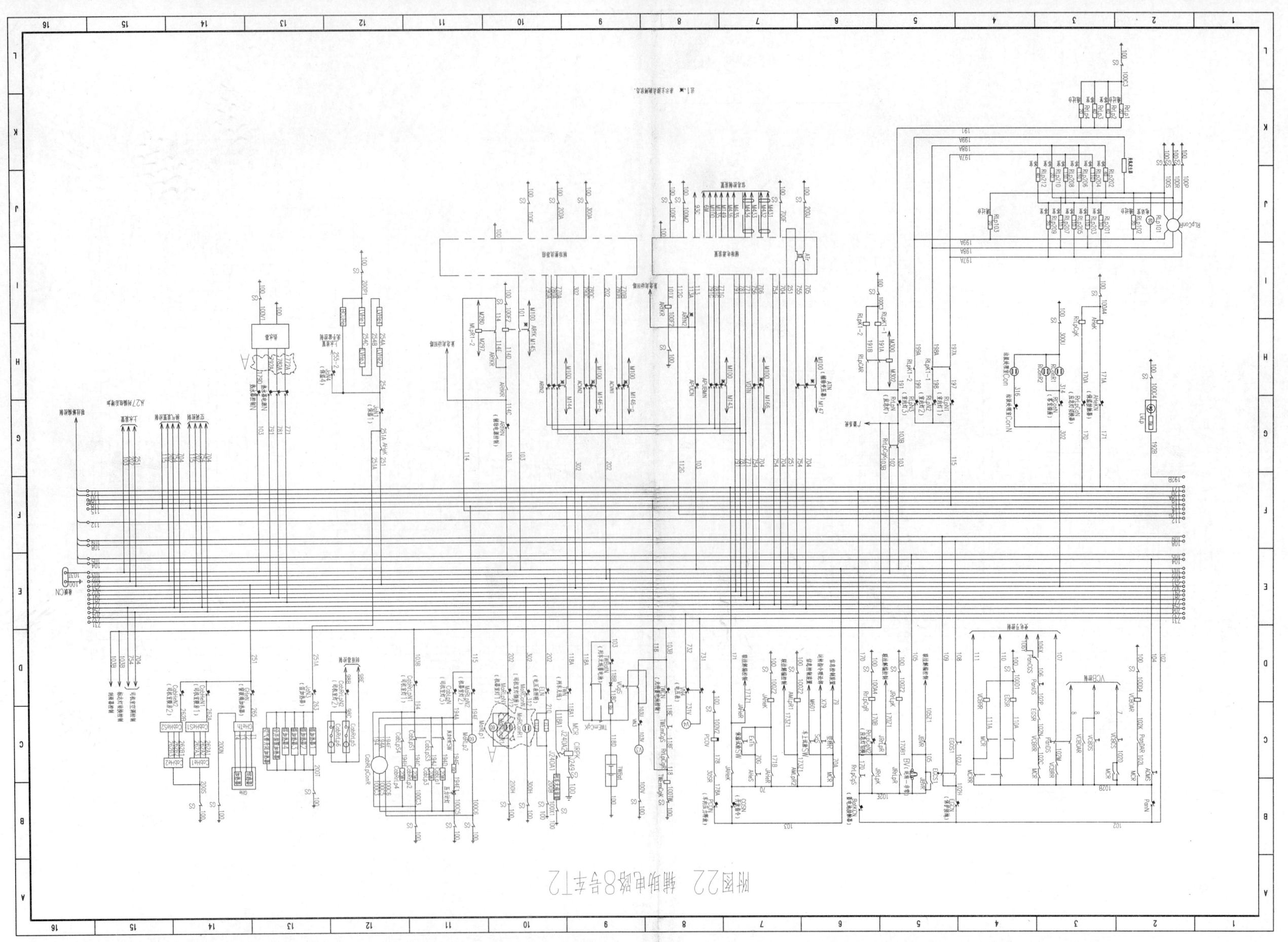